Der große
ADAC-Ratgeber

Garten

Zwiebel- und Knollenpflanzen

Der große ADAC-Ratgeber

Garten

Zwiebel- und Knollenpflanzen

EIN
ADAC
BUCH

AUTOREN:
Karin Greiner, Dr. Thomas Hagen,
Dr. Angelika Weber

ZEICHNUNGEN:
Anina Westphalen

Dieses Buch entstand in Zusammenarbeit zwischen dem ADAC Verlag, München, und dem Verlagshaus Stuttgart

Projektleitung: Michael Dultz, Rudolf Radler
Redaktionsleitung: Siegrid Kroeber, Mariele Radmacher-Martens
Textredaktion:
Annette Baldszuhn, Dr.Helga Hofmann, Ulrike Pichler
Bildbeschaffung: Fotoservice Silvestris, Kastl
Korrektorat: René Rilz
Herstellung: Dieter Lidl, Hans-Joachim Preußer
Produktionskoordination: John C. Bergener, Hans-Joachim Preußer
Graphische Gestaltung: Günter Stahl
Layout: Dieter Lidl, Günter Stahl
Titelgestaltung: Graupner & Partner, München
Satz: Typobauer Filmsatz GmbH, Ostfildern
Repro: Eder Repros Offset-Repro GmbH, Ostfildern
Druck und Bindearbeiten: Mohndruck Graphische Betriebe GmbH, Gütersloh

Gedruckt auf »BRO - MM plus«
der Papierfabrik Scheufelen, Lenningen
Hergestellt aus 100 % chlorfrei gebleichtem Zellstoff (TCF)

Printed in Germany

Bildnachweis siehe Seite 239

Die Daten und Fakten dieses Ratgebers wurden mit äußerster Sorgfalt recherchiert und geprüft. Da viele Informationen aber Veränderungen unterworfen sind, kann leider keine absolute Gewähr für die dauerhafte Richtigkeit übernommen werden.

Einige der beschriebenen Pflanzen sind mehr oder weniger stark giftig. Beim Umgang mit ihnen ist daher Vorsicht geboten, und es ist vor allem darauf zu achten, daß Kinder oder Haustiere keinesfalls Teile dieser Pflanzen essen.

Verletzungen bei der Gartenarbeit, insbesondere offene Wunden, bedürfen der fachkundigen Behandlung durch einen Arzt.

Bei der Verwendung von Düngern und Pflanzenschutzmitteln sind die Gebrauchsanweisungen streng zu befolgen.

ISBN 3-87003-636-2

Inhalt

Zauberhafte Blütenpracht

Eindrucksvolle Gartenszenen

Im Boden liegt das Geheimnis

Viele Wege zum Ziel

Gut gepflanzt ist fast gewonnen

Von Wühlmäusen und anderen Zwiebelfeinden

Blütenwunder aus der Erde

Zauberhafte Blütenpracht

Zwiebel- und Knollenpflanzen

Die Madonnenlilie mit ihren rein weißen, klaren und zugleich anmutig geformten Trichterblüten ist eine Zierde für jeden Garten.

Jahr für Jahr kann man erleben, mit welch ungestümer Kraft sich die Triebe der unscheinbar wirkenden Zwiebeln und Knollen aus dem Erdboden schieben, mit welcher Farbenpracht ihre Blüten den Garten zum Leuchten bringen. Einige von ihnen erscheinen, allen Widrigkeiten des Wetters zum Trotz, als erste Frühlingsboten und eröffnen damit den jährlichen Blütenreigen. Andere erfreuen im weiteren Jahreslauf mit ihren prunkvollen Blüten. Diese Edelsteine unter den Gartengewächsen, die nicht zuletzt ihrer einfachen Handhabung wegen so beliebt sind, dürfen in keinem Garten fehlen.

Mythos und Geschichte

Von den Gartenblumen können vor allem viele Zwiebel- und Knollenpflanzen auf eine lange Kulturgeschichte zurückblicken. Die zahlreichen Sagen und Legenden, Geschichten und Histörchen, die sich um die einzelnen Arten, die Entstehung ihrer Namen und ihre Tradition als Kultur- und Gartenpflanzen ranken, könnten Bände füllen.

Die Farbenpracht von Zwiebel- und Knollenblumen erreicht im Frühling ihren ersten Höhepunkt.

Vielfach geben die botanischen wie auch die volkstümlichen Namen interessante Hinweise auf die Verwendung dieser Pflanzen. Sie bezeugen aber auch das besondere Verhältnis, das der Mensch zu ihnen hat, und den Respekt, den man gerade diesen Blumen früher zollte. Viele der Zwiebel- und Knollengewächse, die heute die hiesigen Gärten schmücken, sind in Vorderasien und im Mittelmeerraum beheimatet, wo auch die Wiege der westlichen Zivilisation liegt. Tatsächlich nehmen sie schon in den Mythen der alten Ägypter, später auch der Griechen und Römer, einen wichtigen Platz ein. Vielleicht läßt sich der eine oder andere Gartenbesitzer von den faszinierenden Sagen des klassischen Altertums, die bei so manchen Pflanzenbenennungen Pate standen, dazu anregen, diese Schmuckstücke in seinen Garten zu holen und ihnen die verdiente Aufmerksamkeit und Pflege angedeihen zu lassen.

Schönheit aus Tränen – die Narzisse

Der Jüngling Narcissus oder Narziß, so erzählt eine griechische Sage, war seiner außergewöhnlichen Schönheit wegen der Liebling aller Nymphen. Ganz besonders verehrte ihn die Nymphe Echo, die von dem kaltherzigen und sehr eigensüchtigen Jüngling jedoch abgewiesen wurde. Daraufhin verzehrte sie sich derart vor Schmach, daß von ihr schließlich nichts als die Stimme übrigblieb, die noch heute als Echo durch die Schluchten hallt.

Die göttliche Strafe ließ jedoch nicht lange auf sich warten. Als Narcissus eines Tages in eine klare Quelle blickte, verliebte er sich über alle Maßen in sein Spiegelbild. Er konnte sich dem Objekt seiner Sehnsucht jedoch weder nähern noch es besitzen und wurde darüber so unglücklich, daß er schließlich starb. Dort, wo er leblos zu Boden sank, gingen anmutige Blumen auf, deren kleine Krönchen für seine vergossenen Tränen stehen. Gemeint sind in der Sage nicht die in Mitteleuropa heimischen gelben Trompetennarzissen *(Narcissus pseudonarcissus)*, sondern die südeuropäischen weißblütigen Dichternarzissen oder die Tazetten (*Narcissus poeticus* oder *Narcissus tazetta*).

Neben dieser bekannten Version der Sage, die in der modernen Psychologie den Begriff Narzißmus für eine übertriebene Eigenliebe prägte, gibt es noch eine weitere Variante, die ebenfalls die Entstehung dieser prächtigen Blumen schildert. Danach betrauerte der schöne Narcissus den Tod seiner ihm aufs Haar gleichenden Zwillingsschwester. Zum Trost versuchte er, ihr Bild heraufzubeschwören, indem er in eine Quelle sah. Das Ende ist jedoch das gleiche wie in der ersten Geschichte: Der Jüngling verging vor Kummer, und an der Stelle seines Todes entwickelte sich die schöne Narzisse.

Der Hintergrund dieses Mythos liegt in dem griechischen Aberglauben, nach dem man verhängnisvolle, ja sogar todbringende Umstände heraufbeschwor, wenn man sein eigenes Spiegelbild anblickte. Es erscheint heute reichlich abwegig, daß die hoffnungsvoll das Frühjahr einläutenden Narzissen mit ihren heiteren, leuchtenden Farben im Altertum stets mit Kummer, Unglück und Tod in Verbindung gebracht wurden. So schmückten

Narzissenkränze das Haupt von Verstorbenen, wenn sie zu Grabe getragen wurden. Hades, der Herrscher der Unterwelt, wurde gelegentlich mit einem Strauß dieser Blumen in der Hand dargestellt, und sah man im Traum Narzissen, war das stets ein schlechtes Omen.

Der Ursprung dieser merkwürdig erscheinenden Verbindung mit dem Verhängnis ist wohl im betäubenden Geruch mancher Narzissen, besonders der in Südeuropa häufig anzutreffenden Tazetten *(Narcissus tazetta)*, zu suchen. Dieser war auch namengebend für die ganze Gattung, denn *narkao* bedeutet im Griechischen „ich erstarre". Der Duft dieser Blüten sei so stark, so wußte man zu erzählen, daß die Furien, die römischen Rachegöttinnen, ihre Opfer mit Hilfe von Narzissen wehrlos machten.

Mag auch Narzissenduft heute kaum noch als narkotisierend gelten, findet sich doch ein Körnchen Wahrheit in der Geschichte von der unheilbringenden Wirkung der Narzissen: Die Pflanzen, besonders ihre Zwiebeln, enthalten stark giftige Substanzen (Alkaloide).

Eine göttliche Blume – die Lilie

Die Entstehung einer so prächtigen Pflanze wie der Madonnenlilie *(Lilium candidum)*, die schon seit Anbeginn der Gartenkultur neben der Rose als wertvollste Gartenzierde gilt, konnte man sich in der Antike nicht anders erklären, als daß hier die Götter selbst ihre Hand im Spiel gehabt haben mußten.

Lilien wie die Korallenlilie bestechen durch ihre Schönheit. Früher wurden sie auch als Heilpflanzen und Schönheitsmittel geschätzt, ja sogar magische Kräfte sagte man ihnen nach.

Der Sage nach beabsichtigte Göttervater Zeus, seinem Sohn Herakles, Folge eines Seitensprungs mit einer Erdenfrau, göttliche Unsterblichkeit zu verleihen. Und zu diesem Zweck sollte das Knäblein von der himmlischen Milch seiner Gemahlin, der Göttermutter Hera, trinken. Weil Zeus aber seine Verfehlung vor Hera nicht eingestehen wollte, legte er das Kind der schlafenden Frau an die Brust. Beim Trinken lief etwas von der göttlichen Muttermilch auf die Erde, und überall dort, wo die Tropfen den Boden benetzten,

Tip

Dem Mythos ihres Ursprungs entsprechend fühlen sich die Gartennarzissen an leicht feuchten, gewässernahen Stellen am wohlsten und gedeihen dort am prächtigsten.

Märchenhaft wie der Anblick einer üppigen Narzissenwiese sind auch die Geschichten, die sich um die Frühlingsblumen ranken.

Die großen weißen, außen purpurrosa gestreiften Blüten der Königslilie duften sehr intensiv.

erblühte alsbald eine Lilie von überirdischer Schönheit – die Madonnenlilie.

Die vollendete Anmut der Blüten rief jedoch den Neid der Liebesgöttin Aphrodite hervor, war sie es doch, die als Inbegriff weiblicher Schönheit und Vollkommenheit galt. Um sich zu rächen und die Lilie der Lächerlichkeit preiszugeben, pflanzte sie ihr übermäßig große Fortpflanzungsorgane in die Mitte des Kelchs – was der Attraktivität der Blume aber keinen Abbruch tat.

Nicht erst seit der griechischen Antike, sondern schon bei den Ägyptern und Minoern wurden Lilien verehrt. Zahlreiche bildliche Darstellungen zeugen davon. Das Christentum erkor die Madonnenlilie zum Symbol für Reinheit, Keuschheit und Jungfräulichkeit. Im Mittelalter gab es kaum ein Marienbild, auf dem diese Blume als Sinnbild der Reinheit Mariens fehlte. Vor allem in der Renaissance wurde der Engel der Verkündigung oft mit einer Madonnenlilie in der Hand oder auf dem Haupt dargestellt.

Bereits aus dem 8. Jh. stammt die sog. Landgüterordnung Kaiser Karls des Großen, eine Sammlung von Anweisungen zur Gartenkultur. In ihr werden eine Reihe von Zier- und Nutzpflanzen genannt, die in jedem Garten des Reichs zu wachsen hatten. Die Madonnenlilie steht darin an erster Stelle – sicherlich ein Zeugnis tiefer Gläubigkeit des

Als Sinnbild der Reinheit wird die Lilie oft neben einem Engel abgebildet, wie Wilhelm von Schadows im 19. Jh. entstandenes Gemälde „Mignon“ zeigt.

Tip

In so manchem Garten gibt sich die Madonnenlilie launisch wie eine Schönheitskönigin. Auch bei größter Mühe will ihre Kultur nicht überall gelingen. In diesem Fall sollte man sich lieber den einfacher zu pflegenden, dabei nicht weniger schönen Arten, z. B. der Königslilie, zuwenden.

Auch in der berühmten „Verkündigung“ des Renaissancemalers Sandro Botticelli trägt der Erzengel Gabriel eine Madonnenlilie in der Hand.

Herrschers. Ob es an der jahrhundertelangen Tradition, am Druck der Obrigkeit oder schlicht an der Frömmigkeit der Menschen lag, daß gerade diese Lilienart in Bauerngärten die weiteste Verbreitung fand, muß dahingestellt bleiben.

Gold aus Blütenkelchen – der Safrankrokus

Das in vielen Nuancen schimmernde, unvergleichliche Gelb des Safrans gab wohl den Anlaß, ihn mit Aurora, der griechischen Göttin der Morgenröte, in Verbindung zu bringen. Der Sage nach reitet sie, von einem safrangelben, leuchtenden Schleier umgeben, jeden Morgen auf ihren göttlichen Pferden aus dem Meer hinauf zu den Himmelspforten, um diese zu öffnen – ein besonders schönes Sinnbild für den Sonnenaufgang.

Im Innern der zarten Blütenbecher verbirgt der Safrankrokus seine kostbaren Narben.

Der kostbare Farbstoff wird aus dem Safrankrokus *(Crocus sativus)* gewonnen, einer herbstblühenden Krokusart, die schon so lange kultiviert wird, daß man ihre ursprünglichen Wildstandorte nicht mehr kennt. Nach jüngsten Forschungen wird allerdings auch vermutet, daß der Safrankrokus gar keine Wildart ist, sondern durch Zuchtauslese aus dem kleinblütigeren, in Griechenland beheimateten *Crocus cartwrightianus* entstand. Der Safrankrokus war bereits den Assyrern und Babyloniern bekannt, er ist damit eine der ältesten Nutzpflanzen der Menschheit. Die Historiker gehen heute davon aus, daß der sagenhafte Reichtum der kretischen Minoer wohl auf einem regen Handel mit dem begehrten Farbstoff beruhte.

Einzig die leuchtend orangefarbenen Narben, die beim Safrankrokus besonders lang sind, tragen das teure Handelsgut. Sie müssen auch heute noch mühsam von Hand gepflückt werden, eine äußerst aufwendige Arbeit, wenn man bedenkt, daß etwa 100 bis 150 Narben und damit ebensoviele Pflanzen notwendig sind, um ein einziges Gramm Safran zu gewinnen.

So blieb es nicht aus, daß hochwertiger Safran durch Verschnitt mit minderwertigen Farbstoffen gestreckt wurde, zumal schon lange bekannt war, daß die Farbe des Safrans nicht ganz einheitlich ist, wie überhaupt seine Qualität je nach Herkunft recht unterschiedlich ausfallen kann. Man vermischte ihn mit den gelben Narben verschiedenster Pflanzen, auch anderer Krokusarten. Natürlich kamen derlei unlautere Machenschaften bald auf, und der Safranverschnitt wurde per Gesetz auf ein bestimmtes Höchstmaß beschränkt. Bei Zuwiderhandlungen drohten drastische Strafen. Aus dem 15. Jh. sind einige Fälle bekannt, in denen Händler auf dem Scheiterhaufen verbrannt wurden, weil sie mit gefälschtem Safran gehandelt hatten.

Interessanterweise ist der Safrankrokus selbst steril. Er setzt keine Samen an, sondern muß vegetativ durch Brutknollen vermehrt werden. Wer früher eine eigene Safranherstellung aufziehen wollte, mußte also aus den vorhandenen Beständen heimlich Knollen entwenden – ein lebensgefährliches Unterfangen, da es das Monopol einiger weniger Produzenten untergrub. Auf solch abenteuerliche Weise soll der Safrankrokus einst nach England gelangt sein, wo schließlich bedeutende Anbaugebiete entstanden sind.

Heutzutage ist Safran vor allem als feines Küchengewürz bekannt, das „den Kuchen gehl", also gelb, macht und ihm eine spezielle, sehr delikate Geschmacksnote verleiht. In Spanien wird er auch gern für Reisgerichte und Fischsuppen verwendet. Doch die heutige kulinarische Wertschätzung ist nur ein schwacher Abglanz der großen Bedeutung, die man ihm früher beimaß. Von der Antike bis ins hohe Mittelalter hinein galt Safran schlicht als Wundermittel, dem man außergewöhnliche Heilkräfte und Wirksamkeit als Liebeszauber zuschrieb. Zeitweise wurde er buchstäblich mit Gold aufgewogen.

Tip

Um die Schönheit der edlen Lilien ins rechte Licht zu rücken, sollte ihr Pflanzplatz mit Bedacht gewählt werden. Die Blüten müssen sich frei entfalten können, benachbarte Pflanzen dürfen die Lilien nicht bedrängen.

Krokusarten wie der Prachtkrokus, die im Herbst blühen, sind eine Bereicherung für den Gehölzrand oder den Steingarten.

Wie Friedrich Sturm, der diese Farblithographie mit Tulpen, Narzissen und Krokussen gegen Ende des 19. Jh. schuf, waren auch unzählige andere Künstler von der Pracht der Zwiebelgewächse fasziniert.

Blumenzwiebeln als Wertanlage – die Tulpe

Obwohl Tulpen in Persien und in der Türkei schon seit mindestens 1000 Jahren als Gartenblumen geschätzt werden, gelangten sie erst im 16. Jh., genauer im Jahr 1554, nach Europa. In diesem Jahr sandte der österreichisch-ungarische König Ferdinand I. einen Gesandten zu Sultan Suleiman dem Prächtigen, um Friedensverhandlungen mit den immer wieder in sein Reich vordringenden Türken zu führen. Auf einem Markt in der Nähe Konstantinopels bekam dieser Gesandte Tulpen angeboten – Blumen, die er noch nie zuvor gesehen hatte. Da er um die Gartenleidenschaft Ferdinands I. wußte, kaufte er einige der Zwiebeln und sandte sie nach Wien, wo sie vom kaiserlichen Hofgärtner Charles de l'Écluse alsbald gepflanzt wurden.

1593 erhielt jener Hofgärtner eine Anstellung als Professor an der Universität Leiden, und er nahm einige der ungewöhnlichen Blumen mit nach Holland. Die Holländer zeigten sich an den Tulpen überaus interessiert. Carolus Clusius, wie sich Charles de l'Écluse inzwischen nannte, witterte nun ein einträgliches Geschäft und verlangte astronomische Preise dafür. Die Folge war, daß eines Nachts alle Tulpenzwiebeln aus seinem Garten gestohlen wurden. Man vermehrte sie fleißig, und so stand ihrem Siegeszug in die Gärten Hollands und der übrigen Welt nichts mehr im Wege.

Geflammte Tulpen sowie solche mit besonders prächtiger Färbung blieben jedoch noch lange eine Seltenheit. Es war etwa zu Beginn des Dreißigjährigen Krieges, als diese Raritäten bei den Holländern ein regelrechtes Tulpenfieber auslösten, denn solche Spielarten waren bis dahin nur sporadisch aufgetaucht und auch niemals beständig gewesen. Man wußte damals noch nicht, daß der Auslöser für derlei Farbspiele ein Virus ist.

In kurzer Zeit entwickelte sich ein reger Spekulationshandel, zunächst mit den Zwiebeln selbst, bald aber, ähnlich wie bei einer Wertpapierbörse, nur noch mit Papieren, die

Blüten mit einer so ausgefallenen Färbung wie die der Triumph-Tulpen sind auch heutzutage noch sehr begehrt.

rasch die Besitzer wechselten und die Rechte für den Bezug bestimmter Tulpensorten mit bekannten Blütenfarben regelten. Dabei ging es mit der Zeit um immer größere Summen. In den Jahren 1634–37 erreichte die „Tulpomanie“ ihren Höhepunkt. Für eine einzige Zwiebel der Sorte 'Semper Augustus' wurden bis zu 10 000 Gulden bezahlt, ein Betrag, für den man zur damaligen Zeit ein Haus erwerben konnte. Die ungezügelte Spekulationsleidenschaft machte nicht wenige Holländer auf einen Schlag bettelarm, denn es dauerte nicht lange, und der Tulpenmarkt brach regelrecht in sich zusammen. Die Regierung erließ eine Verordnung, die den Optionshandel mit Tulpen rigoros einschränkte. Schließlich wurden die exotischen Gewächse zu dem, was sie auch heute noch sind: allseits beliebte und für jedermann erschwingliche Gartenblumen.

In Holland erblühen in jedem Frühling schier endlose Tulpenfelder.

Übrigens werden von gut sortierten Zwiebelhändlern heute auch wieder uralte Tulpensorten angeboten, z. B. die dunkelrosa und weiß geflammte 'Zomerschoon', die bereits seit 1620 kultiviert wird.

Seidig glänzende Blütenblätter mit zart zerfasertem Rand lassen die Gefransten oder Crispa-Tulpen wie Kostbarkeiten erscheinen.

Merkmale der Zwiebel- und Knollenpflanzen

Tip

Viele Gärtnereien führen wegen der unterschiedlichen Kulturverfahren entweder nur Zwiebel- und Knollenpflanzen oder nur Stauden im engeren Sinn. Sortimentslisten für Zwiebel- und Knollenpflanzen fordert man daher am besten bei Spezialgärtnereien an.

Tip

Die mehr oder minder deutlich ausgeprägte Ruhephase, die Zwiebel- und Knollengewächse jedes Jahr einlegen, ist die ideale Zeit, um sie einzupflanzen oder zu versetzen. Anders als Pflanzen mit starkverzweigtem Wurzelsystem leiden sie nicht unter dem Standortwechsel und wachsen sehr leicht an.

Narzissen und Strahlenanemonen schieben ihre Blüten aus Zwiebeln bzw. knolligen Rhizomen heraus.

Botanisch gesehen zählen Zwiebel- und Knollenpflanzen zu den Stauden, also zu den ausdauernden, krautigen Pflanzen. Anders als die Gehölze bilden Stauden kein verholztes Sproßgerüst aus, das den Winter schadlos überdauern würde; ihre oberirdischen Teile sterben im Herbst mehr oder weniger vollständig ab. Nur die unterirdischen Organe, die Wurzeln mit den Triebknospen – seien es gewöhnliche Wurzeln oder in besonderer Weise umgeformte und spezialisierte –, überleben die zum Wachsen ungünstige Jahreszeit im Boden.

Zwiebel- und Knollenpflanzen unterscheiden sich von den übrigen Stauden mit normalem Wurzelgeflecht durch ihre unterirdischen Organe. Sie entwickeln nämlich unter der Erde verdickte, fleischige Sprosse oder Wurzeln, die je nach Ausbildung als Zwiebeln oder Knollen oder als Zwischenformen von beiden bezeichnet werden. Da man sie meist nicht als komplette Pflänzchen mit Wurzeln und Laub erwirbt, sondern überwiegend im Ruhezustand, also als Zwiebel oder Knolle, betrachtet man Zwiebel- und Knollenpflanzen in der Gartenpraxis als eine eigene Pflanzengruppe. Auch Arten, die unter der Erde neben normalen Wurzeln ein verdicktes Rhizom (siehe Seite 27) bilden, werden häufig dieser Gruppe zugeordnet.

Während bei den übrigen Stauden die Triebknospen unmittelbar an oder ganz dicht unter der Erdoberfläche sitzen, wo sie durch die sich ansammelnde Laubstreu oder auch die Schneedecke gut vor der Winterkälte geschützt sind, ziehen sich die Zwiebel- und Knollengewächse bereits lange vor Wintereinbruch tief in den Boden zurück. Dort verharren sie in einer Ruhephase und warten auf die wärmenden Sonnenstrahlen des nächsten Frühjahrs.

Der Schutz der Triebknospen ist jedoch nicht die einzige Funktion der Zwiebeln und Knollen. Vielmehr besteht die Hauptaufgabe dieser Organe darin, Nährstoffe und Wasser zu speichern und es so der Pflanze zu ermöglichen, unverzüglich mit dem Wachsen und Blühen zu beginnen, sobald die Witterungsbe-

Wachstumszyklus der Tulpe, einer winterharten Zwiebelpflanze: Das erste zögerliche Wachstum nach der Pflanzung im Herbst wird von der Winterruhe unterbrochen, setzt sich im Frühjahr aber vehement fort mit der Entwicklung von Blättern und Blüten. Im Sommer reifen dann die Zwiebeln aus, es entstehen Brut- und Tochterzwiebeln.

dingungen es erlauben. Darüber hinaus sind in den Speicherorganen der Zwiebel- und Knollenpflanzen die Blütentriebe häufig schon fertig vorgebildet (siehe Zeichnung Seite 22). Sie brauchen sich nur noch zu strecken und ihre endgültige Farbe anzunehmen. Das alles bringt diesen Pflanzen entscheidende Vorteile im Wettlauf mit der Zeit, der jedes Jahr zum Ende des Winters einsetzt. Viel schneller als andere Pflanzen können sie innerhalb kürzester Frist ihre Blüten entfalten, um Insekten als Bestäuber anzulocken, sowie Früchte und Tochterzwiebeln bzw. -knollen bilden, die den Fortbestand ihrer Art sichern.

Je größer und praller eine Zwiebel oder Knolle ist, desto mehr Kraft zum Wachstum steckt in ihr. Der Zwiebelumfang ist daher ein wichtiges Kriterium beim Einkauf, von dem nicht zuletzt der Blütenreichtum der Pflanze entscheidend abhängt (siehe Seite 92 ff.).

Anpassungen an den Lebensraum

So verschieden die Wuchsformen der Zwiebel- und Knollenpflanzen von denen der übrigen Stauden auch sein mögen, sie sind nichts anderes als Anpassungen der Pflanzen an die Verhältnisse ihres jeweiligen natürlichen Lebensraums. Die unterschiedlichen Ausprägungen ihrer Gestalt und Lebensweise entstanden im Lauf der Evolution, die Pflanzen verschafften sich damit Vorteile im Überlebenskampf. Denn nur diejenigen Pflanzen, die mit den Bedingungen ihres Standorts am besten zurechtkommen, können sich auf Dauer gegenüber ihren Konkurrenten durchsetzen oder aber sich Räume erschließen, an denen andere Arten nicht überleben können.

Erst durch die Entwicklung von geeigneten Überdauerungsorganen wurde es den Pflanzen im Lauf der Stammesgeschichte möglich, aus tropischen Klimagebieten mit ganzjährig optimalen Wachstumsbedingungen in Regionen vorzudringen, die aufgrund der zeitweise vorherrschenden Kälte oder Trockenheit nur in Teilen des Jahres ein Pflanzenwachstum erlauben. Bäume und Sträucher mußten dazu schützende Knospenhüllen ausbilden, Stauden zogen ihre Triebknospen in Bodennähe zurück. Bei den Zwiebel- und Knollenpflanzen ging die Entwicklung noch einen Schritt weiter. Ihre Knospen liegen tief unter der Erdoberfläche, so daß diese empfindlichen Teile auf bestmögliche Weise geschützt sind.

Die überwiegende Zahl der Stauden mit einem typischen, markanten Wurzelsystem stammt aus den gemäßigten Breiten der Erde, in denen es klar ausgeprägte Jahreszeiten mit deutlichen Temperaturwechseln zwischen Sommer und Winter gibt und das ganze Jahr über genügend Niederschläge fallen. Die meisten Zwiebel- und Knollenpflanzen dagegen haben ihre Heimat in Gebieten, in denen

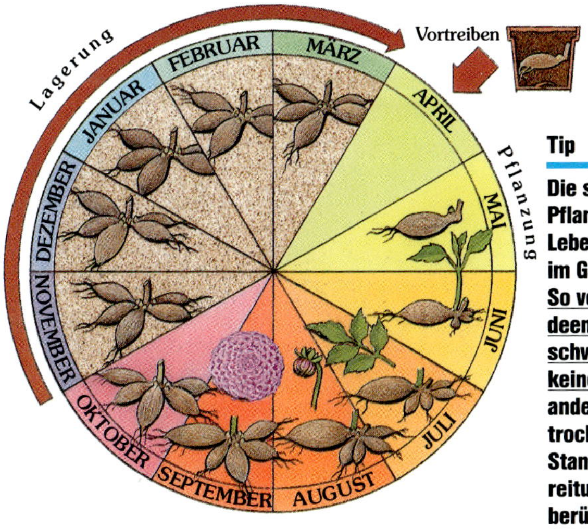

Wachstumszyklus der Dahlie, einer nicht winterharten Knollenpflanze: Die in der Wärme vorgetriebene Dahlie entfaltet schon bald nach der Pflanzung Blätter, erst im Spätsommer Blüten. Die kalte Jahreszeit überdauert die Knolle geschützt in einem kühlen Lagerraum.

Steppenkerzen sind an die harten Umweltbedingungen ihres Lebensraums bestens angepaßt.

Tip

Die spezielle Anpassung einer Pflanzenart an ihren natürlichen Lebensraum kann für die Kultur im Garten auch nachteilig sein. So vertragen z. B. Japan-Orchideen, Tibet-Orchideen und Klebschwertel in der kalten Jahreszeit keine Nässe, da in ihrer Heimat, anders als in Europa, die Winter trocken sind. Dies muß bei der Standortwahl und bei der Vorbereitung der Pflanzstelle unbedingt berücksichtigt werden.

Die Tibet-Orchidee muß im Winter trocken stehen.

Tip

Tief in der schützenden Erde nehmen viele Zwiebel- und Knollenpflanzen selbst durch strengen Frost kaum einmal Schaden. Dennoch müssen Tibet-Orchidee, Steppenkerze und andere Arten den Winter über eine Abdeckung erhalten – weniger als Frostschutz, sondern um Nässe abzuhalten und den frostempfindlichen Frühjahrsaustrieb zu verzögern.

Viele Waldpflanzen wie Schneeglanz und Winterling nutzen zum Wachstum das Frühjahr, in dem das Licht durch die noch kahlen Baumkronen bis zum Boden vordringt (unten). Im Sommer können unter dem dichten Blätterdach nur noch schattenverträgliche Arten wie der Aronstab blühen (ganz unten).

sommerliche Trockenheit die Wachstumsmöglichkeiten stark einschränkt.

Gewöhnlich gebaute und nicht entsprechend angepaßte Stauden würden z. B. in der Gluthitze zentralasiatischer Steppen jämmerlich zugrunde gehen, und nur eine Handvoll Arten, die einen speziellen Verdunstungsschutz besitzen und sparsam mit dem wenigen verfügbaren Wasser haushalten, können dort überleben, etwa einige Beifußarten *(Artemisia)* oder Federgräser *(Stipa)*. Die vielen Tulpen- und Laucharten (*Tulipa* und *Allium*) sowie die anderen Zwiebel- und Knollenpflanzen dagegen, die diese Gebiete besiedeln, nützen den wenigen Regen, der dort im Herbst und Frühjahr fällt, bestmöglich aus. In den unwirtlichen Jahreszeiten ziehen sie sich einfach in den Boden zurück. Ähnliches gilt für die zahlreichen Zwiebel- und Knollenpflanzen,

Der Allermannsharnisch ist eine im Gebirge heimische Lauchart.

die in hochgelegenen Gebirgsregionen heimisch sind, etwa die Steppenkerze (*Eremurus*-Arten) oder einige Fritillarien (*Fritillaria*-Arten) und Iris (*Iris*-Arten).

Frühlingsboten im Wald

Auch in den Laub- und Mischwäldern der gemäßigten Zonen fanden zahlreiche Zwiebel- und Knollenpflanzen passende Überlebensnischen, wo sie für ihre Entwicklung das zeitige Frühjahr ausnutzen, wenn durch die

Die Kelche der unzähligen Winterlinge bieten vielen Insekten im Frühjahr reichlich Nahrung.

noch winterkahlen Baumkronen reichlich Sonnenlicht bis zum Waldboden dringt. Dort gelangen während des Winters die Niederschläge bis tief in die Erde, denn die Bäume

Hohler Lerchensporn und Buschwindröschen nutzen die Strahlen der Frühlingssonne zum Blühen.

befinden sich zu dieser Zeit in einem Ruhezustand und zapfen den Wasservorrat des Bodens kaum an. Nach dem Laubaustrieb der Gehölze allerdings wird das Blätterdach bald so dicht, daß nur noch wenige Arten, etwa die Vierblättrige Einbeere *(Paris quadrifolia)*, mit dem spärlich einfallenden Licht auskommen. Nicht selten wird dann der Boden auch recht trocken, da die Baumkrone wie ein Schirm den Regen abhält und die üppige Blattmasse viel Feuchtigkeit verdunstet, die von den Baumwurzeln dem Boden entnommen wird. Die meisten im Wald lebenden Zwiebel- und Knollenpflanzen beginnen daher zu diesem Zeitpunkt bereits ihre Sommerruhe.

Neben der Verfügbarkeit von Licht und Wasser gibt es für Buschwindröschen *(Anemone nemorosa)*, Winterling *(Eranthis hyemalis)*, Hohlen Lerchensporn *(Corydalis cava)*, Gewöhnlichen Gelbstern *(Gagea lutea)* und die anderen Arten, die den Waldboden besiedeln, einen weiteren Grund, möglichst rasch zu blühen und zu fruchten. Solange nämlich die Laubbäume noch kahl sind, bieten diese Frühjahrsblüher den ersten Insekten willkommene Nahrung und werden deshalb sehr zuverlässig bestäubt.

Gifte als Fraßschutz

Es liegt auf der Hand, daß so prall mit Nährstoffen gefüllte Speicherorgane wie die Zwiebeln und Knollen nicht nur der Pflanze von Nutzen, sondern auch vielen bodenwühlenden Tieren als saftige, gehaltvolle Köstlichkeiten sehr willkommen sind. Gartenbesitzer, deren Grundstück an bewirtschaftetes Grünland oder große Wiesen angrenzt und die versucht haben, dort Hyazinthen, Iris oder gar Lilien zu kultivieren, können ein trauriges Lied davon singen. Der Appetit von Scher- und Feldmäusen macht auch vor den kostbarsten Zwiebeln nicht halt.

Viele Zwiebel- und Knollenpflanzen erwehren sich möglicher Fraßfeinde mit Hilfe sehr wirksamer Giftstoffe. Ein besonders beeindruckendes Beispiel dafür ist die Herbstzeitlose *(Colchicum autumnale)*. Sie enthält in allen ihren Teilen das hochgiftige Alkaloid Colchicin, das ähnlich wie Arsen als starkes Zellgift wirkt. Vom Weidevieh oder Rehwild werden Herbstzeitlosen instinktiv gemieden. Daher kommt es, daß Wiesen und auch Waldränder zuweilen übersät sind von den zarten Herbstblühern.

Auch die unterirdischen Organe der Fritillarien, z. B. der Kaiserkrone *(Fritillaria imperialis)* und der Schachbrettblume *(Fritillaria meleagris)*, enthalten hochwirksame Alkaloide. Wühlmäuse rühren deshalb diese Zwiebeln nicht an; deren starker Geruch vertreibt die ungebetenen Nager sogar recht wirkungsvoll. Auch die scharf riechenden und schmeckenden Senföle, die in den Laucharten *(Allium)* enthalten sind, sollen als Fraßschutz dienen.

Das schon in geringen Mengen hochwirksame Gift der Herbstzeitlose schützt die Pflanze vor Fraßfeinden.

Tip

Frühblühende Zwiebel- und Knollenpflanzen wie etwa Buschwindröschen, Winterling und Schneeglöckchen sind als erste Nektar- und Pollenquellen für Bienen und andere Insekten lebenswichtig. Mit ihrer Hilfe kann man die Insekten anlocken, die später durch fleißige Bestäubungsarbeit für reiche Ernte im Obstgarten sorgen.

Tip

Da viele Zwiebel- und Knollenpflanzen giftig sind, sollte man im Umgang mit ihnen entsprechend vorsichtig sein. Kleinkinder hält man von Giftpflanzen ganz fern, größere Kinder sollten über deren Gefährlichkeit aufgeklärt werden. Der Genuß irgendwelcher Pflanzenteile ist unbedingt zu vermeiden. Schon nach dem bloßen Berühren sollte man sich die Hände gründlich waschen. Nicht vergessen werden darf, daß sich bei Schnittblumen die Giftstoffe auch im Vasenwasser anreichern.

Tip

Pflanzen, deren Zwiebeln und Blätter einen intensiven Geruch verströmen, z. B. Kaiserkrone oder Bärlauch, halten Fraßfeinde wie Wühlmäuse nicht nur von sich selbst fern, sondern vertreiben sie auch aus der unmittelbaren Nachbarschaft. Man kann solche Arten daher gezielt als Abwehrpflanzen gegen Schädlinge einsetzen.

Wissenswertes über Zwiebel- und Knollenpflanzen

Eine Zwiebelpflanze entwickelt aus ihrem unterirdischen Organ sowohl Wurzeln wie auch Blätter und Blüten.

Um die Eigenheiten von Zwiebel- und Knollenpflanzen wirklich verstehen zu können, muß man ein wenig in die Wissenschaft der Pflanzenkunde eindringen. Viele Fragen zur Pflanzung und Pflege klären sich von selbst, wenn man sich mit dem Pflanzenleben näher beschäftigt. So geben z.B. Form und Funktion der unterirdischen Organe einer Pflanze wichtige Anhaltspunkte für deren Kultur und den richtigen Standort. Auch das Wissen um die korrekte Benennung ist wichtig, vor allem beim Einkauf oder bei der Suche nach einer bestimmten Art.

Aufbau der Pflanze

Jede Zwiebel- oder Knollenpflanze besteht aus den Wurzeln, die sie im Boden verankern und ihr Wasser und Nährstoffe zuführen, einem arttypischen Speicher- und Überdauerungsorgan, das als Zwiebel, Sproßknolle, Wurzelknolle oder Rhizom ausgebildet sein kann, und dem meist nur wenig verzweigten Sproß, der die Blätter und Blüten trägt.

Während das Laub von Stauden sehr unterschiedlich gestaltet sein kann – die Formenvielfalt reicht hier von einfachen, ganzrandigen bis zu tief eingeschnittenen oder aus mehreren Teilen zusammengesetzten Blättern –, ist das Laub der Zwiebel- und Knollengewächse überwiegend einfach. Meist sind die Blätter lanzettlich und haben einen glatten Rand wie etwa bei der Gladiole (*Gladiolus*-Arten). Es kommen aber auch gras- und röhrenartige Formen vor, etwa bei den Laucharten *(Allium)*, deren Blattstiel nicht abgesetzt ist, sondern unmerklich in die Blattspreite übergeht.

Dahlien entfalten aus ihren Wurzelknollen gefiedertes Laub und bunte Korbblüten.

Dies gilt zumindest für die Arten aus den Familien der Lilien-, Schwertlilien- und Narzissengewächse, wozu die Mehrzahl der Zwiebel- und Knollenpflanzen gehört. Vertreter verschiedener anderer Pflanzenfamilien, etwa Anemonen (*Anemone*-Arten), Knollenbegonien (*Begonia*-Knollenbegonien-Hybriden), Alpenveilchen *(Cyclamen)* oder Dahlien (*Dahlia*-Arten), ähneln in ihrem Laub dagegen den vielgestaltigen Blättern gewöhnlicher Stauden. Sie bilden unter den Zwiebel- und Knollengewächsen jedoch die Ausnahmen.

Die Blüten und die daraus aufgebauten Blütenstände der Zwiebel- und Knollenpflanzen zeigen eine wesentlich größere Vielfalt. Typischerweise besitzen Blüten einen äußeren Kranz eher unscheinbarer Kelchblätter und

Blausterne und Tazetten tragen schmales, lanzettliches Laub mit parallelen Blattnerven.

Ein Tulpenkelch besteht in der Regel aus sechs gleichgestaltigen Blütenblättern.

Tip

Form und Beschaffenheit der Blätter lassen Rückschlüsse auf den Wasserbedarf der jeweiligen Pflanzen zu. Krokusse oder Traubenhyazinthen mit ihrem grasartigen, schmalen Laub, das zusätzlich noch mit Wachs überzogen ist, brauchen z. B. nur wenig Feuchtigkeit. Reichlich gießen muß man dagegen Arten wie Wunderblume oder Dahlie, deren Blätter groß, weich und dünn sind.

einen inneren Ring leuchtend gefärbter Kronblätter. Bei vielen Zwiebelblumen, wie etwa der Tulpe, sind Kelch- und Kronblätter allerdings gleichgestaltet. In diesem Fall spricht man nur von Blütenblättern. Im Zentrum der Blüte schließlich stehen die pollentragenden männlichen Geschlechtsorgane, die Staubblätter, rund um den weiblichen Griffel mit der Narbe.

Verschiedene Speicherorgane

Verdickte Speicherorgane haben sich im Lauf der Evolution unabhängig voneinander bei verschiedenen, nicht näher verwandten Arten entwickelt. Dazu wurden die unterschiedlichsten Pflanzenteile zu mehr oder weniger umfangreichen „Vorratskammern" umgewandelt, und so entstanden schließlich Zwiebeln, Knollen und Rhizome, die in ihrem anatomischen Aufbau zwar grundverschieden sind, jedoch alle denselben Zweck erfüllen: die Speicherung von Wasser und Nährstoffen.

Fließende Übergänge

Bisweilen ist die eindeutige Zuordnung verdickter Pflanzenteile zu einem bestimmten Typ von Speicherorgan schwierig. Die Natur hat nicht nur Formen hervorgebracht, die weit von der typischen Grundform abweichen, es gibt auch jede Art von Übergängen zwischen den einzelnen Typen, insbesondere zwischen Knollen und Rhizomen, aber auch zwischen verdickten Speicherorganen und normalen Wurzeln. So lassen sich zwischen den Stauden im engeren Sinn, die ein Geflecht aus unverdickten Wurzeln tragen, und den Zwiebel- und Knollenpflanzen, besonders aber den Rhizompflanzen, keine scharfen Grenzen ziehen.

Auch Wurzeln, die nur schwach verdickt sind und eigentlich wie gewöhnliche Wurzeln aussehen, können schon als Speicherorgane dienen, z. B. bei der Schwarzaugen-Sonnenblume *(Helianthus atrorubens)*, einer typischen Staude. Andererseits werden Pflanzen wie der Aronstab *(Arum)*, die ein stark verdicktes Rhizom tragen und nach der Blüte einziehen, von Gärtnereien gewöhnlich als Zwiebel- und Knollenpflanzen geführt. Gärtnerisch werden dagegen einige Arten, wie z. B. Prachtscharte *(Liatris)* oder Fackellilie *(Kniphofia)* und eine Reihe von Irisarten, meist zu den rein wurzeltragenden Stauden gestellt, obwohl sie verdickte Rhizome bilden und daher von den äußeren Merkmalen her eigentlich den Zwiebel- und Knollengewächsen zugeordnet werden müßten. Sie werden jedoch bei der Pflege wie gewöhnliche Stauden und nicht wie Zwiebel- oder Knollen-

Der Kretische Aronstab besitzt ein knollenartig verdicktes Rhizom.

pflanzen behandelt und ziehen nach der Blüte auch nicht ein.

Die genannten Arten wie auch die rhizombildenden Nieswurzarten *(Helleborus)* und das Maiglöckchen *(Convallaria)* sind sowohl ihrer Erscheinung wie auch ihrer Verwendung nach eher wie die große Zahl der Blüten- und Blattschmuckstauden zu betrachten. Deshalb haben sie im vorliegenden Band keine Aufnahme gefunden.

Tip

Die kranzförmig aus dem Zwiebelboden herauswachsenden, oft weißen und leicht fleischigen Wurzeln sind sehr bruchempfindlich. Zwiebeln, die schon während der Lagerung Wurzeln gebildet haben, müssen deshalb sehr vorsichtig gepflanzt werden.

Zwiebeln

Die bekannteste und zugleich wohl raffinierteste Art der Pflanzen, Nährstoffe zu speichern, ist bei den Zwiebeln verwirklicht. Am Beispiel einer Tulpenzwiebel läßt sich deren typischer Aufbau besonders gut erkennen. Wie bei der Küchenzwiebel sitzen mehrere Lagen eines bleichen, fleischigen Gewebes schalenförmig übereinander. Sie gehen allesamt von einer gemeinsamen Basis, dem Zwiebelboden oder Zwiebelkuchen, aus. An dessen Unterseite entspringen die Wurzeln.

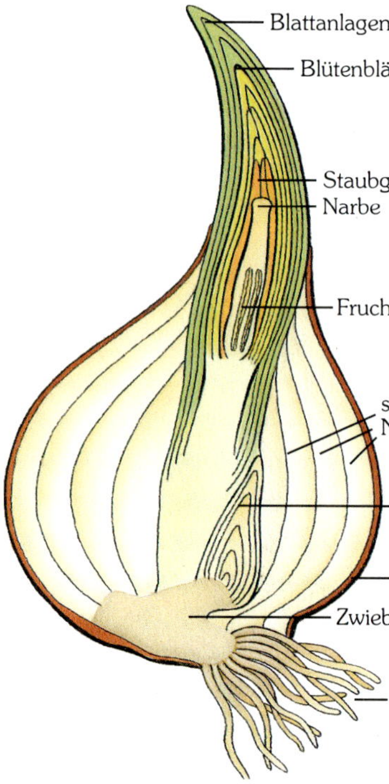

Eine typische Blumenzwiebel im Querschnitt: Vom Zwiebelboden entspringen sowohl die Wurzeln wie auch alle oberirdischen Teile. Dabei bilden schuppige, fleischige Niederblätter die eigentliche Zwiebel. Sie sind von einer trockenen Schutzhülle aus abgestorbenen Zwiebelschalen umgeben und umschließen ihrerseits den Sproß mit den bereits vollständig ausgebildeten Blatt- und Blütenanlagen. Auch die Neben- oder Tochterzwiebel entwickelt sich am Zwiebelboden.

Durch Untersuchungen und Vergleiche der Gewebetypen konnte man nachweisen, daß die merkwürdigen Zwiebelschichten nichts anderes sind als umgewandelte, spezialisierte Blätter, sog. Niederblätter, die kein Blattgrün enthalten, sondern ganz der Speicherung von Wasser und Nährstoffen wie Stärke, Zucker

Die unterirdischen Organe sind bei den einzelnen Arten ganz verschieden ausgebildet.

und Proteinen dienen. Genaugenommen sind es nur die jeweils untersten Teile der Blätter, deren obere Teile sich zu gegebener Zeit als grüne Laubblätter aus dem Erdboden herausschieben können.

Der Zwiebelboden stellt nur eine extrem gestauchte Sproßachse dar. Wie jeder Sproß trägt er an dem einen Ende Blätter, eben die einzelnen Zwiebelschichten, an dem anderen, nach unten gerichteten Ende dagegen Wurzeln. Der Unterschied zu gewöhnlichen Sprossen besteht lediglich darin, daß hier die beiden Enden nicht durch einen gestreckten Trieb voneinander getrennt sind.

Im Zentrum der Zwiebelschichten, gegen Kälte sowie Trockenheit und Druck bestens geschützt, sitzt die Sproßknospe mit dem bereits fertig angelegten, aber noch stark verkürzten Blütentrieb. Sobald die Witterungsverhältnisse günstig sind, braucht er sich nur noch in die Länge zu strecken und zu ergrünen bzw. die Blüte ihre endgültige Farbe anzunehmen, schon ist die Pflanze – genauer gesagt, ihr oberirdisch sichtbarer Teil – vollständig ausgebildet.

Bei der Zwiebel handelt es sich also im Grund um eine komplette Pflanze, einen Sproß mit Wurzeln, Blättern und Blütentrieb, die als Ganzes überdauert. Im Gegensatz dazu überwintern bei den eigentlichen Stauden nur die Wurzeln und Knospen sowie manchmal auch einige Blätter.

Die Sproßknospe im Zwiebelinnern bildet während der Wachstumszeit fortlaufend Blätter, die allmählich größer werden, sich verdicken und zugleich immer mehr zum Rand des Zwiebelbodens wandern, da sie von den nachfolgenden jüngeren Blättern nach außen gedrängt werden. Ist der Nährstoffvorrat im fleischigen Blattgewebe aufgebraucht, vertrocknen die Blätter allmählich und werden derb und braun. Als solches bilden sie eine äußere Schale, welche die Zwiebel völlig einschließt und weitgehend vor Austrocknung bewahrt. Zugleich bietet die derbe Hülle vor allem während der kritischen Ruhezeit einen gewissen Schutz gegen Schädlinge und Krankheitserreger.

Aus den Achselknospen der inneren Zwiebelblätter entstehen mehr oder weniger häufig und in unterschiedlicher Zahl die Brut- und Tochterzwiebeln. Sie wandern mit den alternden Zwiebelblättern allmählich zur Außenseite der Zwiebel, wo sie sich schließlich als fertige kleine Zwiebeln von der Mutterzwiebel lösen bzw. abgenommen werden können (siehe Seite 78 ff.).

Eingedeckt mit Vorräten

Die Blütentriebe der Zwiebelpflanzen wachsen erstaunlich rasch, bei manchen Arten bereits zu einer Jahreszeit, in der am Boden noch Temperaturen um den Gefrierpunkt herrschen und die Wurzeln noch gar nicht zur Wasseraufnahme fähig sind. Das ist nur möglich, weil die Zwiebeln einen reichlichen Vorrat an Wasser und Nährstoffen bereithalten. Diese Rücklagen machen die Zwiebelpflanzen in ihrer Entwicklung weitgehend unabhängig von der Außenwelt.

Während und nach der Blütezeit werden mit Hilfe der grünen Blätter neue Nährstoffe erzeugt, mit denen der Vorrat im Lauf des Jahres wieder aufgefüllt wird. Anschließend können die Pflanzen gut gerüstet ihren nächsten Ruheschlaf antreten.

Der Gärtner weiß die jährlichen Ruheperioden der Zwiebelgewächse auszunutzen. In dieser Zeit kann er die Zwiebelhorste unbeschadet aus dem Boden nehmen, sie teilen und die Zwiebeln problemlos lagern (siehe Seite 108 f.). Erst nach der Ruhepause müssen sie wieder ausgepflanzt werden, um ihren Lebenszyklus erneut zu starten.

Der hier geschilderte Prototyp der Zwiebel tritt allerdings nur in einigen wenigen Pflanzenfamilien auf, vor allem bei den Liliengewächsen *(Liliaceae)*, zu denen die Gattungen Lauch *(Allium)*, Prärielilie *(Camassia)*, Fritillarie *(Fritillaria)*, Hyazinthe *(Hyacinthus)*, Lilie *(Lilium)* und Tulpe *(Tulipa)* gehören, sowie bei

Mit Hilfe von Brutzwiebeln können Blausterne rasch große Bestände bilden.

Tip

Das Ende der Ruhezeit wird den Zwiebelpflanzen durch verschiedene Faktoren signalisiert. Meist geben zunehmende Wärme und Feuchtigkeit das Startsignal zum Wachsen. Zwiebeln müssen deshalb im Lager unbedingt kühl und trocken gehalten werden, damit sie nicht vorzeitig austreiben.

Tip

Besonders reichlich setzen z. B. Blaustern, Schneeglanz, Traubenhyazinthe und Milchstern Brutzwiebeln an. Diese Arten eignen sich deshalb vorzüglich zum Verwildern.

Tip

Nach dem Verwelken der Blüten dürfen die Laubblätter der Zwiebelpflanzen nicht gleich abgeschnitten werden, denn nur mit ihrer Hilfe kann die Zwiebel genügend Nährstoffe für die nächste Saison einlagern. Entfernt man das Laub zu früh, blüht die Pflanze im folgenden Jahr nur spärlich oder gar nicht.

Beim Riesenlauch sind nicht nur die Blütenbälle außergewöhnlich groß, sondern auch die Zwiebeln.

den Narzissen- oder Amaryllisgewächsen *(Amaryllidaceae)* mit Schneeglöckchen *(Galanthus)*, Knotenblume *(Leucojum)* und Narzisse *(Narcissus)* als bekanntesten Gattungen.

Varianten der Zwiebelform

Was Größe, Aussehen und inneren Aufbau von Zwiebeln anbelangt, ist die Variationsbreite enorm. So können Zwiebeln rund und fast faustgroß sein wie beim Riesenlauch *(Allium giganteum)*, aber auch länglich gebogen und nur etwa daumennagelgroß wie beim Enzianlauch *(Allium cyaneum)*.

Die äußere Schale, die Zwiebelhaut, kann sehr verschiedene Färbungen aufweisen. Es gibt braune, rötliche, rosa und sogar bläuliche bis graue Formen. Neben der üblichen glatten, papierartigen Außenhaut kommen bei manchen Arten Zwiebelhüllen vor, die zu einem faserigen Netz aufgelöst sind. Die Netziris *(Iris reticulata)* wurde sogar nach dieser Besonderheit benannt.

Bedingt durch den Lebensraum, aus dem die einzelnen Arten stammen, finden sich auch vom typischen Bild stark abweichende Zwiebelformen. So etwa bei den Lilien, die als Liliengewächse zwar mit den Lauch- und Tulpenarten nahe verwandt sind, im Gegensatz zu diesen aber nicht in Trockengebieten heimisch sind, sondern überwiegend aus Regionen mit höheren und gleichmäßiger über das Jahr verteilten Niederschlägen stammen. Sie besiedeln dort vorzugsweise lichte Waldränder oder wurzeln in tiefen, humusreichen Felsspalten. Für die meisten Lilien ist daher ein Schutz vor Austrocknung, wie ihn eine derbe Zwiebelhülle bietet, nicht lebensnotwendig. Dementsprechend bleiben ihre fleischigen Niederblätter unbedeckt.

Auch in ihrem Innern weichen Lilienzwiebeln von den typischen, schalenförmig aufgebauten Zwiebeln ab. Sie bestehen statt dessen aus zahlreichen kleinen, länglichen, dachziegelartig übereinanderstehenden Zwiebelschuppen. Ähnlich gebaute Zwiebeln ohne derbe Außenhülle findet man auch bei den Fritillarien (*Fritillaria*-Arten). Die Zwiebeln dieser Gattung bestehen jedoch aus nur wenigen, dafür aber sehr dicken Schuppen, manchmal sogar nur aus einer einzigen. Wie die Lilien wachsen auch diese Pflanzen vorwiegend an Stellen mit gleichmäßiger Wasser-

Trotz der nahen Verwandtschaft zu Tulpen und Lauch besitzen Lilien völlig andere Zwiebeln.

versorgung, manche, etwa die Schachbrettblume *(Fritillaria meleagris)*, sogar in Feuchtwiesen. Form und innerer Bau der Zwiebel können also bereits deutliche Hinweise auf die natürliche Herkunft und damit auf die Standortansprüche der Pflanzen geben.

Schachbrettblumen entwickeln sich aus Zwiebeln ohne schützende Außenhülle

Andere Speicherorgane – die Sproßknollen

Eine andere im Pflanzenreich weitverbreitete Form eines Speicherorgans ist die Sproßknolle, oft vereinfachend nur Knolle genannt. Es handelt sich um ein mehr oder weniger rundliches Gebilde, dessen Inneres im Unterschied zur Zwiebel nicht aus mehreren Schichten aufgebaut ist, sondern aus einem einheitlichen Gewebe besteht.

Wie die Zwiebel stellt auch die Sproßknolle einen umgewandelten Sproß der Pflanze dar. Jedoch ist in ihrem Fall nicht der gesamte Sproß, sondern nur ein bestimmter Abschnitt verändert. Das Aussehen der jeweiligen Knolle hängt wesentlich davon ab, aus welchem Sproßteil sie hervorgegangen ist.

Zwiebelknollen

Die bekannteste Form der Sproßknolle findet man bei Krokussen *(Crocus)* oder Gladiolen

Speicherorgane können die unterschiedlichsten Formen aufweisen: Zwiebeln besitzen z.B. Tulpen, Lilien, Narzissen und Hyazinthen; Zwiebelknollen tragen etwa Gladiolen und Krokusse; Rhizome findet man z.B. bei Blumenrohr und Aronstab; Hypocotylknollen haben u.a. Begonien, Alpenveilchen und Anemonen; Wurzelknollen bilden etwa Dahlien, Steppenkerzen und Ranunkeln aus.

Tip

Bei einigen Arten, z. B. Blaustern oder Schneeglanz, sind die Zwiebelschalen so schwach ausgebildet, daß sie nur wenig Schutz vor Austrocknung bieten. Solche dünnhäutigen Zwiebeln können nur schlecht gelagert werden und müssen möglichst sofort nach Erhalt in den Boden kommen. Auch Lilienzwiebeln, denen eine schützende Außenhaut gänzlich fehlt, sollten nach dem Kauf schnellstens gepflanzt werden.

(Gladiolus), bei Sterngladiolen *(Acidanthera)* oder Zeitlosen *(Colchicum)*. Sie entsteht durch Abwandlung eines unteren Sproßabschnitts, ist rundlich und wirkt dem ersten Anschein nach wie eine Zwiebel. Wie diese ist sie von einer trockenhäutigen Hülle aus einem oder zwei Blättern umgeben, und ihre Wurzeln gehen von einem scheibenförmigen, dem Zwiebelboden ähnlichen Gebilde, der sog. Basalplatte, aus. Wegen der Ähnlichkeit mit den Zwiebeln wird diese Art Knolle meist Zwiebelknolle genannt, manche Fachleute sprechen auch von Rhizomknolle.

Die Mutterknolle lebt jeweils nur kurz. Noch im Jahr der Blüte bilden sich, je nach Art, eine oder mehrere Tochterknollen. Bei den meisten Knollenpflanzen, etwa bei den Krokussen, sitzen die Tochterknollen unmittelbar auf der Mutterknolle auf. Sie können aber auch, wie bei den Zeitlosen, seitlich an der Basis der alten Knolle entstehen. Während sich die Mutterknolle im Verlauf einer Blühperiode allmählich aufbraucht, wächst die Tochterknolle beständig heran. Bereits im nächsten Jahr übernimmt sie die Funktion der alten Knolle.

Brutknollen, die der vegetativen, d. h. der ungeschlechtlichen Vermehrung dienen, werden artspezifisch in unterschiedlicher Zahl an der Basis der Knolle gebildet. Beim Ausgraben der Knolle nach dem Einziehen der Blätter können diese „Sprößlinge“ dann leicht abgenommen werden (siehe Seite 81).

Tip

Bei der Pflanzung von Hypocotylknollen muß man unbedingt darauf achten, daß sie in der richtigen Lage in den Boden kommen. Manchmal ist wirklich nur durch genaues Hinsehen festzustellen, wo oben und wo unten ist. Die Oberseite ist an kleinen, weißlichen bis grünlichen Knospen erkennbar.

Bulben der Orchideen

Eine ungewöhnliche Form von Sproßknollen bilden manche Erdorchideen, sog. Pseudo- oder Scheinbulben, oft auch nur einfach Bulben genannt. Diese wachsen nicht unter der Erde wie die Speicherorgane anderer Pflanzen, sondern ragen zumindest teilweise aus dem Boden heraus. Bei der Japan-Orchidee *(Bletilla striata)* sind die verdickten Scheinbulben abgeflacht, bei der Tibet-Orchidee *(Pleione)* dagegen kugelig. Die knolligen Gebilde sind über eine Hauptachse miteinander verbunden. Jährlich wächst eine neue Bulbe heran, aus der die frischen Triebe sprießen, während die letztjährige Bulbe allmählich zusammenschrumpft.

Die Hypocotylknolle des Alpenveilchens ist breit abgeflacht. Die Wurzeln treiben oft rundherum aus der Knolle aus.

Hypocotylknollen

Der kompliziert klingende Name dieser Knollenform rührt daher, daß diese Speicherorgane aus demjenigen Sproßabschnitt entstehen, der sich zwischen dem Wurzelhals und den Keimblättern befindet und botanisch Hypocotyl heißt, was nichts anderes als „unterhalb der Keimblätter“ bedeutet. Da Hypocotylknollen wie Zwiebelknollen und Scheinbulben einen umgebildeten Sproßteil darstellen, gehören sie ebenfalls zu den Sproßknollen.

Typisch für Hypocotylknollen ist, daß sie „nackt“, d. h. von keiner trockenhäutigen Hülle umgeben sind. Außerdem entspringen die Wurzeln nicht einer bestimmten Region (wie der Basalplatte bei den Zwiebelknollen), sondern entstehen oft rund um die Knolle.

Die meisten Hypocotylknollen sind scheibenförmig, breit und abgeflacht wie die von Alpenveilchen *(Cyclamen)* oder Knollenbegonien (*Begonia*-Knollenbegonien-Hybriden). In der Regel sind sie alle recht langlebig. Bei den Alpenveilchen wurden schon einzelne Exemplare auf ein Alter von ungefähr 100 Jahren datiert. Es gibt aber auch rundliche Formen, etwa bei den Anemonen (*Anemone*-Arten) oder den Winterlingen (*Eranthis*-Arten), die regelmäßig Tochterknollen hervorbringen und nach etlichen Jahren dichte, zusammensitzende Knollenhaufen bilden.

Wurzelknollen

Auch verdickte Speicherorgane, die durch Umwandlung von Wurzeln entstehen, werden oft einfach als Knollen bezeichnet. Korrekt ausgedrückt, spricht man in diesem Fall aber von Wurzelknollen. Hier gibt es ebenfalls unterschiedliche Formen. Bei den Dahlien *(Dahlia)* sind die Wurzeln spindelförmig angeschwollen, bei Steppenkerzen *(Eremurus)* oder Ranunkeln (*Ranunculus-Asiaticus*-Hybriden) dagegen gleichmäßig langgestreckt, so daß ein Kranz aus verdickten Wurzeln entsteht.

Bei Dahlien sind die Wurzeln zu spindelförmigen Knollen verdickt.

Die Geweihiris verfügt sowohl über Zwiebeln als auch über Wurzelknollen.

Tip

Das obere Ende von Wurzelknollen, auch wenn es sich um kompliziert zusammengesetzte Gebilde handelt, läßt sich meist deutlich an den Resten der vorjährigen Stengel erkennen.

Diese umgewandelten Wurzeln dienen allein der Speicherung von Wasser und Nährstoffen. Die Aufnahme des Wassers aus dem Boden besorgen feine Faserwurzeln, die sich an ihnen entwickeln. Im Zentrum des Wurzelknollenkranzes bei den Steppenkerzen bzw. am faserwurzelfreien Ende der Dahlienknollen sitzen die Sproßknospen, die im Frühjahr zu neuen Trieben auswachsen.

Bei einigen wenigen Pflanzenarten sind mehrere Typen von Speicherorganen miteinander kombiniert. So haben etwa die Irisarten der Juno-Gruppe, zu der u.a. Geweihiris *(Iris bucharica)* und *Iris graeberiana* gehören, zwar eine Zwiebel, besitzen zugleich aber auch dicke Wurzelknollen.

Rhizome

Eine weitere Art von Speicherorgan, das Rhizom, das man auch Wurzelstock nennt, ist weder Zwiebel noch Knolle, sondern ein unterirdischer, meist waagrecht und knapp unter der Erdoberfläche wachsender Sproß, der unbegrenzt wachstumsfähig ist.

Die Sproßachse selbst zeigt sich mehr oder weniger verdickt und dient mit ihrem fleischigen Gewebe der Speicherung. Sie ist von schuppenartigen, bleichen Blättchen besetzt, aus deren Achselknospen sich Seitentriebe entwickeln können, und trägt zahlreiche Wurzeln. Manche Rhizome verzweigen sich mit der Zeit sehr stark – der Aronstab *(Arum)* ist ein gutes Beispiel dafür –, so daß ein unterirdisches, zusammenhängendes Rhizomnetz entsteht. Am Standort erscheinen dann dicht beieinander lauter Triebe, als hätte man viele kleine Pflanzen eingesetzt. In Wirklichkeit entstammen sie alle einer einzigen Pflanze.

Auch in diesem Fall gibt es wieder sehr ungewöhnliche Mischformen, z. B. bei der Scheinorchis *(Roscoea)*. Dieses Ingwergewächs bildet ein kurzes, vergleichsweise dünnes Rhizom, von dem büschelweise fleischige und rübenartig verdickte Wurzelknollen abgehen.

Botanische und volkstümliche Namen

Der botanische Name einer Pflanze löst bei manchen Gartenfreunden nur verständnisloses Achselzucken aus. Wozu einen Zungenbrecher wie etwa *Crocus tommasinianus* verwenden, wenn es für die Pflanze einen so klangvollen volkstümlichen Namen wie Elfenkrokus gibt? Leider kommt es bei den deutschen Namen vieler Pflanzen leicht zu Mißverständnissen.

Jeder kennt z.B. Osterglocken – oder er glaubt es wenigstens. Daß darunter jedoch nicht überall die herrlich gelben Trompetennarzissen *(Narcissus pseudonarcissus)* verstanden werden, sondern mancherorts, etwa in Teilen Frankens, auch die Küchenschelle *(Pulsatilla)*, eine Staude, kann schon zu Verwirrung führen.

Tip

Die langen Speicherorgane von Steppenkerzen, Ranunkeln und anderen Arten mit Wurzelknollen sind oft sehr brüchig, so daß man sie mit großer Vorsicht pflanzen muß. Werden sie beschädigt, wachsen die Pflanzen nur sehr schlecht an.

Schneeglöckchen (links) und Märzenbecher (rechts) werden oft miteinander verwechselt.

Ganz ähnlich gelagert ist das Problem beim Märzenbecher *(Leucojum vernum)* und dem Schneeglöckchen *(Galanthus nivalis)*, bei denen nicht nur die Pflanzen selbst, sondern oft auch deren Namen verwechselt werden. In manchen Regionen bezeichnet man als Märzenbecher sogar die völlig anders aussehenden Trompetennarzissen.

Bei deutschen Bezeichnungen gibt es kein Falsch und kein Richtig. Botanische Namen basieren hingegen auf einem allgemein anerkannten, international verbindlichen Regelwerk und sind für jede Art eindeutig. Den botanischen Namen zu kennen, ist vor allem dann unumgänglich, wenn man bei Gärtnereien im fremdsprachigen Ausland Blumenzwiebeln oder Samen bestellen will. Aber auch im Inland ist die Kenntnis der botanischen Namen stets hilfreich. Wer sich für etwas ausgefallenere Gewächse wie Trauerglocke *(Uvularia grandiflora)* oder Silberlackkrokus (*Crocus versicolor*, aber auch *Crocus biflorus*) interessiert, wird beim Studium der verschiedenen Anbieterkataloge bald auf ein heilloses Durcheinander bei den deutschen Bezeichnungen stoßen, da diese oft auf willkürlichen Übersetzungen der botanischen Namen beruhen. Es ist daher wesentlich einfacher, sich von vornherein an die unmißverständlichen botanischen Namen zu halten.

Art, Gattung, Familie

Der botanische Name einer Pflanze setzt sich stets aus zwei Teilen zusammen. Der erste Name, z.B. *Lilium*, bezeichnet die Gattung, zu der die betreffende Pflanze gehört – im hier angeführten Beispiel die Lilien –, und wird immer groß geschrieben. Der zweite, klein geschriebene Name steht für die Art, etwa *bulbiferum* für die Feuerlilie, die mit ihrem vollständigen botanischen Namen folglich *Lilium bulbiferum* heißt.

Neben dem hier abgebildeten Crocus biflorus wird auch Crocus versicolor Silberlackkrokus genannt.

Häufig bezieht sich der Artname auf eine herausragende oder kennzeichnende Eigenschaft der Pflanze. So bedeutet *bulbiferum* „zwiebeltragend“, womit die zahlreichen Brutzwiebeln gemeint sind, die die Feuerlilie in ihren Blattachseln bildet. Andere Artnamen geben das Herkunftsgebiet der Pflanze an, etwa bei *Lilium canadense*, der Kanadischen Wiesenlilie. Schließlich tragen Pflanzenarten auch oft den Namen eines berühmten Botanikers oder Pflanzensammlers. So wurde etwa die Mandarinenlilie nach dem irischen Botaniker Augustine Henry, der diese Art in China entdeckte, *Lilium henryi* genannt.

Nach ihrem Entdecker Augustine Henry trägt die Mandarinenlilie den botanischen Namen Lilium henryi.

Arten, die sich in bestimmten Merkmalen ähneln und sich dadurch als Gruppe von anderen, verwandten Arten unterscheiden, werden in der botanischen Systematik zu einer Gattung zusammengefaßt – und entsprechend mehrere Gattungen zu einer Familie. So besitzen etwa sämtliche Lilien *(Lilium)*, aber auch die Tulpen *(Tulipa)*, Fritillarien *(Fritillaria)*, Hyazinthen *(Hyacinthus)* und Zeitlosen *(Colchicum)* sechs gleichartig ausgebildete Blütenblätter. Zusammen mit einigen weiteren Gattungen gehören sie alle zur Familie der Liliengewächse *(Liliaceae)*. Sie ähneln sich untereinander stärker als etwa den Iris *(Iris)* oder auch den Gladiolen *(Gladiolus)*, die andersartig gestaltete Blütenblätter tragen und beide zur Familie der Schwertliliengewächse *(Iridaceae)* zählen.

Hybriden

Eine Befruchtung ist normalerweise nur zwischen verschiedenen Individuen einer Art möglich. Dennoch kann es dazu kommen, daß sich Pflanzen zweier unterschiedlicher

Betrachtet man verschiedene Lilienblüten genauer, z.B. eine Trompetenlilie (oben) und eine Feuerlilie (unten), so zeigt sich die Verwandtschaft am ähnlichen Blütenbau.

Arten miteinander kreuzen, meist infolge züchterischer Bemühungen, manchmal aber auch spontan in freier Natur. Die Abkömmlinge aus einer solchen Verbindung nennt man Hybriden oder Bastarde. Sie werden im botanischen Namen durch ein x zwischen Gattungs- und Artnamen gekennzeichnet, bei der Hakenlilie z.B. *Crinum* x *powellii*. Will man genauer sein, gibt man die Kreuzungspartner im Hybridnamen an. Im genannten

Tip

Bestimmte Arten sollte man im Fachhandel stets unter ihrem exakten botanischen Namen verlangen. Nur so kann man sicher sein, die gewünschte Pflanze auch zu erhalten.

Die im Handel erhältlichen Sorten des Indischen Blumenrohrs sind hauptsächlich aus der Art Canna indica hervorgegangen.

Tip

Will man Gartenpflanzen mit ganz bestimmten Farben oder Wuchseigenschaften erwerben, sollte man sie nur über den Fachhandel beziehen. Dort werden Samen und Jungpflanzen mit verläßlichen Sortennamen bezeichnet.

Fall hieße es dann *Crinum bulbispermum* x *Crinum moorei*.

Hybriden, die aus einer Folge von Kreuzungen verschiedener Partner hervorgegangen sind, deren Elternarten man nicht genau kennt oder bei denen es sich um Abkömmlinge aus unterschiedlichen Kreuzungsprozessen handelt, werden in der Regel schlicht als Hybriden bezeichnet. Ein Beispiel dafür sind die *Gladiolus*-Hybriden, die aus Kreuzungen mehrerer Gladiolenarten hervorgingen.

Will man aber eine Hybridengruppe noch näher charakterisieren, gibt man ihr eine zusätzliche Benennung, meistens den Artnamen der hauptsächlich beteiligten Ausgangsart, z.B. *Canna-Indica*-Hybriden beim Indischen Blumenrohr oder *Alstroemeria-Ligtu*-Hybriden bei der Inkalilie.

Sorten und weitere Untereinheiten

Durch gezielte Zuchtauswahl oder Kreuzung mit anderen Arten können Sorten mit einheitlichen Eigenschaften, etwa einer bestimmten Blütenfarbe, entstehen. Der Züchter wählt einen passenden Namen für seine Kreation, unter dem die neue Sorte dann im Handel erhältlich ist. Sortennamen werden nach international verbindlichem Reglement stets groß geschrieben und in einfache Anführungsstriche gesetzt. Die Sorte *Crocus chrysanthus* 'Cream Beauty' trägt z.B. cremegelbe Blüten.

Schließlich unterteilen Botaniker und Gärtner viele Arten nochmals in Unterarten, lateinisch *subspecies* (ssp.), oder präzisieren den Artnamen durch den Zusatz Varietät, lateinisch *varietas* (var.), oder Form, lateinisch *forma* (f.). Es handelt sich dabei nicht um Züchtungen, sondern um natürlich auftretende Abweichungen von der Stammart. Anders als die Kanadische Wiesenlilie *(Lilium canadense)*, die Stammart mit gelborangefarbenen, dunkel getupften Blüten, trägt etwa ihre Varietät *flavum* rein gelbe Blüten.

Im Handel werden Unterarten, Varietäten und Formen häufig einfach als Sorten der betreffenden Pflanzenart geführt, obwohl dies eigentlich nicht korrekt ist.

Narzissensorten gibt es in ungeheurer Fülle. Der besseren Übersicht halber teilt man sie nach ihrer Blütenform und Abstammung in mehrere Gruppen ein, z.B. in die Splitkorona-Narzissen (links) und in die Trompetennarzissen (rechts).

Die unüberschaubare Sortenfülle, die durch die langjährige Züchtungsarbeit aus den Stammformen von Tulpen, Narzissen, Dahlien und Lilien entstand, machte es erforderlich, das Sortiment jeweils in mehrere Sortengruppen einzuteilen, um den Überblick zu erleichtern. Die einzelnen Klassifizierungen sind international gültig und verbindlich. Auch in den meisten Gartenkatalogen und Angebotslisten stehen die Sorten heute nach den international festgelegten Systemen geordnet. Durch diese Auffächerung nach bestimmten Eigenschaften läßt sich eine für einen besonderen Zweck geeignete Sorte oder eine Pflanze mit dem gewünschten Aussehen viel leichter finden.

Die Einteilung der Gruppen erfolgt bei den einzelnen Gattungen nach unterschiedlichen Prinzipien. Meist entscheiden mehrere Kriterien über die Zugehörigkeit einer Sorte zu einer bestimmten Sortengruppe.

Namensänderungen

Immer wieder kommt es vor, daß Fachleute botanische Namen, an die man sich mehr oder minder mühsam gewöhnt hat, für ungültig erklären. Sie gruppieren und benennen dann die Arten um – ein für Laien wie auch für manche Gärtner oft schwer verständliches Unterfangen.

Doch auch das beruht letztlich auf den Regeln, nach denen die Benennung der Pflanzenarten zu erfolgen hat. Danach ist nur der jeweils älteste korrekt veröffentlichte Name einer Pflanze der maßgebliche und botanisch richtige. Zwar ist dies bei den meisten Arten geklärt, jedoch werden immer wieder einmal bislang verschollene, ältere Schriften entdeckt, in denen eine bestimmte Pflanzenart bereits beschrieben worden ist. Das bedeutet, daß von nun an der darin verwendete Name Gültigkeit hat. Gewöhnlich führen die meisten Gärtnereien die Pflanzen aber noch lange unter ihrem bisher gebräuchlichen Namen.

Ein noch häufigerer Grund für Namensänderungen liegt jedoch in der fortschreitenden Erkenntnis über die Verwandtschaft der Arten und Artengruppen untereinander. Dies kann zur Folge haben, daß einzelne Arten anderen Gattungen zugeordnet werden müssen, also einen neuen Gattungsnamen bekommen, weil die Arten einer bislang einheitlichen Gattung in zwei oder mehr neu zu benennende Gattungen aufgeteilt werden. Der Artname wird dabei jedoch beibehalten. Ein Beispiel dafür sind die Iris. Einige leicht abweichende Irisarten wie die Geweihiris *(Iris bucharica)* werden von manchen Fachleuten nicht zur Gattung *Iris*, sondern zur Gattung *Juno* gezählt. Die Geweihiris müßte demnach *Juno bucharica* heißen. Ähnlich liegt der Fall bei der Reifrocknarzisse, die nach gängiger Ansicht zu den Narzissen gehört und *Narcissus bulbocodium* heißt. Nach Auffassung einiger Fachleute ist sie von den übrigen Narzissen jedoch so verschieden, daß sie eine eigene Gattung *Corbularia* bildet und daher *Corbularia bulbocodium* genannt werden muß.

Die Reifrocknarzisse wird meist den Narzissen zugeordnet, bisweilen aber auch als eigene Gattung angesehen.

Da es verschiedene Auffassungen darüber gibt, wie entscheidend einzelne Pflanzenmerkmale für die Zuordnung zu einer bestimmten Gattung sind, herrscht in der Fachwelt nicht immer Einigkeit über die Benennung der Arten. Um dennoch die Übersicht zu behalten, werden die unterschiedlichen, von den einzelnen Fachleuten verwendeten botanischen Namen gewöhnlich als Synonyme zusätzlich zu den jeweils anerkannten Namen in Klammern angegeben. Auf diese Weise ist es auch möglich, einen älteren, heute nicht mehr gültigen Artnamen aufzufinden.

Eindrucksvolle Gartenszenen

Gestalten mit Zwiebel- und Knollenpflanzen

Nutzt man die Sortenvielfalt von Dahlien mit etwas Geschick, läßt sich allein mit diesen Pflanzen ein faszinierendes Gartenbild gestalten.

Gleichsam aus dem Nichts tauchen im Vorfrühling Schneeglöckchen, Krokusse und viele andere Frühblüher auf. Sie werden von Tulpen, Narzissen und Hyazinthen abgelöst. Den Sommer über bestimmen Lilien und exotisch anmutende Gewächse die Gartenszenerie. Im Herbst fordern Dahlien, Herbstzeitlosen und andere letzten Applaus. Damit die jahreszeitlichen Szenen zur Geltung kommen, gibt man den Blumen eine angemessene Kulisse und gesellt ihnen passende Statisten zu.

Ein Jahr voller Blüten

Kaum eine andere Pflanzengruppe macht den Wechsel von Werden und Vergehen im Garten so deutlich wie die Zwiebel- und Knollengewächse. Welche andere Blume verbreitet charmanter und fröhlicher den ersten Hauch von Frühling als das allseits so beliebte Schneeglöckchen? Und in wie vielen Gärten sind es gerade die feurigen Dahlien, die kurz vor dem Ende des Gartenjahres nochmals für kräftige Farbtupfer sorgen?

Vor einer Kulisse von Gehölzen oder eingebettet zwischen Stauden, ziehen die prächtigen Blüten aus Zwiebeln und Knollen zu jeder Jahreszeit die Blicke auf sich. Sie bilden die letzte Krönung in Beeten und Rabatten, am Gehölzrand, im Steingarten und auf Rasen- und Wiesenflächen. Kein Gartenbereich muß ohne Zierde durch die leuchtenden Schönheiten bleiben. Erfreulicherweise sind die meisten Arten zudem recht einfach zu ziehen, erweisen sich in der Kultur als anspruchslos und blühen auch ohne viel Pflege mit jedem Jahr üppiger.

Selten allerdings wird man einen bestimmten Gartenteil ausschließlich mit Zwiebel- und Knollenblumen gestalten. Dafür währt deren Blütenpracht in der Regel zu kurz. Nach dem Einziehen ihres Laubs hätte man für den Rest des Jahres leere Stellen im Garten. Man kombiniert sie daher gewöhnlich mit ausdauernden oder kurzlebigen Gewächsen und erhält auf diese Weise äußerst attraktive Pflanzgemeinschaften. Die Blüten der Zwiebel- und Knollenpflanzen gewinnen in solchen Ensembles sogar noch an Ausdruckskraft. Überdies lassen die Triebe kleiner Stauden oder Sommerblumen, die hochwüchsige Zwiebelblüher umschmeicheln, deren manchmal etwas starre Wuchsformen gefälliger erscheinen.

Tip

Eine Um- oder Unterpflanzung von Zwiebel- und Knollenblumen wirkt nicht nur während deren Blüte, sondern auch danach noch vorteilhaft. Sie verdeckt die langsam vergilbenden Blätter, die für sich allein recht unansehnlich wären.

Die prachtvollen Kelche der Tulpen ragen äußerst majestätisch aus einem Polsterteppich heraus.

Dieses Frühlingsbeet wirkt durch verschiedene Wuchsformen und kontrastreiche Farben lebhaft und spannungsvoll.

Harmonische Kombinationen

Mit den attraktiven Blüten, die sich aus den verschiedenen Zwiebeln und Knollen, diesen unterirdischen Kraftpaketen, hervorschieben, kann man dem Garten zu jeder Jahreszeit und an jeder Stelle den letzten Schliff geben. Um die Zwiebel- und Knollenblüher optimal zur Geltung zu bringen, müssen sie jedoch ihrem Charakter entsprechend an den jeweils passenden Platz und in die richtige Umgebung gesetzt werden.

Prinzipiell eignen sich großblumige und farbintensive Zuchtsorten am besten für Beete und Rabatten. Wildarten oder züchterisch nur wenig veränderte Sorten kommen in naturnahen Gartenbereichen, etwa im Steingarten oder am Gehölzrand, besser zur Geltung. Die großen, weithin leuchtenden Kelche der Gartentulpen ziehen in Beeten den Blick auf sich; im Steingarten nähmen sie sich dagegen viel zu pompös aus. Dort wirken die schlichteren, deshalb aber nicht weniger ansehnlichen Wildtulpen viel hübscher.

Blumen mit exotischem Flair oder bizarrem Aussehen wollen besonders behutsam plaziert sein. Zum einen sollen ihre ungewöhnlichen Blüten einen attraktiven Blickfang darstellen, sich also an einer gut einsehbaren Stelle entfalten. Zum andern ordnen sich solche Gewächse nur schwer anderen Blumen oder bereits bestehenden Pflanzungen unter, ja sie können eine bislang harmonische Gemeinschaft sogar empfindlich stören. So erscheinen Inkalilie *(Alstroemeria)*, Hakenlilie *(Crinum* x *powellii)* oder Tigerblume *(Tigridia pavonia)* in Rabatten mit schlichten Sommerblumen sehr majestätisch, würden aber zwischen der üppig blühenden Pracht von Stauden wie Rittersporn *(Delphinium)* oder Türkenmohn *(Papaver orientale)* viel von ihrer Ausstrahlung verlieren.

Rabatten heranzugehen. So kann man z. B. seinen Garten zu verschiedenen Jahreszeiten kritisch betrachten und nach unschönen Lücken oder zu wenig betonten Pflanzgruppen suchen, die sich mit Zwiebel- und Knollenblumen wirkungsvoll ergänzen ließen. Wirkt etwa der Boden unter einer Gehölzgruppe im Frühjahr sehr trist und eintönig, können dort schon ein paar Krokusse *(Crocus)* mit ihren lebhaften Farben fröhliche Akzente setzen. Eine bunte Sommerblumenrabatte, der noch ein krönendes Glanzlicht fehlt, gewinnt mit den einzigartigen Blüten von Lilien *(Lilium)* oder Indischem Blumenrohr (*Canna-Indica*-Hybriden) viel Spannung. Bei dieser Art der Gestaltung werden Zwiebel- und Knollenblumen vor allem als kleine Pflanzgruppen eingesetzt.

Tropisch anmutende Blütenfülle präsentiert eine Gruppe aus Indischem Blumenrohr.

Tip

Je größer und leuchtender die Blüten einer Pflanze sind, desto zurückhaltender sollten die umgebenden Gewächse gewählt werden. Weiße oder pastellfarbene Nachbarn sowie grün- oder silberlaubige Begleiter harmonieren stets mit farbkräftigen Blumen.

Tip

Pflanzen mit eigenwilliger Gestalt wie z. B. Japan-Orchidee, Tibet-Orchidee, Scheinorchis und manche Sauerkleearten sollte man möglichst nur zu neutral wirkenden oder unauffällig blühenden Nachbarn wie Farnen oder Blattschmuckstauden setzen, damit ihre Blüten uneingeschränkt zur Geltung kommen.

Wirkungsvoll in Szene gesetzt

Um mit den hübschen Zwiebel- und Knollenblumen eindrucksvolle Gartenbilder zu gestalten, muß man aus dem Angebot des Handels die jeweils passenden Arten und Sorten heraussuchen. Angesichts der schier unüberschaubaren Fülle des Sortiments ist dies nicht immer einfach.

Es gibt unterschiedliche Wege und Möglichkeiten, an die Gestaltung von Beeten und

Man kann allerdings auch umgekehrt vorgehen, seine Favoriten unter den Zwiebel- und Knollengewächsen in den Vordergrund rücken und ihnen andere Blumen nur als abrundende Ergänzung zur Seite stellen. In diesem Fall werden Zwiebel- oder Knollenpflanzen in größeren Trupps oder gar als flächige Gemeinschaft den Charakter der

Vor einem Schmetterlingsstrauch wogt (im Uhrzeigersinn von links unten) ein Reigen aus roten Knollenbegonien, rosafarbenem Klebschwertel, weißen Sterngladiolen, violettem Iran-Lauch, pinkfarbenen Wunderblumen, weißen Sommerhyazinthen, blauen Tagblumen, rotem Blumenrohr, orangeroten Montbretien, weiß-roten Tigerblumen und grünlichgelben Schopflilien, untermalt von Sommerblumen wie violettem Leberbalsam und rosafarbenem Buntschopfsalbei.

Pflanzung bestimmen. Überaus beliebt für eine solch reichliche Verwendung sind z.B. Tulpen, die auf einem Beet ein wahres Blütenfeuerwerk zu entfachen vermögen. Auch Dahlien können einen ganzen Garten mit ihrer eindrucksvollen Blütenfülle dominieren.

Gemeinschaft macht stark

Gleichgültig ob im Vorder- oder Hintergrund, Zwiebel- und Knollenpflanzen sollten, nach Art und Sorte getrennt, immer als Gruppe gepflanzt werden. Ein einzelnes Exemplar hinterläßt meist einen recht dürftigen Eindruck, ein Sammelsurium aus vielen verschiedenen Blüten wirkt dagegen zu unruhig. So gelangen Tulpen, Krokusse, Narzissen, Gladiolen oder Knollenbegonien erst zur rechten Geltung, wenn sie zu mehreren dicht beieinanderstehen. Je größer und auffälliger eine Blume ist, desto kleiner kann die Gruppe sein. Lilien (*Lilium*-Arten) wird man eher nur zu dritt oder fünft nebeneinanderpflanzen, bei Traubenhyazinthen (*Muscari*-Arten) dagegen zehn und mehr Exemplare zusammensetzen.

Um einen harmonischen Eindruck von einer Pflanzgruppe zu erzielen, verwendet man nicht nur Blumen derselben Art, sondern auch nur einer Sorte. Mehrere solcher Grüpp-

Königslilien (links) wirken schon in geringer Stückzahl, Traubenhyazinthen (oben) dagegen erst in der Menge.

Tip

Läßt man Wildarten wie Blausterne, Krokusse, Winterlinge und andere nach der Pflanzung ungestört wachsen, bilden sie durch Selbstaussaat und Brutzwiebeln mit der Zeit immer dichtere Horste.

Garten- und Wildtulpen sowie Ranunkeln machen sich gut in einem Pflanzgefäß.

chen aus jeweils einer Sorte können dann wiederum zu größeren Gemeinschaften kombiniert werden. Dementsprechend formiert man z.B. einen Trupp weißer Lilienblütiger Tulpen neben einer Schar gelber Einfacher Später Tulpen und setzt die Pflanzen nicht durcheinander in eine gemischte Gruppe.

Blütenpracht in Kästen und Kübeln

Viele Zwiebel- und Knollenpflanzen lassen sich problemlos auch in Gefäßen ziehen. Auf diese Weise kann man selbst Balkon und Terrasse mit den prächtigen Gewächsen schmücken.

Krokusse, Hyazinthen, kleine Narzissen und Tulpen bringen, in entsprechende Pflanzgefäße gesetzt, das bunte Bild des Frühlings direkt vors Fenster. Indisches Blumenrohr (*Canna-Indica*-Hybriden) oder verschiedene Lilien (*Lilium*-Arten) zieren mit ihren aufsehenerregenden Blüten dann im Sommer den hausnahen Bereich.

Feurige Seerosen-Tulpen schmücken eine Schale.

Kleine Gartennarzissen (links) und Traubenhyazinthen (rechts) passen in jeden Blumentopf.

Beliebte Zwiebel- und Knollenpflanzen für Kästen, Kübel und Tröge

Botanischer Name	Deutscher Name	Höhe in cm	Blütezeit/ Monate	Besonderes
Alstroemeria-Arten	Inkalilie	60–100	VI–VIII	
Anemone coronaria	Kronenanemone	25–40	IV–V	
Begonia-Knollenbegonien-Hybriden	Knollenbegonie	15–60	V–X	hängende Sorten auch für Ampeln
Canna-Indica-Hybriden	Indisches Blumenrohr	50–150	VI–X	niedrige Sorten bevorzugen
Crinum x *powellii*	Hakenlilie	80–100	VII–VIII	
Crocus-Hybriden	Gartenkrokus	5–10	III–IV	
Dahlia-Hybriden	Zwerg-Mignondahlien	15–30	VI–X	
Dahlia-Hybriden	Mignondahlien	30–40	VI–X	
Eucomis bicolor	Schopflilie	30–50	VII–VIII	
Eucomis comosa	Schopflilie	50–70	VI–VII	
Fritillaria meleagris	Schachbrettblume	15–30	IV–V	
Galanthus-Arten	Schneeglöckchen	10–20	II–III, IX–XI	
Hyacinthus orientalis	Hyazinthe	15–30	IV–V	
Iris reticulata	Netziris	10–20	II–III	
Ixia-Hybriden	Klebschwertel	40–60	V–VII	
Leucojum vernum	Märzenbecher	10–30	III–IV	
Lilium-Hybriden	Asiatische Hybriden	50–200	VI–VIII	niedrige Sorten bevorzugen
Lilium-Hybriden	Orientalische Hybriden	80–200	VII–VIII	
Lilium longiflorum	Osterlilie	50–100	VII–VIII	
Lilium-Longiflorum-Hybriden	Osterlilie	50–100	VII–VIII	
Mirabilis jalapa	Wunderblume	60–100	VI–X	
Muscari-Arten	frühblühende Traubenhyazinthen	10–40	III–V	
Narcissus-Hybriden	Gartennarzissen	20–60	III–V	
Ranunculus-Asiaticus-Hybriden	Ranunkel	20–40	IV–VI	
Tulipa-Arten	Frühe Gartentulpen Mittelfrühe Gartentulpen Späte Gartentulpen Wildtulpen-Hybriden	20–40 40–70 30–70 15–40	IV IV–V V III–IV	

Tip

Die Auswahl der Arten und Sorten für Balkon und Terrasse ist auf die Höhe des Pflanzgefäßes abzustimmen. Kleine Schneeglöckchen oder Krokusse würden in hohen Töpfen recht verloren wirken. Umgekehrt sehen langstielige Tulpen in flachen Schalen merkwürdig aus - und fallen überdies leicht um.

Tip

Körbe müssen vor dem Bepflanzen mit wasserundurchlässiger Folie ausgelegt werden. Am tiefsten Punkt des Korbs sind unbedingt Abzugslöcher anzubringen.

Größere Stein- oder Terrakottagefäße machen sich auch gut als markante Eckpunkte einer Rabatte. Darin kultivierte Zwiebel- oder Knollenblüher stehen sozusagen in zweiter Ebene über der bunten Gesellschaft der Rabattenpflanzen. Besonders exotische Pflanzenschönheiten wie etwa das Indische Blumenrohr (*Canna-Indica*-Hybriden) können auf diese Weise im wahrsten Sinn des Wortes hervorgehoben werden.

Neben den herkömmlichen Pflanzgefäßen eignen sich auch Körbe aller Art zur Bepflanzung. Vor allem die fröhlich-bunten Frühlingsblüher sehen darin höchst apart aus.

Im Rhythmus der Jahreszeiten

Allen eisigen Winterresten zum Trotz recken die Winterlinge ihre Kelche der Sonne entgegen.

Je nach ihren Blütezeiten lassen sich mit Zwiebel- und Knollenblumen das ganze Jahr über herrliche Arrangements gestalten. So kann man sich für jede Jahreszeit diejenigen Arten heraussuchen, die man in den Mittelpunkt stellen möchte, und dann geeignete Begleiter dazu auswählen – oder einfach schöne Zwiebel- und Knollenpflanzen gleichzeitig blühenden Gehölzen, Stauden und Sommerblumen beigesellen.

Boten des Frühlings

Nach den langen, tristen und grauen Tagen des Spätherbstes und Winters wünscht sich jeder sehnlichst den Frühling herbei. Die ersten zaghaften Versuche der Natur, Väterchen Frost mit zarten Blüten zu vertreiben, werden in jedem Jahr mit besonderer Freude begrüßt. Noch bevor der letzte Schnee geschmolzen, der letzte Frost aus dem Boden gewichen ist, schieben sich allen Widrigkeiten zum Trotz grazile weiße Glöckchen und Blütenbecher in frischen Farben aus der Erde. Hervorgelockt durch die ersten wärmenden Sonnenstrahlen, künden Schneeglöckchen *(Galanthus)*, Winterlinge *(Eranthis)* und Krokusse *(Crocus)* vom bevorstehenden Ende der kalten Jahreszeit.

Sobald die Sonne in höherem Bogen über den Himmel zieht und mehr wärmende Kraft entfaltet, scheinen ihre Strahlen die ruhenden Zwiebeln und Knollen im Boden zu wecken. Binnen erstaunlich kurzer Zeit wetteifert eine ganze Heerschar herrlichster Blüten miteinander. Wildtulpen *(Tulipa)*, Blausterne *(Scilla)*, Anemonen (*Anemone*-Arten) und andere Zwiebelblüher leuchten in fröhlichen Farben und vertreiben die Winterstimmung vollends.

Nun ist die erwachende Natur nicht mehr zu bremsen, täglich steigert sich ihre Farbenpracht. Mit den fülligen Blüten von Gartentulpen *(Tulipa)*, Kaiserkronen *(Fritillaria imperialis)* und Hyazinthen *(Hyacinthus orientalis)* erreicht der Zwiebelblumenreigen einen ersten Höhepunkt, der bis in den Frühsommer hinein andauert.

Frühling im Steingarten

Die ersten zarten Farbtupfer im Frühjahr erscheinen meistens im Steingarten. Zwischen Steinen, Geröll sowie auf lockerem Boden finden viele Zwiebel- und Knollenpflanzen einen idealen Standort, der ihrem natürlichen Wuchsort ähnlich ist. Von den winterlichen Niederschlägen noch gut durchfeuchtet, dabei schon erwärmt durch die sonnige Hanglage, bietet der Steingarten seinen Gewächsen die besten Startchancen. Und bevor die Erde dann in der sommerlichen Hitze austrocknet, haben die meisten Zwiebel- und Knollengewächse ihren Jahreszyklus bereits abgeschlossen und ihre Ruhezeit eingelegt.

Die zarten Blütenbecher der Krokusse gehören sicherlich zu den beliebtesten Blumen

Tip

Frühblühende Zwiebelblumen sollen den Garten jedes Jahr schmücken. Da sie bald nach der Blüte einziehen und ihr Standort dann nicht mehr zu erkennen ist, pflanzt man sie entweder an Stellen, wo im Jahresverlauf keine Bodenlockerung oder Grabearbeiten erforderlich werden, oder man markiert den Pflanzplatz, um ihn bei der Bodenbearbeitung auszusparen.

Tip

Im Steingarten sollte man nur zwergwüchsige Arten verwenden, weil diese sich am besten in die nachgebildete Miniatur-Gebirgswelt einfügen. Besonders bei Tulpen und Narzissen ist die Wuchshöhe zu beachten.

Rund um einen Baumstamm sorgen Gefüllte Frühe Tulpen und Alpenveilchen-Narzissen für ein heiteres Frühlingsbild.

Im frühlingshaften Steingarten verwandeln anmutige rosarote und gelbe Wildtulpen (Mitte und oben), zierliche gelbe Wildnarzissen (oben links), duftige blauviolette und weiße Strahlenanemonen (links und unten), himmelblauer Schneeglanz (oben Mitte), leuchtend gelbe und lila Krokusse (unten und oben rechts), rosafarbene Alpenveilchen (unten links) und elegante violette Netziris (unten rechts) den Garten in ein farbenfrohes Blütenmeer.

Tip

Wildtulpen wirken besonders hübsch, wenn sie von duftigen Stauden umspielt werden, z.B. von Gedenkemein, Steinkraut, kleinen Primeln oder Lerchensporn.

Tip

Leicht verwildernde Arten wie Blaustern oder Schneeglanz können in einem kleinflächigen Steingarten schnell überhandnehmen. Man sollte sie deshalb nur in größeren Anlagen verwenden oder aber Sorten wählen, die keine Samen ansetzen, z.B. *Scilla siberica* 'Spring Beauty'.

auf steinigem Terrain. Die golden leuchtenden Büschel des Ankara-Krokus *(Crocus ancyrensis)* setzen eindrucksvolle Akzente, während zarte Elfenkrokusse *(Crocus tommasinianus)* einen duftigen Farbhauch zwischen die Steine zaubern. Wie Edelsteine wirken die mehrfarbigen Krokusarten, z.B. der Silberlackkrokus *(Crocus versicolor)*, der Bunte Krokus *(Crocus chrysanthus)* oder der Schottische Krokus *(Crocus biflorus)*.

Die ungewöhnlichen Blüten der Netziris *(Iris reticulata)* und ihrer Verwandten rufen immer wieder Begeisterung hervor. Wie Schmetterlinge, die sich in der Jahreszeit geirrt haben, scheinen sich die grazilen Blumen an sonnigen Plätzchen niedergelassen zu haben. Schon früh kann man sich auch an den entzückenden Blüten der Vorfrühlings-Alpenveilchen *(Cyclamen coum)* oder an den weißen Glöckchen des Schneelauchs *(Allium triquetrum)* freuen.

Tulpen, insbesondere die zwergwüchsigen Wildtulpen, übernehmen in der Szenerie des Steingartens eine wichtige Rolle. Mit üppigen, oft ungewöhnlich farbintensiven Blüten überspielen sie noch kahle Stellen zwischen den gerade austreibenden Polsterstauden. Die großen gelb-weißen Sterne der *Tulipa tarda*, die feurig scharlachroten Kelche von *Tulipa sprengeri* und *Tulipa praestans*, die aprikosenfarbenen Becher der *Tulipa linifolia*, aber auch die sanft violetten Blüten der *Tulipa humilis* leuchten dem Betrachter entgegen.

Seltsam fremdartig muten dagegen die Blütenstände der Fritillarien an. Mit ihren reizvollen blassen oder stumpfen Farben passen *Fritillaria pallidiflora*, *Fritillaria acmopetala*, *Fritillaria camtschatcensis* und andere Arten besonders gut zu frischgrünen oder weißen Kleinstauden, wie etwa zu Wolfsmilcharten *(Euphorbia)* oder Gänsekresse *(Arabis)*. Auch Frühlingslichtblume *(Bulbocodium vernum)*, Reifrocknarzisse *(Narcissus bulbocodium)*, Triandrus-, Tazetten- und Jonquillen-Narzissen kommen im Steingarten am allerbesten zur Geltung.

Mit fortschreitendem Frühjahr treten die vielen hübschen Polsterstauden zunehmend in den Vordergrund des Steingartens. Blaukissen *(Aubrieta)*, Schleifenblume *(Iberis)* und Polsterphlox (*Phlox-Subulata*-Hybriden) lösen die Zwiebelblumenpracht mehr und mehr ab. Dazwischen sorgen aber immer noch aus Zwiebeln entwickelte Blüten für Auflockerung, so etwa Goldlauch *(Allium moly)*, Sternblume *(Ipheion uniflorum)* oder Frühlingsstern *(Triteleia)*.

Frühling am Gehölzrand

Viele heimische Zwiebel- und Knollengewächse nutzen die frühe Jahreszeit, in der genügend Licht durch die noch unbelaubten Baumkronen bis zum Boden fällt, zum Wachsen (siehe auch Seite 18f.). Die ersten unter ihnen öffnen schon im Spätwinter ihre Blüten. Zusammen mit den Frühlingsboten des

Steingartens bringen diese Gewächse bereits Farbtupfer in den noch wintertristen Garten. Dabei sind sie in der Regel spielend leicht zu kultivieren.

Winterlinge *(Eranthis)*, Cyclamineus-Narzissen, Schneeglöckchen *(Galanthus)* und Buschwindröschen *(Anemone nemorosa)* brauchen einen Platz unter dem Geäst eines großen Laubbaums, unter einer laubabwerfenden Strauchergruppe oder am Rand einer Hecke. Nadelgehölze sind aus naheliegendem Grund nicht zur Unterpflanzung geeignet – schließlich tragen sie ihr dichtes, schattenwerfendes Nadelkleid das ganze Jahr über.

An sonnigen, warmen Stellen wird der Blütenreigen am Gehölzrand schon sehr zeitig im Jahr von Schneeglöckchen und Märzenbecher *(Leucojum vernum)* eröffnet. Zwischen deren weißen Glocken blitzen auch bereits gelbe Winterlinge und Gelbsterne *(Gagea)*, himmelblaue Blausterne *(Scilla)* und Schneeglanzblüten *(Chionodoxa)* hervor. Auch kleine Wildnarzissen, z. B. die anmutigen Cyclamineus-Narzissen, sorgen für lebhafte Farbkleckse. Und binnen kurzem reihen sich in diese bunte Gesellschaft noch Lerchensporn *(Corydalis)*, Strahlenanemone *(Anemone blanda)*, Buschwindröschen, Gelbes Windröschen *(Anemone ranunculoides)*, Bärlauch *(Allium ursinum)* und Puschkinie *(Puschkinia scilloides)* ein. Ergänzen läßt sich die Frühlingsflora zusätzlich durch viele frühblühende Stauden wie Lungenkraut *(Pulmonaria)*, Leberblümchen *(Hepatica)*, Waldmeister *(Galium odoratum)* oder Maiglöckchen *(Convallaria)*.

Nach der ersten Blütenwoge zu Beginn des Frühjahrs folgt eine kurze Zeitspanne verhaltenerer Farbenpracht. Nicht mehr so sehr die Massenblüher ziehen nun die Blicke an, eher treten einzelne Blumengruppen in den Vordergrund. Überaus edle Beispiele dieser frühen Waldflora sind etwa die Hundszahnlilien *(Erythronium)* mit ihren schön gefleckten Blättern und grazilen Blüten. Auch Schachbrettblumen *(Fritillaria meleagris)* gedeihen am Gehölzrand sehr gut. In kleinen Gruppen gesetzt, wirken sie besonders vorteilhaft.

Zum Ende des Frühjahrs leiten Hasenglöckchen *(Hyacinthoides)* mit ihren schönen, blauen Blüten zum Sommerflor über, begleitet von weißlich blühenden Milchsternen *(Ornithogalum)* und den letzten Narzissen *(Narcissus)*.

Die meisten dieser Arten für den Gehölzrand sind völlig winterhart und überdies sehr pflegeleicht. Einmal in die Erde gepflanzt, vermehren sie sich willig und bilden mit den Jahren schöne Teppiche. Dabei kommt es auch schon mal vor, daß die eine oder andere Art in eine vorgelagerte Rasen- oder Wiesenfläche einwandert, vor allem wenn dort die Gräser nur lückig stehen.

Frühlingswiesen

Schüttere Rasenflächen und lückige Wiesen sind ideale Standorte für viele schöne Frühlingsblumen. Unter den Pflanzen, die sich dort durchsetzen können und die grüne Fläche mit bunten Farbtupfern beleben, sind auch eine Reihe von Zwiebel- und Knollengewächsen.

Tip

Nadelgehölze können zwar nur schwierig unterpflanzt werden, geben aber einen großartigen Hintergrund für eine Frühlingspflanzung ab. Vor dem dunklen Grün der Nadeln leuchten die Blüten von Schneeglöckchen oder Alpenveilchen besonders schön.

Am Gehölzrand blühen Zwiebelpflanzen scharenweise: Hundszahnlilien (oben) in zarten Rosétönen und Spanische Hasenglöckchen (links) in kräftigem Azurblau.

Tip

Am Gehölzrand wie auch im Steingarten ergänzen Christrosen *(Helleborus niger)* als farblich ruhiges Element die bunten Gemeinschaften von Zwiebelblühern in ganz idealer Weise.

Die zierlichen Alpenveilchen-Narzissen kann man gut am Gehölzrand verwildern lassen.

Der Bärlauch breitet sich rasch aus und erfüllt die Luft mit seinem Knoblaucharoma.

Zum Verwildern geeignete Zwiebel- und Knollenpflanzen

Botanischer Name	Deutscher Name	Höhe in cm	Blütezeit/ Monate	Standort im Garten
Allium moly	Goldlauch	20–30	V–VI	S, G
Allium ursinum	Bärlauch	20–30	IV–V	G
Anemone apennina	Apennin-Windröschen	15–30	III–IV	G
Anemone nemorosa	Buschwindröschen	10–20	III–V	G
Anemone ranunculoides	Gelbes Windröschen	10–20	IV–V	G, W
Chionodoxa-Arten	Schneeglanz	10–25	III–IV	S, G, W
Colchicum autumnale	Herbstzeitlose	10–25	VIII–X	G, S
Corydalis cava	Hohler Lerchensporn	10–30	III–IV	G
Corydalis solida	Gefingerter Lerchensporn	10–30	III–IV	G
Crocus-Arten	Krokus	5–10	II–IV, IX–XI	G, S, W
Cyclamen coum	Vorfrühlings-Alpenveilchen	5–10	II–IV	G
Eranthis-Arten	Winterling	5–15	II–III	G
Erythronium dens-canis	Hundszahn	10–20	III–IV	G
Fritillaria meleagris	Schachbrettblume	15–30	IV–V	W, G
Galanthus-Arten	Schneeglöckchen	10–20	II–III, IX–XI	G, W
Gladiolus communis	Gewöhnliche Siegwurz	50–80	V–VI	W
Gladiolus imbricatus	Wiesensiegwurz	30–50	VI–VII	W
Gladiolus palustris	Sumpfsiegwurz	30–60	V–VI	W
Hyacinthoides-Arten	Hasenglöckchen	15–40	IV–VI	G
Leucojum vernum	Märzenbecher	10–30	III–IV	G, W
Muscari-Arten	frühblühende Traubenhyazinthen	10–40	III–V	G, S
Narcissus-Arten	Trompetennarzisse Alpenveilchen-Narzisse Dichternarzisse	40–60 20–40 25–45	III–V III–IV IV–V	G, W G, W, S G, W
Narcissus poeticus var. *recurvus*	Pfauenaugen-Narzisse	25–45	IV–V	G, W
Narcissus minor var. *conspicuus*	Narzisse	10–20	III–IV	G, W
Ornithogalum-Arten	Milchstern	10–80	III–VII	G, W
Paradisea liliastrum	Trichterlilie	30–50	V–VI	S, W
Puschkinia scilloides	Puschkinie	10–20	III–IV	G, W, S
Scilla-Arten	Blaustern	10–20	II–VI	G, W, S
Tulipa-Kaufmanniana-Hybriden	Seerosen-Tulpen	15–30	III–IV	G, W
Tulipa tarda	Wildtulpe	10–15	III–IV	S
Tulipa sprengeri	Wildtulpe	30–40	V–VI	S
Tulipa sylvestris	Weinbergtulpe	20–45	IV–V	S

W Wiese, lückige, schüttere Rasenfläche **G** Gehölzrand **S** Steingarten, Kiesbeet

Verschiedenfarbige Krokusse, durchflochten von Schneeglanz, bilden einen bunten Teppich.

In nicht zu dichten Grasteppichen stellen sich Schneeglöckchen *(Galanthus)*, Märzenbecher *(Leucojum vernum)*, Krokusse *(Crocus)*, Schneeglanz *(Chionodoxa)*, Traubenhyazinthe *(Muscari)*, Blaustern *(Scilla)* und kleine Wildnarzissen (*Narcissus*-Arten) oft ganz von selbst ein. Ihre Samen können von Ameisen oder anderen Tieren dorthin verschleppt worden sein. Wer nicht so lange warten möchte, bis sich die Blumenzier von allein ausbreitet, der kann mit ganz gezielter Pflanzung (siehe Seite 101 f.) etwas nachhelfen.

Je nach persönlichem Geschmack läßt sich eine Frühlingswiese einheitlich oder mit vielerlei Arten bestücken. Das Grün der dazwischenstehenden Gräser wirkt auch bei einem bunten Durcheinander von Blumen ausgleichend und vermittelnd, die Wiese macht so rasch keinen überladenen Eindruck.

Dagegen kann eine Fläche, in der nur eine Art Blumen dominiert, das Bild des Gartens entscheidend beeinflussen. So verwandelt z. B. ein sehr dichter Bestand von Hasenglöckchen *(Hyacinthoides)* die Wiese in ein blaues Meer.

Eine Krokuswiese, in der verschiedene Krokusarten in leuchtenden Farben nebeneinanderstehen, ergibt prachtvolle Effekte. Auf magerem Boden können die meisten der botanischen Arten gepflanzt werden, z. B. Goldkrokus *(Crocus flavus)*, Elfenkrokus *(Crocus tommasinianus)* oder Bunter Krokus *(Crocus chrysanthus)*. Auf nahrhaftem, fettem Boden gedeihen dagegen die Gartenkrokusse (*Crocus*-Hybriden) besser. Allerdings sehen diese etwas wuchtig aus, wenn sie in großen Gruppen beieinanderstehen.

Auch eine Narzissenwiese wirkt traumhaft schön, vor allem wenn sie eine größere Fläche einnimmt. Das Grün kann dabei sowohl mit den Wildarten als auch den Gartenhybriden der Poeticus-Narzissen, Trompetennarzissen oder anderen Arten der Gattung *Narcissus* belebt werden.

Frühlingsbeete und -rabatten

Frühblühende Zwiebel- und Knollengewächse entfalten auf Beeten und Rabatten ein wahres Feuerwerk an Farben. Tulpen *(Tulipa)*, Kaiserkronen (hohe *Fritillaria*-Arten), Hyazinthen *(Hyacinthus orientalis)* und Gartennarzissen (*Narcissus*-Arten) prunken auf den offenen Flächen, aber auch weit weniger bekannte Gewächse wie Prärielilie *(Camassia)*, Steppenkerze *(Eremurus)*, Kronenanemone *(Anemone coronaria)* und Ranunkel (*Ranunculus-Asiaticus*-Hybriden) geben sich hier die Ehre.

Narzissen etwa leuchten mit ihren hellen, kräftigen Farben weithin. Wie die meisten Zwiebelblüher wirken sie am besten in Gruppen aus jeweils nur einer Sorte.

Kaiserkronen bilden mit ihren großen Blütenschöpfen einen majestätischen Blickfang, besonders wenn sie zu mehreren beieinanderstehen. Als Nachbarn sollten aber unbedingt niedrige Pflanzen gewählt werden, um die prachtvolle Gestalt der Kaiserkronen nachdrücklich zu unterstreichen.

Tip

Den Zwiebel- und Knollenblühern in einer Wiese kann man gut auch kleine Primelarten wie Kissenprimel oder Schlüsselblume beigesellen.

Tip

Wiesen und Rasenflächen dürfen erst dann gemäht werden, wenn das Laub der darauf wachsenden Zwiebelblüher vergilbt ist.

Zum Verwildern auf Wiesen eignen sich die zauberhaften Dichternarzissen hervorragend.

Gestaltung eines Frühlingsbeets:
Kaum zu überbieten ist die Blütenpracht der Zwiebel- und Knollenpflanzen (in der Skizze grau), wenn der Frühling vollends Einzug gehalten hat. Gekrönt von ① Prärielilien, ② Steppenkerzen und ③ Kaiserkronen prunken verschiedene ④ Tulpen, ⑤ Kronenanemonen , ⑥ Holland-Iris, ⑦ Goldlauch, ⑧ Hyazinthen, ⑨ Ranunkeln und ⑩ Traubenhyazinthen um die Wette. Vollendet wird das Blütenschauspiel durch einzelne Stauden wie ⑪ Gemswurz und ⑫ Wolfsmilch sowie durch frühjahrsblühende Sommerblumen wie ⑬ Goldlack, ⑭ Stiefmütterchen, ⑮ Vergißmeinnicht und ⑯ Maßliebchen.

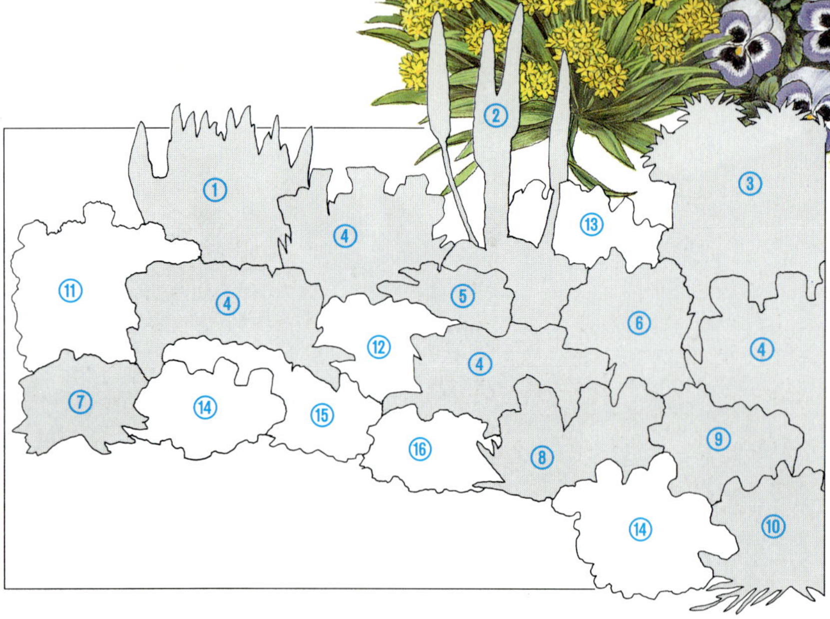

Die duftenden Blütenkegel der Hyazinthen erhalten nur dann die ihnen gebührende Bewunderung, wenn sie möglichst weit in den Vordergrund der Pflanzung gerückt werden. Ähnliches fordern die fülligen Blütenbälle der Ranunkeln. Die sehr apart gezeichneten Blüten der Holland-Iris (*Iris-Hollandica*-Hybriden) oder die berückenden Schalen der Kronen-, Garten-, Feuer- und Pfauenanemonen (*Anemone coronaria*, *Anemone hortensis*, *Anemone* x *fulgens*, *Anemone pavonina*) setzen

dagegen im mittleren Bereich des Beets Akzente. Den Hintergrund eines Beets können schließlich hochwüchsige Arten bilden, etwa Steppenkerzen *(Eremurus)* oder Prärielilien *(Camassia)* mit ihren äußerst eindrucksvollen Blütenkerzen.

Nun soll aber keineswegs der Eindruck entstehen, die niedrigen Zwiebelblüher wie etwa

Diese Rabatte mit roten Gartentulpen, gelben Gartennarzissen und blauen Traubenhyazinthen ist im klassischen Farbendreiklang gehalten.

Traubenhyazinthen *(Muscari)*, der Goldlauch *(Allium moly)*, Gartenkrokusse (*Crocus*-Hybriden) oder die Blausterne *(Scilla)* seien nur Lückenbüßer. Obwohl sie weit weniger auffallen, geben sie doch einem liebevoll gestalteten Beet erst den letzten Schliff.

Tulpen im Mittelpunkt

Ein Frühlingsgarten ohne Tulpen ist schlichtweg undenkbar. Die großen Kelche mit ihren leuchtenden Farben verbreiten eine heitere, lebensfrohe Stimmung, wie man sie zu dieser Zeit des Jahres besonders ersehnt. Für prachtvolle Beete und Rabatten kommen vor allem die vielen Sorten der Gartentulpen in Betracht, von denen eine schöner als die andere ist.

Durch eine geschickte Kombination von Tulpen mit verschiedenen Blütezeiten läßt sich das unnachahmliche Frühlingsbild um viele Wochen ausdehnen. Bereits im März erstrahlen die Kelche der Seerosen-Tulpen, gefolgt von denen der Fosteriana- und Greigii-Tulpen. Nahtlos wird der Flor von den Frühen Gartentulpen fortgesetzt und gipfelt zum Ausklang des Frühjahrs im eindrucksvollen Blütenrausch der Späten Gartentulpen, zu denen z. B. die eleganten Lilienblütigen Tulpen oder die faszinierenden Papagei-Tulpen gehören.

Obgleich so ausnehmend prächtig, wirkt eine einzelne Tulpe im Beet doch eher kläglich. Ihre wahre Darstellungskunst entfalten Tulpen wie die meisten Zwiebel- und Knollenpflanzen erst in der Gruppe. So sollte man sie stets, nach Sorten getrennt, zu mehr oder minder großen Trupps vereinen. Die einzelnen Gruppen werden dann entsprechend ihren Blütenfarben und Blütezeiten auf dem Beet arrangiert. Dabei rückt man frühblühende Sorten stärker in den Hintergrund, spätblühende nach vorne, damit die frühen Gruppen, wenn sie abgeblüht sind, das Bild nicht durch welkendes Laub im Vordergrund stören.

Vor allem bei einer Wechselpflanzung (siehe Seite 47) macht sich eine farblich abgestimmte Unterpflanzung der Tulpen mit duftigen, zarten Blumen vorteilhaft. Diese umspielen die starren Blätter und Stengel der Tulpen und lösen dadurch die etwas steifen Linien wohltuend auf. Eine solche Unterpflanzung muß natürlich niedrig bleiben, die Tulpenkelche müssen deutlich herausragen. Ideal eignen sich für diesen Zweck zweijährig kultivierte Arten wie Gartenstiefmütterchen (*Viola-Wittrockiana*-Hybriden), Vergißmeinnicht *(Myosotis)* und Maßliebchen *(Bellis)*, Goldlack *(Cheiranthus)* und Schöterich *(Erysimum)*, die trotz der zur „Tulpenzeit" meist noch recht kühlen Witterung schon üppig blühen. Einen frischen Eindruck machen z. B. weiße Lilienblütige Tulpen, die sich apart aus einer blauen Wolke von Vergißmeinnicht erheben. Einen lebhaft beschwingten Effekt rufen karminrote Darwin-Tulpen hervor, die sich über einem Teppich gelber Gartenstiefmütterchen wiegen.

Auch Stauden können geeignete Begleiter für Tulpen sein, allerdings weniger als Unterpflanzung, denn als Nachbarn. Bereits bei der Planung und Anlage eines dauerhaft bepflanzten Beets wird man Stauden berücksichtigen, die in der Kombination mit Tulpen harmonisch wirken. So unterstreichen Gems-

Tip

Sollen Tulpen mit bereits vorhandenen Stauden kombiniert werden, stimmt man die Blütenfarben der Tulpen auf die der Stauden ab. Dagegen übernehmen bei einer Unterpflanzung mit Zweijährigen die Tulpen die bestimmende Rolle, und man bringt die kurzlebigen Arten mit ihren Blütenfarben in Einklang.

Viridiflora-Tulpen verleihen dem noch ganz von Grüntönen beherrschten Staudenbeet Eleganz.

wurz *(Doronicum)*, Kaukasus-Vergißmeinnicht *(Brunnera)*, Nelkenwurz *(Geum)*, Hornveilchen *(Viola cornuta)*, Goldwolfsmilch *(Euphorbia polychroma)* und auch Himalaja-Wolfsmilch *(Euphorbia griffithii)* das Blütenschauspiel der Tulpen auf besonders reizvolle Art.

Dauer- oder Wechselpflanzung

Bei der Gestaltung von Frühlingsbeeten macht es einen entscheidenden Unterschied, ob die Pflanzung vorwiegend aus dauerhaften Gewächsen, also vor allem Stauden, besteht oder ob es sich um eine sog. Wechselpflanzung handelt, bei der auf die Frühlingsblüher ein Arrangement aus einjährigen Sommerblumen folgen soll. Während in einer beständigen Pflanzengemeinschaft die Zwiebelblüher nur in Lücken zwischen den Stauden gesetzt werden, spielen sie bei einer Wechselpflanzung im Frühjahr eindeutig die Hauptrolle und werden in entsprechend großer Zahl verwendet. Beide Varianten der Beetgestaltung haben ihren Reiz. Nicht zuletzt unterscheiden sie sich erheblich im Pflegeaufwand.

Tulpen sollten stets, nach Sorten getrennt, in kleinen Gruppen gepflanzt werden.

In einem dauerhaft angelegten Beet können Zwiebelblüher über viele Jahre hinweg im Boden bleiben. Der Gesamteindruck des Beets wiederholt sich gleichbleibend im Rhythmus der Jahreszeiten. Die austreibenden Stauden sorgen dafür, daß nach dem Einziehen der Zwiebelblüher keine leeren Stellen im Beet entstehen, da sie deren Pflanzplätze rasch überwachsen.

Bei einer Wechselpflanzung dagegen müssen die Frühlingsblüher zum Sommer hin aus der Erde genommen und bis zur Neupflanzung im Herbst zwischengelagert werden (siehe Seite 108 f.). Noch bevor die vergilbenden Frühlingsblüher unansehnlich werden, pflanzt man an ihre Stelle verschiedene Sommerblumen oder auch sommerblühende Zwiebel- und Knollengewächse. Die Mühe wird durch einen sehr lebendigen und abwechslungsreichen Charakter des Gartens belohnt. Überdies kann man im Lauf der Jahre immer neue Kompositionen ausprobieren.

Die Sommerknotenblume zaubert mit ihren weißen Blüten Lichtpunkte an den Gewässerrand.

Tip

Auch am Gewässerrand können Zwiebel- und Knollenpflanzen wie z. B. Sumpfkalla, Sumpfsiegwurz, Sommerknotenblume, Schachbrettblume und Amethystblaustern Verwendung finden. Die Pflanzen dürfen allerdings keinen überfluteten oder ständig nassen Platz erhalten, sondern sollten etwas weiter vom Ufer entfernt an Stellen mit wechselnder Feuchtigkeit gesetzt werden.

Vor dem dunklen Hintergrund der Gehölze leuchten die roten Gartentulpen zwischen gelben Gemswurz-Stauden hervor.

Lilien sind klassische Begleitpflanzen von Rosen: Weiße Madonnenlilien und Asiatische Hybriden mit schalenförmigen roten Blüten ergänzen eine rosafarbene Strauchrose; dazu passen als Unterpflanzung Ziersalbei und Karpaten-Glockenblumen.

Sommerliche Pracht

Kaum ist mit dem Frühling der erste Höhepunkt im Zwiebelblumenjahr vorüber, rüstet sich auch schon die sommerliche Ablösung. Während noch die letzten Tulpen blühen, entwickeln sich bereits die Blüten der Lilien *(Lilium)*, der Montbretien *(Crocosmia)*, des Indischen Blumenrohrs (*Canna-Indica*-Hybriden), der stattlichen Laucharten *(Allium)* und vieler anderer.

Der Sommer gehört vor allem den Exoten unter den Zwiebel- und Knollenpflanzen. Die überwiegend aus tropischen und subtropischen Breiten stammenden Gewächse wetteifern miteinander um die ausgefallensten Blüten. Die wahren Königinnen des Sommers sind sicherlich die Lilien, deren Blüten die Glanzpunkte eines jeden Beets darstellen. Ganz gleich, welche Art oder Sorte gepflanzt wird, stets beherrschen die prunkvollen Blumen die Pflanzengemeinschaft.

Besonders die Lilien-Hybriden spielen im Garten eine wichtige Rolle. In kleinen oder auch größeren Gruppen gepflanzt, verkörpern sie die Vorstellung sommerlicher Blütenfülle wie kaum eine andere Blume. Man sollte sie aber unbedingt so plazieren, daß sich ihre Blütenstände frei entfalten können und nicht von den anderen hochwüchsigen Nachbarn gleichsam erdrückt werden.

Am besten unterpflanzt man die edlen Gewächse mit niedrigen und halbhohen Stauden und mit Sommerblumen, z.B. kleinen Glockenblumen *(Campanula)*, Storchschnabel *(Geranium)*, Nadelblättrigem Mädchenauge *(Coreopsis verticillata)*, Lein *(Linum)*, Rasselblume *(Catananche)*, Schleierkraut *(Gypsophila)* oder mit Gräsern. Am schönsten wirken Lilien jedoch, wenn sie vor einem passenden

Tip

Niedrige Begleiter rund um Lilien sehen nicht nur hübsch aus, sondern beschatten auch den Boden. Das ist für Lilien ideal, denn sie wollen mit dem „Kopf" zwar in der Sonne, mit den „Füßen" aber im Schatten stehen.

Tip

Starkduftende Arten wie z. B. die Königslilie sollte man nicht zu dicht an die Terrasse oder einen Gartensitzplatz pflanzen. Ihr intensiver Geruch kann Kopfschmerzen verursachen.

Neben den einjährigen Zinnien, Studentenblumen und Astern verleihen Gladiolen und Montbretien dem sommerlichen Garten Charme.

Hintergrund stehen. Dunkle Gehölze, blauer Rittersporn *(Delphinium)*, hohe Glockenblumen *(Campanula)*, vor allen Dingen aber Strauch- und Kletterrosen ergeben eine herrliche Kulisse.

Durch eine Gruppe goldgelber Lilien erhält das sommerliche Beet seinen letzten Schliff.

Zwischen Prachtstauden und Sommerblumen bestechen während der wärmsten Zeit des Jahres neben den Lilien aber auch viele andere Arten von Zwiebel- und Knollenpflanzen. Da ragen die Glockentürme der Sommerhyazinthen *(Galtonia)*, leuchtendes Blumenrohr *(Canna)* und die duftigen Blütenkränze der Hakenlilien *(Crinum)* weit empor. Die ungewöhnlichen Blütenrispen der Montbretie *(Crocosmia)* und des Klebschwertels *(Ixia)*, der Inkalilie *(Alstroemeria)* und der Schopflilie *(Eucomis)* konkurrieren mit Sterngladiole *(Acidanthera)*, Tagblume *(Commelina tuberosa)* und Tigerblume *(Tigridia pavonia)* um Aufmerksamkeit. Damit all die Schönheit der herrlichen Blüten richtig zur Geltung kommt, sollte man diese Pflanzen durch schlichte, neutral wirkende Sommerblumen wie Salbei *(Salvia)*, Steinrich *(Lobularia)* oder Verbene *(Verbena)* etwas voneinander trennen.

Im Sommer beginnt auch die hohe Zeit des Zierlauchs mit seinen hübschen Blütenkugeln. Die violetten Bälle der hochwüchsigen Arten *(Allium giganteum, Allium rosenbachianum, Allium stipitatum)* thronen im Hintergrund von Staudenbeeten oder inmitten von steppenähnlichen Pflanzungen, während die zahlreichen niedrigeren Arten mit ihren klaren Farben zusätzliche Farbtupfer zwischen die Stauden zaubern.

Sommerlicher Bauerngarten

In der langen Tradition des Bauerngartens waren Nutzen und Zierde der Pflanzen stets eng miteinander verbunden. Auf der begrenzten Fläche, die eine Bäuerin neben ihrer übrigen schweren Alltagsarbeit noch bewirtschaften konnte, wuchsen in früherer Zeit vor allem Heil- und Gemüsepflanzen. Dazu gehörten u.a. auch der Gefleckte Aronstab *(Arum maculatum)*, der als Mittel gegen Keuchhusten verwendet wurde, Bärlauch *(Allium ursinum)* als Fiebermittel oder Madonnenlilien *(Lilium candidum)* zur Heilung von Hautkrankheiten. Wenn auch viele der damaligen Nutzpflanzen heute nur noch als Ziergewächse dienen, sind sie doch aus einem typischen Bauerngarten nicht wegzudenken.

Allen Zwiebel- und Knollenpflanzen voran stehen dabei die Lilien. Strahlend weiße Madonnenlilien, flammend orangerote Feuerlilien *(Lilium bulbiferum)* und sanft rosarote Türkenbundlilien *(Lilium martagon)* haben eine lange Tradition als Heil- und Zierpflanzen, zu der sicherlich nicht zuletzt auch ihre Symbolkraft (siehe Seite 11 f.) beigetragen hat. Im Bauerngarten lassen sich Lilien vor allem mit den hohen Blütenkerzen des Rittersporns *(Delphinium)*, aber auch mit Hohem Staudenphlox (*Phlox-Paniculata*-Hybriden) ganz ausgezeichnet kombinieren.

Auch Gladiolen *(Gladiolus)* sind für den Bauerngarten unverzichtbar. Man plaziert die hoch aufragenden Pflanzen gern entlang des Gartenzauns, an den sich die schweren

Tip

Natürlich gehören in einen Bauerngarten auch Zwiebelgewächse mit früher Blütezeit. Hohe, auffallende Arten wie die Kaiserkrone werden dabei gern als Blickfang in die Mitte eines Beets gepflanzt. Um sie herum scharen sich niedrigere Arten wie Hyazinthen und Tulpen; am Beetrand schließlich wachsen die kleinsten, z.B. Krokusse und Traubenhyazinthen.

Tip

Knollenbegonien sind nicht nur prächtige Blumen für einen schattigen Balkon, sie verleihen auch schattigen Rabatten farbenfrohen Glanz. Unter einem Dachvorsprung sind sie vor Regen weitgehend geschützt und bleiben dann lange attraktiv.

Gladiolen sind wie viele andere Zwiebel- und Knollenblumen aus dem Bauerngarten nicht wegzudenken.

Zum ausklingenden Frühjahr zeigt sich der Rhododendrengarten von seiner schönsten Seite: Die Gehölzkulisse aus Bambus, lilafarbenem Rhododendron und cremefarbener Lorbeerkirsche wird wirkungsvoll von weißen und gelben Narzissen, gelben Hundszahnlilien, Vierblättriger Einbeere (im linken Bildbereich) sowie von weißen und violetten Schachbrettblumen und roten Dreiblatthorsten (im rechten Bildbereich) unterstrichen.

Blütenrispen anlehnen können, so daß sie nicht gestützt werden müssen. Umspielt von Sommerblumen wie Ringelblumen *(Calendula)*, Duftwicken *(Lathyrus)* und Levkojen *(Matthiola)*, wirken die herrlich gefärbten und oft als Schnittblumen genutzten Gewächse weniger steif, als wenn sie allein stünden.

Sommerblüher für andere Gartenbereiche

Seltsam muten die eigenwilligen Blütengebilde des Aronstabs *(Arum)* und des Feuerkolbens *(Arisaema)* an, die sich zwar schon im Frühjahr am Gehölzrand und zwischen dichtem Gebüsch entfalten, aber erst gegen Ende des Sommers als leuchtend rote Fruchtstände weithin auffallen. Besondere Attraktivität erhält der Gehölzrand im Sommer aber auch durch Lilien, vor allem durch die Wildarten wie Tigerlilie *(Lilium lancifolium)*, Goldtürkenbund *(Lilium hansonii)*, Abendrotlilie *(Lilium harrisianum)* oder die Goldbandlilie *(Lilium auratum)*.

Ein Rhododendrenhain verwandelt während der Wende vom Frühling zum Sommer den Garten in ein wahres Blütenmeer. Wer jedoch diese herrlichen Ziersträucher noch durch weitere Blüten untermalen möchte, kann z.B. die exotisch anmutenden Tibet-Orchideen *(Pleione)* oder Japan-Orchideen *(Bletilla striata)* sowie auch Scheinorchis *(Roscoea)* und Trauerglocke *(Uvularia grandiflora)* pflanzen. Sehr eindrucksvoll zwischen den Sträuchern wirkt die Riesenlilie *(Cardiocrinum giganteum)*, die nicht nur auf dem sauren Boden des Rhododendrenhains, sondern ebenso am nicht zu trockenen Gehölzrand gedeiht (siehe auch Tabelle rechts).

Begleitpflanzen für Rhododendren

Botanischer Name	Deutscher Name	Höhe in cm	Blütezeit/ Monate	Blütenfarbe
Arisaema-Arten	Feuerkolben	20–70	IV–VII	rotbraun-weiß, grün-rosa-weiß
Bletilla striata	Japan-Orchidee	25–50	V–VII	rosa
Cardiocrinum giganteum	Riesenlilie	150–250	VII–VIII	weiß
Corydalis cashmeriana	Kaschmir-Lerchensporn	5–15	IV–V	blau
Cypripedium reginae	Königsfrauenschuh	40–60	V–VI	weiß-rosa
Eranthis-Arten	Winterling	5–15	II–III	gelb
Erythronium-Arten	Hundszahnlilie	10–40	III–V	weiß, rosa, violett, gelb
Galanthus-Arten	Schneeglöckchen	10–20	II–III, IX–XI	weiß
Hyacinthoides-Arten	Hasenglöckchen	15–40	IV–VI	blau, weiß, rosa
Leucojum-Arten	Knotenblume	10–50	III–VI, IX–X	weiß
Lilium auratum	Goldbandlilie	100–180	VIII–IX	weiß-gelb
Lilium canadense	Kanadische Wiesenlilie	80–150	VI–VII	gelb, rot
Lilium pardalinum	Pantherlilie	120–200	VII	orange-rot
Lilium speciosum	Prachtlilie	80–120	VIII–IX	weiß-rosa
Lilium-Hybriden	Amerikanische Hybriden	120–200	VI–VIII	weiß, gelb, rosa, rot
Muscari-Arten	frühblühende Traubenhyazinthen	10–40	III–V	blau, weiß, rosa
Narcissus-Arten	Narzisse	20–60	III–V	gelb, weiß
Pleione-Arten	Tibet-Orchidee	5–15	IV–V	violett, weiß, gelb, rosa
Trillium-Arten	Dreiblatt	5–40	III–VI	weiß, rosa, rötlich, gelb
Uvularia grandiflora	Trauerglocke	30–45	IV–V	gelb

Eindrucksvoll wirkt die Riesenlilie sowohl am Gehölzrand wie im Rhododendrenhain.

Tip

Einige der Zwiebel- und Knollenblumen ergänzen die überschäumende Blütenpracht der Rhododendren auf überaus reizvolle Weise. Das blaue Hasenglöckchen gehört z. B. dazu, ebenso der weiße Bärlauch, gelbe und weiße Wildnarzissen, Hundszahnlilien und Dreiblattarten.

Glanzlichter im Herbst

Ganz allmählich neigt sich das Blumenjahr seinem Ende entgegen. Als wollten sie den Sommer zum Bleiben beschwören, recken einige Arten unverdrossen ihre Blüten den noch wärmenden Sonnenstrahlen entgegen. Die meisten der Herbstblüher erreichen zwar nicht mehr die üppige Pracht des Sommerflors, doch tauchen sie den Garten noch bis weit in den Spätherbst hinein in satte, leuchtende Farben.

Auch wenn Dahlien (*Dahlia*-Hybriden) schon im Sommer zu blühen beginnen, gelten sie doch in erster Linie als besondere Schmuckstücke für den herbstlichen Garten. Erst vom Frost wird dem schier unerschöpflich scheinenden Blütenreichtum schließlich Einhalt geboten.

Die Mühen, die man bei der Kultur dieser nicht winterharten Pflanzen durch das Aufnehmen, Säubern und Lagern der Dahlienknollen auf sich nehmen muß, werden vielfach belohnt. Die igeligen Blütenköpfe der Kaktusdahlien, die fülligen Kugeln der Ball- oder der Schmuckdahlien, die drallen Bällchen der Pompondahlien oder die flachen, eleganten Schalen der Mignondahlien – sie alle erringen mit ihren leuchtenden Farben höchste Bewunderung.

Die verschiedenen Farb- und Formvarianten der Dahlien, gestaffelt in einer Rabatte, leuchten vor dem dunklen Gehölzhintergrund besonders schön.

Tip

Gefülltblühende Sorten der Herbstzeitlose sollte man an einer möglichst vor Regen geschützten Stelle pflanzen, z. B. unter ausladenden, aber nicht zu weit herabhängenden Sträuchern. Ihre schweren Blüten fallen sonst bei Regen leicht um.

Feurig rote Dahlien, begleitet von Gräsern und Rittersporn, bilden den Schlußakkord des Blütenjahrs.

Wie die meisten Zwiebel- und Knollenblumen sollte man auch Dahlien in Gruppen verwenden. Am besten kombiniert man mehrere Sorten mit verschiedener Wuchshöhe sowie unterschiedlicher Blütenform und -farbe miteinander, so daß sich ein sehr harmonisches Gesamtbild ergibt. Wirkungsvoll unterstrichen werden Dahliengruppen von weißblühenden oder silberlaubigen Nachbarpflanzen. Farblich auf die Dahlien abgestimmt, passen Stauden und Sommerblumen wie z. B. Oktober-Margerite *(Chrysanthemum serotinum)*, Ziersalbei *(Salvia farinacea)*, Langblättriger Ehrenpreis *(Veronica longifolia)*, Schmuckkörbchen (*Cosmos*-Arten), Studentenblume (*Tagetes*-Arten) oder auch verschiedene Ziergräser dazu.

Auch andere Zwiebel- und Knollenpflanzen können Dahlien schön ergänzen. Zu gelben und orangefarbenen Dahlien passen z. B. gut Montbretien *(Crocosmia)* und Tagblumen *(Commelina tuberosa)*, mit roten und rosafarbenen Dahlien harmonieren Indisches Blumenrohr (*Canna-Indica*-Hybriden) sowie Wunderblume *(Mirabilis jalapa)*, und zu pastellfarbenen sehen Inkalilie *(Alstroemeria)* und Tigerblume *(Tigridia pavonia)* gut aus.

Schlußlichter des jährlichen Blütenreigens

Wesentlich dezenter als die Dahlien, aber nicht minder reizvoll präsentiert sich der letzte Flor am Gehölzrand und im Steingarten. Besonders hübsch sind die intensiv rosafarbenen oder violetten Blütenkelche der Herbstzeitlosen *(Colchicum autumnale)*, die unter den bereits buntlaubigen Sträuchern hervorleuchten oder den Rand einer Wiese schmücken. Hübsche Matten aus fein gezeichnetem Laub und duftigen Blüten bilden die drei spätblühenden Alpenveilchenarten (*Cyclamen*).

Während die letzten Lilien (*Lilium*-Arten) noch mit ihren eleganten Blüten brillieren, gesellen sich zarte Herbstkrokusse (*Crocus*-Arten) zu ihnen, deren grazile Becher in ver-

Selbst im Herbst verleihen Zwiebel- und Knollenblumen dem Garten noch Farbe: Vom Gehölzrand breiten sich in die Wiese hinein zartrosa Alpenveilchen (vorne links), blauviolette Herbstkrokusse (Mitte) und lila Herbstzeitlose (vorne rechts) aus. Dicht am Fuß der Gehölze prunken letzte Lilien (rechts), gelbe Goldkrokusse (Sternbergia lutea, rechts darunter) und die roten leuchtenden Fruchtstände des Aronstabs (links).

schiedenen Blau- und Violettönen an warmen Tagen den Blick auf kräftig orangerote Narben freigeben. Das goldgelbe Gegenstück dazu bildet der Goldkrokus *(Sternbergia)*. Erstaunen rufen immer wieder die herbstblühende Art des Schneeglöckchens *(Galanthus reginae-olgae)* und die Herbstknotenblume *(Leucojum autumnale)* hervor, die schon im Herbst einen Hauch von Frühling ahnen lassen.

Verführerische Wohlgerüche – duftende Zwiebel- und Knollenpflanzen

Winterlinge duften zart nach Honig.

Montbretien verbreiten ein frischblumiges Aroma.

Nicht nur das Auge, auch die Nase kann sich an den schönen Gewächsen aus Zwiebeln und Knollen erfreuen. Viele von ihnen verströmen einen betörenden Duft, der die Luft im Garten zum Erlebnis für die Sinne macht.

Der letzte Schnee ist manchmal noch nicht geschmolzen, dann vermischen sich schon erste linde Blumendüfte mit dem würzigen Geruch der sich erwärmenden Erde. Das Frühlingsparfum wird immer intensiver, je höher die Sonne steigt. Zu dem noch hauchzarten, honigähnlichen Aroma von Schneeglöckchen *(Galanthus)* und von Winterling *(Eranthis)* kommen allmählich intensivere Noten, etwa der leicht harzige, vanilleähnliche Duft vieler Narzissen (*Narcissus*-Arten und -Hybriden) oder der süßlich-blumige der Hyazinthen *(Hyacinthus orientalis)*. Auch die Märzenbecher *(Leucojum vernum)* und Netziris *(Iris reticulata)* mit ihrem feinen Veilchenduft sowie Traubenhyazinthen *(Muscari)* mit ihrem fruchtigen Pfirsich- oder Pflaumenaroma tragen zur frischen Mixtur bei.

In der Wärme des Sommers dann breiten sich ganze Duftschwaden im Garten aus. Vor allem in den Abendstunden scheint die Luft oft von schwerem, orientalischem Parfum geschwängert. Besonders groß ist das Repertoire an

Der frische Duft der hübschen Traubenhyazinthen erinnert ein wenig an reife Pfirsiche oder Pflaumen.

Die goldgelb leuchtende Campernelle ist vor allem wegen ihres unvergleichlichen Duftes sehr begehrt.

Wohlgerüchen bei Lilien – es reicht vom süßlichen, beinahe betäubenden Duft der Königslilie *(Lilium regale)* bis hin zum ausgeprägten Zimtaroma der Türkenbundlilie *(Lilium martagon)*. Und Exoten unter den Zwiebel- und Knollenblumen erweitern diese Duftpalette, etwa die Hakenlilie (*Crinum* x *powellii*) mit ihrem blumigen Hauch.

Blumendüfte erleben

Um den Duft der schönen Blüten in vollen Zügen genießen zu können, muß man die Pflanzen an die richtige Stelle setzen. Natürlich haben die Standortansprüche der einzelnen Arten Vorrang bei der Wahl des Pflanzplatzes, aber mit etwas Einfallsreichtum kann man sie so arrangieren, daß man die Wohlgerüche auch wahrnehmen kann.

Viele duftende Arten bleiben im Wuchs sehr klein und zierlich, so z. B. die nach Pfirsichen oder Pflaumen riechenden Traubenhyazinthen. Wenn die Pflänzchen zudem nur ganz zart duften wie das Schneeglöckchen, bleibt deren Wohlgeruch leicht unbemerkt. Er hat sich über die relativ weite Distanz vom Boden bis zur menschlichen Nase oft schon zu sehr verflüchtigt, oder die Essenzen aus den Blüten sind eben nicht konzentriert genug, um die Luft vollends zu erfüllen.

Man muß also entweder die Blüten näher an die Nase heranbringen oder die Duftquellen verstärken. Ersteres erreicht man durch eine Pflanzung an erhöhter Stelle, z.B. auf der Krone einer halbhohen Mauer oder an einem Hang, neben einer Treppe oder in einem Hochbeet. Hat der Garten keine solchen Plätze zu bieten, siedelt man die Pflanzen in größerer Stückzahl an, am besten in dichten Gruppen.

Besonders an warmen Tagen verströmen Hyazinthen einen schweren, betörenden Duft.

Die grazilen Blüten der Netziris bieten nicht nur einen hübschen Anblick, sondern riechen auch zart nach Veilchen.

Düfte im und am Haus

Blütendüfte bleiben nicht allein dem freien Raum im Garten vorbehalten, man kann sie sich auch in das Zimmer oder ebenso auf die Terrasse holen. Mit natürlichen und unverfälschten Aromen wird die Umgebung ungleich besser und harmonischer parfümiert als mit synthetischen Duftstoffen.

Die meisten Lilien zeichnen sich durch einen wunderbaren Duft aus.

Zieht man duftende Lilien in Töpfen, kann man ihren Wohlgeruch ganz nach Wunsch direkt an den Sitzplatz holen.

Was liegt also näher, als sich mit Duftpflanzen zu umgeben. In Schalen, Kästen und Kübeln lassen sich viele Arten leicht ziehen, z. B. Hyazinthen, Lilien, Tazetten *(Narcissus tazetta)* oder Schopflilien *(Eucomis comosa)*. Für kurze Zeit kann man in Duftwolken schwelgen, wenn man einige blühende Stengel in die Vase stellt, etwa von der Spanischen Iris (*Iris-Hispanica*-Hybriden).

Doch ist Vorsicht geboten: Manche Düfte können die Geruchsnerven derart reizen, daß sie Kopfschmerzen verursachen. Ein Strauß Hyazinthen reichert die Luft in einem geschlossenen Raum so stark mit dem Duft ätherischer Öle an, daß es einem schier den Atem verschlägt. Auch der schwere Duft der Königslilie kann abends geradezu erdrückend wirken. So intensiv riechende Pflanzen sollte man nur in gut gelüfteten Räumen aufstellen und im Garten nicht zu dicht neben einen Sitzplatz pflanzen.

Mißbehagen statt Wohlgeruch

Unter den Zwiebel- und Knollenpflanzen gibt es aber auch einige Arten, deren Geruch beileibe keine Begeisterung hervorruft. Bekannt für ihre unangenehmen Ausdünstungen ist die Kaiserkrone *(Fritillaria imperialis)*. Wie auch die meisten anderen Arten der Gattung *Fritillaria*, sondert sie vor allem über ihre Zwiebeln Duftstoffe ab, die an verfaulendes Fleisch oder einen Raubtierkäfig erinnern. Das läßt nicht nur den Menschen die Nase rümpfen, sondern schreckt auch manche ungebetenen Gäste im Garten ab, z.B. die Wühlmäuse.

Abstoßend ist auch der Geruch von *Trillium erectum*, einer Dreiblattart. Bei feuchter Witterung entwickeln die Pflanzen einen eigentümlichen „Duft", der an einen nassen Hund denken läßt.

Ziehen im Frühjahr Knoblauchwolken vom Gehölzrand durch den Garten, hat sich der Bärlauch *(Allium ursinum)* voll entwickelt. Wer eine Abneigung gegen den typischen Geruch hat, sollte diese heimische Waldpflanze besser nicht in seinem Garten ansiedeln. So mancher empfindet auch die Dünste anderer Laucharten als unangenehm. Besonders beim Einpflanzen der Zwiebeln, beim Schnitt der Blütenstengel oder auch beim Vorbeistreifen an den Pflanzen strömen die Arten der Gattung *Allium* ein mehr oder weniger kräftiges Zwiebelaroma aus, das Nase und Augen reizt. Dies sollte jedoch niemanden davon abhalten, die schönen Blüten für die Vase zu schneiden, denn bei den Schnittblumen verfliegt der Geruch sehr rasch.

Ein intensiver, süßlicher Hauch geht von den zauberhaften Blüten der Sterngladiole aus.

Beliebte Duftpflanzen

Botanischer Name	Deutscher Name	Höhe in cm	Blütezeit/ Monate	Verwendung
Acidanthera-Arten	Sterngladiole	45–100	VIII–X	B, V
Allium neapolitanum	Neapolitanischer Lauch	20–60	V–VI	S, V
Cardiocrinum giganteum	Riesenlilie	150–250	VII–VIII	G
Crinum x *powellii*	Hakenlilie	80–100	VII–VIII	B, K
Crocosmia-Arten	Montbretie	50–80	VII–IX	B, G, V
Cyclamen cilicium	Alpenveilchen	10–15	IX–X	S, G
Eranthis-Arten	Winterling	5–15	II–III	G, S
Eucomis comosa	Schopflilie	50–70	VI–VIII	B, G, K
Fritillaria persica	Fritillarie	60–90	IV–V	S, G
Fritillaria camtschatcensis	Fritillarie	30–40	V–VI	S, G
Galanthus-Arten	Schneeglöckchen	10–20	II–III, IX–XI	G, S, B, K, V
Galtonia candicans	Sommerhyazinthe	100–150	VII–IX	B, V
Hyacinthus orientalis	Hyazinthe	15–30	IV–V	B, G, K, V
Ipheion uniflorum	Sternblume	10–20	III–V	S, G
Iris bucharica	Geweihiris	30–50	IV–V	S, G
Iris-Hispanica-Hybriden	Spanische Iris	40–60	V–VI	B, V
Iris reticulata	Netziris	10–20	II–III	S, K
Leucojum vernum	Märzenbecher	10–30	III–IV	G, B, V
Lilium-Arten	Lilie	50–220	V–IX	B, S, G, K, V
Mirabilis jalapa	Wunderblume	60–100	VI–X	B, K
Muscari armeniacum	Traubenhyazinthe	15–30	IV–V	S, G, B, K
Muscari neglectum	Große Traubenhyazinthe	10–40	III–V	S, G, K
Narcissus jonquilla und Jonquillen-Hybriden	Jonquille	15–50	III–V	S, G, B, V
Narcissus x *odorus*	Campernelle	30–40	IV–V	S, G
Narcissus tazetta und Tazetten-Hybriden	Tazette	15–45	III–V	S, G, B, K, V
Narcissus triandrus und Triandrus-Hybriden	Engelstränen-Narzisse	15–45	IV–V	S, G, B, V
Paradisea liliastrum	Trichterlilie	30–50	V–VI	S
Tulipa-Hybriden (nicht alle Sorten duften)	Gartentulpe	15–70	III–V	B, K, V
Tulipa clusiana, Tulipa greigii, Tulipa humilis, Tulipa orphanidea, Tulipa praecox, Tulipa schrenkii, Tulipa vvedenskyi	Wildtulpen	5–50	III–V	S, G, K, V

S Steingarten **G** Gehölzrand **B** Beet und Rabatte **K** Kübel, Kasten **V** Schnittblume

Riesenlilie

Hakenlilie

Fritillaria persica

Im Boden liegt das Geheimnis

Der richtige Standort

Die manchmal als ein wenig heikel bezeichneten Alpenveilchen gedeihen völlig problemlos, wenn man ihnen den richtigen Standort gewährt.

Aus den in der Erde verborgenen Zwiebeln und Knollen entwickeln sich nur dann prächtige Pflanzen mit üppigen Blüten, wenn der Pflanzplatz die Ansprüche der einzelnen Arten an ihren Standort möglichst genau erfüllt. Neben dem erforderlichen Maß an Licht und Wärme sind es vor allem die Eigenschaften des Bodens, die das Leben der Zwiebel- und Knollengewächse – wie auch aller anderen Pflanzen – entscheidend bestimmen. Die Wahl des passenden Standorts setzt nicht nur voraus, die Bedürfnisse der verschiedenen Pflanzen zu kennen, sondern man muß auch die Gegebenheiten im eigenen Garten richtig einzuschätzen wissen.

Standortfaktoren

Licht und Wärme locken die Blüten des Schneeglanzes aus der Erde.

Tip

Um seine Erfahrungen so gut wie möglich zu nutzen, sollte man ein Gartentagebuch führen. Darin können alle Kulturmaßnahmen, Erfolge und Mißerfolge festgehalten werden. Die Aufzeichnungen liefern später hilfreiche Anhaltspunkte für neue Kultivierungsversuche.

Die mannigfaltigen, teils offenkundigen, teils unbemerkt auf das Leben einer Pflanze wirkenden Umwelteinflüsse nennt man Standortfaktoren. Sie entscheiden darüber, ob ein Pflanzplatz die erblich festgelegten Ansprüche einer Pflanze erfüllen kann oder nicht, mit anderen Worten, ob die Pflanze dort gut gedeiht.

In der freien Natur können sich an einem Standort auf Dauer nur bestimmte Arten halten und ausbreiten. Weniger geeignete werden durch besser angepaßte Gewächse binnen kurzem verdrängt oder vermögen sich wegen der für sie widrigen Lebensumstände dort gar nicht erst anzusiedeln.

Im Garten greift der Mensch steuernd in das komplexe System der Wechselwirkungen ein. Mit entsprechend viel Mühe und Aufwand kann man eine gewünschte Pflanzenart zwar an beinahe jeder Stelle im Garten ziehen, das gärtnerische Ziel sollte jedoch stets darin liegen, die Pflanzen mit geringem Pflegeaufwand vital und langlebig zu erhalten. Dies ist nur dann zu erreichen, wenn man ihnen einen möglichst genau auf ihre Ansprüche zugeschnittenen Lebensraum bietet.

Am richtigen Standort entwickeln alle Pflanzen ihre größte Widerstandskraft. Die meisten Arten erweisen sich dort als ausgesprochen anspruchslos, und ihre Pflege kann sich auf das Notwendigste beschränken. Man sollte daher zuerst über die Anforderungen der verschiedenen Gewächse an ihre Umgebung Bescheid wissen und die Pflanzen danach den entsprechenden Plätzen im Garten zuordnen. Das ist nicht immer einfach, und wohl niemand beherrscht diese Kunst auf Anhieb. Doch Mißerfolge und Enttäuschungen tragen ebenso wie gelungene Ergebnisse zum reichen Erfahrungsschatz bei, der sich bei engagierter Gartenarbeit im Lauf der Jahre ansammelt.

Die verschiedensten Standortfaktoren wirken in einem komplexen Wechselspiel auf das Leben einer Pflanze ein: Neben Licht und Klima sind dies vor allem die Eigenschaften des Bodens sowie die Konkurrenz durch andere Pflanzen. Auch die Bedingungen im Nährstoffkreislauf, z.B. die Rückführung von verbrauchten Nährstoffen in den Boden durch abgestorbene Pflanzenteile, spielen eine entscheidende Rolle.

Nur an sonnigen Stellen können Montbretien ihre wahre Farbenpracht entfalten.

Sonnenlicht als Energiequelle

Einer der wichtigsten Standortfaktoren ist das Sonnenlicht, das für alle grünen Pflanzen als Energiequelle lebensnotwendig ist. Nur mit Hilfe des Lichts laufen die komplexen Vorgänge bei der Photosynthese ab, die eine Umwandlung von Kohlendioxid und Wasser in Sauerstoff und Kohlenhydrate (Zucker bzw. Stärke) bewirken und damit überhaupt erst pflanzliches Leben ermöglichen.

In der gärtnerischen Praxis wird ein Standort nach den dort herrschenden Lichtverhältnissen folgendermaßen bezeichnet (diese Begriffe werden auch in den Pflanzenbeschreibungen Seite 134–227 verwendet):

- vollsonnig – den ganzen Tag über in direkter, praller Sonne;

- sonnig – überwiegend besonnt, vor allem auch zur Mittagszeit, morgens oder abends jedoch leicht beschattet;
- absonnig – die meiste Zeit des Tages sehr hell, jedoch ohne direkte, pralle Sonne und dadurch weniger heiß;
- lichtschattig oder Standort im lichten Schatten – im Tageslauf wechseln die Sonneneinstrahlung und Beschattung immer wieder, der Standort ist aber dennoch überwiegend hell;
- halbschattig – etwa die Hälfte des Tages im Schatten, z.B. einige Stunden vor- und nachmittags in der Sonne, mittags jedoch beschattet;
- schattig – während der meisten Zeit des Tages im Schatten.

Sonnen- und Schattenpflanzen

Wieviel Licht eine Pflanze braucht, ist von Art zu Art verschieden. Während manche Pflanzen nur an sonnigen Stellen mit intensiver Einstrahlung ausreichend Wuchskraft entwickeln, nehmen andere wie etwa der Gefleckte Aronstab *(Arum maculatum)* auch mit halbschattigen oder schattigen, also lichtarmen Standorten vorlieb. Ausgesprochene Schattenpflanzen haben ihr Leben ganz auf eine geringe Lichteinwirkung abgestimmt. Ihre Blätter würden in der prallen Sonne rasch welken.

Die meisten Zwiebel- und Knollengewächse aber sind ausgesprochen lichtliebend. Viele von ihnen blühen zu einer Zeit im Jahr, in der noch kein Blattwerk benachbarter Stauden oder Gehölze den Lichteinfall mindert (siehe auch Seite 18 f.).

Ein Beispiel für solche Spezialisten, die ihren Lebensrhythmus auf ganz bestimmte Standortsituationen eingestellt haben, ist das in fast ganz Europa heimische Buschwindröschen *(Anemone nemorosa)*. Es blüht bereits im März oder April, wenn die Bäume des Laubwalds noch keine Blätter ausgetrieben haben. Ist das Blätterdach im Hochsommer schließlich so dicht, daß nur noch wenig Licht bis zum Waldboden dringt, haben sich die Buschwindröschen bereits wieder in ihre Knollen im Erdreich zurückgezogen.

Andere Spezialisten, z.B. die meisten Lilien (*Lilium*-Arten), wurzeln zwar im halbschattigen oder schattigen Unterholz, strecken jedoch ihre Blätter und Blüten der Sonne entgegen. Im Garten sollte man daher jeder Pflanzenart einen Standort zuweisen, der ihren Bedürfnissen nach einer bestimmten Lichtmenge möglichst entspricht, sei es, daß man beim Kauf nur Arten wählt, die sich für eine gerade zu bepflanzende Stelle eignen, oder daß man jedem neuen Gartenpflegling einen angemessenen Platz zukommen läßt.

Glücklicherweise sind die meisten Pflanzen recht anpassungsfähig. Ist z.B. ein Standortanspruch weniger gut erfüllt, geben sie sich doch häufig zufrieden, wenn zum Ausgleich die Pflanzstelle einer anderen Bedingung sehr gut gerecht wird. So gedeihen etwa Wildtulpen *(Tulipa)* und Krokusse *(Crocus)*, obwohl sie normalerweise sonnige Plätze bevorzugen, auch im Halbschatten, wenn der Boden dort genügend durchlässig ist und sie nicht von anderen Arten bedrängt werden.

Unter einem Baum herrschen unterschiedliche Lichtbedingungen: Hell bleibt es nur dort, wo die Sonnenstrahlen durch Lücken in der Krone hindurchdringen können. Außerdem wechseln mit dem Sonnenstand auch die Licht- und Schattenbereiche.

Sonnenlicht als Wärmequelle

Die Sonneneinstrahlung liefert nicht nur Licht, sondern auch Wärme, die Wachstum und Entwicklung beschleunigt und für die Pflanzen ebenso lebensnotwendig ist wie das Licht. Beide Faktoren sind eng miteinander verknüpft. Gerade die vielen Arten, die aus dem Mittelmeerraum oder Zentralasien stammen, z.B. Saatgladiole *(Gladiolus italicus)* oder Steppenkerze *(Eremurus)*, sind an hohe Temperaturen gewöhnt und benötigen sie auch. Andere Pflanzen, vor allem in den Wäldern Mitteleuropas, Ostasiens oder Nordamerikas heimische, z.B. Winterlinge *(Eranthis)*, Dreiblatt *(Trillium)* oder die Hundszahnlilien *(Erythronium)*, bevorzugen kühlere Plätze, wie sie im stets etwas feuchteren Waldklima gegeben sind. Dabei kommt es ihnen vor allem auf die höhere Luftfeuchtigkeit an. Stehen sie zu warm und trocken, werden ihre Blätter rasch

Tip

Durch allzu radikale Pflegemaßnahmen können sich die Lichtverhältnisse an einem bestimmten Standort plötzlich ändern. Wird z.B. die schattenspendende Krone eines alten Baums stark ausgelichtet, erhalten die darunter wachsenden Schattenpflanzen plötzlich viel zuviel Licht. Daher sollte man den notwendigen Baumschnitt besser etappenweise vornehmen.

Waldpflanzen wie Hundszahnlilien (rechts) finden im Schutz der Gehölze das erforderliche vorwiegend feuchtkühle Kleinklima vor, während Steppenkerzen (ganz rechts) mit den extremen Bedingungen der Steppe gut zurechtkommen.

schlaff und welk, da sie weit weniger derb sind als die harte Belaubung vieler Arten aus Steppengebieten. An warmen, sonnigen Plätzen würden diese Waldpflanzen um Wochen früher einziehen, und ihre Blütezeit wäre entsprechend kürzer als an kühlen Standorten mit hoher Luftfeuchtigkeit.

Großklima

Es liegt auf der Hand, daß auch der jahreszeitliche Witterungsverlauf die Pflanzen in ihrer Entwicklung maßgeblich beeinflußt. Man muß sich nur einmal vor Augen führen, wie unterschiedlich das Klima in den jeweiligen Herkunftsgebieten der verschiedenen Arten ist. Im sonnenverwöhnten Mittelmeerraum, der Heimat so zarter Alpenveilchen wie *Cyclamen cilicium* und *Cyclamen repandum* oder verschiedener Krokusarten *(Crocus)*, ist es im Winter nahezu frostfrei, aber feucht, im Sommer warm und trocken. Im zentralasiatischen Hochland, der Urheimat vieler Tulpenarten *(Tulipa)* sowie der Steppenkerzen *(Eremurus)*, herrscht im Winter dagegen klirrende Kälte, und die Sommer sind staubtrocken und sehr heiß. Pflanzenwachstum ist hier nur im Herbst und Frühjahr möglich, wenn Regenfälle die notwendige Feuchtigkeit bringen.

Pflanzen wie Dahlien (*Dahlia*-Arten) oder Tagblume *(Commelina tuberosa)*, die aus den Tropen und Subtropen stammen, sind besonders wärmebedürftig. Das mitteleuropäische Klima ist für diese Gewächse im Grunde viel zu kalt. Deshalb können sie auch nur während der warmen Jahreszeit im Freien gehalten werden. Die übrigen Monate verbringen sie, gut vor Kälte geschützt, in einem Winterlager.

Tip

Will man sehr frostempfindliche Arten ziehen oder liegt der Garten in einem Gebiet mit ausgesprochen rauhem Klima, reicht oft auch eine gute Winterabdeckung nicht aus. In diesem Fall ist es besser, die Pflanzen in Töpfen zu halten, die den Sommer über ins Beet eingesenkt und zum Überwintern ins Haus geholt werden.

Frosthärte

Was nun die Anpassungen der Pflanzen an bestimmte Klimafaktoren anbelangt, so ist der gärtnerisch wohl wichtigste Gesichtspunkt die Frosthärte, also die Widerstandsfähigkeit der jeweiligen Pflanze gegenüber Minusgraden.

Als heimische Pflanze übersteht der Hohle Lerchensporn auch strenge Winter meist unbeschadet.

Während heimische Arten wie z. B. der Hohle Lerchensporn *(Corydalis cava)*, der Gefingerte Lerchensporn *(Corydalis solida)* oder das Buschwindröschen *(Anemone nemorosa)* auch in strengen Wintern kaum Schäden davontragen und sich rasch wieder erholen, reagieren Arten aus normalerweise frostfreien Ursprungsgebieten oft sehr empfindlich auf Kälte. Hier hilft nur eine rechtzeitig ausgebrachte Winterschutzdecke, die den Boden wärmt.

Auch eine eigentlich frostharte Pflanze kann im ersten Winter nach der Pflanzung arg unter der Eiseskälte leiden. Da sie die harten Freilandverhältnisse nicht gewöhnt ist und ihre Zwiebel womöglich erst noch durch Zugwurzeln in die richtige Tiefe gebracht werden muß (siehe Seite 71), kann sie dem Frost durchaus schnell zum Opfer fallen. Bei einer Neupflanzung ist deshalb eine schützende Abdeckung im ersten Winter für die meisten Arten zu empfehlen.

Kleinklima

Nicht nur das regional herrschende Wettergeschehen, das Großklima, beeinflußt das Wachstum der Pflanzen. In der Natur wie im Garten ist das vielfältige Kleinklima häufig entscheidender. Man versteht darunter die Feuchtigkeits- und Temperaturverhältnisse, die kleinräumig unmittelbar am Standort der Pflanze herrschen. Sie unterscheiden sich vom Großklima oft beträchtlich und werden bei der Gartenanlage nicht immer genügend beachtet.

Eine ganze Reihe von Gegebenheiten können das Kleinklima bestimmen. So schützt eine dichte Hecke vor austrocknenden und kalten Winden und kann in rauhen Lagen den Standort deutlich verbessern. Immergrüne Hecken sind dabei wirkungsvoller als sommergrüne, besonders wenn es um den Schutz sehr früh austreibender Zwiebel- und Knollenpflanzen geht. Auch einzelnstehende Gehölze oder kleine Gehölzgruppen schirmen, wenn sie gegen die Hauptwindrichtung gepflanzt sind, einen Platz vor den Unbilden der Witterung ab. Zugleich nehmen sie jedoch den darunter wurzelnden Pflanzen Licht und einen Großteil der verfügbaren Feuchtigkeit weg. Letzteres trifft vor allem für flachwurzelnde Bäume wie viele Birken- *(Betula)*, Weiden- *(Salix)* oder Fichtenarten *(Picea)* zu.

Entscheidend für das jeweilige Kleinklima ist auch die Lage der Pflanzstelle, sei es auf einer dem Wind ausgesetzten Erhebung, in einer kühlen Senke oder an einem warmen, besonnten Hang. An welcher Stelle des Gartens welche Bedingungen herrschen, bringt man meist erst durch genaues Beobachten seines Gartens über mindestens ein ganzes Jahr hinweg in Erfahrung.

Arten wie Sommerhyazinthe *(Galtonia candicans)* oder Wunderblume *(Mirabilis jalapa)*, die nur an einen warmen und geschützten Ort gepflanzt werden sollten, sind an einer Stelle mit mildem Kleinklima gut aufgehoben. Sie danken es mit üppiger Blüte, wenn man einen Standort wählt, an dem die Temperatur z.B. durch den Schutz einer Hecke oder Mauer ein paar Grad höher und insgesamt ausgeglichener ist als die der weiteren Umgebung, wenn kalte Winde von ihnen abgehalten werden und früher Frost nicht bis an ihren Pflanzplatz vordringt.

Ein sonniger Südhang bietet vielen wärmeliebenden Arten beste Wachstumsbedingungen.

Tip

Im Steingarten und im Kiesbeet spielen größere Gesteinsbrocken eine wichtige Rolle für das Kleinklima. Sie fungieren nämlich als wirkungsvolle Wärmespeicher. Pflanzstellen in unmittelbarer Nähe der Steine zeigen ein deutlich wärmeres und ausgeglicheneres Kleinklima als weiter entfernte Standorte.

Der Boden – Träger allen Lebens

Tip

Durch Überdüngung wird nicht nur die Gesundheit der Pflanzen beeinträchtigt und das Grundwasser belastet, sondern auch die Bodenbildung negativ beeinflußt. Eine Düngung muß daher stets mit Maß und Ziel erfolgen und auf den jeweiligen Zustand des Bodens ausgerichtet werden.

Der Standortfaktor mit den vielfältigsten und weitreichendsten Auswirkungen auf die Pflanzen ist der Boden. Ihm kann im Garten gar nicht genug Aufmerksamkeit gewidmet werden. Anders als bei der Kultur einjähriger Arten wie Gemüse oder Sommerblumen verbleiben die meisten Zwiebel- und Knollengewächse, ebenso wie auch die Stauden oder Gehölze, für lange Zeit an ihrem Wuchsort. Viele Arten, etwa Gelbstern *(Gagea)*, Frauenschuh *(Cypripedium)* oder die Trichterlilie *(Paradisea)*, entfalten erst dann ihre wahre Pracht, wenn sie über viele Jahre hinweg ungestört am selben Platz stehen und sich von dort aus allmählich ausbreiten können. Steht die Pflanzstelle also erst einmal fest, hängt es ganz maßgeblich vom Zustand des Bodens ab, ob eine Pflanze dort gut gedeiht oder nicht.

Während man in der Umgangssprache schlicht alles, was man unter den Füßen hat, als Boden bezeichnet, versteht der Gärtner darunter diejenige Schicht, die sich über dem unverwitterten Gestein bis zur Erdoberfläche erstreckt. Er ist für unseren Planeten eine Art lebenstragender Haut. Mit seinen individuellen Bestandteilen, Strukturen und Schichtungen erzählt jeder Boden – ähnlich wie die Jahresringe eines Baums – die ureigene Geschichte seiner Entstehung.

Königsfrauenschuh (links) und Trichterlilie (rechts) entfalten erst nach Jahren ihre volle Schönheit.

Humusreichen Boden erkennt man an der dunklen Färbung und der meist krümeligen Erdstruktur.

Bodenbildung

Der Boden ist das Ergebnis eines Jahrtausende dauernden Prozesses. Seine Ausprägung hängt vor allem von der Art des Gesteins ab, aus dem er durch Verwitterung entsteht, sowie vom Klima, das in den Zeiträumen seiner Entstehung vorherrscht, und von der Pflanzendecke, die die Bodenbildung maßgeblich beeinflußt. Auch der Mensch kann mit seinen Aktivitäten die Ausbildung eines Bodens stark verändern, denkt man nur an die großflächigen Abholzungen, nach denen die obersten Bodenschichten oft rasch abgespült werden, oder an die Folgen der Bewirtschaftung eines Bodens als Acker, bei der durch das regelmäßige Pflügen höhere und tiefere Bodenschichten ständig vermischt werden.

Weniger augenfällig, aber nicht minder nachhaltig sind die Auswirkungen der modernen Zivilisation auf unsere Böden. Schadstoffe breiten sich flächendeckend aus und gehen über die Luft auf den Boden nieder, um sich letztlich darin anzureichern.

Boden ist kein totes Material, und durch chemische Zersetzung oder physikalische Verwitterung des anstehenden Gesteins allein kann kein Boden entstehen. Er muß belebt werden, bevor er seinerseits wieder Leben hervorzubringen vermag – ein sehr langwieriger Prozeß, in dessen Verlauf sich erst allmählich ein komplexes Gleichgewicht einpendelt.

Bakterien sowie andere Kleinstlebewesen besiedeln das anorganische, angewitterte Gestein und machen es, zusätzlich zum Witterungseinfluß, durch ihre Ausscheidungen nach und nach mürbe. Wenn sie absterben, dienen ihre Zersetzungsprodukte anderen Organismen, z.B. einfachsten Flechten und Moosen, als Lebensgrundlage.

Mit der Zeit baut sich eine hauchdünne organische Decke, eine Humusschicht, auf, die sich mehr und mehr mit dem feinkrümelig gewordenen und inzwischen auch chemisch veränderten Gestein vermischt, bis es schließlich durch die Humusanreicherung auch ersten, sehr anspruchslosen höheren Pflanzen möglich wird, den noch jungen Boden zu besiedeln. Diese liefern Streu, die von Kleintieren zersetzt und in den sich nun immer weiter aufbauenden Boden eingearbeitet wird. Das Anwachsen der Bodenschicht wiederum schafft Lebensmöglichkeiten für etwas anspruchsvollere, höher- und rascherwüchsige Pflanzenarten, deren nun schon reichlichere Rückstände ihrerseits den Humus vermehren, den Boden fruchtbarer machen und so fort. Die Bodenbildung ist also ein überaus langsamer, niemals endender Prozeß.

Bodenschichtung

Gräbt man mit dem Spaten ein breites Loch bis zum anstehenden Gestein hinab, hat man das Bodenprofil vor Augen, an dem man mehr oder weniger deutlich eine Abfolge von Schichten charakteristischer Färbung und Mächtigkeit erkennen kann, in der Fachsprache Horizonte genannt. Die oberste Bodenschicht, vom Gärtner als Mutterboden bezeichnet, ist meist schwarzbraun gefärbt und relativ dünn. Ihre dunkle Farbe ist auf die Tätigkeit von Kleintieren, z.B. Regenwürmern, zurückzuführen, die schwärzlich gefärbtes Humusmaterial eingearbeitet und intensiv mit braunem Bodenmaterial aus tieferen Schichten vermischt haben. Der Mutterboden bildet zusammen mit dem ihm aufliegenden schwarzen Humus den sog. Oberboden.

Darunter folgt bei einem typischen, einfachen Bodenprofil in Mitteleuropa eine wesentlich mächtigere braune Schicht, der Unterboden, unter dem nur noch unverwittertes Gestein zu finden ist. Meist sind die einzelnen Schichten durch schmale Übergangszonen miteinander verbunden, bisweilen aber auch scharf gegeneinander abgegrenzt.

So mancher Gartenbesitzer hat jedoch schon mit Erstaunen festgestellt, daß das Bodenprofil seines Gartens keine oder nur eine kaum erkennbare Schichtung aufweist. In der Regel handelt es sich in diesen Fällen um Gärten in Neubaugebieten. Im Zug eines Hausneubaus wird nämlich durch den Erdaushub die charakteristische Bodenentwicklung jäh unterbrochen. Da bei der Wiederbefüllung der Baugrube und des umliegenden Areals die ehemals gegebene Bodenschichtung nur selten berücksichtigt wird, gerät das unterschiedliche Bodenmaterial meist völlig durcheinander. Außerdem wird häufig Bauschutt untergemischt, auf dem die Bodenbildung ganz von vorn beginnen muß. Bei der Anlage und Bepflanzung des neuen Gartens ist man auf solchen Böden in seinen Möglichkeiten stark eingeschränkt – und das auf Jahre hinaus. Je reifer und natürlicher gewachsen ein Boden ist, desto leichter fällt es im allgemeinen, vielseitige Pflanzgemeinschaften auf ihm anzusiedeln, aber auch Arten mit speziellen Ansprüchen zu kultivieren.

Ein Bodenprofil läßt die Abfolge der verschiedenen Schichten deutlich erkennen.

Von der Mächtigkeit und Zusammensetzung der einzelnen Schichten hängt es direkt ab, wie tief der Boden durchwurzelt werden kann. Die Pflanzenwurzeln durchziehen nicht nur den Oberboden, sondern dringen oft bis weit in den Unterboden vor. Stoßen sie jedoch auf eine sehr dichte, wasserstauende Schicht, so kann dies den Wurzelraum nach unten rigoros begrenzen. Das bedeutet für die Pflanze nichts anderes, als daß ihr weniger Bodenmaterial und damit auch geringere

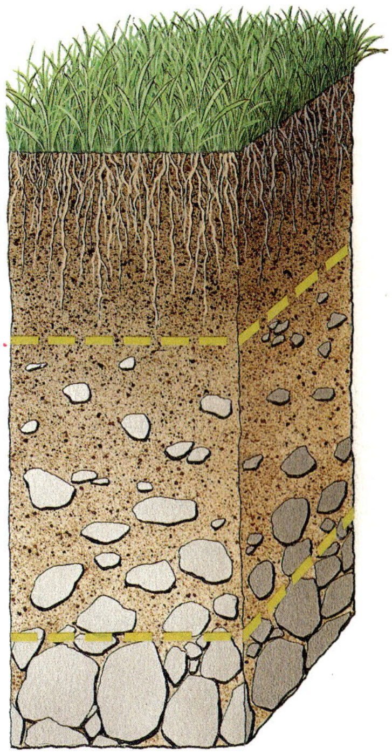

Unter dem humosen Oberboden und dem meist schon steinigen Unterboden liegt das noch unverwitterte Ausgangsgestein.

Durch regelmäßige Kompostgaben wird die Bodenqualität deutlich verbessert.

Tip

Kompostierung und Kompostdüngung sind nichts anderes als ein natürlicher Recyclingprozeß, bei dem Pflanzenabfälle auf dem Weg einer Zwischenlagerung wieder dem Boden zugeführt werden. Mit Kompost verwertet man Gartenabfälle sinnvoll und hält den Boden lebendig.

Tip

Beim Hausbau sollte man unbedingt darauf achten, daß bei den Aushubarbeiten die verschiedenen Bodenschichten getrennt gelagert werden. Nach Beendigung der Bauarbeiten müssen auf dem Terrain des späteren Gartens die Schichten wieder in ihrer ursprünglichen Reihenfolge ausgebracht werden.

Gräserwurzeln bilden direkt unter der Erdoberfläche meist einen dichten Filz.

Ein mittelschwerer, krümeliger und humoser Boden ist für die meisten Pflanzen ideal.

Nährstoff- und Wasserreserven zur Verfügung stehen.

Wurzelschichten

Jede Pflanzenart erschließt den Boden auf ganz eigene Weise mit ihren Wurzeln. Besonders deutlich wird dies in der Steppe, der Heimat vieler Zwiebel- und Knollengewächse. Da die Pflanzen dort mit dem Wasser besonders gut haushalten müssen, hat sich in diesem Lebensraum ein ungewöhnlich raffiniertes Zusammenspiel der Wurzeln entwickelt, das ein Nebeneinander ganz unterschiedlicher Pflanzentypen ermöglicht.

Die Wurzeln der verschiedenen Gewächse siedeln sich gleichsam in drei Stockwerken übereinander an. Dadurch wird einerseits die direkte Konkurrenz unter den Arten vermindert, so daß die Steppe besonders vielfältige und artenreiche Lebensgemeinschaften zuläßt, andererseits aber auch das wenige verfügbare Wasser optimal ausgenutzt.

Die oberste Wurzelschicht stammt von den Zwiebel- und Knollengewächsen sowie von zahlreichen einjährigen Pflanzen. In der nächsttieferen Schicht finden sich überwiegend die Wurzeln der Gräser als dichter Filz. Sie nehmen das durch die oberste Wurzelschicht durchsickernde Wasser zu einem großen Teil auf. Nur was sie übriglassen, das erreicht schließlich die tiefsten Bodenschichten, wo es von Stauden, Halbsträuchern und einzelnen Gehölzen mit besonders langen Pfahlwurzeln begierig aufgesogen wird. Daß diese Arten also lediglich das Restwasser nützen können, ist, wie man heute annimmt, der hauptsächliche Grund dafür, warum sie als letzte der Pflanzengesellschaft blühen.

Auch im Garten kann sich eine derartige Wuchsgemeinschaft herausbilden. Voraussetzung dafür ist allerdings, daß die Artenauswahl mit Umsicht und Bedacht erfolgt und die speziellen Standorte, die der Garten bietet, einbezieht. Durch eine Kombination von Zwiebel- und Knollenpflanzen mit Gräsern, späterblühenden Stauden und einigen Gehölzen erzielt man also nicht nur eine Pflanzung, die durch ihre natürliche Harmonie besticht. Vielmehr machen gut aufeinander abgestimmte und sich in ihren Ansprüchen ergänzende Gewächse eine Pflanzung besonders pflegeleicht und langlebig.

Bestandteile des Bodens

Um die Eigenschaften und Funktionen des Bodens zu verstehen, ist die Kenntnis seiner Bestandteile unabdingbar. Ganz wesentlich ist, daß sich ein Boden immer aus Teilchen und Hohlräumen zusammensetzt, die in bestimmten Anteilen vorliegen und dadurch ein charakteristisches Gefüge bilden. Sämtliche Böden bestehen im wesentlichen aus mineralischen Bestandteilen, organischen Bestandteilen, Bodenwasser und Bodenluft.

Im Frühjahr ist der Boden meist genügend feucht, so daß Zwiebelblumen rasch wachsen können.

Das Bodenwasser entstammt in erster Linie den Niederschlägen, die auf die Erde fallen. Es dringt in den Boden ein und bleibt entweder als sog. Haftwasser in ihm gebunden oder läuft als sog. Sickerwasser mehr oder weniger rasch durch die einzelnen Bodenschichten hindurch, bis es sich mit dem Grundwasser vereinigt.

Die Hohlräume des Bodens, die nicht mit Wasser gefüllt sind, enthalten Luft. Diese Bodenluft ist Voraussetzung nicht nur für die Atmung der Wurzeln, sondern auch der Mikroorganismen und übrigen Bodenlebewesen. Ist nicht genügend Luft vorhanden, stirbt das Bodenleben und mit ihm auch der Pflanzenbewuchs ab. Überdies ist der Sauerstoffanteil der Bodenluft an einer Vielzahl chemischer Umwandlungsprozesse, die bei der Bodenbildung ständig ablaufen, beteiligt.

Ziel aller gärtnerischen Maßnahmen zur Bodenpflege ist es, möglichst ausgewogene Verhältnisse zwischen den verschiedenen Bodenbestandteilen zu erreichen. Ideal zu bewirtschaften ist ein krümeliger, lockerer Boden. Damit sich solch eine günstige Struktur ausbilden kann, ist aber weniger die Bodenbearbeitung durch Fräsen oder Hacken entscheidend, als vielmehr die Zusammensetzung der festen Bodenbestandteile.

Verschiedene Bodenarten

Die mineralische Bodensubstanz setzt sich aus einer Mischung von Grundmaterialien zusammen, nämlich aus verschieden großen Bodenteilchen, die man, je nach ihrem Durchmesser, als Sand, Schluff oder Ton bezeichnet. Zusätzlich können noch gröbere Partikel wie Steinchen hinzukommen, die jedoch in bezug auf die Bodeneigenschaften nur eine Nebenrolle spielen. Je nachdem, in welchem Anteil diese mineralischen Bestandteile im Boden vorkommen, unterscheidet man verschiedene Bodenarten mit völlig unterschiedlichen Eigenschaften.

Die drei Grundbestandteile lassen sich, wenn sie in reiner Form auftreten, leicht durch ihre Größe auseinanderhalten. Sandteilchen als die größten Partikel haben definitionsgemäß einen Durchmesser zwischen 2 und 0,063 mm und sind zwischen den Fingern als Körnchen spürbar. Die nächstkleineren Teilchen, die des Schluffs, sind zwischen 0,063 und 0,002 mm groß und fühlen sich wie mehliger Staub an. Die kleinsten Bodenteilchen schließlich nennt man Ton. Mit weniger als 0,002 mm Durchmesser sind sie so winzig, daß sie für die Finger nicht mehr als Einzelkörnchen fühlbar sind. Steine bzw. Kies sind mit mehr als 2 mm Durchmesser größer als die aufgeführten Grundbestandteile eines Bodens.

Ein natürlicher Boden besteht fast nie aus nur einer Sorte der genannten Partikel. In aller Regel liegt eine Mischung dieser Grundbestandteile vor. Als Lehm wird z. B. eine Bodenart bezeichnet, in der die drei Grundbestandteile zu etwa gleichen Teilen vorkommen. Sandiger Lehm hat entsprechend etwas mehr als ein Drittel Sandanteil, in tonigem Lehm überwiegt der Ton.

Je mehr große Sandteilchen ein Boden enthält, desto größer sind darin auch die Hohlräume. Man spricht dann von einem leichten Boden. Wasser kann durch ihn rasch hindurchsickern, er ist stets gut belüftet und erwärmt sich zügig. Ein schwerer Boden weist dagegen einen hohen Anteil kleinster Tonteilchen und daher nur kleine Hohlräume und wenig Luft auf. Er neigt außerdem zum Vernässen, weil Regenwasser nur sehr langsam versickert.

Entscheidend für das Gefüge eines Bodens ist auch dessen Anteil an organischen Substanzen, vor allem der Humusanteil (siehe auch Seite 68). Er wirkt sich auf jede Bodenart vorteilhaft aus. In einem leichten Boden wird durch den Humus das Wasser besser gespeichert, die Bodenteilchen haften stärker aneinander, und der Boden wird dadurch krümeliger. In einem schweren Boden dagegen sorgt der Humus dafür, daß der Boden lockerer und damit besser durchlüftet wird.

Für die meisten Zwiebel- und Knollenpflanzen ist sandreicher Lehm die günstigste Bodenart. Dies gilt vor allem für diejenigen Arten, die aus Steppengebieten stammen, etwa Tulpen *(Tulipa)*, Hyazinthen *(Hyacinthus)* oder viele Laucharten *(Allium)*. Nur Arten, die ihrer Herkunft nach ausgesprochene Waldbewohner sind, wie etwa Aronstab *(Arum)*, Hundszahnlilie *(Erythronium)* oder Dreiblatt *(Trillium)*, bevorzugen einen stärker lehmigen Boden mit einem höheren Humusgehalt.

Da in den Niederlanden gut dränierte, sandige Böden überwiegen, die beste Voraussetzungen zur Kultur von Zwiebel- und Knollenpflanzen bieten, ist es nicht verwunderlich, daß sich das kleine Land zum Hauptproduzenten für diese Gewächse entwickeln konnte. Durch Verbesserung mit organischem Material wurden die holländischen Böden geradezu ideal für die meisten Zwiebelpflanzen wie Tulpen, Narzissen und Hyazinthen. Das ozeanisch-milde Klima der Niederlande ermöglicht

Die verschiedenen Bodenarten lassen sich mit einer Handvoll Erde grob unterscheiden: Leichter Sandboden rieselt sofort durch die Finger und läßt sich nicht formen (oben); Lehmboden ist teilweise formbar, bröckelt aber (Mitte); Tonboden kann man beliebig formen, er hinterläßt einen braunen Belag an den Handflächen (unten).

Hyazinthen (oben links) gedeihen am besten auf sandig-lehmigem Boden (oben rechts), Dreiblattarten (unten links) auf lockerem Humusboden (unten rechts).

es darüber hinaus, dort auch frostempfindlichere Arten problemlos und in bedeutenden Mengen zu kultivieren.

Humus – ein ganz besonderer Stoff

Während sich die mineralischen Bestandteile des Bodens chemisch exakt analysieren lassen, kann beim Humus niemand so genau sagen, woraus er wirklich besteht. Das hängt damit zusammen, daß sich die Zusammensetzung des Humus ständig verändert.

Humus entsteht aus pflanzlichen Abfällen, die das ganze Jahr über anfallen – Blätter, Nadeln, welke Kräuter, Gras, abgestorbenes Wurzelwerk –, aber auch aus toten Klein- und Kleinstlebewesen des Bodens. Dies alles wird durch die unglaubliche Aktivität der Bodenorganismen ununterbrochen ab- und umgebaut. Die organischen Reste werden durch winzige Insekten und Milben zerbissen, mit Pilzfäden, die verdauende, zersetzende Stoffe ausscheiden, überzogen und von zahllosen Bakterien besiedelt, die schließlich auch noch die kleinsten Überbleibsel verwerten. Das ganze Gemenge aus Zersetzern und Zersetztem wird zwischendurch auch einmal von größeren Bodentieren, etwa dem Regenwurm, aufgenommen, in ihren Verdauungsgängen miteinander vermischt und mit weiteren Bakterien angereichert. Das Ergebnis all dieser Prozesse ist ein völlig neues Material mit lauter guten Eigenschaften.

Humus kann eine enorme Menge Wasser speichern und enthält reichlich Nährstoffe, die jedoch im Gegensatz zum mineralischen Dünger langsam und nachhaltig wirksam werden, da sie erst allmählich von den Mikroorganismen des Bodens in eine für die Pflanzenwurzeln aufnehmbare Form umgewandelt werden. Da er eine Mischung verschiedenartiger, während der vielseitigen Umsetzungsprozesse anfallender Bestandteile darstellt, hat er eine sehr lockere Struktur. Von den Kleintieren in den Boden eingearbeitet, verhindert Humus ein Verkleben der Bodenteilchen und verbessert dadurch die Bodenstruktur entscheidend.

Kompost – Humus aus Menschenhand

Ähnliche Vorgänge wie bei der Humusbildung laufen auch im Komposthaufen ab. Wie dort die Schichten der Bodenstreu werden hier die organischen Abfälle aus Garten und Küche durch die Aktivität der Bodenlebewesen langsam zersetzt. Allmählich wandeln sie

Ein Kompostsilo läßt sich in jedem noch so kleinen Garten problemlos unterbringen.

sich in jenes fruchtbare Gemisch um, das als Kompost im Garten ausgebracht werden kann. Mit Recht gilt ein richtig angelegter Komposthaufen als regelrechte Humusfabrik, mit deren Hilfe sich im Lauf der Jahre auch ein im Gartenboden nicht selten vorhandener Humusmangel mehr als ausgleichen läßt. Da die im Kompost organisch gebundenen Nährstoffe nur langsam freigesetzt werden, ist bei seiner Verwendung anders als bei Mineraldünger die Gefahr einer Überdüngung deutlich geringer.

Säuregrad und Kalkgehalt

Der Nährstoffgehalt des Bodens wird zwar wesentlich durch die Bodenart, die Mächtigkeit der einzelnen Bodenschichten und den Humusgehalt bestimmt, für die Pflanze ist jedoch auch der Säuregrad des Bodens von großer Bedeutung. Von ihm hängt ab, wie leicht die Nährsalze von den Wurzeln aufgenommen werden können. So sind z.B. in einem stark basischen (alkalischen) Boden Eisen- und Phosphorsalze schwer löslich und daher für die Pflanze kaum verfügbar, während in einem sehr sauren Boden gleiches für Molybdänsalze gilt. Auch die Löslichkeit von Schadstoffen, besonders von giftigen Schwermetallsalzen, hängt stark vom Säuregrad des Bodens ab.

Angegeben wird der Säuregrad als pH-Wert. Je höher der pH-Wert (Maximalwert 14), desto basischer ist der Boden; je niedriger der pH-Wert, desto saurer ist er. Der chemische Neutralpunkt liegt bei pH 7, im gärtnerischen Sinn aber gilt ein Boden im pH-Bereich zwischen 6,5 und 7 als neutral.

Manche Pflanzen sind von Natur aus an Situationen angepaßt, in denen die Verfügbarkeit der Nährsalze durch den Säuregrad eingeschränkt ist oder das Vorhandensein vieler Schwermetallsalze das Wachstum behindert, und können auch auf sehr sauren bzw. stark basischen Böden gut gedeihen. Anderen macht in solchen Substraten der Mangel an bestimmten Nährstoffen oder der Überschuß an gewissen Schadstoffen schwer zu schaffen, so daß sie von Natur aus dort nicht vorkommen. Im Garten kümmern diese Arten auf einem Boden, der einen für sie ungeeigneten pH-Wert hat. Die Folge können Mangelkrankheiten sein, die sich durch eine typische Verfärbung oder ein Fleckigwerden der Blätter bemerkbar machen.

In solchen Fällen kann der bestehende Mangel nur durch eine gezielte Düngung mit den fehlenden Nährelementen oder durch eine Veränderung des Bodensäuregrades behoben werden. Durch Zufuhr von Humus oder scharfem Sand (Bausand ist ungeeignet) kann der pH-Wert leicht gesenkt, durch eine Kalkgabe etwas angehoben werden.

Wildtulpen wie Tulipa kaufmanniana und deren Abkömmlinge bevorzugen kalkhaltigen Boden.

Indirekt hängt der Säuregrad auch mit dem Kalkgehalt des Bodens zusammen. Saure Böden sind gewöhnlich ausgesprochen kalkarm, basische Böden dagegen mehr oder weniger kalkreich. Aus dem natürlichen Standort einer Pflanze ergeben sich bereits Hinweise auf den für sie geeigneten Säuregrad des Bodens. So bevorzugen etwa Waldpflanzen wie Hasenglöckchen *(Hyacinthoides)* oder Dreiblatt *(Trillium)* meist ein leicht saures Substrat, während Pflanzen aus dem Mittelmeerraum oder den offenen Steppen Asiens wie Steppenkerze *(Eremurus)* oder auch Wildtulpen *(Tulipa)* in den meisten Fällen kalkhaltige, also basische Böden brauchen. Allerdings ist dabei meist eher die gute Durchlässigkeit des Kalkgesteins als der geringere Säuregrad entscheidend, weshalb diese Pflanzengruppe auch auf sandigen, gut dränierten, aber schwach sauren Böden gedeiht.

Eigene Bodenuntersuchung

Erste Anhaltspunkte für die Zusammensetzung und die Eigenschaften seines Gartenbodens erhält man durch die sog. Fingerprobe.

Tip

Humus ist nicht nur vorteilhaft für die Bodenstruktur, sondern auch einer der wichtigsten Nährstofflieferanten. Durch regelmäßige Kompostgaben wird der Humusanteil des Bodens deutlich erhöht, der Boden dadurch fruchtbarer gemacht.

Tip

Um die Humusbildung anzuregen und den Bodenlebewesen Nahrung zu geben, sollte man auf das herbstliche Säubern der Beete möglichst verzichten. Bis zum Frühjahr ist ein Großteil der im Herbst angefallenen Streu bereits weitgehend zersetzt.

Tip

Das beste Mittel, um schlechten Gartenboden zu verbessern, besteht in einer durchdachten Kompostwirtschaft. Humusarmen Boden versorgt man pro Jahr mit 5–10 l/m² (entspricht einer Schicht von 0,5–1 cm), humusreichen Boden mit 3–5 l/m² (entspricht einer Schicht von 0,3–0,5 cm) Kompost. Diese Mengen sollten nicht überschritten werden, um eine Überdüngung zu vermeiden, denn letztlich ist auch Kompost ein Düngemittel.

Tip

Durch eine Bodenabdeckung mit Mulchmaterial, z.B. Kompost oder Laubstreu, nimmt man in direkter oder indirekter Weise Einfluß auf die verschiedensten Standortfaktoren: Temperaturschwankungen werden gemindert, und der Oberboden trocknet weniger leicht aus. So wird das Bodenleben angeregt, wodurch wiederum die Streuzersetzung rascher abläuft. Von dem dabei entstehenden Humus können schließlich alle Pflanzen profitieren.

Das Hasenglöckchen wächst am besten auf saurem Untergrund, an einem kühlen, luftfeuchten Platz im Halbschatten.

Damit läßt sich die vorherrschende Bodenart bestimmen, die bereits wichtige Rückschlüsse auf die Bodeneigenschaften erlaubt. Mit einiger Erfahrung ist diese Methode auch recht zuverlässig.

Man entnimmt mit einer Handschaufel eine kleine Menge Erde aus einer bestimmten Bodenschicht, z.B. dem Oberboden. Ist die Erdprobe sehr trocken, wird sie mit einem Wasserzerstäuber etwas angefeuchtet. Dann versucht man, aus dem Material eine etwa fingerdicke Wurst zu formen, indem man es zwischen den Handflächen hin- und herrollt. Zerfällt die Erde sofort und zerrinnt zwischen den Fingern, enthält sie vorwiegend Sand und kaum Bindemittel.

Läßt sich eine Wurst zwar formen, bleibt an der Oberfläche aber rauh und etwas rissig, so handelt es sich um Lehm. Je nachdem, welche Art der Bodenteilchen darin dominiert, hat man sandigen, tonigen oder schluffigen Lehm vor sich. Um dies näher zu bestimmen, zerreibt man etwas Bodenmaterial zwischen Daumen und Zeigefinger: Sandteilchen spürt man deutlich als Körnchen, Tonteilchen hinterlassen speckig glänzende Schmierflächen, und Schluff zeigt sich als mehliger Puder, der in den Fingerrillen hängenbleibt.

Kann man mühelos eine dünne Wurst formen, die sich zudem biegen läßt, ohne zu zerfallen, und die beim Zerreiben einen fettigen Glanz auf der Haut zurückläßt, so ist der Boden besonders reich an Ton.

Wer aus dem Resultat seiner Fingerprobe nicht recht schlau wird oder es doch noch genauer wissen will, kann seinen Boden auch professionell analysieren lassen. Exakte Untersuchungen über die Zusammensetzung und den Nährstoffgehalt des Bodens werden von staatlichen Untersuchungsanstalten (Adressen siehe Seite 228) sowie von privaten Fachlabors (Adressen siehe Branchen-Fernsprechbuch unter Laboratorien) und hie und da auch von Gartencentern und Gärtnereien durchgeführt. Der Fachhandel bietet heute auch bereits komplette Bodenanalyse-Sets für eine Eigenuntersuchung des Bodens auf seinen Nährstoffgehalt an. Die meisten davon sind einfach zu handhaben, setzen keine Vorkenntnisse voraus und liefern ohne großen Zeitaufwand ausreichend genaue Ergebnisse.

Mit verschiedenen, leicht durchzuführenden Schnelltests kann man darüber hinaus den pH-Wert des Bodens selbst bestimmen. Je nach Säuregrad nehmen die im Handel erhältlichen Teststreifen oder -stäbchen, die man in eine angefeuchtete Bodenprobe steckt, unterschiedliche Farben an. Auf einer Vergleichsfarbkarte läßt sich der pH-Wert dann direkt ablesen. Daneben gibt es auch preiswerte Meßgeräte im Taschenformat, die man lediglich in den feuchten Boden steckt und deren Skala den pH-Wert anzeigt.

Tip

Läßt sich der Spaten ohne große Mühe in den Boden treiben und wieder herausziehen, ohne daß Erde daran haften bleibt, handelt es sich um einen leichten Boden, d.h., er ist reich an Sand. Muß man beim Einstechen dagegen viel Kraft aufwenden und bleiben Erdklumpen am Spaten hängen, ist der Boden schwer, d.h., er enthält einen hohen Lehmanteil.

Mit handelsüblichen Schnelltests läßt sich der pH-Wert des Bodens einfach feststellen.

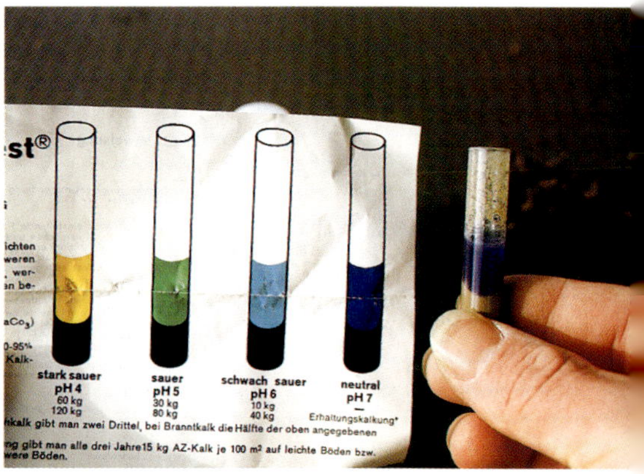

Bedeutung des Bodens für die Pflanze

Die Funktionen des Bodens für das Wachsen und Gedeihen einer Pflanze sind überaus vielseitig und nicht alle auf den ersten Blick erkennbar. Man sollte sie sich tatsächlich einmal im einzelnen vor Augen führen, um die Bedeutung des Bodens richtig einschätzen zu können. Nicht umsonst lautet ein altes Grundprinzip bei der Gartenarbeit: „Gartenpflege heißt Bodenhege."

Die Goldbandlilie verankert sich zusätzlich mit sog. stengelbürtigen Wurzeln im Boden.

Schutz und Halt

Eine wichtige und durchaus offenkundige Aufgabe des Bodens besteht darin, den Wurzeln und damit der ganzen Pflanze Halt und Stütze zu geben. So bilden z.B. viele besonders hochwüchsige Lilienarten wie die Goldbandlilie *(Lilium auratum)* oder die Mandarinenlilie *(Lilium henryi)* Wurzeln nicht nur vom Zwiebelboden aus nach unten, sondern auch entlang des unterirdischen Stengelteils. Diese sog. stengelbürtigen Wurzeln oder Stengelwurzeln sind dünner und stärker verzweigt als die normalen, zwiebelbürtigen Wurzeln und verleihen den Pflanzen mehr Standfestigkeit.

Der Boden bewahrt die Pflanzen aber auch vor Kälte und Frost, und nur in seinem Schutz können die empfindlichen Triebknospen den Winter überleben. Zwiebel- und Knollenpflanzen ziehen sich deshalb spätestens im Herbst tief in den Boden zurück, wo die Temperaturen wesentlich ausgeglichener sind als an der Erdoberfläche. Welche Tiefe sie dabei anstreben, ist von Art zu Art verschieden und hängt überdies vom Bodentyp ab. In einem sehr sandigen, eher trockenen Boden ziehen sich die Zwiebeln wesentlich tiefer zurück als in einem feuchteren Lehmboden. In die bevorzugten Bereiche gelangen viele Zwiebel- und Knollenpflanzen mit Hilfe von kräftigen Zugwurzeln, die sich zusammenziehen und

Der etwa faustgroße Austrieb der Steppenkerze ist sehr empfindlich gegenüber Spätfrösten.

dabei die ganze Zwiebel in die richtige Tiefe befördern können.

Versorgung mit Luft und Wasser

Die zweifellos wichtigste Funktion des Bodens ist die Versorgung der Pflanzen mit Wasser und den darin gelösten Nährsalzen. Das Wasser bewegt sich im Boden in feinen und feinsten Hohlräumen, den sog. Poren, die ihn netzartig durchziehen. Wird der Boden durch den Regen oder beim Gießen durchfeuchtet, so füllen sich die Poren mit Wasser, das allmählich nach unten versickert und dem Grundwasser zufließt. Je gröber die Poren, desto rascher kann das Wasser versickern,

Tip

Damit hochwüchsige Lilienarten – abgesehen von Madonnenlilien – genügend Stengelwurzeln bilden können, dürfen sie nicht zu flach gepflanzt werden. Bei normalem, durchlässigem Gartenboden schadet es auch nicht, wenn man sie sogar etwas tiefer als gewöhnlich angegeben, also bis etwa 30 cm tief, setzt.

Tip

Bei der Pflanzung ist zu beachten, daß die Zwiebeln bzw. Knollen in die für die jeweilige Art günstigste Tiefe kommen. Eine Faustregel besagt, daß sie etwa doppelt so hoch mit Erde bedeckt sein sollten, wie ihr Durchmesser beträgt. Doch keine Regel ohne Ausnahmen: Die Madonnenlilie z. B. darf nur ganz flach gepflanzt werden.

Tip

Der ideale Gartenboden hat einen relativ hohen Sandgehalt und einen etwas geringeren Tonanteil. Er speichert damit genügend Wasser für die Wurzeln und ist zugleich ausreichend belüftet. Um diesen Idealzustand zu erreichen, verbessert man zu schwere Böden mit Sand und zu leichte mit Humus oder Lehm.

Ranunkeln vertragen weder anhaltende Trockenheit noch ständige Nässe.

Tip

In relativ trockenen Böden müssen Zwiebeln und Knollen stets etwas tiefer, in vergleichsweise feuchten Substraten dagegen flacher gepflanzt werden als auf frischen, durchschnittlichen Böden.

und um so schneller geht es also den Wurzeln wieder verloren. Da sandreiche Böden grobporig sind, trocknen sie sehr leicht aus, sie fallen regelrecht trocken. Böden mit besonders feinen Bodenteilchen und folglich mit sehr engen Poren halten dagegen das Wasser sehr viel länger, was, so möchte man meinen, für die Pflanzen auf jeden Fall vorteilhaft ist.

Doch wie so oft gilt auch hier, daß die goldene Mitte am günstigsten ist, während extreme Verhältnisse ihre Nachteile haben. Tonböden verfügen zwar über die feinsten Poren und speichern damit das Wasser am längsten, doch ist es hier durch Kapillarkräfte so fest gebunden, daß die Wurzeln es nicht in ausreichendem Maß heraussaugen können. Nur wenige spezialisierte Arten sind in der Lage, auf einem reinen Tonboden zu existieren, denn obwohl ein solcher Boden reichlich Wasser enthält, kann es die Mehrzahl der Pflanzen dort nicht aufnehmen. Für die meisten Zwiebel- und Knollenpflanzen ist daher ein mittlerer Lehmboden ideal.

Es gibt noch einen weiteren Nachteil, wenn eingedrungenes Wasser allzulange im Boden verbleibt und schließlich das gesamte Porenvolumen füllt. Je mehr Wasser nämlich im Boden ist, desto weniger Luft enthält er, da diese sich im gleichen Porensystem wie das Wasser bewegt. Sowohl die Pflanzenwurzeln wie auch die unzähligen Bodentierchen und Mikroorganismen sind aber auf Sauerstoff angewiesen, um atmen zu können. Je länger die Poren das Wasser halten, desto langsamer kann Luft von oben in den Boden nachströmen. Deshalb kommt es in Tonböden auch sehr leicht zu Fäulnis, während bei lockeren Sandböden keinerlei Belüftungsprobleme auftreten.

Da die Wasserversorgung der Pflanzen also ganz eng mit den Eigenschaften des Bodens verknüpft ist, werden die Bodenansprüche der einzelnen Arten an seinem Feuchtigkeitsgehalt gemessen. Die dafür verwendeten Fachausdrücke finden sich auch in den Pflanzenbeschreibungen (siehe Seite 134–227):

- Trockener Boden trocknet auch nach längerem Regen rasch wieder ab und fühlt sich locker an.
- Frischer Boden besitzt eine mittlere Wasserhaltefähigkeit. Er fällt weder zu rasch trocken, noch neigt er bei länger anhaltendem Regen zum Vernässen.
- Feuchter Boden fühlt sich nach Regen noch lange Zeit gut durchfeuchtet an. Aus ihm fließt das Wasser nicht so schnell ab, und er läßt sich hervorragend formen.
- Nasser Boden enthält stets mehr Feuchtigkeit, als er binden kann. Nimmt man eine Handvoll Erde aus der oberen Bodenschicht auf und drückt sie zusammen, tropft sofort Wasser heraus.
- Staunasser Boden fühlt sich nach stärkerem Regen noch lange naß an und verklumpt.

Auf nassem Boden gedeihen nur wenige Zwiebel- und Knollenpflanzen wie z.B. die Sumpfkalla.

Problem Staunässe

Nasse oder staunasse Böden sind für Zwiebel- und Knollenpflanzen denkbar ungeeignet. Das liegt weniger an einem möglichen Überschuß an Wasser, als vielmehr am Bedürfnis der Wurzeln nach ausreichender Sauerstoffversorgung. Nur wenn ihre Atmung nicht beeinträchtigt ist, wachsen und verzweigen sie sich gut. In einem verdichteten oder ständig feuchten Boden ist jedoch der Sauerstoffgehalt so gering, daß die Wurzeln Mangel leiden und sich überdies leicht Fäulnis ausbreiten kann. Aber auch ihre Speicherorgane brauchen genügend Sauerstoff, um wachsen zu können, und sind gegen Luftmangel sehr empfindlich. Hat sich an den Wurzeln erst einmal Fäulnis festgesetzt, greift sie meist rasch auch auf die Speicherorgane über, und die Pflanze ist nicht mehr zu retten.

Wer das Pech hat, daß der Boden in seinem Garten zu Staunässe neigt, wird um tiefgreifende Bodenverbesserungsmaßnahmen nicht herumkommen, wenn er Zwiebel- und Knollenpflanzen erfolgreich kultivieren will. Das bedeutet zwar einen hohen Arbeitsaufwand, doch die Mühe lohnt sich.

Die radikalste Maßnahme zur Trockenlegung eines Bodens ist das Verlegen von Dränagerohren. Dies ist aber nur bei sehr nassen, fast schon moorigen Böden nötig. Meist sind die Böden jedoch „nur" stark verdichtet, d.h., im Unterboden befindet sich entweder von Natur aus oder durch das Befahren mit schweren Baufahrzeugen eine wasserundurchlässige Schicht. Ist diese auf natürliche Weise entstanden, handelt es sich gewöhnlich um eine Schicht mit einem besonders hohen Tonanteil, der das Wasser sehr stark bindet und nur ganz langsam abfließen läßt.

In solchen Fällen besteht die naheliegende Abhilfemöglichkeit darin, diese verdichtete Schicht gründlich umzugraben und mit Sand zu durchmischen. Dazu müssen die Bodenschichten darüber zunächst abgetragen und sorgfältig getrennt gelagert werden. Die stauende Schicht erkennt man an einer meist grünlichen oder schwarzbraunen Färbung, die in Schlieren auftritt und von bestimmten, speziell in dieser Schicht ablaufenden Umwandlungsprozessen stammt. Nach dem Bearbeiten der Stauzone wird die beiseitegeschaffte Erde wieder eingefüllt. Dabei ist unbedingt dafür zu sorgen, daß die ursprüngliche Schichtenfolge eingehalten wird, weil sonst das Bodenleben und damit die Struktur und Aktivität des ganzen Bodens völlig durcheinandergeraten.

Verfügbarkeit der Nährstoffe

Mit dem Bodenwasser nehmen die Pflanzenwurzeln auch die darin gelösten Nährstoffe auf. Damit dies möglichst effektiv geschieht, wachsen die feinen Wurzelhaare der Pflanzen zu den Bodenteilchen hin und umgeben diese als dichtes Geflecht. An der Oberfläche der Bodenteilchen nämlich sind die Nährsalze locker gebunden, und sie lösen sich von dort im Bodenwasser in dem Maß, in dem sie von den Wurzeln entnommen werden. Besonders die gitterartig aufgebauten Tonteilchen binden viele Nährstoffe, stellen also ein großes Reservoir dar. Tonhaltige Böden sind daher auch immer besonders „nahrhaft", während andererseits die meisten Sandböden durch Nährstoffarmut gekennzeichnet sind.

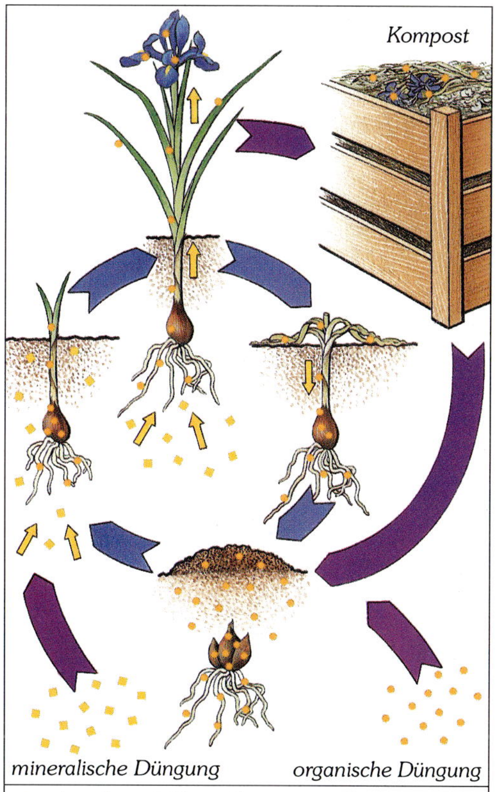

Nährstoffkreislauf: Aus dem Boden nimmt die Pflanze lösliche Nährstoffe auf und baut sie in ihre Organe ein. Sterben Pflanzenteile ab, werden die gebundenen Nährstoffe bei der Verrottung allmählich wieder frei und stehen erneut für das Wachstum zur Verfügung. Dieser natürliche Kreislauf wird im Garten unterbrochen, wenn die welken Teile abgeräumt werden. Man kann ihn wieder schließen, indem man die kompostierten Pflanzenreste dem Boden zuführt oder die entzogenen Nährstoffe durch eine Düngung ersetzt.

In allzu tonreichen Böden nützt den Pflanzen der größte Nährstoffreichtum jedoch wenig, da sie aus diesen schweren Böden das Wasser nur schlecht aufnehmen und daher nicht an die darin gelösten Nährstoffe gelangen können (siehe auch Seite 67). Ein eher lehmiger Boden, nicht zu leicht und nicht zu schwer, ist also ebenso hinsichtlich der Verfügbarkeit der enthaltenen Nährstoffe für die meisten Pflanzen am besten geeignet.

Ähnlich wie die Tonteilchen vermag auch der Humus viele Nährstoffe zu binden. Zudem stellt er selbst einen reichen Vorrat an organischen Nährstoffen dar, denn er ist ein wesentliches Element des natürlichen Kreislaufs: Von den Wurzeln aus dem Boden aufgenommen, werden die Nährstoffe in pflanzliche Substanz eingebaut, doch beim Absterben der Pflanze bzw. ihres oberirdischen Sprosses gelangen sie – oder zumindest der Teil von ihnen, der nicht in Speicherorgane eingelagert wurde – über die Streu als Humus wieder zurück in den Boden (siehe auch Seite 68).

Tip

Beim Kauf von Zwiebeln oder Knollen ist unbedingt auf gesunde Ware zu achten. Die Speicherorgane müssen sich fest anfühlen und dürfen weder ausgeprägte Druckstellen noch erkennbare Fäulnis- oder Schimmelflecken zeigen.

Tip

Beim Hausbau sollte man darauf achten, daß schwere Maschinenfahrzeuge den an die Baugrube angrenzenden gewachsenen Boden so wenig wie möglich befahren oder wenigstens ihren Aktionsradius einschränken. Dennoch verdichtete Flächen müssen bei der Neuanlage des Gartens aufgerissen und gelockert werden, bevor man den Mutterboden aufbringt.

Viele Wege zum Ziel

Vermehrung

Fast ohne Zutun entwickeln Narzissen, Schneeglöckchen und Krokusse durch Selbstaussaat und Brutzwiebeln im Frühjahr farbenfrohe Blütenteppiche.

Mindestens ebenso verblüffend wie die Entfaltung prachtvoller Blüten aus unscheinbaren Zwiebeln und Knollen sind die erstaunlichen Fähigkeiten dieser Pflanzen, auf verschiedenen Wegen für Nachwuchs zu sorgen. Viele der Zwiebel- und Knollenpflanzen vermehren sich im Garten ganz ohne Zutun, und ihre Blütenfülle wird mit den Jahren immer üppiger. Bei anderen hilft man ein wenig nach, um den Pflanzenbestand zu vergrößern. Neben der vegetativen Vermehrung durch Brutzwiebeln und -knollen ist auch die Anzucht aus Samen eine faszinierende Möglichkeit, die schönen Gewächse zu vervielfachen.

Fortpflanzung in der Natur

Wie die meisten Pflanzen können sich Zwiebel- und Knollengewächse sowohl generativ, d.h. auf geschlechtlichem Weg, als auch vegetativ, d.h. auf ungeschlechtliche Weise, vermehren. Beide Möglichkeiten hat die Natur im Lauf der langen stammesgeschichtlichen Entwicklungszeit zur Perfektion gebracht. Ein erfahrener Gärtner weiß die verschiedenen, teils wahrhaft raffinierten Methoden der Fortpflanzung für seine Zwecke bestmöglich zu nutzen.

Vermehrung durch Samen

Generative oder geschlechtliche Vermehrung bedeutet bei Pflanzen nichts anderes, als daß Samen bzw. Früchte die Grundlage für eine Vergrößerung des Bestands bilden. Diese Art der Fortpflanzung kann – abgesehen von ganz wenigen Ausnahmen – nur durch die Bestäubung einer weiblichen Narbe mit männlichem Blütenstaub erfolgen. Im Normalfall entstammt der Blütenstaub einer anderen Blüte derselben Art, manchmal auch einer anderen Art derselben Gattung und wird meistens von Insekten oder durch den Wind übertragen.

Nach der Bestäubung findet innerhalb des in der Blüte befindlichen Fruchtknotens die Befruchtung der Samenanlagen statt, die Verschmelzung des weiblichen und männlichen Erbguts. Aus dem Fruchtknoten entwickelt sich die Frucht, deren Hülle schützend den oder die Samen umgibt. Ausnahmen von dieser Regel kommen beispielsweise beim Märzenbecher *(Leucojum vernum)* und beim

Tip

Will man die generative Vermehrung, also den Samenansatz, unterbinden, um eine Schwächung der Pflanze oder eine Selbstaussaat zu verhindern, muß man die abgewelkten Blüten umgehend entfernen. Dann steckt eine Zwiebel- oder Knollenpflanze alle Kraft in ihre unterirdischen Organe und entwickelt sich im folgenden Jahr besonders prächtig.

Kleine Zwiebelblüher wie Schneeglanz und Krokus vermögen sich oft innerhalb weniger Jahre zu dichten, blütenreichen Teppichen auszubreiten.

Manche Zierlaucharten bilden direkt im Blütenstand Brutzwiebeln aus.

Schneeglöckchen *(Galanthus nivalis)* vor, die sich bei ausbleibendem Insektenbesuch auch selbst befruchten können. Dabei wird die Narbe vom Pollen derselben Blüte bestäubt.

Zur Ausbildung von Samen und Früchten muß die Pflanze viel Energie einsetzen, die sie alternativ auch in die Entwicklung von Blättern, Trieben und Wurzeln investieren könnte, um dadurch wuchs- und konkurrenzkräftiger zu sein. Nicht in allen Fällen lassen sich daher die Pflanzen auf das aufwendige und risikoreiche Unterfangen der generativen Fortpflanzung ein; denn nicht immer ist gewährleistet, daß ihre Samen auch verbreitet werden und an eine geeignete Stelle gelangen, wo sich die Keimlinge gegen Fraßfeinde und die allgegenwärtige Bedrängung durch benachbarte Wurzeln und Sprosse anderer Pflanzen durchsetzen können.

Vermehrung ohne Samen

Um vieles sicherer und einfacher ist es für die Pflanzen, sich vegetativ zu vermehren, selbst wenn dies, gewissermaßen als Notlösung, nur eine zweite Absicherung des Fortbestands der Art darstellt. Dieser Weg der Vermehrung kann – abgesehen von den Blüten – durch alle Pflanzenteile erfolgen. Im Gegensatz zur geschlechtlichen Vermehrung ist bei der vegetativen Fortpflanzung das Erbgut der Nachkommen identisch mit dem der Mutterpflanze, und die neuen Pflanzen gleichen ihr folglich aufs Haar.

Zwiebel- und Knollenpflanzen, aber auch rhizomtragende Arten, beschreiten besonders häufig den Weg der vegetativen Fortpflanzung. Um den Fortbestand ihrer Art zu sichern, umgehen sie auf ungeschlechtlichem Weg das Risiko, daß durch schlechte Witterung, Kälte oder andere widrige Umstände möglicherweise eine Bestäubung ausbleibt und deshalb keine Samen gebildet werden können. Dabei bedienen sich die einzelnen Arten der unterschiedlichsten Möglichkeiten.

Es gibt beispielsweise ganze Sprosse, die ausschließlich der Vermehrung dienen. Diese Brutknollen und -zwiebeln können sich im Boden, wie bei den meisten Arten, aber auch über der Erde entwickeln, etwa beim Lauch *(Allium)* in den Blütenständen oder bei manchen Lilien wie z. B. der Feuerlilie *(Lilium bulbiferum)* in den Blattachseln. Verschiedene Pflanzen, beispielsweise die Montbretie *(Crocosmia)*, bilden eine Art Ausläufer, bei anderen teilt sich der unterirdische Wurzelstock und löst sich in einzelne, voneinander unabhängige Tochterpflanzen auf, so wie z. B. beim Aronstab *(Arum)*.

Tip

Die vegetative Vermehrung ist oft der einzige Weg, Nachkommen mit den bevorzugten Eigenschaften einer bestimmten Sorte zu ziehen. Bei den Zuchtformen der Lilien z. B. bleiben nur so die Merkmale der Sorte sicher erhalten, während sie bei der Anzucht aus Samen meist verlorengehen, weil sich bei der Samenbildung das Erbgut verschiedener Sorten durchmischt.

Bleiben bestäubende Insekten einmal aus, kann sich der Märzenbecher selbst befruchten.

Vegetative Vermehrung im Garten

Tip

Angesichts des reichlichen und billigen Angebots an Pflanzware mag es oft überflüssig erscheinen, sich die Mühe zu machen, die Pflanzen selbst zu vermehren. Für einige Arten wie Narzissen oder Tulpen ist eine gelegentliche Vermehrung jedoch unabdingbar, damit sich der Bestand verjüngt und wieder kräftige Zwiebeln heranwachsen.

Im Lauf der Jahre können aus wenigen Narzissenzwiebeln (unten) ausgedehnte Bestände werden (ganz unten).

In der gärtnerischen Praxis ist die vegetative Vermehrung gerade bei Zwiebel- und Knollengewächsen wesentlich gebräuchlicher als die generative. Dies hat zwei Gründe: Zum einen dauert es meist deutlich länger, bis aus Samen blühfähige Pflanzen werden, und zum anderen ist bei den meisten Arten dieser Gruppe die vegetative Vermehrung ausgesprochen einfach vorzunehmen. Oft läßt sie sich gleich verbinden mit dem Ausgraben und Lagern der Zwiebeln oder Knollen, einer Arbeit, die gewöhnlich aus anderen Gründen ohnehin durchgeführt wird.

Teilung großer Horste

Am schnellsten kommt man zu vervielfachter Blütenpracht, indem man ältere, üppig gewordene Pflanzenbestände teilt. Dabei werden nicht die Zwiebeln selbst zerteilt, sondern Nebenzwiebeln abgetrennt oder dichte Zwiebelklumpen auseinandergenommen und in mehrere Portionen zerlegt. Auch Knollengewächse lassen sich gut durch Teilung vermehren, und zwar auf zweierlei Weise: Zum einen können Brutknollen abgenommen oder kompakte Knollenansammlungen zerteilt werden; zum anderen können Knollen auch direkt zerschnitten werden, eine Methode, die man z. B. bei Knollenbegonien (*Begonia*-Knollenbegonien-Hybriden) anwendet (siehe Seite 82 f.).

Eine Teilung großer, alter Horste empfiehlt sich vor allem, wenn die Blühfreudigkeit der Pflanzen deutlich nachläßt und überwiegend nur noch Blätter, aber kaum mehr Blütentriebe oder lediglich immer kleinere Blüten gebildet werden. Meist ist dafür eine mangelhafte Nährstoffversorgung verantwortlich. So können z. B. durch intensive Nebenzwiebelbildung sehr dichte, zusammenhängende Horste entstehen, in denen den Einzelpflanzen für die Entwicklung ihrer Wurzeln nur noch wenig Platz bleibt – zu wenig, um ausreichend Nährstoffe für die kräftezehrende Blütenbildung aufnehmen zu können.

Man gräbt solche Horste aus, teilt sie in mehrere kleine Zwiebelhaufen und setzt diese mit genügend Abstand oder an völlig getrennten Gartenstellen wieder ein. So können die Einzelpflanzen erneut Kraft schöpfen und sich deutlich besser entwickeln.

Anwendung findet die Teilung von Zwiebel- oder Knollenklumpen vor allem bei Narzissen *(Narcissus)*, Gartentulpen *(Tulipa)* und Gartenkrokussen *(Crocus)*. Für diese Pflanzen wird häufig sogar empfohlen, eine Teilung regelmäßig alle drei bis vier Jahre vorzunehmen. Doch hängt dies sowohl von der Sorte als auch von den Gegebenheiten im Garten ab, die recht unterschiedlich sein können. So ist bei besonders gutem Boden oder zusätzlicher Düngung eine Teilung häufiger notwendig als an sehr sonnigen, mageren und flachgründigen Plätzen, weil die Pflanzen unter den guten Bedingungen rascher wachsen, sich stärker vermehren und die Horste früher zu dicht werden.

Um einen Zwiebelblumenhorst zu teilen, nimmt man ihn, nachdem die Blätter nahezu verwelkt sind, vorsichtig mit der Grabegabel aus dem Boden. Das Gerät muß dabei in einigem Abstand von den Pflanzen eingestochen werden, um die Zwiebeln nicht zu verletzen. Will man die Horstteilung eines Frühjahrsblühers erst im Herbst vornehmen, sollte man den Wuchsort markieren, um die Zwiebeln der dann längst eingezogenen Pflanzen wiederzufinden. Grobe Erdreste werden von dem Zwiebelhaufen abgeschüttelt, anschließend nimmt man den Horst vorsichtig auseinander. Die Einzelzwiebeln können entweder gleich wieder eingepflanzt oder aber bis zum Herbst gelagert werden (siehe Seite 108 f.).

Vermehrung durch Brutzwiebeln

Die Ausbildung von Nebenzwiebeln ist bei fast allen Zwiebelgewächsen verbreitet. Bei einigen Arten, z. B. Narzissen und Tulpen, sind

Wie man die Bildung von Brutzwiebeln anregt

Manche Zwiebelblumen bilden unter normalen Bedingungen nur wenige oder gar keine Brutzwiebeln. Sie behalten sich diese energieaufwendige Art der Fortpflanzung für besonders widrige, womöglich existenzgefährdende Umstände vor, z. B. für den Fall, daß sie beschädigt oder angefressen werden. Dies kann man sich zunutze machen, indem man Verletzungen der Zwiebel künstlich herbeiführt.

Am häufigsten bedient man sich dieses gärtnerischen Kniffs bei der Hyazinthe *(Hyacinthus orientalis)*; aber auch bei Narzissen *(Narcissus*-Arten), Blausternen (insbesondere bei *Scilla siberica* 'Spring Beauty'), Schneeglanz (insbesondere bei *Chionodoxa luciliae* 'Pink Giant') und anderen Zwiebelpflanzen läßt sich diese Methode anwenden.

Man nimmt dazu im Herbst die Zwiebeln aus der Erde, säubert sie und schneidet den Zwiebelboden kreuzweise oder sternförmig mit einem scharfen Messer so tief ein, daß der Ansatz der Zwiebelschalen völlig durchtrennt ist. Damit dabei keine Krankheiten übertragen werden, sollte das Messer vorher möglichst sterilisiert worden sein, indem man es in ein haushaltsübliches Desinfektionsmittel taucht oder kurz in eine Flamme hält. Nach dem Bestäuben der Schnittflächen mit Holzkohlenpulver und Abtrocknen wird die Zwiebel in einen Topf gepflanzt und normal weiterkultiviert.

Im ersten Jahr werden gewöhnlich nur kümmerliche Blätter gebildet. Falls sich Blütenknospen zeigen sollten, bricht man sie aus, damit die Zwiebel ihre ganze Kraft in die Brutzwiebelbildung stecken kann. Im zweiten Frühjahr dann treiben mehrere kleine Blattbüschel – ein Zeichen dafür, daß sich bereits Brutzwiebeln entwickelt haben. Man wartet noch, bis die Blätter wieder einziehen, damit die Brutzwiebelchen genügend Zeit haben zu erstarken, gräbt die Zwiebel dann aus und nimmt die Brutzwiebeln ab. Sie werden gelagert und können im Herbst wie normale Zwiebeln gepflanzt werden. Im übernächsten Jahr blühen sie meist bereits zum ersten Mal.

Für Kaiserkronen *(Fritillaria imperialis)* wird empfohlen, die Zwiebeln nach dem Einschneiden und Antrocknenlassen umgekehrt, also mit den Wurzeln nach oben, den Winter über bei etwa 20 °C in feuchtem Sand zu lagern. Im Frühjahr werden die Zwiebeln dann ausgepflanzt und normal weiterkultiviert. Bis zum folgenden Jahr bilden sich gewöhnlich die Brutzwiebeln.

Tip

Falls beim Teilen der Horste auch Brutzwiebeln abgenommen wurden und diese gleich wieder eingesetzt werden sollen, dann empfiehlt es sich, die Abbruchstellen vor dem Einpflanzen durch Einstäuben mit Holzkohlenpulver zu desinfizieren. Damit beugt man einer Infektion durch Krankheitserreger vor.

Tip

Der Zeitpunkt für eine Teilung des Horsts läßt sich in gewissem Maß schon bei der Pflanzung hinausschieben, indem man möglichst weite Pflanzabstände einhält. Einzelne Gartentulpenzwiebeln sollten mindestens 15 cm, Narzissenzwiebeln mindestens 10 cm weit auseinandergesetzt werden.

Tulpen setzen Tochterzwiebeln an, die man abnehmen und neu pflanzen kann, so daß die Blütenpracht immer üppiger wird.

sie besonders groß und gut erkennbar, dafür entwickelt jede Mutterzwiebel meist nur ein bis zwei davon. Man spricht dann im allgemeinen von Tochterzwiebeln. Andere Arten, z. B. die Blausterne *(Scilla)*, weisen dagegen viele, dafür aber sehr kleine Nebenzwiebeln, sog. Brutzwiebeln, auf.

Von nicht völlig winterharten Arten wie Schopflilie *(Eucomis)* und Tigerblume *(Tigridia pavonia)* können die Brutzwiebeln gleich in

Brutzwiebeln abnehmen und einpflanzen

Wenn die Blätter welk sind, nimmt man die Zwiebeln behutsam mit der Grabegabel aus dem Boden.

Nach dem Trocknen und Säubern werden die reifen Brutzwiebeln vorsichtig von der großen Mutterzwiebel abgebrochen.

Anschließend werden sie mit dem erforderlichen Abstand einzeln eingepflanzt oder an einem kühlen Platz gelagert.

Tip

Kranke Zwiebeln oder Knollen sollten nie auf den Komposthaufen geworfen werden, da sonst die Krankheitserreger mit den Kompostgaben zu den gesunden Pflanzen gelangen und diese ebenfalls infizieren können. Kranke Pflanzenorgane kommen in den Mülleimer oder in einen geschlossenen Schnellkompostierer, in dem so hohe Temperaturen auftreten, daß sämtliche Krankheitserreger abgetötet werden.

Tip

Einige Krokusse wie der Bunte Krokus oder die Gartenkrokusse setzen besonders reichlich Brutknollen an. Je üppiger ein solcher Knollenklumpen wird, desto verlockender ist er für Wühlmäuse. Deshalb sollte man alle paar Jahre Brutknollen abtrennen oder die Knollenhaufen teilen, um den Nagern die Nahrungssuche zu erschweren.

einem Arbeitsgang mit dem Aufnehmen der Pflanzen im Herbst gewonnen werden. Vor dem Einlagern (siehe Seite 109) läßt man die Mutterzwiebeln an einer kühlen, trockenen, halbschattigen oder schattigen Stelle einige Tage lang trocknen. Danach werden sie gesäubert, von losen, äußeren Zwiebelhüllen befreit und beschädigte oder kranke Exemplare ausgesondert und weggeworfen. Von den übrigen Zwiebeln können nun die Nebenzwiebeln vorsichtig abgetrennt werden.

Die Gladiole (rechts) bildet kleine weißliche Brutknollen an der Basis der Mutterknollen (oben).

Winterharte Arten wie Prärielilie *(Camassia)*, Schneeglanz *(Chionodoxa)* oder Iris (*Iris*-Arten) nimmt man entweder nach dem Einziehen des Laubs oder im Herbst eigens aus der Erde, um die Brutzwiebeln abzutrennen, oder man erledigt dies anläßlich der Teilung großer Zwiebelklumpen (siehe Seite 78).

Junge, noch nicht ausgereifte Nebenzwiebeln hängen sehr fest an der Mutterzwiebel, und beide sind oft noch von einer gemeinsamen Zwiebelhaut umgeben. Solche Brutzwiebelchen beläßt man vorläufig an der Mutterzwiebel – sie sind erst im nächsten Jahr „erntereif".

Nach dem Abtrennen lagert man die Brutzwiebeln wie die Mutterzwiebeln, locker eingeschlagen in angefeuchtete Sägespäne, feinen Rindenmulch, Holzwolle, Sand oder Torf, an einem kühlen Platz im Keller (siehe auch Seite 109). Im Herbst, zur Pflanzzeit, werden sie dann in Gruppen an den gewünschten Stellen eingesetzt. Man kann für die kleinen Nebenzwiebeln zunächst aber auch ein eigenes Vermehrungsbeet vorsehen. Dort bleiben sie bis zum darauffolgenden Herbst, in dem sie dann schließlich an ihren endgültigen Platz gepflanzt werden.

Jungpflanzen aus Brutzwiebeln kommen zwar zuweilen schon im ersten Jahr zur Blüte, doch sind die Blüten dann meist klein und nur schwach entwickelt. Bei solchen kümmerlichen Erstlingsblütentrieben ist es besser, die

Knospen zu entfernen, bevor sie sich öffnen. In diesem Jahr tragen die Pflanzen dann zwar keinen Blütenschmuck, dafür stecken sie ihre ganze Kraft in das Wachstum der Zwiebeln, die in den Folgejahren um so üppigere und schönere Blüten treiben.

Vermehrung durch Brutknollen

Was für Brutzwiebeln gilt, trifft grundsätzlich auch auf Brutknollen zu. Als Beispiel seien besonders die Gladiolen *(Gladiolus)* erwähnt, die reichlich Brutknöllchen bilden. Diese sind sehr klein, oft nur erbsengroß, und sitzen an der Unterseite der Mutterknolle. Wenn man die Pflanzen zur Überwinterung aus dem Boden nimmt, löst man die Brutknöllchen nach dem Trocknen und Säubern der ganzen Knollen vorsichtig ab und bewahrt sie bis zur Pflanzung trocken, kühl und luftig auf. Auf dieselbe Weise lassen sich z.B. auch Klebschwertel *(Ixia)* oder Ranunkeln (*Ranunculus-Asiaticus*-Hybriden) vermehren.

Da die alte Mutterknolle nach einem Jahr gewöhnlich verbraucht ist und einschrumpft, löst man nach dem Abnehmen der Brutknöllchen auch ihre Überreste vorsichtig ab, bis nur die neue Tochterknolle übrigbleibt. Diese wird wie die Brutknollen überwintert und im nächsten Jahr wieder gepflanzt.

Vermehrung durch Bulben

Manche Lilienarten, etwa die Feuerlilie *(Lilium bulbiferum)* oder die Tigerlilie *(Lilium lancifolium)*, bilden im Lauf des Sommers in den Achseln ihrer Stengelblätter eine besondere Form von Brutzwiebeln aus, die sog. Achselbulben, oft auch Bulbillen oder, nicht ganz exakt, einfach nur Bulben genannt. Diese lösen sich im Herbst von der Mutterpflanze, fallen auf den Boden und beginnen dort auszutreiben. Mit etwas Glück stehen dann dort im nächsten Jahr rundum lauter kleine Jungpflanzen.

Im Garten kann man diese speziellen Brutzwiebeln zur gezielten Vermehrung der Lilien heranziehen. Sie werden dazu im Spätsommer, wenn sie ausgereift sind und sich leicht ablösen lassen, geerntet und entweder an einem geeigneten Platz direkt in den Boden gesteckt oder aber zunächst in Anzuchtschalen weiterkultiviert. Als Substrat dafür wählt man eine gut durchlässige, lockere Erde, die etwa je zur Hälfte aus humoser Gartenerde und grobem Sand gemischt wird, oder aber handelsübliche Anzuchterde. Die kleinen Zwiebeln werden ungefähr 1–2 cm tief in die Erde gedrückt. Anschließend gießt man sie leicht an und stellt die Schalen den Winter über im kühlen Frühbeet oder im ungeheizten Gewächshaus auf. Bei Bedarf wird gelegentlich leicht gegossen, damit die Erde nicht austrocknet.

Im Frühjahr ist es dann soweit: Die Jungpflanzen treiben aus, und die Zwiebeln werden allmählich größer. Sie können nun einzeln in Töpfe gesetzt werden, aber auch noch weiterhin im Kalten Kasten verbleiben. Im Herbst, zur normalen Zwiebelpflanzzeit, versetzt man sie dann an ihren endgültigen Platz im Garten. Je nach Art blühen die Jungpflanzen nach etwa zwei bis fünf Jahren zum ersten Mal.

Lilienarten, die Stengelwurzeln ausbilden, entwickeln an dem bewurzelten unterirdischen Sproßabschnitt oft auch kleine Brutzwiebeln, die sog. Stengelbulben. Man findet sie besonders bei den Asiatischen Wildarten und Hybriden, aber auch bei Mandarinenlilie *(Lilium henryi)*, Osterlilie *(Lilium longiflorum)* und Orientalischen Hybriden. Je tiefer man die Lilien pflanzt, desto eher setzen sie Stengelbulben an. Zur Vermehrung legt man die Stengel im Herbst vorsichtig frei, nimmt die Brutzwiebelchen ab und kultiviert diese wie Achselbulben weiter. Sie können schon im nächsten Jahr blühen.

Vermehrung durch Zwiebelschuppen

Neben dem Weg über die Bulben gibt es bei Lilien außerdem noch eine besonders einfache Methode der vegetativen Vermehrung, die die spezielle Form ihrer Zwiebeln ausnutzt. Da deren fleischige Schuppen von keiner gemeinsamen Hülle umgeben sind, kann man sie leicht einzeln ablösen. Dabei verbleibt immer ein kleines Stück des Zwiebelbodens an der Basis einer jeden Schuppe. Dieses Stückchen, das im Grund einen Teil der gestauchten Sproßachse darstellt (siehe auch Seite 22), vermag zu einer neuen, zunächst winzigen Lilienzwiebel auszuwachsen. Diese jungen Zwiebeln werden weiterkultiviert und bringen nach etwa drei, bei manchen Arten aber auch erst nach fünf Jahren blühfähige Triebe hervor.

Nicht nur Lilien, auch Fritillarien (*Fritillaria*-Arten) haben eine in ähnlicher Weise aus einzelnen nackten Schuppen zusammengesetzte Zwiebel, die sich für diese Art der ungeschlechtlichen Vermehrung eignet.

Der beste Zeitpunkt für die Vermehrung durch Zwiebelschuppen ist der Frühherbst. Man verwendet dazu nur die äußeren, dicken, sich prall anfühlenden Schuppen; kranke

Bei einigen Lilien kann man Stengelbulben ernten.

Bulbillen bilden sich in den Blattachseln.

Tip

Auch die Madonnen- und die Nanking-Lilie sowie einige andere Lilienarten, die normalerweise keine Achselbulben ausbilden, können dazu angeregt werden, indem man ihre Blütenknospen abschneidet, kurz bevor diese sich öffnen.

Vermehrung durch Zwiebelschuppen

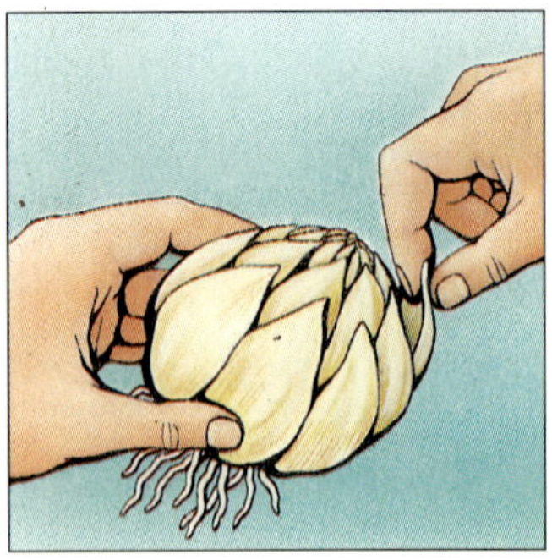

Von einer kräftigen Zwiebel löst man im Frühherbst einzelne pralle und gesunde Schuppen äußerst behutsam ab.

Die Schuppen steckt man mit der breiten Seite, das heißt mit dem Wurzelansatz nach unten, ins Substrat.

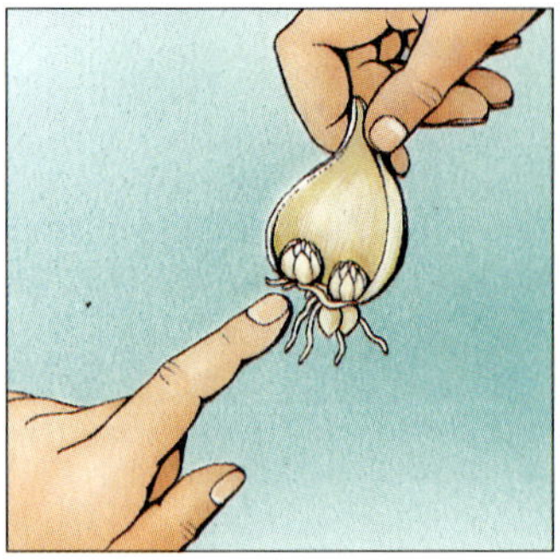

Nach ein bis zwei Monaten entfernt man etwas Erde und prüft, ob sich bereits kleine Zwiebeln gebildet haben.

Sind Zwiebelchen zu sehen, setzt man die Schuppen einzeln in Töpfe und kultiviert sie danach kühl weiter.

Tip

Bei empfindlichen oder besonders wertvollen Lilien empfiehlt es sich, die Mutterzwiebeln nach der Zwiebelschuppenvermehrung an den Abbruchstellen der Schuppen vor dem Wiedereinpflanzen mit Holzkohlenpulver zu bestäuben, damit dort keine Krankheitserreger eindringen.

Tip

Statt in eine Anzuchtschale kann man Zwiebelschuppen auch einfach in eine Plastiktüte voll angefeuchtetem Substrat stecken. Gut verschlossen, wird diese warm aufbewahrt, bis sich Wurzeln und die Zwiebeln gebildet haben.

Tip

Knollenbegonien teilt man im Frühjahr. Ihre scheibenförmige Knolle sollte man nicht in allzu kleine Stücke zerschneiden. Je größer und zahlreicher die Schnittflächen sind, desto schwerer bilden sich Wurzeln.

oder beschädigte Schuppen werden entfernt. Die Zwiebel selbst erleidet durch das Abtrennen einzelner Schuppen keinen Schaden, sogar wenn man bis zu einem Drittel ihrer Schuppen abgelöst hat. Sie kann nach der Prozedur wieder eingepflanzt werden.

Die abgetrennten Schuppen werden etwa bis zur Hälfte ihrer Höhe in eine Aussaatschale oder einen weiten Topf gesteckt. Als Substrat eignet sich mit Sand gestreckte normale Einheitserde (siehe Seite 85) oder ein Gemisch aus Sand und Rindensubstrat oder Torf. Man stülpt eine Plastikhaube über die Schale und stellt sie dann auf die warme Fensterbank, ins Gewächshaus oder in den Frühbeetkasten.

Mit etwas Bodenwärme verläuft die Bewurzelung am schnellsten. Nach etwa ein bis drei Monaten haben sich in der Regel genügend Wurzeln gebildet, und die kleinen, neuen Zwiebelchen sind bereits sichtbar. Die zwiebeltragenden Schuppen werden nun aus der Anzuchtschale genommen, einzeln in Töpfe gesteckt und kühl (bei etwa 5 °C) weiterkultiviert. Im Frühjahr sind die jungen Zwiebeln dann meist kräftig genug, um ausgepflanzt zu werden. Sie sollten dazu gut daumennagelgroß sein. Andernfalls wartet man noch bis zum Herbst oder sogar bis zum nächsten Frühjahr mit dem Auspflanzen.

Teilung von Knollen und Rhizomen

Für viele Knollen- und alle Rhizompflanzen ist die Teilung die gängigste Vermehrungsart. Von den Knollengewächsen eignen sich allerdings nur solche Formen dazu, die pro Knolle mehrere Triebknospen, sog. Augen, ausbilden, z. B. Knollenbegonien (*Begonia*-Knollenbegonien-Hybriden), Dahlien (*Dahlia*-Hybriden) oder Alpenveilchen *(Cyclamen)*. Dagegen kann man von Arten, die nur eine Triebspitze aufweisen und bei denen die jeweils einzige Tochterknolle der Mutterknolle direkt aufsitzt, wie etwa bei Krokus (*Crocus*-Arten) und Gladiole *(Gladiolus)*, auf diese Weise keine neuen Pflanzen gewinnen.

Rhizome wachsen von Natur aus kriechend und bilden daher immer mehrere Knospen aus, die in den Achseln bleicher, kleiner Schuppenblätter sitzen. Am besten werden natürlich ältere, möglichst große Exemplare zur Teilung verwendet, da diese am meisten Augen besitzen.

Je nach Art werden die Knollen oder Rhizome entweder nach dem Einziehen der Blätter im Sommer oder aber im Frühjahr ausgegraben (siehe jeweilige Pflanzenbeschreibung Seite 134–227). Man säubert sie gründlich, damit keine Erdkrümel und dadurch möglicherweise Krankheitserreger auf die Schnittstellen gelangen können. Nun trennt man mit einem sauberen, am besten sogar desinfizierten, scharfen Messer die Knolle bzw. das Rhizom in mehrere Teilstücke, von denen jedes mindestens ein Auge tragen muß. Ohne eine solche Knospe kann das Teilstück nicht mehr austreiben und stirbt ab.

Nach dem Zerteilen stäubt man die Schnittstellen sorgfältig mit einem Desinfektionsmittel, z. B. Holzkohlenpulver, ein und läßt sie zunächst einige Tage abtrocknen. Die Teilstücke winterharter Knollen und Rhizome wie diejenigen von Alpenveilchen *(Cyclamen)*, Winterling *(Eranthis)*, Kronenanemone *(Anemone coronaria)* oder Scheinorchis *(Roscoea)* werden anschließend gleich wieder eingepflanzt, die nicht winterharter Arten wie Wunderblume *(Mirabilis jalapa)* oder Tagblume *(Commelina tuberosa)* bei Herbstteilung kühl und frostfrei im Keller überwintert und nur bei einer Frühjahrsteilung gleich wieder in den Boden gebracht.

Auch Dahlien vermehrt man normalerweise durch Knollenteilung. Nach dem Ausgraben und Säubern der ganzen Knolle werden einzelne der verdickten, spindelförmigen Teilknollen an ihrer Ansatzstelle abgeschnitten. Wichtig ist, daß man die Triebknospen, die am oberen Ende der Knollenspindeln sitzen, dabei nicht verletzt oder gar abbricht. Die Teilstücke werden wie ganze Dahlienknollen den Winter über gelagert (siehe Seite 109); sie bringen im nächsten Jahr bereits die ersten Blüten hervor.

Vermehrung durch Stecklinge

Die Stecklingsvermehrung spielt bei Zwiebel- und Knollenpflanzen nur eine untergeordnete Rolle. Nur bei Dahlien (*Dahlia*-Hybriden) und Knollenbegonien (*Begonia*-Knollenbegonien-Hybriden) ist sie von einiger Bedeutung. Die Knollen werden dazu bereits im Winter, etwa um den Februar, im Haus vorgezogen. Man topft sie so flach in Einheitserde (siehe Seite 85) oder in ein Sand-Erde-Gemisch ein, daß der Wurzelhals bzw. die Knollenoberseite freiliegt. Das Gefäß sollte nicht zu warm, aber möglichst hell stehen, damit die Triebe kräftig und gedrungen bleiben und nicht vergeilen.

Schon bald sprießen die ersten beblätterten Stengel. Wenn sie etwa 10 cm lang sind, können sie als Stecklinge geschnitten werden. Man steckt sie einzeln in Töpfe mit lockerer Einheitserde und stülpt eine durchsichtige Plastikhaube darüber, die die Verdunstung herabsetzt und dadurch Erde und Stecklinge vor der Austrocknung schützt. Bodenwärme beschleunigt die Wurzelbildung erheblich. Nach etwa vier Wochen (ohne Bodenwärme nach etwa sechs Wochen) zeigen sich meist die ersten Wurzeln. Zur Abhärtung der Jungpflanzen wird die Plastikhaube zunächst etwas angehoben, schließlich tagsüber entfernt und am Ende ganz weggelassen. Dadurch gewöhnt man die Pflänzchen allmählich an die Bedingungen ihrer späteren Umgebung. Ins Freie können sie jedoch wegen ihrer Frostempfindlichkeit erst nach den Eisheiligen gesetzt werden.

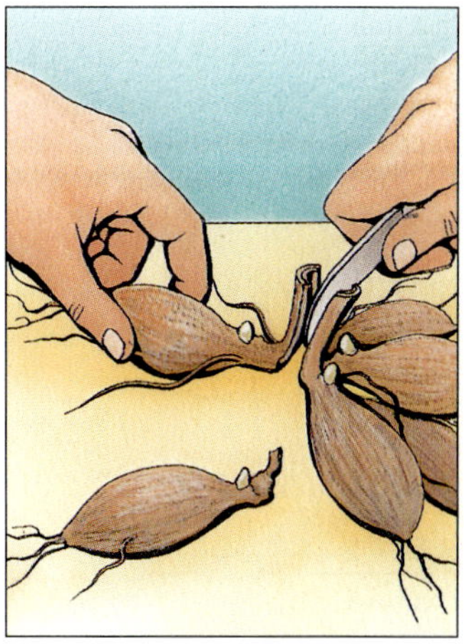

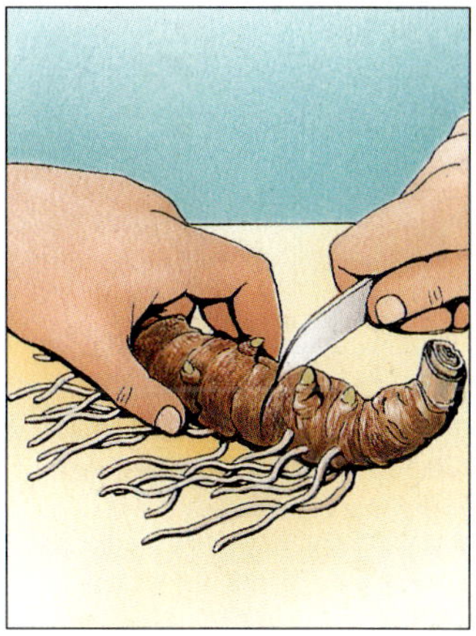

Knollen (oben) und Rhizome (unten) schneidet man mit einem scharfen Messer in mehrere Teilstücke.

Dahlien kann man vermehren, indem man im Herbst oder Frühjahr die Knollen teilt.

Dahlienstecklinge werden im Frühjahr geschnitten.

Reife Zierlauchsamen schüttelt man vorsichtig heraus.

Tip

Die Anzucht von Lilien aus Samen vermindert die Gefahr einer Ausbreitung von Viruskrankheiten, die bei Lilien leider häufig auftreten. Sogar ein Befall der Mutterpflanze ist dann kein Grund zur Besorgnis, denn die Viren werden nicht mit den Samen weitergegeben.

Tip

Nicht alle Zwiebel- und Knollengewächse setzen Samen an. Gerade unter den gebräuchlichen Arten gibt es viele sterile Formen, die nur durch Teilung und die Abnahme von Tochter- oder Brutzwiebeln vermehrt werden können, so z. B. das Blausternchen *Scilla siberica* 'Spring Beauty'. Will man Zwiebelblumen verwildern lassen, muß man folglich solche wählen, die auch wirklich Samen ansetzen, z. B. die reine Art *Scilla siberica*.

Anzucht aus Samen

Die Vermehrung von Zwiebel- und Knollenpflanzen durch Samen ist wenig gebräuchlich, da es sehr lange dauern kann, bis die neuen Pflanzen zum ersten Mal blühen. Je nach Art muß man oft drei bis sechs Jahre darauf warten. Es gibt aber auch Pflanzen mit deutlich kürzerer Entwicklungszeit, bei denen sich eine Anzucht aus Samen durchaus lohnt. So zeigen z.B. Sämlinge der Königslilie *(Lilium regale)*, einiger Krokusse (*Crocus*-Arten) sowie der Gladiolen *(Gladiolus)* bereits im zweiten Jahr Blüten.

In einer Hinsicht ist die Anzucht aus Samen jedoch einmalig und durch keine andere Vermehrungsmethode zu ersetzen: Generativ vermehrte Pflanzen sind weder untereinander noch mit ihren Elternpflanzen identisch, wie dies bei der vegetativen Vermehrung stets der Fall ist, sondern zeigen grundsätzlich eine gewisse Variabilität. Da können plötzlich und unerwartet neue, höchst interessante Formen auftauchen, besondere Blütenfarben oder -zeichnungen oder auch veränderte Wuchseigenschaften. Aus diesem Grund ist die Vermehrung über Samen vor allem auch für Gärtner und Gärtnereien, die Pflanzenzüchtung (siehe auch Seite 88f.) betreiben, so interessant, ja unerläßlich.

Der Züchter beobachtet seine Sämlinge genau, liest nur diejenigen mit bestimmten, erwünschten Eigenschaften gezielt aus und kultiviert sie weiter. Erweisen sich die Pflanzen eines neuen Typs als vorteilhaft, werden sie vegetativ weitervermehrt und können schließlich, mit etwas Glück und genügend Ausdauer, als neue Sorte auf dem Markt angeboten werden.

Aus Samen angezogene Königslilien kommen schon im zweiten Jahr zur Blüte.

Für den Hobbygärtner wird eine gezielte Züchtung neuer Sorten nicht allzuoft in Frage kommen. Wohl in den wenigsten Gärten steht ausreichend Platz zur Verfügung, um eine systematische Anzucht, wie sie dafür erforderlich wäre, über mehrere Jahre hinweg durchzuführen. Doch auch ohne bestimmtes Züchtungsziel ist es immer wieder spannend zu beobachten, was sich aus der Saat entwickelt. Und jedesmal staunt man erneut darüber, wieviel Kraft doch in einem so kleinen, unscheinbaren Samenkorn steckt.

Samenernte

Eine ganze Reihe der hübschen Gewächse, die sich im Garten aus Zwiebeln und Knollen entwickeln, setzen oft reichlich Samen und Früchte an. Um aus den Samen neue Pflänzchen zu ziehen, werden gut ausgereifte Früchte – man erkennt sie daran, daß sie sich leicht von der Pflanze ablösen lassen – geerntet, gesäubert und getrocknet. Man öffnet die Früchte und sammelt die reifen Samen heraus. Säuberlich nach Arten getrennt, bewahrt man sie dann am besten in genau beschrifteten dunklen Gläschen oder in Papiertüten bis zur Aussaat auf.

Einkauf von Saatgut

Im Fachhandel wird, vorwiegend im Frühjahr, Saatgut von vielerlei Arten und auch von einigen Zuchtsorten angeboten. Es lohnt sich nicht, zu Billigware zu greifen, bei der die Keimrate, d.h. der Anteil keimfähiger Samen, oft enttäuschend gering ist. Erfolgreicher verläuft die Anzucht mit Qualitätssaatgut, das als solches gekennzeichnet ist und meist in versiegelten Tüten, sog. Keimschutzpackungen, geliefert wird. Das Verfallsdatum, das auf der Packung angegeben ist, sollte man unbedingt beachten, denn viele Samen sind bei normaler Lagerung nur begrenzte Zeit keimfähig.

Aussaat

Zwiebel- und Knollenpflanzen sät man gewöhnlich in Anzuchtgefäße und stellt sie im Gewächshaus oder auf einer warmen, hellen Fensterbank auf. So sind die Licht- und Temperaturverhältnisse während der Keimung und beim Heranwachsen der Jungpflanzen am besten zu steuern. Außerdem

Aussäen, pikieren und auspflanzen

Die Samen werden dünn und gleichmäßig auf das Substrat in einer Anzuchtschale gestreut und leicht festgedrückt.

Anschließend übersiebt man das Saatgut mit einer dünnen Schicht Sand oder Anzuchterde und gießt es mit feiner Brause an.

Sobald die Sämlinge die ersten echten Laubblätter entwickelt haben, nimmt man sie vorsichtig mit dem Pikierstab auf.

Jeder Sämling wird einzeln in ein Gefäß mit Anzuchterde gepflanzt und mit den Fingerspitzen behutsam angedrückt.

Ist die pikierte Pflanze stark genug, nimmt man sie aus dem Topf, ohne die Wurzeln zu beschädigen.

Anschließend wird sie an der gewünschten Stelle im Garten in der für die jeweilige Art erforderlichen Tiefe eingepflanzt.

sind Samen und Keimlinge hinter Glas meist besser vor Fraß geschützt als im Freiland. Bei einigen Arten, besonders bei den sog. Kaltkeimern (siehe Seite 87), ist jedoch auch eine Direktsaat ins Freiland gut möglich.

Der beste Termin für die Aussaat ist in der Regel die Zeit gleich nach der Reife der Samen, je nach Blütezeit also der Sommer oder Frühherbst. Es kann aber auch sinnvoll sein, die Samen zu lagern und mit der Aussaat bis zum Frühjahr zu warten. Bei einer Herbstsaat gehen die Keimlinge meist noch vor dem Winter auf, können aber durch die schlechten Lichtverhältnisse in den kurzen Tagen in ihrer Entwicklung gestört werden. Bei einer Aussaat im Frühjahr ist dagegen durch die zunehmende Tageslänge für gute Belichtung und reichlich Wärme gesorgt. Leider ist bei vielen Arten nicht von vornherein zu sagen, welcher Weg verläßlich zum Erfolg führen wird. Wer sicher gehen will, sollte das Saatgut halbieren und einen Teil im Herbst, den anderen Teil im Frühjahr aussäen.

Zur Aussaat verwendet man flache Anzuchtschalen oder, wenn es sich um relativ große Samen handelt, auch einzelne Töpfe. Als Substrat ist nährstoffarme, möglichst feinkrümelige und gut durchlässige Erde nötig. Sie ist als fertige Mischung zu kaufen – im Fachhandel als Anzuchterde, Einheitserde Typ 0 (ungedüngt) oder Einheitserde Typ VM (schwach gedüngt) erhältlich; man kann sich das Substrat aber auch selbst mischen. Bewährt hat sich humusreiche, fein gesiebte Gartenerde, zu gleichen Teilen mit grobem Sand gemischt, oder ein Teil Lehm, zwei Teile Torf und zwei Teile scharfer Sand. Als unterste Schicht wird in die Gefäße eine dünne

Tip

Die meisten Gärtnereien wie auch die großen Gartenversandbetriebe bieten nur eine recht geringe Auswahl an Samen von Zwiebel- und Knollenpflanzen. Wesentlich reichhaltiger ist das Angebot einiger Zwiebelblumengärtnereien, die sich auf die Produktion und den Vertrieb von Samen spezialisiert haben. An die Samen besonders seltener Arten kann man über Liebhabervereine kommen.

Tip

Bei einer Aussaat direkt ins Freiland sollten die Aussaatstellen mit einem dichten Drahtgeflecht abgedeckt werden, damit die Samen nicht so leicht von Kleinnagern wie Mäusen oder von Vögeln gefressen werden können.

Tip

Samen werden am besten dunkel, trocken und möglichst kühl gelagert. Bei zuviel Wärme trocknen sie aus, bei zu feuchter Umgebung beginnen sie zu quellen und zu keimen oder gar zu faulen. Auch Licht kann die Keimung anregen.

Tip

Um besonders feinkörniges Saatgut wie z. B. das von Knollenbegonien nicht versehentlich viel zu dicht auszusäen, kann man es mit feinem Sand oder Sägespänen vermengen. In der Mischung läßt es sich gut und gleichmäßig über das Substrat verteilen.

Bei Wildtulpen wie der Weinbergtulpe vergehen oft zwei Jahre zwischen Aussaat und Keimung.

Dahlien schieben stets zwei Keimblätter aus dem Samen.

Tip

Zieht man die Samen von vornherein einzeln in Torfquelltöpfen oder kleinen Aussaatgefäßen, entfällt das Pikieren.

Lage grober Sand oder Splitt zur Dränage eingefüllt.

Die Samen werden dünn und möglichst gleichmäßig auf das Substrat ausgebracht, mit einer dünnen Schicht Anzuchterde oder grobem Sand bedeckt und anschließend gut angedrückt. Dies ist wichtig, damit die Keimwurzeln sofort nach dem Austritt aus der Samenschale Kontakt zum Boden erhalten. Zu guter Letzt gießt man die Saat mit einer feinen Brause an und deckt das Gefäß mit einer Glasscheibe ab.

Keimung

Je nach Art dauert es ganz unterschiedlich lange, bis die Saat gekeimt ist. Die Samen der Sommerhyazinthe *(Galtonia candicans)* gehen z. B. innerhalb weniger Wochen auf, dagegen keimen Wildtulpen (*Tulipa*-Arten) fast immer erst im zweiten Jahr nach der Aussaat. Die meisten Zwiebel- und Knollenpflanzen sind sog. einkeimblättrige Pflanzen. Und genauer gesagt gehören alle Vertreter aus den Familien der Lilien-, Narzissen- oder Amaryllis-, Schwertlilien- und Aronstabgewächse sowie die Orchideen dazu. Aus ihren keimenden Samen schiebt sich als erstes Grün ein einzelnes Keimblatt an die Oberfläche. Nur wenige Arten unter den Zwiebel- und Knollenpflanzen, so etwa die Dahlie (*Dahlia*-Hybriden), die Wunderblume *(Mirabilis jalapa)* oder der Sauerklee *(Oxalis)*, gehören zu den zweikeimblättrigen Gewächsen, entwickeln also ein Keimblattpaar.

Sobald sich die ersten Keimlinge zeigen, wird die Glasscheibe über dem Anzuchtgefäß leicht angehoben und ein Hölzchen als Abstandhalter daruntergelegt, so daß die Luft zirkulieren kann und sich keine Schimmelpilze ausbreiten. Aber auch weiterhin ist darauf zu achten, daß das Substrat stets ausreichend feucht bleibt.

Pikieren

Wenn sich die ersten echten Laubblätter, d. h. die nach den Keimblättern erscheinenden sog. Primärblätter, gänzlich entfaltet haben, sind die Sämlinge kräftig genug, um verpflanzt zu werden. Dieses erste Verpflanzen, das sog. Pikieren, Vereinzeln oder Verstopfen, ist nötig, weil in den meisten Fällen zu dicht ausgesät wurde und dadurch die Pflänzchen schon bald viel zu gedrängt stehen.

Für den Anzuchterfolg ist es wichtig, den optimalen Zeitpunkt zum Pikieren zu treffen. Vereinzelt man zu früh, sind die Pflanzen noch nicht kräftig genug. Beim Umpflanzen werden dann nur allzu leicht die empfindlichen Blättchen und Würzelchen beschädigt. Als Folge davon wächst der Sämling oft nicht mehr weiter. Pikiert man zu spät, sind die Wurzeln benachbarter Pflänzchen schon so sehr miteinander verworren, daß beim Verpflanzen unvermeidlich etliche abreißen. Das führt ebenfalls dazu, daß die Pflanzen sich schlecht weiterentwickeln.

Zum Pikieren verwendet man nur die kräftigsten Keimlinge, schwächliche werden ausgesondert. Zunächst füllt man die neuen Gefäße mit Anzuchterde und bohrt mit einem Pikierstab Pflanzlöcher für die Pikierlinge hinein, die mindestens doppelt soviel Abstand voneinander haben sollten wie vorher. Dann lockert man einen Sämling mit dem Pikierstab, indem man seitlich von ihm ins Substrat einsticht und die Wurzel samt anhaftender Erde heraushebelt. Man faßt das Pflänzchen mit zwei Fingern, zieht es vorsichtig heraus und setzt es in eines der vorbereiteten Pflanzlöcher. So werden, einer nach dem andern, auch die übrigen Sämlinge versetzt.

Anfangs bleiben die frisch umgesetzten Sämlinge noch unter einer schützenden Glasplatte oder Folienhaube. Die Pflänzchen dürfen allerdings nicht daran anstoßen, da sie sonst schnell faulen würden. Allmählich werden sie dann an die Freilandbedingungen gewöhnt, indem man das Gefäß tagsüber lüftet oder es in eine ausreichend geschützte Ecke im Freien stellt.

Schwieriger Keimstart

Nicht alle Samen beginnen zu keimen, wenn sie auf die bereits beschriebene Weise ausgesät werden. Die Samen mancher Arten benötigen ganz bestimmte Bedingungen, ehe sich der Keimling aus der schützenden Samenhülle wagt. Dies wird bei einem Blick auf den natürlichen Standort dieser Pflanzen verständlich. So wäre es z. B. für spätblühende Arten aus Gebieten mit kalten Wintern, etwa den Schneeglanz *(Chionodoxa)*, verhängnisvoll, wenn seine Samen bereits wenige Wochen nach der Reife keimen würden. Die Sämlinge würden in der kurzen verbleibenden Zeit bis zum Wintereinbruch kaum stark genug werden, um die tiefen Temperaturen zu überstehen. Für solche Arten ist es daher überlebenswichtig, erst dann zu sprießen, wenn das Frühjahr naht, um damit die Wachstumszeit so vollständig wie möglich ausnutzen zu können.

Jeder Same hat deshalb einen inneren Sensor, der ihm meldet, wann die Umweltbedingungen günstig sind und die Keimung einsetzen sollte. Diese innere Steuereinheit gibt nicht eher das Startsignal zum Wachsen, bis bestimmte Bedingungen erfüllt sind. Je nach Pflanzenart können diese recht verschieden sein. So genügt es bei einer Art, daß eine kurze Frostperiode auf die Samen eingewirkt hat, andere brauchen dagegen eine komplizierte Folge von Temperatur- und Feuchtigkeitsschwankungen.

Der Gärtner kann diese für den erfolgreichen Keimstart notwendigen Bedingungen nicht immer leicht durchschauen, geschweige denn voraussehen. Nach den Erfahrungen in der Praxis unterscheidet er zwischen Leicht- und Schwerkeimern. Leichtkeimer werden einfach ausgesät, wie auf den Seiten 84ff. beschrieben. Sie stellen keine weiteren Anforderungen und zeigen schon bald ein erstes zartes Grün. Schwerkeimer dagegen erfordern Geduld. Am besten sät man sie an eine geschützte Stelle im Freiland, z. B. in den Kalten Kasten, wo sie ungestört bleiben können, bis ihre Keimbedingungen von der Witterung erfüllt worden sind.

Kaltkeimer

Zwar gibt es verschiedene Ursachen dafür, daß bestimmte Samen einfach nicht auskeimen wollen, bei der Mehrzahl dieser Schwerkeimer aber handelt es sich um sog. Kaltkeimer. Ihre Samen müssen eine Weile der Kälte ausgesetzt sein, um keimen zu können. Dies gilt z. B. für verschiedene Laucharten *(Allium)*, Steppenkerze *(Eremurus)*, Traubenhyazinthe *(Muscari)* und einige Lilien (*Lilium*-Arten) sowie für viele Hochgebirgspflanzen wie z. B. Fritillarien (*Fritillaria*-Arten) und Blausterne *(Scilla)*. Auch Waldbewohner wie Winterlinge *(Eranthis)*, viele Anemonen (*Anemone*-Arten), Dreiblatt *(Trillium)* und Aronstab *(Arum)* gehören zu dieser Pflanzengruppe.

Die Samen von Kaltkeimern werden im Herbst ins Freiland gesät, wo sie direkt am Standort oder in einem Kalten Kasten den Winter verbringen. Die tiefen Temperaturen des mitteleuropäischen Winters reichen in der Regel aus, um im Frühjahr eine Keimung zu ermöglichen.

Man kann Kaltkeimer jedoch auch auf der Fensterbank anziehen. Dazu werden die Samen am besten zunächst etwa vier Wochen lang warm und feucht gehalten, damit sie genügend quellen. Anschließend stellt man sie für etwa sechs Wochen in den Kühlschrank, wo sie Temperaturen zwischen 0 °C und 5 °C ausgesetzt sind. Danach kultiviert

In freier Natur keimt der Schneeglanz erst, nachdem der Frühling wieder eingezogen ist.

man sie wie andere Samen weiter. Dabei dürfen sie jedoch nicht zu warm stehen, Temperaturen von etwa 10 °C sind optimal.

Für die Anzucht von Schwer- oder Langsamkeimern wie auch besonders wertvoller Pflanzen hat es sich als günstig erwiesen, zweigleisig vorzugehen. Ein Teil des Saatguts wird unmittelbar nach dem Kauf oder der Ernte direkt ins Freiland ausgesät, wo die tiefen Temperaturen im folgenden Winter oft schon genügen, damit im Frühjahr die Keimung in Gang kommt. Bei manchen Arten wie Steppenkerzen *(Eremurus)* oder einigen Lilien (*Lilium*-Arten) kann es allerdings auch noch ein Jahr länger dauern, bis sich junges Grün aus den Samen schiebt. In diesen Fällen ist zur Keimung noch eine zweite Kühlperiode erforderlich.

Der andere Teil des Saatguts wird so gelagert, daß es noch längere Zeit keimfähig bleibt. Dazu füllt man es am besten in eine Papiertüte, beschriftet diese sorgfältig und legt sie in einem geschlossenen Behälter in die Gefriertruhe oder das Tiefkühlfach des Kühlschranks. Tiefgefroren bleibt der Samen viele Jahre lang keimfähig. Falls die Direktsaat auch nach zwei Jahren noch nicht aufgegangen ist, kann man dann immer noch auf

Tip

Besonders schwer keimen Zeitlose, Schneeglöckchen, Inkalilie und Goldkrokus *(Sternbergia)*. Bei ihnen vergehen oft mehr als zwei Winter, bis die Sämlinge erscheinen.

Tip

Nicht immer läßt es sich genau sagen, ob eine Art zu den Kaltkeimern gehört oder ob die Keimung aus anderen Gründen nur schwer einsetzt. Erfahrungen belegen aber, daß die Erfolgsquote am höchsten ist, wenn man die Samen einer Kühlperiode aussetzt.

Zum Keimen benötigen die Samen der Knollenbegonie Licht.

Tip

Man kann zur Anzucht von Dunkelkeimern das Aussaatgefäß auch mit Zeitungspapier abdunkeln. Eine regelmäßige Kontrolle ist dann aber wichtig, denn das Papier muß entfernt werden, sobald die ersten Keimlinge zu sehen sind. Um sich gesund weiterentwickeln zu können, brauchen sie das Licht.

Beim Alpenveilchen wird die Keimung durch Licht gehemmt, die Samen müssen dunkel liegen.

das eingefrorene Saatgut zurückgreifen und damit einen neuen Anzuchtversuch starten.

Licht- und Dunkelkeimer

Nicht nur Temperatur und Feuchtigkeit spielen eine große Rolle bei der Keimung, auch das Licht kann einen entscheidenden Einfluß darauf haben. Die meisten Arten allerdings stellen in bezug auf Helligkeit keine besonderen Ansprüche. Sie keimen ohne weiteres unter einer leichten Erdbedeckung, deren genaue Dicke unwesentlich ist. Daher findet man auf den meisten Samentütchen die Angabe, die Samen seien nach dem Ausbringen mit etwas Substrat oder einer dünnen Sandschicht zu überziehen.

Es gibt jedoch auch Arten, deren Samen nur dann keimen, wenn sie im Dunkeln liegen. Zu diesen sog. Dunkelkeimern gehören z.B. die Alpenveilchen *(Cyclamen)*. Die Substratschicht über den Samen von Dunkelkeimern muß dick genug sein, um das Licht weitgehend abzuhalten – nach einer gärtnerischen Faustregel etwa so stark wie der dreifache Samendurchmesser oder, vereinfacht, etwa 1 cm bei normal großen Samen.

Die Samen anderer Pflanzen, etwa die der Knollenbegonien (*Begonia*-Knollenbegonien-Hybriden), müssen dagegen dem direkten Licht ausgesetzt sein, damit die Keimung in Gang kommt. Diese sog. Lichtkeimer werden daher höchstens hauchdünn oder, besser noch, gar nicht mit Substrat bedeckt. Man drückt sie nur gut an, damit die sprießenden Keimwurzeln sofort Kontakt mit der Erde erhalten.

Über diese Eigenheiten der Samenkeimung mag man sich wundern, doch haben sie in freier Natur durchaus ihren Sinn. Dunkelkeimer sind gewöhnlich Waldpflanzen. Würden sie an jeder beliebigen Stelle keimen, z.B. auch auf einem sonnigen Acker, einer Wiese oder an einem Wegrand, fänden sie dort kaum die Lebensbedingungen, die sie benötigen. Im Wald ist ein Samenkorn durch die Laubstreudecke in Dunkelheit gehüllt, und bei Dunkelheit ist die Wahrscheinlichkeit am höchsten, daß dort die geeigneten Voraussetzungen für das Gedeihen der Pflanze gegeben sind.

Würde ein Samenkorn unter den falschen Lichtbedingungen, d.h. ziemlich sicher am falschen Standort, keimen, hätte es zugleich sein Leben verspielt. Wartet es dagegen mit dem Keimen ab, hält es sich die Chance offen, daß sich die Standortfaktoren womöglich noch ändern oder es an einen passenderen Standort vertragen wird.

Ein besonderes Hobby

Vor allem in einer Hinsicht ist die Anzucht von Gartenpflanzen besonders interessant: Man kann dabei ganz gezielt Kreuzungen vornehmen. So mancher Gartenfreund ist schon zum begeisterten Hobbyzüchter geworden, den dieses faszinierende Betätigungsfeld nicht mehr losläßt.

Besonders einfach ist die eigene Züchtung bei Pflanzen, die ihre Staubgefäße und Narben so frei präsentieren wie die Lilien. Man muß nichts weiter tun, als Pollen der einen Pflanze auf die Narbe einer anderen zu übertragen – und dann hoffen, daß sich auch Früchte mit Samen entwickeln. Das ist durchaus nicht immer der Fall, denn bei weitem nicht alle Arten lassen sich untereinander fruchtbar kreuzen. Meist funktioniert es nur bei nahe miteinander verwandten Arten. Bei den Lilien z.B. sind fruchtbare Kreuzungen normalerweise nur zwischen den Arten einer Artengruppe möglich, etwa nur zwischen Arten und Hybriden innerhalb der Asiatischen Sektion (siehe Seite 188–191). Und selbst wenn sich Samen gebildet haben, kann es sein, daß sie nicht oder nur zu einem geringen Teil keimfähig sind. Man muß also schon etwas Geduld aufbringen, um auf dem Gebiet der Pflanzenzüchtung Erfolg zu haben. Doch die Mühe lohnt sich allemal – nicht nur bei den prächtigen Lilien.

Einige Dinge gilt es bei den Kreuzungsversuchen zu beachten. Damit bei der Befruchtung wirklich nur der Pollen der ausgewähl-

Wie man Lilien selbst züchten kann

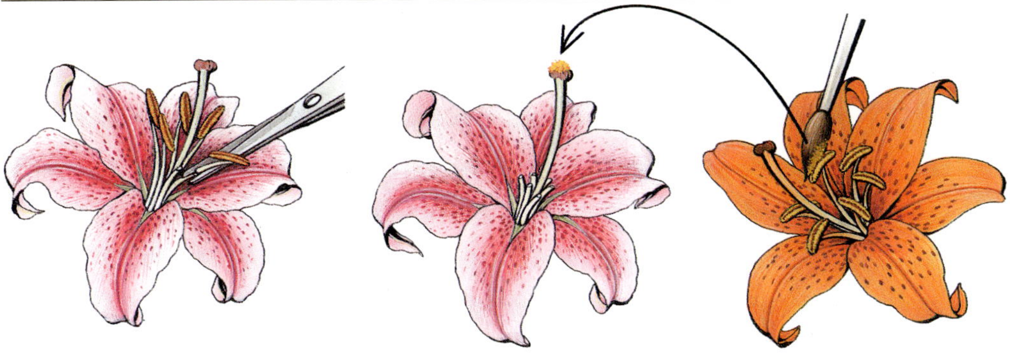

An der Mutterpflanze entfernt man frühzeitig die Staubgefäße. *Der Pollen der Vaterpflanze (rechts) wird mit dem Pinsel* *auf die Narbe der Mutterpflanze (links) übertragen.*

Zunächst wird an zwei verschiedenen Pflanzen je eine gut entwickelte Blüte ausgewählt. An derjenigen, die zur Mutterblüte werden soll, entfernt man frühzeitig die Staubgefäße, indem man sie vorsichtig mit einer spitzen Schere abschneidet oder mit einer Pinzette auszupft. Dies muß vor dem Öffnen der Staubbeutel geschehen, damit ihr Pollen nicht die Narbe der eigenen Blüte bestäubt.

Um den Pollen der anderen Blüte, der Vaterblüte, auf die Mutterpflanze zu übertragen, benutzt man am besten einen dünnen, weichen Pinsel. Sobald sich die Staubgefäße der Vaterblüte geöffnet haben, stäubt man den Pinsel gut mit dem Pollen ein und streift ihn anschließend auf der Narbe der Mutterpflanze ab.

Voraussetzung für eine erfolgreiche Bestäubung ist, daß die Narbe zu diesem Zeitpunkt befruchtungsfähig ist. Die meisten Pflanzen zeigen dies dadurch an, daß die Narbe voll entfaltet ist und die kleinen Narbenäste ausgeklappt sind. Auf deren Oberfläche sitzen unzählige feine Papillen, die oft sogar mit bloßem Auge sichtbar sind. Sie vermögen zu erkennen, ob ein angelandetes Pollenkorn von der eigenen Art stammt und somit auch wirklich „paßt“ – erst dann lassen sie eine Bestäubung zu. Falsche Pollenkörner, welche natürlich ebenso mit den Insekten oder dem Wind auf die Blüten gelangen können, werden dagegen am Keimen gehindert und kommen daher nicht zur Befruchtung.

Nachdem der Pollen von der gewünschten Vater- auf die Mutterpflanze übertragen ist, wird die bestäubte Narbe sorgfältig verhüllt, damit sie geschützt ist und nicht doch noch mit anderem Pollen in Berührung kommt. Kleine Tüten aus Pergament, Zellophan oder Alufolie eignen sich hierzu besonders gut, Plastiktüten dagegen weniger, da sich unter diesen leicht Schimmel bildet.

Nach etwa ein bis zwei Wochen ist die Narbe nicht mehr bestäubungsfähig. Sie beginnt zu welken, und die Samenbildung setzt ein. Das Schutztütchen wird nun abgenommen. Wenn die Früchte reif sind, werden die Samen geerntet und entweder gleich ausgesät oder bis zur Aussaat gelagert (siehe Seite 84 ff.).

Tip

Wenn auf der Samenpackung nichts über die zur Keimung notwendigen Lichtverhältnisse angegeben ist, werden die Samen generell mit einer ganz dünnen Substratschicht bedeckt.

Eine erfolgreiche Kreuzung ist gewöhnlich nur unter nahe verwandten Arten möglich, z.B. zwischen der Feuerlilie und einer anderen Lilie der Asiatischen Sektion.

ten Vaterpflanze zum Zuge kommt, darf die Narbe der Mutterpflanze vor der künstlichen Bestäubung nicht mit anderem Pollenstaub in Berührung kommen. In ein und derselben Blüte ist dies meist allein schon dadurch unmöglich, daß die Staubgefäße zu einer Zeit aufplatzen, während der die Narbe nicht befruchtungsfähig ist. Doch schon andere Blüten derselben Pflanze können stören, wenn deren Pollen durch Insekten zur ausgesuchten Mutterblüte gelangt. Deshalb wird nach einer künstlichen Bestäubung die Narbe sorgfältig in eine Papiertüte eingehüllt und dadurch geschützt.

Haben sich Früchte entwickelt, läßt man die Samen gut ausreifen und sät sie dann aus. Wenn schließlich die Keimlinge sprießen, wird es erst richtig spannend. Welch herrliche Pflanzen werden sich daraus entwickeln? Werden sie ihren Eltern gleichen oder neue, noch nie dagewesene Merkmale zeigen, eine eigene „Schöpfung“ sein?

Gut gepflanzt ist fast gewonnen

Pflanzung und Pflege

So geschickt gepflanzt, machen die Seerosen-Tulpen ihrem Namen alle Ehre: Wie Seerosen leuchten ihre zauberhaften Blüten in einem Meer aus Blausternen.

Obwohl die meisten Zwiebel- und Knollenpflanzen ausgesprochen einfach zu kultivieren sind, gibt es doch einige Regeln, die beachtet werden sollten. Entscheidend für das weitere Gedeihen ist die richtige Pflanzung, vor allem die angemessene Pflanztiefe für die unterirdischen Organe. Wurde der Standort artgerecht gewählt, ist die weitere Pflege meist ein Kinderspiel. Nur einige wenige empfindlichere, aber oft um so schönere Gewächse müssen etwas intensiver umsorgt werden, damit die Freude an ihnen nicht nur von kurzer Dauer ist.

Einkauf der Pflanzware

Erfolgreiche Zwiebelblumenpflege beginnt bereits beim Kauf. Um sich den Spaß am Garten nicht zu verderben, sollte man grundsätzlich einwandfreie, hochwertige und gesunde Ware wählen.

Angeboten werden Zwiebel- und Knollenpflanzen an vielen Verkaufsstellen, angefangen von Spezialgärtnereien (die meist auch Postversand anbieten) über Samenhandlungen und Gartencenter bis hin zu Supermärkten oder dem Wochenmarkt. Gewöhnlich werden sie nicht wie die übrigen Stauden als vorgetriebene Containerpflanzen gehandelt, sondern in Form ihrer unterirdischen Organe, die sich nach dem Einziehen der Pflanze in einem Ruhezustand befinden. So sind sie am besten transport- und lagerfähig.

Nur selten erwirbt man Zwiebel- und Knollengewächse als Topfpflanzen. Zwar haben diese zweifellos den Vorzug, daß man bereits die ausgewachsene Pflanze begutachten kann, doch sind sie auch deutlich teurer als ruhende Zwiebeln oder Knollen. Und schließlich gibt es genügend gute, bebilderte Kataloge und Fachbücher, in denen man sich schon vor dem Kauf über das spätere Aussehen der Pflanze informieren kann.

Das Angebot kritisch prüfen

Eine gesunde Zwiebel bzw. Knolle fühlt sich fest an und hat ein ihrer Größe angemessenes Gewicht. Ein gewisses Gespür für diese Qualitätskriterien kann man sich aneignen, indem man einmal saftige Küchenzwiebeln verschiedener Größe ausgiebig befühlt und in der Hand abwägt. Eine kompakte Konsistenz und eine dem Umfang entsprechende Schwere sind Zeichen dafür, daß die fleischigen Zwiebelschalen oder das Knolleninnere prall mit Wasser und Nährstoffen gefüllt sind, die Pflanzen sachgerecht gelagert wurden und ihr Inneres nicht von Fäulnis befallen ist.

Aber auch das Äußere sollte man gründlich unter die Lupe nehmen, denn hier zeigen sich bei erkrankten oder beim Transport verletzten Organen unweigerlich Schäden. Nirgendwo, vor allem nicht am Wurzelansatz, dürfen sich weiche, schmierige und dunkel verfärbte Stellen finden, die auf einen Pilz- oder Bakterienbefall hinweisen würden.

Besonders kritisch sollten Zwiebeln ohne derbe Schale – z.B. die von Fritillarien und Lilien (*Fritillaria-* und *Lilium*-Arten), deren relativ weiche Zwiebelschuppen locker stehen und keine gemeinsame Hülle besitzen – vor

Tip

Zwiebeln und Knollen sollte man besser lose als in einer aufwendigen Zusatzverpackung erwerben - nicht nur aus Gründen der Müllvermeidung. Einzeln oder in Netzen kann man die Pflanzware besser auf ihre Qualität prüfen.

Tip

Als bereits vorgezogene Topfpflanzen sind vor allem Ranunkeln, Narzissen, Hyazinthen und verschiedene Lilienarten beliebt. Beim Erwerb sollte man darauf achten, daß die Pflanzen kräftig ausgetrieben haben, sattgrünes Laub und einen möglichst reichen Knospenansatz zeigen sowie auch frei von Schädlingen und Krankheiten sind.

Tip

Die Wurzelknollen der Steppenkerzen sind sehr empfindlich gegen Austrocknung. Bei falscher Lagerung oder unsachgemäßem Transport werden sie runzelig, wirken spröde und sollten dann nicht mehr gekauft werden.

Wer beim Einkauf auf qualitativ hochwertiges Pflanzgut achtet, wird mit einer überschäumenden Blütenpracht belohnt.

Krokusblüten (links) entfalten sich aus kleinen Zwiebelknollen, die von einer faserigen Hülle umgeben sind (oben).

dem Kauf begutachtet werden. Solche Zwiebeln sind, ebenso wie diejenigen mancher Waldpflanzen, z. B. der Hasenglöckchen *(Hyacinthoides)*, sehr empfindlich gegen Austrocknung und Druck. Sie bedürfen daher beim Transport einer ganz besonders sorgfältigen Behandlung. Meist werden sie in Sägespäne oder Torfmull gebettet und zusätzlich in eine perforierte Kunststoffhülle eingeschlagen. Jedoch auch eine Lagerung in dieser schonenden Verpackung überstehen sie nur für kurze Zeit, ohne Schaden zu nehmen. Werden sie zu lange aufbewahrt, beginnen die Schuppen auszutrocknen. Die Zwiebeln wachsen dann kaum mehr an. Einwandfreie Ware erkennt man am besten an den Wurzeln, die noch kräftig, hell und nicht eingetrocknet sein sollten. Angetrocknete Zwiebeln oder solche, bei denen die äußeren Zwiebelschuppen bereits schlaff herabhängen, sollte man nie kaufen.

Qualität macht sich bezahlt

Zwiebeln und Knollen, besonders die der beliebten und vielgekauften Gartensorten, werden vom Handel gewöhnlich in verschiedenen Größensortierungen angeboten. In guten Gartenkatalogen ist die Größe der Zwiebeln und Knollen stets angegeben, meist der Umfang, manchmal auch der Durchmesser in Zentimetern.

Grundsätzlich bringen größere Zwiebeln auch größere Blüten hervor. Am deutlichsten ist dies bei den bekannten Rittersternen *(Hippeastrum)* zu beobachten, die als Zimmerpflanzen weitverbreitet sind und deren Zwiebeln man in recht unterschiedlicher Größe erwerben kann. Aber auch bei der Vermehrung der Pflanzen im eigenen Garten offenbart sich dieser Zusammenhang: Abgenommene Nebenzwiebeln blühen zwar oft schon im zweiten Jahr, bringen dann aber nur wenige und auffallend kleine Blüten hervor. Erst in den Folgejahren entwickeln sich mit zunehmendem Umfang der Zwiebeln allmählich die arteigene Blütengröße und -fülle.

Tip

Einige Anhaltspunkte zur Größe der Zwiebeln: Die kräftige Zwiebel einer Gartentulpe sollte etwa 11–12 cm Umfang haben, die einer Wildtulpe etwa 5–7 cm. Hyazinthen für den Garten kauft man mit 15–16 cm, für die Treiberei mit mehr als 16 cm Umfang. Gute Lilienzwiebeln messen etwa 16–18 cm im Umfang.

Der Rosenzwerglauch (links) besitzt weißliche Zwiebeln ohne derbe Hülle (oben).

Tip

Die beste Ware erhält man zweifellos in Qualitätsgärtnereien, sei es im Direktverkauf oder per Versand. Man erkennt solche Betriebe u.a. daran, daß sie Mitglied im Bund Deutscher Staudengärtner sind oder als „Deutsche Qualitätsstauden" gekennzeichnete Pflanzen anbieten. Diese müssen bestimmten, genau festgelegten Qualitätskriterien genügen.

Tip

Will man per Versand bestellen, sollte man dies rechtzeitig vor der Pflanzzeit tun, vor allem wenn man ganz bestimmte Arten oder Sorten haben möchte. Die Bestellungen werden meist in der Reihenfolge ihres Eingangs bearbeitet und die Pflanzen entsprechend reserviert.

Doch nicht immer ist eine größere zugleich eine bessere Zwiebel. Wie so oft ist das goldene Mittelmaß die beste Wahl. Im allgemeinen sind mittelgroße Zwiebeln fester und damit auch wesentlich robuster und langlebiger als übergroße, immer etwas weichere Exemplare.

Eine Besonderheit sind die sog. Doppel- und Dreifachnasen der Narzissen (*Narcissus*-Arten), die zwar etwas teurer, trotzdem aber sehr empfehlenswert sind. Narzissenzwiebeln sind ausdauernd und bilden, je nach Sorte, mehr oder weniger häufig Nebenzwiebeln, die rasch heranwachsen und fast die Größe der Mutterzwiebel erreichen. Bei den Doppelnasen hängen auf diese Weise zwei etwa gleich große Zwiebeln am gemeinsamen Zwiebelboden, bei den Dreifachnasen entsprechend drei. Jede Zwiebel bildet einen Blütentrieb aus, so daß man mit Doppel- und Dreifachnasen schon im ersten Jahr zu wesentlich mehr Blüten kommt als mit einfachen Zwiebeln. Manche Narzissensorten entwickeln dagegen ausschließlich rundliche Einzelzwiebeln. Letztere werden vor allem dazu verwendet, sie im Garten verwildern zu lassen.

Beim Kauf der Zwiebel- und Knollenpflanzen in einer Gärtnerei oder einem Gartencenter sollte man sich die Zeit nehmen, die Pflanzware in Ruhe auszusuchen, und sich nicht durch Billigangebote zum Kauf minderwertigen Handelsguts verleiten lassen. Der Bezug über den Versandhandel ist Vertrauenssache, denn hierbei kann die Qualität der Zwiebeln erst nach ihrer Lieferung beurteilt werden. Ein Umtausch ist meist nur bei deutlichen Mängeln möglich.

Bestellt man bei Spezialfirmen – meist handelt es sich dabei um kleinere Familienbetriebe, die sehr daran interessiert sind, ihre Kundschaft zufriedenzustellen –, hat dies nicht nur den Vorteil, daß man Ware in ausgesuchter Qualität bekommt. Oft findet man darüber hinaus ausgesprochene Raritäten oder ganz bestimmte Sorten, die häufig von normalen Gärtnereien nicht geführt werden, da keine große Nachfrage danach besteht.

Auch wenn das reichhaltige Angebot an Zwiebel- und Knollengewächsen zur Pflanzzeit verführerisch wirkt: Nur solche Arten, die in ihren Ansprüchen zu den Standortbedingungen des jeweiligen Gartens passen, lassen sich dort auf Dauer erfolgreich kultivieren. Man sollte daher bereits vor dem Gang in die Gärtnerei eine Liste mit in Frage kommenden Pflanzen erstellen. Das mindert die Verlockung, sich von der überreichen Fülle zum Kauf eines Sammelsuriums von Arten hinreißen zu lassen. Bestenfalls handelt man sich damit ein unausgewogenes Gartenbild ein; wahrscheinlicher ist, daß sich der Kauf als ausgeprochene Fehlinvestition herausstellt, weil vorschnell erworbene falsche Pflanzen an einem für sie ungeeigneten Standort zu Kümmerwuchs und Krankheiten neigen.

Von Gartennarzissen (rechts) werden im Handel meist sog. Doppelnasen angeboten (oben), bei denen jede Zwiebel einen Blütentrieb bildet.

Richtig pflanzen

Neben dem Kauf qualitativ hochwertiger Ware und der richtigen Wahl eines geeigneten Standorts hängt das Gedeihen eines Zwiebel- oder Knollengewächses im Garten maßgeblich von der fachgerecht ausgeführten Pflanzung ab. Um den Pflanzen die artgemäßen Lebensbedingungen zu schaffen, gibt es jedoch schon vor dem eigentlichen Pflanzvorgang einige Dinge zu beachten bzw. vorzubereiten.

Der beste Zeitpunkt zum Pflanzen

Von den Gärtnereien werden Zwiebel- und Knollengewächse jedes Jahr zu zwei Pflanzterminen angeboten, die mit der unterschiedlichen Blütezeit und Kulturdauer der Arten zusammenhängen. Der wichtigere Termin ist dabei der Herbst. Die Mehrzahl der Zwiebel- und Knollengewächse ist nämlich daran angepaßt, den meist etwas feuchteren Herbst zu

Die duftenden Blütenschirme des Neapolitanischen Lauchs öffnen sich im Frühsommer.

einem ersten Wachstum auszunutzen. Sie bilden in dieser Zeit nicht nur neue Wurzeln, sondern schieben bereits auch die Triebspitzen ein wenig aus der Zwiebel heraus. Freilich bleiben diese während der kalten Jahreszeit noch von einer schützenden Blatthülle eingeschlossen. Sobald die Temperaturen es erlauben, beim Schneeglöckchen *(Galanthus)* z.B. in einer lauen Januarperiode, können sie dann rasch austreiben und bald schon ihre ersten Blüten zeigen.

Sämtliche Frühjahrs- und Frühsommerblüher werden daher im Herbst zum Kauf

Bis sich aus den faustgroßen, gelblichweißen Zwiebeln der Kaiserkrone so herrliche Blüten entwickeln, vergeht geraume Zeit. Kaiserkronen müssen deshalb früh im Herbst gepflanzt werden.

angeboten. Dazu gehören vor allem die „klassischen“ Zwiebelpflanzen Narzisse und Tulpe (*Narcissus*- und *Tulipa*-Arten), aber auch verschiedene Laucharten *(Allium)*, Zeitlosen *(Colchicum)*, Lilien *(Lilium)*, Krokusse *(Crocus)* und viele andere. Auch die herbstblühenden Krokusse werden zu diesem Termin gehandelt. Letztere gelangen, sofern sie frühzeitig genug in den Boden kommen, bisweilen noch im selben Jahr zur Blüte.

Die Zwiebeln bzw. Knollen all dieser Pflanzen werden ab Ende Juli, in der Regel jedoch im August, ausgeliefert bzw. verkauft. Je nach Art pflanzt man sie zwischen August und Oktober. Möglichst früh im Herbst müssen diejenigen Zwiebelblumen, die eine besonders lange Entwicklungszeit haben, in den Boden kommen. Zu dieser Gruppe zählen z.B. Kaiserkronen *(Fritillaria imperialis)* und Madonnenlilien *(Lilium candidum)*, die beide bereits im August gepflanzt werden sollten.

Davon abweichend gelten für einige Pflanzen spezielle Pflanztermine. Hochwüchsige Iris (*Iris*-Arten) z.B. werden möglichst spät im Herbst, am besten im November, gesetzt. In einem milden Frühherbst würden sie sonst noch vor dem Winter austreiben, die jungen Triebe bei den ersten strengen Frösten jedoch

Gartentulpen sollte man im Spätherbst pflanzen.

Tip

Mit dem Einkauf sollte man nicht zu lange warten. Das beste Angebot findet man zu Beginn der jeweiligen Pflanzperiode. Außerdem tut es den Zwiebeln und Knollen gut, wenn sie bald wieder in den Boden kommen. Die kritische Zeit der Lagerung wird dadurch kurz gehalten.

Die Pflanzfläche wird mit der Grabegabel gelockert.

erfrieren. Auch für Gartentulpen ist ein später Pflanztermin oft zu empfehlen, da bei tiefen Temperaturen die Gefahr eines Grauschimmelbefalls am geringsten ist.

Beim zweiten wichtigen Pflanztermin im Gartenjahr, im Frühjahr, sind die Sommer- und Herbstblüher an der Reihe. Sie werden von März bis Mai verkauft und auch gepflanzt. Vor allem Steppenkerzen *(Eremurus)*, Montbretien *(Crocosmia)*, Dreiblatt *(Trillium)* und andere „exotische" Gattungen sind im Frühjahr auf dem Markt, ebenso Dahlien (*Dahlia*-Hybriden) und Gladiolen (*Gladiolus*-Arten), die jedoch erst nach den letzten Frösten, also Mitte Mai, in den Boden kommen dürfen. Auch Lilien lassen sich im Frühjahr gut pflanzen.

Manche Arten werden sowohl im Herbst wie im Frühjahr angeboten. Der Frühjahrstermin wird immer dann bevorzugt, wenn eine Herbstpflanzung zu spät im Jahr durchzuführen wäre, weil Blühen und Einziehen der Pflanzen eben nicht früher beendet sind. Außerdem könnten die meisten Arten bis zum Wintereinbruch nicht mehr ausreichend anwurzeln.

Pflanzenbedarf

Die meisten Gartenbesitzer sind bei der Neuanlage ihres Gartens recht ungeduldig und möchten den Blütenreichtum, der in Zeitschriften und Katalogen so verlockend präsentiert wird, möglichst bald auch vor der eigenen Haustüre genießen können. Eine sehr dichte Bepflanzung hat jedoch unweigerlich zur Folge, daß man schon einige Jahre später enttäuscht sein wird, weil die Blütenpracht abnimmt und man überdies zusätzlich Arbeit hat, die allzu üppigen Bestände zu teilen und zu verpflanzen. Die meisten Zwiebel- und Knollenpflanzen vermehren sich, wenn sie einmal an einem Platz eingewachsen sind, so reichlich, daß sie auch bei zunächst lichter Bepflanzung ohne Schwierigkeiten in wenigen Jahren die geplante Fülle erreichen.

Stehen die Pflanzen zu eng, können sie sich wegen des rasch auftretenden Nährstoff- und Wassermangels nicht richtig entwickeln. Sie bilden dann weniger Blüten und müssen bald aufgenommen und versetzt werden. Stehen sie dagegen in zu weitem Abstand voneinander, wirkt die Pflanzung lückenhaft und unruhig.

Folgende allgemeine Grundregel bietet einen guten Anhaltspunkt für den günstigsten Pflanzabstand: Die Pflanzen sollten in einem Abstand voneinander gesetzt werden, der der halben bis ganzen Wuchshöhe der ausgewachsenen Pflanzen entspricht. Ob im Einzelfall die halbe oder die ganze Wuchshöhe als Maß gewählt wird, hängt vom Ausbreitungsdrang der jeweiligen Art ab, ist aber auch eine Frage des Geschmacks und der angestrebten Gestaltung.

Für Kleinzwiebeln gelten daher 5–8 cm Abstand als Richtmaß, für größere 10–15 cm. Hohe Dahlien sollten 60–90 cm Raum erhalten, niedrigere nur etwa 40 cm.

Bodenvorbereitung und -verbesserung

Die Beschaffenheit des Gartenbodens spielt für das Gedeihen der Zwiebel- und Knollengewächse eine im wahrsten Sinn des Wortes grundlegende Rolle. Ideal ist ein mittelschwerer und gut durchlässiger, am besten sandiglehmiger Boden. Sind diese Voraussetzungen nicht gegeben, muß der Boden an der Pflanzstelle gründlich vorbereitet und verbessert werden. Das macht sich vor allem bei einer größeren Neuanpflanzung bezahlt, da der Pflegeaufwand dann für einen längeren Zeitraum deutlich geringer bleibt.

Schon durch bloße Beobachtung des Gartens wird ersichtlich, welche Art von Boden man vor sich hat (siehe auch Seite 67). In einem schweren Boden versickert Regen nur langsam, die Bodenteilchen quellen auf und bilden beim Abtrocknen grobschollige Klumpen. Solch ein Boden ist für Zwiebel- und Knollengewächse denkbar ungünstig und muß vor der Pflanzung dringend verbessert werden. Dazu wird er, je nach Schwere des Bodens, ein bis zwei Spatenstiche tief umgegraben, mit reichlich grobem Sand oder auch feinem Kies oder Splitt sowie etwas Gesteinsmehl vermischt, anschließend gelockert und wieder eingeebnet.

Auch ein zu leichter Boden ist wenig vorteilhaft, denn er trocknet zu rasch aus. Meist ist die Erde obendrein nicht nahrhaft genug, und zu allem Überfluß kann winterlicher Frost relativ leicht und tief eindringen und die Pflanzen schädigen. Die Vorteile eines leichten Bodens, seine gute Wasserdurchlässigkeit sowie die ausgezeichnete Luftführung, von denen die Wurzeln profitieren, sollten jedoch bei den Verbesserungsmaßnahmen unbedingt erhalten bleiben. Deshalb wird vor allem reichlich reifer Kompost oder gut abgelagerter Stallmist eingearbeitet, um die organische Substanz, also den Humusgehalt, zu erhöhen. Dies begünstigt das Wasserspeicherungsvermögen des Bodens und verbessert die Nährstoffversorgung der Pflanzen, und es entsteht ein Substrat, das die Ansprüche der meisten Zwiebel- und Knollengewächse in gebührendem Maß erfüllt.

Nach jedem Umgraben sollte man den Boden mindestens einen Tag lang, besser noch etwas länger ruhen lassen, damit er sich setzen kann, d. h. die vorhandenen Luftlöcher sich durch das Eigengewicht des Bodens schließen. Lufttaschen wären nämlich für die Wurzeln äußerst ungünstig, da sie sich nach Regenfällen mit Wasser füllen, das dann oft nur langsam abfließt. Außerdem erhalten die feinen Wurzeln an diesen Stellen keinen Bodenkontakt, den sie jedoch zur Aufnahme der Nährstoffe zwingend brauchen.

Hochwüchsige Arten wie diese Orientalischen Lilien bevorzugen einen nährstoffreichen Boden.

Im Zuge der Arbeiten zur Strukturverbesserung kann der Boden auch gleich auf die Pflanzung vorbereitet werden, indem man Unkräuter und größere Steine ausliest. Wuchsen an derselben Stelle bereits einige Jahre lang Zwiebelblumen und soll nun die Pflanzung verändert werden, gibt das Einarbeiten von reifem Kompost oder Laubhumus dem Boden neue Kraft. Auf Arten mit hohem Nährstoffbedarf wie z. B. große Gladiolen und Lilien (*Gladiolus*- und *Lilium*-Arten) wirkt sich, vor allem bei eher kargem Untergrund, eine Beimengung von verzögert wirkenden Langzeitdüngern günstig aus. Auch Hornspäne, Hornmehl oder Knochenmehl können gleich mit in die Erde eingeharkt werden.

Gute Dränage

Auf stauende Nässe reagieren die meisten Zwiebel- und Knollenpflanzen ausgesprochen empfindlich, und nur allzu rasch entsteht Fäulnis, so daß eine ausreichende Dränage des Bodens eine der wichtigsten Voraussetzungen für ihre erfolgreiche Kultur ist. Die Ansprüche der einzelnen Pflanzen sind jedoch auch in dieser Hinsicht sehr unterschiedlich. Während z. B. die Juno- oder Scorp-Iris, zu denen beispielsweise die Geweihiris *(Iris bucharica)* zählt, stauende Nässe überhaupt nicht vertragen und nur in extrem durchlässigem Substrat gut gedeihen, sind etwa Aronstab *(Arum)*, Fritillarien (*Fritillaria*-Arten) oder Zeitlosen *(Colchicum)* diesbezüglich weit weniger empfindlich. Sie kommen auch in der Natur auf etwas feuchteren Böden vor.

Zur Anlage einer Dränage gibt es drei Möglichkeiten. Die erste, am häufigsten angewandte Methode beschränkt sich auf eine Lockerung der Pflanzstelle und ist in jedem Fall zu empfehlen, außer bei sehr leichtem Gartenboden. Das Pflanzloch wird dazu etwas tiefer ausgehoben als die Zwiebel später liegen soll. Um den Untergrund zu lockern, sticht man die Handschaufel, bei größeren Pflanzstellen auch die Grabegabel mehrmals in die Sohle ein und bewegt sie kräftig hin und her. In nicht allzu schwerem Boden reicht dies für einen guten Wasserabzug schon aus.

Unkräuter wie Quecken muß man vor dem Pflanzen sorgfältig entfernen, damit sie das Wachstum der Zwiebelblumen nicht behindern.

Tip

Um eine Pflanzung lebendig wirken zu lassen, sollten nicht alle Pflanzabstände gleich groß sein, sondern etwas variiert werden.

Tip

Zur Verbesserung von sehr leichtem Sandboden ist sowohl Lehm als auch Bentonit, ein spezielles Gesteinsmehl, das im Gartenfachhandel erhältlich ist, gut geeignet. Mischt man ein paar Handvoll unter die Pflanzerde, fördern sie deren Bindigkeit und lassen die Bodenteilchen besser aneinanderhaften.

Tip

Kompost oder Stallmist darf nicht zu tief in den Boden eingearbeitet werden. Da er von den Bodenorganismen zu Humus umgesetzt wird, sollte er wie natürlicher Humus ebenfalls nur in der obersten, 10–15 cm hohen Erdschicht enthalten sein.

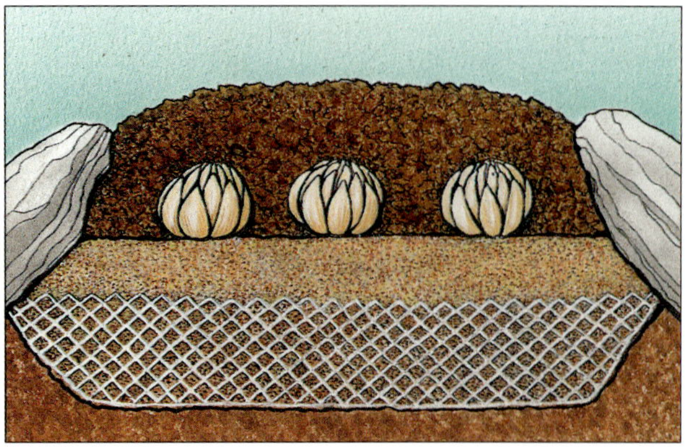

Eine gute Dränage hält Nässe fern: Dafür sorgt z.B. ein Sandhügel über dem gelockerten Grund des Pflanzlochs (rechts) oder eine erhöhte Pflanzung (ganz rechts), ähnlich einem Hochbeet, die man zum Schutz gegen Wühlmäuse mit einem Drahtgitter auskleiden kann.

Tip

Auch <u>für frostempfindliche Arten</u> wie etwa die Hakenlilie oder Scheinorchis ist eine <u>erhöhte Pflanzstelle</u> sinnvoll, denn dort kann bodennahe Kaltluft rascher „abfließen".

Zu schweren Boden lockert man durch Sandbeimengung.

Tip

Einige Fachleute empfehlen, <u>nässeempfindliche Arten</u> nicht nur auf eine Dränageschicht zu setzen, sondern die Zwiebeln und Knollen außerdem noch <u>mit einer Handvoll grobem Sand zu überziehen</u>, damit das Wasser besonders rasch abgeführt wird. Dadurch sollen auch Kleinschnecken, die sich in der Erde aufhalten, vom Fraß abgehalten werden.

Die zweite Methode, eine Dränage anzulegen, entspricht in ihrem Prinzip der ersten, geht allerdings noch weiter. Sie wird erforderlich, wenn der Boden schwer, also sehr tonreich ist. Ein Teil der Erde auf der Pflanzsohle wird entfernt und durch eine Schicht aus sehr gut wasserdurchlässigem Material ersetzt, auf die man die Zwiebel später direkt legt. Grober Sand, Splitt, Ziegelscherben oder feiner Kies, aber auch Bimskies oder andere, speziellere Materialien, die das Wasser nicht speichern, eignen sich dazu besonders gut. Ist der Gartenboden sehr schwer, mengt man auch der Pflanzerde Sand, feinen Kies oder Splitt bei.

Für besonders empfindliche Arten, z.B. die Steppenkerzen *(Eremurus)*, kann man innerhalb des solchermaßen dränierten Pflanzlochs zusätzlich noch einen kleinen, etwa 5 cm hohen Hügel aus dem genannten Dränagematerial aufschütten, auf den man die Knollen setzt.

Die dritte Möglichkeit schließlich besteht darin, die gesamte Pflanzstelle zu erhöhen und damit einen Wasserstau praktisch auszuschließen. Man wendet diese Methode vor allem für empfindliche Lilien (*Lilium*-Arten) an. Dazu wird die ganze Fläche mit der Grabegabel oder dem Spaten gelockert und – ähnlich wie beim Hochbeet – mit einem 30–40 cm hohen Rahmen aus Rundhölzern, Brettern oder Steinen umgeben. Anschließend wird auf den gelockerten und etwas geglätteten Untergrund eine etwa 10 cm hohe Dränageschicht aus den oben erwähnten Materialien aufgebracht und die Umrandung mit etwa 20–30 cm Gartenboden, der wie beschrieben vorbereitet und verbessert wurde (siehe Seite 96 f.), aufgefüllt. Die Oberfläche sollte dabei leicht nach oben gewölbt sein, damit sich in der Mitte kein Regenwasser sammeln kann. Werden auf dieser Pflanzfläche nun die Zwiebeln in die Erde gesetzt, so liegen sie ein Stück über dem Niveau des gewachsenen Erdbodens. Zusätzlich kann man als letzte Schicht etwa 3–5 cm hoch Splitt aufbringen, der wie eine Mulchdecke wirkt.

Besondere Plätze für spezielle Arten

Bei Zwiebelblumenliebhabern in England ist das oben beschriebene „Hochbeet" recht verbreitet. Viele Zwiebelblumen benötigen im Sommer Trockenheit, damit ihre Überdauerungsorgane ausreifen können, und auf den britischen Inseln regnet es bekanntlich ausgiebig. Daher dient der „bulb frame", der Zwiebelrahmen, wie er in England genannt wird, nicht nur der besseren Dränage, sondern auch dem Schutz der Zwiebeln vor zu starker Sommer- oder Winternässe. Die Umrandung des Hochbeets wird dazu einfach etwas höher als die Erdfüllung angelegt, so daß darauf bei Bedarf, wie bei einem Frühbeet, eine schüt-

Im Steingarten so gepflanzt, finden empfindliche Arten ein günstiges Kleinklima: Der Stein speichert die Wärme, und Regenwasser fließt rasch ab.

zende Glas- oder Kunststoffabdeckung angebracht werden kann. Eine solche Abdeckung gewährt außerdem einen gewissen Schutz gegen winterliche Fröste.

Empfindliche Arten, die besonders viel Sonne und Wärme benötigen, etwa einige Iris-, Tulpen- und Krokusarten oder die Sternblume *(Ipheion)*, können gut auch an einen sonnigen, am besten nach Süden geneigten Hang gepflanzt werden. Ein solcher Standort bietet mehrere Vorteile. Zum einen ist der Einstrahlungswinkel der Sonne auf einem Hang günstiger als auf einer ebenen Fläche, so daß sich die Erde dort schneller erwärmt. Zum anderen ist die Gefahr von Staunässe wesentlich geringer, weil das Regenwasser besser abfließen kann. Niedrige, möglichst

Mit der Handschaufel gräbt man ein Pflanzloch und hält mit ihr die lockere Erde zur Seite.

immergrüne Gehölze im Hintergrund, die am besten auf die Wetterseite gesetzt werden, bieten einen guten Schutz vor kalten Winden und starkem Regen. Zugleich dienen sie als hübsche Kulisse.

Setzt man seine Zwiebelblumen vor einen größeren Stein, wirkt dieser wie eine Zusatzheizung: Er erwärmt sich durch die Sonneneinstrahlung, speichert die Wärme und gibt sie langsam wieder an die Umgebung ab. An solchen Stellen treiben Zwiebel- und Knollengewächse durch das besonders förderliche Kleinklima oft besonders früh aus.

Der Pflanzvorgang

Wenn es ans eigentliche Pflanzen geht, gibt es zwei Möglichkeiten, die noch ganz unscheinbaren Speicherorgane in die Erde zu bringen: einzeln oder in Gruppen. Größere Zwiebeln oder Knollen von Lilien *(Lilium)*, Gartentulpen *(Tulipa)* oder Riesenlilie *(Cardiocrinum giganteum)* werden stets einzeln, d.h. jede in ein eigenes Pflanzloch, gesetzt, während bei kleineren wie denjenigen von Krokus *(Crocus)*, Winterling *(Eranthis)*, Anemone *(Anemone-*Arten) oder Blaustern *(Scilla)* eine Gruppenpflanzung die Arbeit wesentlich erleichtert.

Einzelpflanzung

Am häufigsten wird man bei einer Einzelpflanzung zur Handschaufel greifen. In genügend lockerem Boden kann sie einfach senkrecht in die Erde gestoßen und dann zu sich hergezogen werden. Dabei schiebt man die Erde so weit zusammen, daß ein Pflanzloch entsteht. Bei etwas schwererem Substrat kann das Loch auch durch schräges Einstechen und Herausheben einer Schaufel voll Erde gegraben werden. Das Pflanzloch muß so groß sein, daß die Zwiebel oder Knolle genügend Platz hat und vorhandene Wurzeln waagrecht ausgebreitet werden können.

Anstelle einer Handschaufel kann man auch ein Pflanzholz verwenden, einen etwa kegelförmigen Stab, der an einem abgewinkelten Griff gehalten und in den Boden gestoßen wird. Man schafft damit Pflanzlöcher, die für Zwiebeln bis zu mittlerer Größe weit genug sind. Oft trägt das Pflanzholz in Längsrichtung eine Zentimeterskala, an der die erreichte Tiefe direkt abgelesen werden kann. Bevor man in das entstandene, sich nach unten stark verjüngende Loch eine Zwiebel setzt, muß man etwas Erde einbringen, damit unter den Wurzeln kein Luftloch verbleibt. Vor allem für großflächige Pflanzvorhaben mit sehr vielen Einzelpflanzen ist solch ein Pflanzholz gut geeignet, denn die Arbeit läßt sich damit besonders einfach und rasch bewerkstelligen.

Ausgesprochen raffiniert funktioniert ein Zwiebelpflanzer, ein metallischer Hohlzylinder, der sich nach unten etwas verjüngt. Bei manchen Fabrikaten besteht der Zylinder aus zwei beweglichen Hälften, die mit Hilfe eines Handgriffs zusammengehalten bzw. auseinandergedrückt werden können; bei anderen Pflanzern ist der Metallzylinder aus einem Stück gefertigt. Gute Geräte besitzen gewöhnlich auch eine Markierungsleiste, an der die

Tip

Eine Schädigung der Zwiebeln durch überschüssige Nässe kann man auch durch Schrägpflanzung verhindern. Dabei werden die Zwiebeln etwas zur Seite geneigt eingesetzt, damit eventuell sich ansammelndes Wasser nicht die empfindlichsten Stellen, nämlich die Zwiebelspitze und den Zwiebelboden, schädigt. Die Triebe wachsen dennoch gerade.

Tip

Weil Zwiebel- und Knollenpflanzen an Stellen mit besonders warmem Mikroklima oft ungewöhnlich früh austreiben, sollte man immer etwas Nadelreisig oder ein anderes Abdeckmaterial greifbar halten, um die jungen Triebe vor Frost schützen zu können.

Tip

Die Zwiebeln oder Knollen mancher Arten, z. B. der Narzissen, Alpenveilchen oder Anemonen, enthalten hautreizende Stoffe (siehe Pflanzenbeschreibungen Seite 134–227). Empfindliche Menschen sollten beim Pflanzen Schutzhandschuhe tragen.

Ein Zwiebelpflanzer ist eine praktische Hilfe.

Tip

Ein Zwiebelpflanzer ermöglicht es, Zwiebeln oder Knollen auch nachträglich und ohne grobe Störung des gesamten Gefüges in bereits eingewachsene Pflanzungen oder sogar inmitten dichter Polster einzubringen.

Tip

Bei jeder Pflanzung ist unbedingt darauf zu achten, daß die Zwiebeln, Knollen oder Rhizome auch wirklich richtig herum in den Boden kommen. Nicht immer ist oben und unten auf den ersten Blick zu erkennen. Bei Zwiebeln und runden Knollen ist die bewurzelte Seite meist etwas stärker abgeflacht, die Oberseite mit der Triebknospe dagegen zugespitzt. Rhizome wie die des Aronstabs müssen waagrecht liegend eingepflanzt werden.

Tip

Beim Pflanzen von Steppenkerzen und Lilien ist besondere Vorsicht geboten. Ihre fleischigen, lebensnotwendigen Wurzeln brechen leicht ab. Sie müssen behutsam sternförmig ausgebreitet werden. Am besten häuft man einen kleinen Dränagehügel aus Sand und Splitt im Pflanzloch an, auf den die Knolle bzw. Zwiebel gesetzt wird.

Tip

Ein nach oben offener Gitterkorb aus Maschendraht, der vor dem Setzen der Zwiebel in das Pflanzloch eingebracht wird, bietet einen guten Schutz vor Wühlmäusen, für die viele Zwiebeln und Knollen wahre Leckerbissen sind.

Lochtiefe abzulesen ist. Man steckt den Zwiebelpflanzer bis zur gewünschten Tiefe in den Boden und zieht ihn wieder heraus. In dem nach unten enger werdenden Zylinder bleibt die ausgestochene Erde stecken.

Am besten läßt es sich mit dem Zwiebelpflanzer in feuchtem Boden arbeiten, da das Gerät dann den ausgestochenen Erdzylinder besonders gut festhält. Zu trockene Erde rieselt dagegen oft leicht heraus.

In das entstandene Pflanzloch wird die Zwiebel oder Knolle hineingelegt. Dann führt man den mit der Erde gefüllten Pflanzer wieder ein Stückchen ein, preßt den Handgriff zusammen, so daß sich die Zylinderwände öffnen, und drückt die freiwerdende Erde im Loch fest. Einen Pflanzer mit feststehendem Metallzylinder stellt man auf den Kopf, um den Erdkern herauszuholen, und setzt diesen dann richtig herum wieder ins Pflanzloch ein.

Gruppenpflanzung

Um eine Gruppenpflanzung vorzunehmen, hebt man mit dem Spaten ein größeres Loch in der gewünschten Tiefe aus. Der Untergrund des Pflanzlochs wird gelockert, dann werden die Zwiebeln oder Knollen im richtigen Abstand verteilt und gut angedrückt. Schließlich vermischt man die herausgenommene Erde mit etwas Kompost und Knochenmehl und füllt sie wieder ein.

Ein Pflanzkorb aus Draht oder Kunststoff, wie er im Fachhandel angeboten wird, kann die Gruppenpflanzung sehr erleichtern. Solch ein Korb bietet zweierlei Vorteile: Zum einen können jeweils mehrere Zwiebeln gleichzeitig zum Überwintern aus der Erde genommen und auch darin gelagert werden, weshalb er in erster Linie für nicht winterharte Arten verwendet wird. Zum anderen bietet er einen gewissen Schutz gegen Wühlmäuse.

Man hebt ein ausreichend großes Loch aus und stellt den gitterartigen Pflanzkorb auf dessen gelockerten Grund. Damit er auf der gesamten Fläche mit dem Boden Kontakt hat, wird zuvor am besten etwas Sand oder mit Sand vermischte Erde ins Pflanzloch eingefüllt und der Korb dann mit einigen Drehbewegungen darin eingebettet. Nun verteilt man die Zwiebeln oder Knollen im richtigem Abstand im Korb und füllt anschließend das Loch vorsichtig wieder mit Erde auf.

Unabhängig von der angewandten Pflanztechnik muß man den Boden zum Schluß leicht festklopfen oder festtreten und die Pflanzung gründlich angießen, damit die Erde eingeschlämmt wird und sich auch kleine Hohlräume schließen. Nur so erhalten die Wurzeln den lebenswichtigen Bodenkontakt.

Sommerhyazinthen entwickeln sich prächtig, wenn sie nicht zu dicht beieinanderstehen.

Größerflächiges Verwildern

Wenn größere Freiflächen wie Rasen oder Wiese mit Zwiebel- und Knollenpflanzen durchsetzt werden sollen, kommt eine andere Art der Pflanzung zur Anwendung. Besonders schön machen sich etwa die Elfenkrokusse *(Crocus tommasinianus)*, wenn sie im Frühjahr in einem Rasen mit ihren zarten Blüten das allmählich erwachende Leben bezeugen. Eine ähnliche Wirkung in Gehölznähe kann mit den leicht verwildernden Hasenglöckchen *(Hyacinthoides)* erzielt werden.

Ob man beim Verwildernlassen einen eher „ordentlichen", landschaftsgärtnerischen oder aber einen naturnahen Stil verfolgt, ist Geschmackssache. Im ersten Fall werden die Zwiebel- oder Knollenpflanzen zu kleinen Gruppen zusammengefaßt, die man rhythmisch über die Fläche verteilt. Natürlicher wirkt die Pflanzung, wenn die Blumen wie zufällig mal dicht, mal dünn stehen. Je nach dem angestrebten Bild sollten auch verschiedene Arten oder Sorten verwendet werden. Für die naturnahe Pflanzung wird man keine besonders großblütigen, von der Wildform stark abweichenden Sorten wählen, aber auch nicht gerade zwergwüchsige, allzu zierliche, die optisch kaum zur Wirkung kommen (siehe auch Seite 42).

Zur Pflanzung einzelner Gruppen im Rasen sticht man mit dem Spaten entweder quadratische Rasensoden aus und hebt sie ab, oder man sticht den Rasen in Form eines liegenden H ein und klappt die Rasensoden wie

Blausterne verwildern bald zu üppigen Beständen, wenn sie ungestört bleiben.

Pflanzkörbe erleichtern die Gruppenpflanzung.

Eine duftige Frühlingswiese aus verwilderten Elfenkrokussen paßt vor allem in den Naturgarten.

Tip

Wenn größere Flächen mit vielen Zwiebeln oder Knollen bepflanzt werden sollen, kann es hilfreich sein, die Pflanzen zunächst auf dem Boden an den für sie vorgesehenen Stellen und im richtigen Abstand auszulegen. Bereits fertig bestückte und wieder eingeebnete Pflanzlöcher kann man mit Stöckchen oder Stecketiketten markieren, um leichter die Übersicht zu behalten.

Mit der Zeit bilden Schneeglöckchen, gelbe Winterlinge und Elfenkrokusse einen bunten Teppich.

Tip

Ein natürliches Pflanzbild entsteht, wenn man eine Handvoll Zwiebeln oder Knollen wie ein Sämann auswirft oder aus Schulterhöhe fallenläßt. Wo sie liegenbleiben, werden sie eingepflanzt.

Tip

Durch leichtes Variieren der Pflanztiefe kann man die Blütezeit etwas staffeln. Je tiefer die Pflanzen in den Boden gesetzt werden, desto später blühen sie. In etwa muß die angegebene Pflanztiefe jedoch eingehalten werden.

Tip

Das Pflanzloch wird ungefähr im doppelten Durchmesser der Zwiebel ausgehoben, damit diese leicht hineingelegt werden kann und sich unter der Zwiebel kein schädliches Luftpolster bildet. Es entsteht stets, wenn das Pflanzloch am Grund so schmal ist, daß die Zwiebel unten keinen ausreichenden Bodenkontakt erhält.

Tip

Werden Lilienarten, die Stengelwurzeln bilden – etwa die Goldband-, Davids- oder Mandarinenlilie –, zu flach gepflanzt, dann entwickeln sich nach einigen Jahren derartige Wurzeln oft über der Bodenoberfläche. Man deckt sie mit Kompost ab.

Fensterläden zu den Seiten weg. Der offengelegte Boden wird etwa 10 cm tief gründlich gelockert und mit etwas Knochenmehl oder reifem Kompost angereichert. Dann verteilt man die Zwiebeln oder Knollen darauf und drückt jede gut in den Boden ein. Anschließend wird die Pflanzung entweder gleich gewässert, was sich vor allem bei trockenem Boden empfiehlt, oder die Rasensoden werden erst wieder aufgelegt bzw. zurückgeschlagen, bevor man gießt.

Um ein natürlich erscheinendes Bild zu erzielen, sollte man die Pflanzen möglichst mit einem deutlichen Zentrum, in dem sie dichter sitzen, und mehreren Ausläuferzonen, in denen die Zwiebeln oder Knollen mit weiteren Abständen gelegt werden, anordnen. Sowohl in der Mitte als auch am Rand sollten die Pflanzabstände dabei nie gleich sein, sondern stets etwas variieren. Eine ausgesprochen künstliche Wirkung ergeben dagegen Zwiebel- und Knollenblumen, die ganz ordentlich in Reih und Glied stehen. Gerade Linien sind daher beim Pflanzen unter allen Umständen zu vermeiden.

Die Pflanztiefe ist entscheidend

Für das gute Gedeihen von Zwiebel- und Knollengewächsen ist die richtige Pflanztiefe enorm wichtig. Während sie sich bei den Stauden im engeren Sinn mehr oder weniger von selbst ergibt, muß sie bei dieser Pflanzengruppe mit ihren speziellen unterirdischen Organen recht genau an die Ansprüche der jeweiligen Arten angepaßt werden. Die Pflanztiefe ist dafür entscheidend, daß das wertvolle Überdauerungsorgan ausreichend geschützt ist: im Sommer gegen Austrocknung, im Winter gegen Frost. Darüber hinaus bestimmt sie in einem gewissen Rahmen auch die Blütezeit mit.

Pflanzen im Rasen

Bei der Einzelpflanzung hebt man, am besten mit dem Zwiebelpflanzer, für jede Zwiebel ein eigenes Loch aus.

Bei der Gruppenpflanzung sticht man den Rasen H-förmig ab, die Soden werden vorsichtig zur Seite geklappt.

Die Zwiebeln werden im richtigen Abstand in den gelockerten Boden gesetzt und die Soden wieder darübergelegt.

Durchschnittliche Pflanztiefen für beliebte Zwiebel- und Knollenblumen in normalem Gartenboden (in cm): ① *Winterling,* ② *Anemone,* ③ *Knollenbegonie,* ④ *Schachbrettblume,* ⑤ *Gartenkrokus,* ⑥ *Schneeglöckchen,* ⑦ *Montbretie,* ⑧ *Ranunkel,* ⑨ *Traubenhyazinthe,* ⑩ *Wildtulpe,* ⑪ *Wildnarzisse,* ⑫ *Blaustern,* ⑬ *Tigerblume,* ⑭ *Blumenrohr,* ⑮ *Gartengladiole,* ⑯ *Gartentulpe,* ⑰ *Hyazinthe,* ⑱ *Gartennarzisse,* ⑲ *Prärielilie,* ⑳ *Lilie,* ㉑ *Kaiserkrone,* ㉒ *Steppenkerze*

Als Faustregel gilt, daß eine Zwiebel bzw. Knolle so tief gepflanzt werden sollte, daß die sie bedeckende Erdschicht etwa doppelt so hoch ist wie die Höhe der Zwiebel selbst. Aufgrund der unterschiedlichen Zwiebelgröße muß daher der Zwiebelboden von Kaiserkronen *(Fritillaria imperialis)* und den meisten Lilien *(Lilium)* in 20–30 cm Tiefe, von Gartennarzissen *(Narcissus)* in 10–20 cm Tiefe, von Tulpenhybriden (*Tulipa*-Hybriden) in etwa 10–15 cm Tiefe, von Wildtulpen (*Tulipa*-Arten) je nach Art in 5–15 cm Tiefe und von den kleinen Zwiebeln bzw. Knollen der Winterlinge *(Eranthis)*, Anemonen (*Anemone*-Arten) und der Traubenhyazinthen *(Muscari)* in nur etwa 5–10 cm Tiefe zu liegen kommen.

Diese Angaben gelten allerdings nur für einen durchschnittlichen Gartenboden, d. h. für schwach sandigen, lockeren Lehm. Je leichter, also sandiger und lockerer der Boden, desto tiefer müssen die Zwiebeln oder Knollen gesetzt werden, da in einem solchen Boden zum einen das Wasser rascher versickert und zum andern der Frost tiefer einzudringen vermag. Dagegen wird in schwereren, dichten, zum Verklumpen neigenden Böden generell flacher gepflanzt. Hier besteht eher die Gefahr, daß das Wasser nicht schnell genug abfließt, was leicht zu Fäulnis oder Krankheiten führen kann. Die Wurzeln müssen so gut wie möglich mit Sauerstoff versorgt sein, damit sie vital und kräftig bleiben. Für besonders schwere Böden empfiehlt sich daher vor der Pflanzung eine entsprechende Verbesserung (siehe Seite 96 f.), eventuell eine zusätzliche Dränage (siehe Seite 97 f.).

Die Pflanztiefe muß aber keineswegs akribisch genau mit dem Metermaß kontrolliert werden, denn viele Zwiebel- und Knollenpflanzen, z. B. Krokusse, Iris, Aronstab *(Arum)*, Lilien und Tulpen, verfügen über starke Zugwurzeln. Diese können sich zusammenziehen und die Zwiebeln oder Knollen gegebenenfalls in die richtige, artspezifische Tiefe ziehen.

Dahlien pflanzen

Auf die große Gruppe der Dahlien (*Dahlia*-Hybriden), die wegen ihrer Frostempfindlichkeit im späten Frühjahr gepflanzt werden, läßt sich die Pflanztiefenregel nicht anwenden. Im Unterschied zu den anderen Zwiebel- und Knollengewächsen sind ihre Wurzelknollen keine umgewandelten Sprosse, sondern verdickte Wurzelteile, die nur der Speicherung von Nährstoffen und Wasser dienen. Die Triebknospen sitzen nicht geschützt im Innern, sondern an der sog. Krone, dort wo sich der vorjährige Trieb befand und wo die einzelnen Knollenteile zusammenhängen. Diese Krone muß nach dem Pflanzen etwa 5 cm unter der Bodenoberfläche liegen.

Zunächst wird ein etwa 20–25 cm tiefes Loch ausreichender Breite ausgehoben und gleich wieder 10 cm hoch mit der Erde, die durch reichlich reifen Kompost verbessert wurde, befüllt. Bei hochwüchsigen Dahlien treibt man einen Stützpfahl hinein, bevor die Knolle waagrecht so in die Erde gelegt wird, daß ihre Krone zum Pfahl hinweist. Danach wird das Pflanzloch mit der verbesserten Erdmischung aufgefüllt, die Erde angedrückt und mit reichlich Wasser eingeschlämmt.

Tip

Die Faustregel zur Pflanztiefe hat ihre Ausnahmen. So werden z. B. die relativ großen Knollen bzw. Zwiebeln der Alpenveilchen und Madonnenlilien nur so flach eingesetzt, daß sie gerade von einigen Zentimetern Erde gut bedeckt sind.

Vor dem Einsetzen der Dahlienknollen sollte man bereits einen stabilen Stützstab in das Pflanzloch eingeschlagen haben.

Richtig düngen

Am Gehölzrand liefert die Laubstreu bereits ausreichend Nährstoffe nach.

Tip

Bisweilen wird empfohlen, im Spätwinter mineralischen Dünger auf die noch vorhandene Schneedecke zu streuen, da auf diese Weise die austreibenden Pflanzen angeblich besonders gut mit Nährstoffen versorgt würden. Von dieser Methode ist jedoch dringend abzuraten, da mit dem Schmelzwasser zu viele Nährstoffe ausgewaschen werden und ungenutzt das Grundwasser belasten.

Tip

Wird mehrmals gedüngt, darf die letzte Düngergabe spätestens sechs Wochen vor dem Einziehen gegeben werden. Andernfalls reifen die Zwiebeln oder Knollen nicht genügend aus und sind in der Folge weniger winterhart.

Tip

Organisch-mineralische Dünger enthalten sowohl eine langsam wirkende organische wie eine rasch wirksame mineralische Komponente. Sie sind für nicht sehr früh im Jahr blühende Arten empfehlenswert, da sie sowohl zum Austrieb als auch während der weiteren Wachstumszeit Nährstoffe liefern.

Von wenigen Ausnahmen wie z.B. Dahlien (*Dahlia*-Hybriden), Gartengladiolen (*Gladiolus*-Hybriden) und starkwüchsigen Lilien (*Lilium*-Arten und Hybriden) abgesehen, stellen Zwiebel- und Knollengewächse nur mäßige Ansprüche an die Nährstoffversorgung. Entscheidend ist, daß der Boden genügend Humus und damit Nahrung bietet und nicht zu flachgründig ist. Keinesfalls sollte man ihnen, sozusagen auf Vorrat, eine Handvoll Mineraldünger mehr geben, sondern lieber weniger, aber dafür häufiger düngen.

Eine ausgewogene, auf den Bodenzustand abgestimmte Langzeitdüngung ist für Zwiebel- und Knollenpflanzen die beste Lösung, um sie angemessen mit Nährstoffen zu versorgen. Im Zweifelsfall gilt hier, erst einmal überhaupt nicht zu düngen. In den verschiedenen Überdauerungsorganen sind ausreichend Nährstoffe für das anfängliche Wachstum gespeichert, und der Boden kann in aller Regel noch eine Weile Nährstoffe nachliefern. Erst wenn Mangelsymptome wie kümmerliche Blüten, schwache Triebe oder nur spärliche Brutzwiebelbildung erkennbar werden, ist es an der Zeit, nachzudüngen.

Vorsorgliche Düngung ist nicht nur ganz unnötig, sie kann sich sogar schädlich auswirken. Ein allzu reiches Nährstoffangebot macht die Pflanzen eher anfällig für Krankheiten und Schädlinge, außerdem bleibt der Flor oft spärlich. Zudem stellt eine übermäßige Düngung eine vermeidbare Belastung für die Umwelt dar. Vor allem der leicht in Wasser lösliche mineralische Dünger wird, wenn er von den Pflanzen nicht rasch aufgenommen werden kann, zu einem großen Teil ausgewaschen und belastet dann das Grundwasser.

Dahlien sind bezüglich der Nährstoffversorgung sehr anspruchsvolle Pflanzen.

Der sinnvolle Zeitpunkt zum Düngen

Am meisten Feuchtigkeit und auch Nahrung brauchen Zwiebel- und Knollenpflanzen in der Zeit des Austreibens, wenn ihre Triebe sich strecken und die Blätter sich entfalten. Danach sinken die Ansprüche deutlich ab. Um diesem Bedarfsverlauf Rechnung zu tragen, kann man entweder im Frühjahr, sobald sich der Austrieb zeigt, mineralisch düngen, weil dabei die Nährstoffe der Pflanze sogleich zur Verfügung stehen, oder im Herbst die Pflanzstelle mit Kompost überziehen. Dieser wirkt langsamer, wird jedoch durch die Mikroorganismen des Bodens bis zum Frühjahr so weit umgewandelt, daß er dann als Humus die Pflanzen bestens versorgen kann. Auf eine weitere Düngung kann in beiden Fällen verzichtet werden.

Eine Ausnahme bilden bezüglich des Nährstoffbedarfs nur Arten mit langer Kulturzeit und sehr üppiger Blüte, vor allem Dahlien (*Dahlia*-Hybriden), Knollenbegonien (*Begonia*-Knollenbegonien-Hybriden), Großblütige Gartengladiolen (*Gladiolus*-Hybriden) und andere. Diese sollten neben einer Düngung zum Austrieb bzw. bei der Pflanzung auch noch ein zweites oder drittes Mal im Lauf der Wachstumszeit gedüngt werden.

Organische Düngung

Organische Düngemittel pflanzlicher oder tierischer Herkunft müssen im Gegensatz zu den Mineraldüngern erst durch Bodenlebewesen umgesetzt werden, bevor die Nährstoffe für die Pflanzen verfügbar werden. Sie wirken also überwiegend als Langzeitdünger, gleichzeitig regen sie das Bodenleben an und unterstützen die Humusbildung. Doch auch mit diesen vergleichsweise milden Mitteln kann man den Boden überdüngen. Deshalb ist bei ihrer Anwendung einige Umsicht vonnöten.

Neben reifem Kompost und gut abgelagertem Stallmist eignen sich für Zwiebel- und Knollenpflanzen auch Hornspäne, Hornmehl und Knochenmehl als Düngemittel. Vor allem Kompost (siehe Seite 68f.) wirkt in mehrfacher Hinsicht günstig, denn er liefert nicht nur

Bei Knollenbegonien fördert man durch eine ausgewogene Düngung den Blütenreichtum.

wichtige Nährstoffe, sondern verbessert überdies die Struktur des Bodens.

In der Regel werden organische Dünger bereits bei der Pflanzung der Erde beigemischt (siehe Seite 97) bzw. im Herbst in den Boden eingearbeitet. Dann stehen die von den Bodenorganismen aus ihnen freigesetzten Nährstoffe den Pflanzen in der Wachstumsperiode zur Verfügung. Allerdings hat es wenig Sinn, organische Langzeitdünger, z. B. Kompost, im Frühjahr zum Austrieb auszubringen, wenn ein akuter Nährstoffmangel im Boden festgestellt wurde. Bis diese Dünger wirken würden, hätten die Pflanzen ihren Wachstumszyklus bereits abgeschlossen.

Mineralische Düngung

Mineralische Dünger werden auf chemischem Weg hergestellt und bestehen bis auf wenige Ausnahmen aus leicht löslichen Salzen. Je nach der Zusammensetzung dieser Nährsalze unterscheidet man Volldünger, die alle notwendigen Nährstoffe einschließlich der Spurenelemente in einer ausgewogenen Mischung beinhalten, sowie Mehrkomponenten- oder Mehrnährstoffdünger, die zwei oder drei verschiedene Hauptnährstoffe enthalten, und Einnährstoff- oder Einzeldünger, die aus nur einer einzigen Komponente bestehen.

Zur mineralischen Düngung von Zwiebel- und Knollengewächsen sollte ein kalium- und phosphorbetonter Dünger (Voll- oder Mehrkomponentendünger) verwendet werden, bei dem der Stickstoffanteil verringert ist. Diese Art von Dünger wird manchmal auch als Blühdünger bezeichnet. Die Nährstoffzusammensetzung ist jeweils auf der Verpackung angegeben. Allzu reichliche Stickstoffversorgung führt nicht nur dazu, daß die Pflanzen vorwiegend Blätter und weniger Blüten bilden, sondern vor allem zu einem weichen, schwammigen Gewebeaufbau, der saugenden Schädlingen wie Blattläusen und Thripsen das Anstechen sowie pilzlichen Krankheitserregern das Eindringen erleichtert.

Dünger richtig dosieren und ausbringen

Vor jeder Anwendung eines Düngemittels sollte man die Hinweise auf der Packung zur Art der Ausbringung und zur Dosierung sorgfältig lesen – und dann natürlich auch befolgen. Vor allem bei mineralischen Düngern darf die angegebene Dosierung nie überschritten werden. Die leicht löslichen Salze können sonst zu Verbrennungen oder Verätzungen der Feinwurzeln führen.

Beim Düngen gilt grundsätzlich, daß es nicht die Pflanze selbst, sondern der Boden ist, der mit Nährstoffen versorgt werden soll. Über ihn decken die Pflanzen dann ihren Bedarf. Deshalb werden Düngemittel auch stets auf den Boden rund um die Pflanzen ausgebracht und leicht in die Oberfläche eingearbeitet bzw. bei der Pflanzung der Erde beigemischt.

Weiterhin ist unbedingt darauf zu achten, daß der Boden zum Zeitpunkt der Düngung ausreichend feucht ist. Andernfalls können sich, insbesondere bei mineralischen Düngemitteln, die hohen Konzentrationen der Düngesalze äußerst negativ auf die Wurzeln auswirken. Man sollte daher niemals nach einer längeren Periode heißer, trockener Witterung düngen. Besser wählt man einen kühlen, bedeckten Tag, möglichst nachdem es geregnet hat. Darüber hinaus müssen die Pflanzen anschließend gut gewässert werden.

Tip

Lassen Zwiebel- und Knollenpflanzen, nachdem sie bereits mehrere Jahre am selben Platz stehen, im Blütenflor nach, sollten sie entweder aus dem Boden genommen und geteilt oder aber angemessen gedüngt werden.

Tip

Kompost ist nicht so leicht zu dosieren wie andere Dünger. Nach einer Faustregel für Kompostdüngung sollten aber pro Jahr nicht mehr als 10 l/m² davon verabreicht werden. Das entspricht etwa einer Schicht von 1 cm Dicke. Von Hornspänen, Horn- und Knochenmehl nimmt man höchstens knapp eine Handvoll auf 10 m².

Sterngladiolen benötigen während des Wachstums reichlich Nährstoffe und müssen deshalb in kargem Boden gedüngt werden.

Weitere Pflegemaßnahmen bis zum Herbst

Tip

Vor allem Schattenpflanzen, die an einem sonnigen Platz stehen, haben einen hohen Wasserbedarf. Anemonen, Knollenbegonien, Riesenlilie, Hasenglöckchen und andere sind zwar an sich genügsame Gewächse, müssen aber an sonnigen Stellen regelmäßig und gründlich gewässert werden.

Tip

Eine Mulchschicht aus Kompost, im Herbst aufgebracht, wirkt als organische Düngung und schützt die damit bedeckten Pflanzen zugleich vor Winternässe.

Sind die Zwiebel- und Knollenpflanzen erst einmal im Boden und zudem mit ausreichend Nährstoffen versorgt, beschränkt sich die weitere Pflege auf wenige Handgriffe. Gänzlich ohne Betreuung dürfen aber auch diese anspruchslosen Gewächse nicht bleiben, wenn sie ihre Blütenpracht bestmöglich entfalten sollen.

Gießen zur rechten Zeit

Grundsätzlich sind Zwiebel- und Knollengewächse dank ihrer dicken Speicherorgane gut an einen zeitweiligen Wassermangel angepaßt. Doch gerade zur Wachstumszeit kommen auch sie oft nicht ohne zusätzliche Wassergaben aus. Besonders durstig sind im allgemeinen solche Arten, die aus feuchten Klimazonen stammen, z. B. Dahlien *(Dahlia-*Hybriden), Blumenrohr *(Canna)*, Inkalilien *(Alstroemeria)* oder Tagblume *(Commelina tuberosa)*.

Zwei Dinge gilt es beim Gießen vor allem zu beachten: Alle Zwiebel- und Knollenpflanzen brauchen im Frühjahr, zum Austrieb bzw. nach dem Einpflanzen, am meisten Wasser, sonst können sich die Triebe nicht genügend strecken. Die Pflanzen würden dann vorzeitig einzuziehen beginnen, d.h., die Blütezeit wäre deutlich verkürzt. Da der Boden jedoch nach

Im Frühjahr ist Gießen nur nach längerer Trockenheit erforderlich.

Anhaltende Blütenfülle zeigt die Tagblume nur bei hoher und regelmäßiger Wasserversorgung.

den winterlichen Regen- und Schneefällen meist noch für längere Zeit ausreichend Feuchtigkeit gespeichert hat, muß im Frühjahr zunächst nur bei gravierender Trockenheit gegossen werden.

Ebenso wichtig ist es, nach dem Abblühen die Wassergaben langsam einzuschränken, damit die Zwiebeln bzw. Knollen vollständig ausreifen können. Sommerblüher wie etwa Blumenrohr, Dahlien und Gladiolen haben allerdings eine verlängerte Wachstumszeit und ziehen erst im Herbst ein, so daß sie, wie auch die Stauden im engeren Sinn, den Sommer über bei Trockenheit gründlich gewässert werden müssen.

Nutzbringendes Mulchen

In der Gartenpraxis hat es sich immer wieder als günstig erwiesen, nach dem Pflanzen eine Mulchschicht auf den Boden aufzubringen. Sie ist vor allem für diejenigen Zwiebel- und Knollenpflanzen zu empfehlen, die in der Natur in Wäldern oder am Waldrand stehen und einen humusreichen Boden bevorzugen, z. B. Aronstab *(Arum)*, Lerchensporn *(Corydalis)*, Buschwindröschen *(Anemone nemorosa)* oder Alpenveilchen *(Cyclamen)*.

Eine Mulchschicht bringt viele Vorteile. Sie mildert Temperaturschwankungen, hält die Bodenwärme länger und schützt den Boden vor zu starker Austrocknung. Zudem wirkt die Mulchdecke als Streulieferant und ergibt nach ihrer Zersetzung neuen Humus. All dies kommt in erster Linie dem Bodenleben zugute, und daher geht die Streuumsetzung und Humusbildung unter einer Mulchschicht besonders rasch vonstatten. Der reichliche Humus wiederum verbessert die Wasser- und Nährstoffversorgung der Pflanzen. Da der Boden unter einer Mulchdecke langsamer

Vor allem Waldpflanzen wie der Gefingerte Lerchensporn profitieren von einer Mulchdecke.

austrocknet, muß auch weniger gewässert werden. Außerdem wird das Aufgehen von Unkrautsamen fast völlig verhindert, da deren Keimwurzeln keinen Bodenkontakt erhalten und viele unter der Mulchschicht liegende Samen aus Lichtmangel nicht keimen.

Die empfehlenswerte Dicke der Mulchschicht richtet sich nach der Höhe und Wuchskraft der Pflanzen. Für kleine, niedrige Arten genügt eine etwa 2 cm hohe Auflage, für hochwüchsige kann sie bis zu 5 cm betragen. Als Mulchmaterial eignet sich grober, halbverrotteter Kompost oder auch Rindenmulch, der wegen seiner Säureausscheidungen jedoch mit Kompost gemischt werden sollte.

Rückschnitt

Mögen die Zwiebel- oder Knollenpflanzen noch so prächtig blühen – auch ihr Flor währt leider nicht ewig. Sind die Blüten verwelkt, werden sie möglichst bald mitsamt dem Blütenstengel abgeschnitten – allerdings nur dann, wenn die Pflanzen keine Samen ansetzen sollen oder eine Selbstaussaat unerwünscht ist. Die Pflanzen werden dann durch eine Frucht- und Samenbildung nicht unnötig geschwächt.

Der Rückschnitt abgeblühter Triebe ist denkbar einfach: Man nimmt eine Schere oder auch ein scharfes Messer zur Hand und kappt die Stengel, ohne jedoch das Laub zu beschädigen.

Da gewöhnlich nicht alle Blüten gleichzeitig verwelken, muß man diese Pflegemaßnahme regelmäßig immer wieder einmal durchführen. Wichtig ist der Rückschnitt vor allem bei Gartentulpen *(Tulipa)*, Gartennarzissen *(Narcissus)* und Kaiserkronen *(Fritillaria imperialis)*, die durch einen Samenansatz zuviel Kraft einbüßen würden, sowie bei Dahlien (*Dahlia*-Hybriden), Gartengladiolen (*Gladiolus*-Hybriden), Knollenbegonien (*Begonia*-Knollenbegonien-Hybriden) und anderen hohen oder vielblütigen Arten, damit die Pflanzen stets gepflegt aussehen.

Stützen

Bei sehr hochwüchsigen Arten wie Dahlien, Gartengladiolen und vielen Lilien empfiehlt es sich, rechtzeitig eine Stütze anzubringen, an der die Triebe locker aufgebunden werden können. Dahlien gibt man am besten gleich bei der Pflanzung einen dünnen Pfahl zur Seite (siehe Seite 103), denn bei einem nachträglichen Eintreiben in den Boden können leicht die ausgebreiteten Wurzelknollen beschädigt werden. Der Stützpfahl sollte etwas weniger hoch als die ausgewachsene Pflanze sein, damit er den prächtigen Anblick der Blüten später nicht stört.

Lilien, die oft etwas vornübergeneigt wachsen, werden entweder ebenfalls an einen Stab gebunden oder mit einem Stützring versehen, den es in der Regel auch im Fachhandel gibt. Ein solcher ist auch für Pflanzgruppen zu empfehlen.

Zum Anbinden verwendet man Bast oder eine Schnur, die man am besten in Form einer liegenden Acht um Stützstab und Trieb schlingt. So kann die Befestigung auch bei lockerer Anbringung kaum verrutschen und die Triebe nicht quetschen.

Verwelkte Tulpen sollte man regelmäßig bis etwa zur Hälfte des Schaftes abschneiden.

Mit einem handelsüblichen Stützring kann man hochwüchsigen Gladiolen Halt geben.

Tip

Narzissen, die in einer Wiese stehen, können nach dem Abblühen und Entfernen der Blütenstengel büschelweise zusammengebunden werden, um das Mähen rundherum zu erleichtern.

Überwintern drinnen oder draußen

Tip

Die welken Triebe der Dahlien werden nach dem Aufnehmen nicht unmittelbar über den Knollen abgeschnitten, man sollte vielmehr etwa 10–15 cm davon stehenlassen. Dadurch vermeidet man ein versehentliches Verletzen der empfindlichen Speicherorgane.

Nicht winterharte Zwiebel- und Knollengewächse müssen spätestens im Herbst aus dem Boden genommen, gesäubert und anschließend zum Überwintern in geeigneter Weise gelagert werden. Dies trifft vor allem für die Pflanzen tropischer und subtropischer Herkunft zu wie z.B. Dahlie (*Dahlia*-Hybriden), Indisches Blumenrohr (*Canna-Indica*-Hybriden), Tagblume *(Commelina tuberosa)* und Tigerblume *(Tigridia pavonia)*.

Andere Zwiebel- und Knollenblüher, z.B. Inkalilie *(Alstroemeria)*, Hakenlilie (*Crinum* x *powellii*), Schopflilie *(Eucomis)*, Klebschwertel *(Ixia)*, Sommerhyazinthe *(Galtonia candicans)*, aber auch empfindliche Fritillarien- und Irisarten (*Fritillaria*- und *Iris*-Arten) sind zwar bedingt winterhart, in besonders rauhen oder sehr winterfeuchten Lagen empfiehlt es sich jedoch, sie ebenfalls im Herbst auszugraben und im Haus zu überwintern. In klimatisch günstigeren Gebieten können sie ganzjährig im Garten bleiben, brauchen dann aber einen ausreichenden Winterschutz.

Aufnehmen

Der richtige Zeitpunkt zum Aufnehmen hängt in erster Linie von der Dauer der Blütezeit ab. Arten, die bis in den Herbst hinein blühen, wie z.B. die meisten Dahlien, gräbt man erst im Oktober aus. Solche, die bereits früher abblühen und einziehen, können zwar ebenfalls bis zum Herbst im Boden bleiben, doch sollte man sich dann deren Pflanzstelle markieren, damit man auf der Suche nach den unterirdischen Organen nicht unnötig viel aufgraben muß und dabei womöglich andere, nicht aufzunehmende Zwiebeln beeinträchtigt.

Am besten macht man sich nach einigen warmen, regenlosen Tagen an die Arbeit des Aufnehmens, denn dann sind die Zwiebeln und Knollen bereits etwas abgetrocknet und lassen sich leichter herausnehmen und säubern. Bei größeren Zwiebeln oder Knollen sticht man mit der Grabegabel – oder auch sehr vorsichtig mit dem Spaten – seitlich der Pflanzstelle tief genug und leicht schräg in die Erde und hebt diese samt den Zwiebeln aus. Kleinere Zwiebeln werden mit der Handschaufel ausgegraben.

Trocknen und Säubern

Anschließend befreit man die Zwiebeln bzw. Knollen von den gröbsten Erdresten. Dann werden sie, am besten bereits nach Arten vorsortiert, zum Trocknen in Holzkisten gelegt oder an den verdorrten Blattresten gebündelt und aufgehängt. Dabei unterzieht man sie einer ersten kritischen Prüfung. Überdauerungsorgane, die irgendwelche Anzeichen von Schimmel oder Fäulnis zeigen oder weiche, schmierige Stellen aufweisen, werden aussortiert und weggeworfen. Handelt es sich um besonders wertvolle Pflanzen mit nur ganz kleinen Schadstellen, so können diese vorsichtig gesäubert und mit Holzkohlenpulver eingestäubt werden. Auf jeden Fall sollte man sie aber getrennt von den gesunden und einwandfreien Pflanzen lagern, damit sich mögliche Krankheitserreger auf keinen Fall ausbreiten können.

Nachdem die Zwiebeln und Knollen einige Tage an einem warmen, luftigen Platz nachtrocknen konnten, schneidet man das welke Laub ab und entfernt alle noch anhaftenden Erdreste, die abgestorbenen Zwiebelhüllen und auch die alten, toten Wurzeln, die sog. Zwiebelbärte. Dabei nimmt man die Zwiebeln und Knollen nochmals genau unter die Lupe und untersucht sie auf Schäden. Auch Brutzwiebeln bzw. -knollen kann man bei dieser Gelegenheit vorsichtig abnehmen (siehe Seite 78ff.). Diese werden am besten getrennt von den Mutterpflanzen gelagert, da sie im Jahr darauf noch nicht blühen werden und man sie deshalb meist auf einem eigenen Vermehrungsbeet weiterziehen wird.

Im Herbst nimmt man Gladiolen aus der Erde (unten links), schneidet Laub und Stengel zurück und entfernt lose Hüllen, trockene Wurzeln und Erdreste (unten rechts).

Aufnehmen, säubern und lagern

Die Zwiebeln abgewelkter Pflanzen werden mit der Grabegabel vorsichtig aus dem Boden genommen.

Dann schüttelt man die losen Erdreste ab und legt die Zwiebeln anschließend einige Zeit lang zum Abtrocknen aus.

Welkes Laub, abgestorbene Stengel und Wurzeln sowie Erdreste werden sorgfältig von den Zwiebeln entfernt.

Nur gesunde, einwandfreie Zwiebeln werden, am besten nach Arten getrennt, zur Lagerung locker in eine Kiste eingeschichtet.

Einlagern

Zum Einlagern verwendet man gewöhnlich Holzkisten, in die eine dünne Schicht Vermiculit, Sägespäne, Sand oder trockener Torf eingefüllt wird. Dann setzt man die Zwiebeln oder Knollen einzeln auf die Schicht, und zwar so, daß sie sich nicht berühren. Um ein übermäßiges Austrocknen zu verhindern, überzieht man sie mit einer Lage Füllmaterial. Eine Abdeckung aus Maschendraht hält Mäuse ab und gewährleistet, daß genügend Luft zirkulieren kann.

Eine andere Möglichkeit der Lagerung besteht darin, die Zwiebeln und Knollen in einen mit reichlich Substrat gefüllten Folienbeutel zu stecken und dessen Öffnung anschließend locker umzuschlagen. Auch hierbei sollten sich die einzelnen Zwiebeln bzw. Knollen möglichst nicht berühren.

Der Lagerplatz sollte frostfrei, aber kühl sowie trocken und dunkel sein. Günstig sind Temperaturen von etwa 10 °C. Meist findet sich ein geeignetes Quartier im Keller. Nur ein Heizungskeller eignet sich nicht, da er zu warm ist und manche Arten dort frühzeitig austreiben würden. Auch eine Garage ist kein idealer Platz zum Lagern, weil hier die Temperaturen oft zu tief sinken und die Gefahr von Kälteschäden besteht.

Lagerung von Dahlien

Um Dahlien (*Dahlia*-Hybriden) gut über den Winter zu bringen, wird ein Lagerraum mit tieferen Temperaturen benötigt. Es sollten darin nur etwa 5 °C herrschen, denn ab etwa 7 °C können die Knollen auch im Winterquartier austreiben. Keinesfalls dürfen jedoch die Knollen dieser aus den Tropen stammenden Pflanzen, die keinerlei derbe Schutzhülle haben, dem Frost ausgesetzt werden oder völlig austrocknen. Es empfiehlt sich daher, Dahlienknollen häufiger zu kontrollieren. Sind sie vollkommen trocken, werden sie für einige Stunden in einen Eimer mit Wasser gelegt, um sich wieder vollsaugen zu können. Danach läßt man sie gut abtrocknen und steckt sie erneut in ihr Winterquartier.

Mit der Sortenbezeichnung versehen, werden Dahlienknollen locker in Kisten geschichtet.

Tip

Für das Auspflanzen im Folgejahr ist es äußerst hilfreich, wenn man die <u>Zwiebeln und Knollen beim Einlagern sorgfältig nach Arten und Sorten kennzeichnet</u>. Sie sehen sich ja oft sehr ähnlich, und nur allzu leicht hat man bis zum Frühjahr vergessen, um welche Pflanzen, vor allem welche Farbsorten es sich im einzelnen handelte.

Tip

Während der Lagerung sollten die Zwiebeln und Knollen ab und zu auf Fäulnisschäden, Pilzbefall und Mäusefraß kontrolliert werden. Beschädigte oder kranke Exemplare müssen sofort ausgelesen und weggeworfen werden, um die gesunden nicht zu gefährden.

Kurzfristiges Lagern im Einschlag

Ein Einschlag wird notwendig, wenn Zwiebel- oder Knollenpflanzen kurzfristig gelagert werden müssen, etwa wenn man einen Gartenbereich umgestalten will und die Pflanzen deshalb nicht im Boden belassen werden können.

Man hebt dazu an einem schattigen, kühlen Platz eine etwa 10–15 cm tiefe Rinne aus und lagert die Erde neben diesem Graben. Darin werden die Zwiebeln oder Knollen, die zuvor mit der Grabegabel aufgenommen wurden, schrägliegend so eingeschichtet, daß sie sich gegenseitig nicht berühren. Die Wurzeln sind dabei mit großer Vorsicht zu behandeln, um sie möglichst wenig zu verletzen; schließlich sollen sie aus dem umgebenden Erdreich Feuchtigkeit nachsaugen können, so daß die Zwiebeln bzw. Knollen während der Lagerung nicht austrocknen oder gar schrumpfen. Auch das Laub wird vollständig an den Pflanzen belassen. Es soll schräg aus dem Graben herausragen.

Nun wird die ausgehobene Erde wieder zurückgefüllt. Man schichtet sie so über die Pflanzen, daß die Speicherorgane gut bedeckt sind, die Blätter aber frei bleiben. Sie sollen keinesfalls welken oder gar faulen, sondern weiterhin atmen und Photosynthese betreiben können.

Die Erde wird gut angedrückt, damit die Speicherorgane und Wurzeln einen lückenlosen Kontakt zu ihr haben. Abschließend wird leicht gewässert. Auch bei längerer Lagerung und trockener Witterung sollte man gelegentlich gießen.

Können die Pflanzen wieder eingesetzt werden, zieht man sie einfach an den Blattschöpfen aus dem Einschlag heraus. Vor dem Einpflanzen sollte man sie gründlich auf Faulstellen hin untersuchen. Erkennbar geschädigte Exemplare müssen ausgesondert werden, sie könnten in der Pflanzung einen Infektionsherd darstellen.

Winterschutz im Freien

Empfindliche Arten, die im Freien überwintern, sowie Pflanzen, die erst im Herbst eingesetzt wurden, benötigen einen guten Winterschutz. Dieser soll die Überdauerungsorgane nicht nur vor Frost, sondern auch vor einem verfrühten Austrieb bewahren. Gewöhnlich schichtet man etwas trockenes Laub über die Pflanzstelle und deckt es mit Reisigzweigen ab, damit es nicht vom Wind verweht wird. Diese Decke hält während des Winters über den Pflanzen eine isolierende, schützende Luftschicht fest.

Sobald sich im Frühjahr die jungen Triebspitzen zeigen, muß das nunmehr feuchte Laub entfernt werden, damit sich darunter keine Fäulnis entwickelt. Da unter der Laubschicht ein feuchtkaltes Klima herrscht, können sich viele Zwiebel- und Knollengewächse auch gar nicht richtig entfalten.

Die Reisigzweige dagegen dürfen ruhig noch etwas länger liegenbleiben. Sie schützen äußerst empfindliche Blütenknospen wie zum Beispiel die des Vorfrühlings-Alpenveilchens *(Cyclamen coum)* vor späten Frosteinbrüchen, wodurch sich die Blüten unschön verfärben würden.

Unter einer Abdeckung aus Reisig bleiben Vorfrühlings-Alpenveilchen vor Frost gut geschützt.

Gleich zwei Fliegen mit einer Klappe schlägt man, wenn man die Pflanzstelle im Herbst dick mit halbreifem Kompost überzieht. Eine solche Schicht wirkt zum einen als Frostschutz, dient zum andern aber auch als Dünger, denn bis zum Frühjahr reift der Kompost nach, wird langsam in eine für die Pflanzen nutzbare Form umgesetzt und steht zur rechten Zeit zur Verfügung.

Winterschutz und Düngung zugleich bildet das Ausbringen von Kompost auf Rasenflächen.

Gefährliche Winternässe

Es gibt unter den Zwiebel- und Knollengewächsen auch einige, die weniger gegen frostige Temperaturen als vielmehr gegen winterliche Nässe empfindlich sind. Dazu gehören z. B. manche Irisarten *(Iris)*, Inkalilien *(Alstroemeria)* und der Frühlingstern *(Triteleia)*. Für eine erfolgreiche Kultur dieser Pflanzen sind daher ein mit viel Bedacht gewählter Pflanzplatz – eventuell erhöht oder an einem Hang liegend (siehe Seite 98 f) – sowie eine besonders gute Dränage (siehe Seite 97 f.) entscheidende Voraussetzungen.

Bleibt die Winterabdeckung allzu lange liegen, erscheint der Austrieb gelb, das Wachstum stockt.

Darüber hinaus ist aber oft auch eine spezielle Winterabdeckung notwendig. Die Pflanzen können z.B. mit Hilfe eines schnell und einfach aufzustellenden Folientunnels, wie er auch im Gemüsegarten Verwendung findet, geschützt werden. Man steckt zu diesem Zweck Drahtbügel in den Boden, legt eine Folie darüber und sichert diese ringsum am Rand mit Steinen vor dem Verwehen. Eine weitere Möglichkeit, die Nässe von Zwiebel- und Knollenpflanzen abzuhalten, besteht auch darin, am Rand der Pflanzstelle eine Erhöhung zu errichten, z.B. aus Holz oder Steinen, und darüber eine Glasplatte zu legen oder eine Folie zu spannen.

Blüten mitten im Winter – Treiberei mit Zwiebeln und Knollen

Mit einer bunten Reihe vorgetriebener Zwiebelpflanzen hält im Zimmer der Frühling vorzeitig Einzug.

Während draußen in der Natur noch klirrender Frost herrscht, läßt sich im Haus mit Blüten aus Zwiebeln und Knollen bereits ein Hauch von Frühling hervorzaubern. Wer sich allerdings zu so ungewöhnlicher Zeit mit Blumenschmuck umgeben möchte, muß bereits im Herbst des Vorjahres Vorkehrungen treffen, um die Zwiebeln und Knollen vorzeitig aus ihrer Ruhe wecken zu können.

Frühe Blütenfreuden

Bei der Treiberei wird durch ein paar einfache Kunstgriffe die normale Winterruhe der Pflanzen durchbrochen und damit der Blühtermin um etliche Wochen vorverlegt. Viele Arten lassen sich so zu einer verfrühten Blüte verleiten, angefangen bei der beliebten Hyazinthe *(Hyacinthus orientalis)* oder der Tazette *(Narcissus tazetta)* bis hin zu weniger gebräuchlichen wie etwa der Sternblume *(Ipheion uniflorum)* oder anderen (siehe Tabelle Seite 115).

Bei einigen Arten sind bestimmte Sorten besonders gut vorzeitig zur Blüte zu bringen. Von den Holland-Iris (*Iris-Hollandica*-Hybriden) wurden sogar einige Sorten eigens für den Zweck der Treiberei gezüchtet. Wer eine besonders üppige, kräftige Blüte erzielen möchte, sollte aber nur große Zwiebeln mit besonders starkem Umfang wählen.

Vorbereitungen

Grundsätzlich entscheidet der Zeitpunkt, zu dem die Zwiebeln oder Knollen für die Treiberei vorbereitet werden, über den späteren Blühtermin. Sollen sich die Blüten schon um Weihnachten herum oder im Januar öffnen, muß die Kultur bereits Anfang Oktober begin-

Kleine Gartennarzissen zieren schlichte Flechtkörbe.

Hyazinthenzwiebeln pflanzt man im Herbst in Töpfe.

Die Gefäße werden in die Erde eingesenkt und gegossen.

Dann deckt man alles völlig mit der ausgehobenen Erde zu.

nen. Für eine Blüte im Februar wird etwa Mitte Oktober gepflanzt, für einen noch späteren Blühtermin reicht dann der November als Pflanzmonat.

Man setzt die Zwiebeln oder Knollen in eine flache Schale oder einen geräumigen Topf mit Wasserabzugslöchern. Im unteren Bereich wird das Gefäß mit einer Dränageschicht aus Splitt, feinem Kies oder Tontopfscherben versehen und etwa zur Hälfte mit Substrat gefüllt. Geeignet ist z. B. mit Sand vermischte Blumen- oder Gartenerde (ein Teil Sand auf zwei Teile Erde).

Große Zwiebeln, etwa von Narzissen oder Hyazinthen, legt man mit der Spitze nach oben dicht an dicht auf das Substrat und füllt so weit mit Erde auf, daß sie bis zur Hälfte oder höchstens zu zwei Dritteln darin stecken. Für kleinere Zwiebeln, z. B. von Blaustern *(Scilla)* oder Schneeglöckchen *(Galanthus)*, wird das Pflanzgefäß bis fast zum Rand mit Substrat gefüllt. Die Zwiebeln werden dann mit geringem Abstand 1–2 cm tief hineingesteckt.

Statt Erde eignen sich auch Hydrokultursteinchen, Pflanzgranulate oder nicht zu grober Kies. Das Gefäß muß in diesem Fall wasserdicht sein. Man bettet die Zwiebeln auf das Substrat und füllt Wasser in das Pflanzgefäß ein, bis der Spiegel die Zwiebelunterseiten erreicht. Ein Düngerzusatz zum Gießwasser ist nicht erforderlich, da die Zwiebeln und Knollen selbst reichlich Nährstoffe vorrätig halten.

Kurzer „Winter“ im Zwischenquartier

Um den Pflanzen winterliche Verhältnisse vorzutäuschen, werden die mit den Zwiebeln oder den Knollen bestückten Gefäße gut angegossen und zunächst kühl und dunkel aufgestellt. Sie können z. B. im kalten Keller gelagert oder im Garten an einer geschützten, schattigen Stelle in den Boden eingesenkt werden. Im Freien deckt man sie noch mit etwas Fichtenreisig ab und sorgt dafür, daß sie vom Regen nicht zu naß werden.

Licht und Wärme

Nach ungefähr drei Monaten kann dann die eigentliche Treiberei beginnen. Die Gefäße werden ans Licht und in die Wärme geholt, die winterlichen Verhältnisse also beendet. Die Temperatur darf aber nur ganz allmählich gesteigert werden, andernfalls kommt es häufig zu wirklich gravierenden Wachstumsstörungen. Anfangs sollten die Zwiebeln und Knollen bei nicht mehr als 10–12 °C aufgestellt werden. Erst nach ein bis zwei Wochen, wenn sich die Triebspitzen bereits kräftig entwickelt haben, kann die Temperatur noch weiter ansteigen.

Triandrus-Narzissen eignen sich vorzüglich zum Vorverlegen des Blühtermins.

Krokusse werden dicht nebeneinander in der Schale gezogen.

Hyazinthen gelten überall als klassische Pflanzen für die Treiberei.

Hyazinthen zieht man gern auf speziellen Glasgefäßen vor und deckt sie zunächst noch mit hübschen Papierhüten ab.

Netziris lassen sich im Topf sehr leicht zur Blüte bringen.

Nebenher muß natürlich auch gegossen werden, anfangs nur sparsam, mit zunehmender Wärme stärker. Nach kurzer Zeit schieben sich dann die Blütenknospen in die Höhe. Es dauert nun nicht mehr lange, und die bisherige Mühe findet ihren Lohn in farbenfrohen Blüten. Die Blütezeit währt um so länger, je kühler die Pflanzen stehen. Ideal ist eine Temperatur um 15–18 °C.

Hyazinthen

Schon früher beliebt, heute wieder sehr in Mode ist die Hyazinthentreiberei in speziellen Gefäßen, den bewährten Hyazinthengläsern. In die schalenförmige Öffnung des Treibgefäßes setzt man eigens für die Treiberei präparierte Hyazinthenzwiebeln, die im Handel erhältlich sind, und füllt so viel Wasser auf, daß es bis knapp unterhalb des Zwiebelbodens reicht. Die Zwiebeln werden mit einem Papierhütchen abgedeckt.

Nachdem die Gefäße für einige Zeit kühl und dunkel aufgestellt wurden und sich reichlich Wurzeln gebildet haben, bringt man sie schrittweise an immer wärmere Plätze. Dabei darf man nicht vergessen, regelmäßig den Wasserstand zu kontrollieren. Sobald die Triebspitzen erscheinen, entfernt man die abdunkelnden Papierhüte und stellt die Hyazinthen endgültig ins warme Zimmer. Innerhalb weniger Wochen parfümieren sie dann den Raum mit ihrem unvergleichlichen Duft.

Lilien

Lilien können das ganze Jahr über getrieben werden. Erfolg hat man in der Regel aber nur mit präparierten, d.h. vorher gekühlten Zwiebeln, die als Treibzwiebeln im Handel angeboten werden. Die Zwiebeln werden nicht, wie es beim Treiben anderer Arten üblich ist, flach, sondern im Gegenteil tief in hochwandige Pflanzgefäße gesetzt. Sie sollten mindestens doppelt so tief stehen, wie sie selbst hoch sind.

Eine Kultur bei Temperaturen um 12-15 °C hat sich als besonders günstig für den Blütenansatz erwiesen. Nur Osterlilie *(Lilium longiflorum)* und Prachtlilie *(Lilium speciosum)* hält man bei etwa 18 °C etwas wärmer. Die Erde sollte stets gleichmäßig leicht feucht sein. Bei präparierten Zwiebeln ist es nicht erforderlich, die Gefäße mehrere Monate lang kühl zu stellen.

Nach der Blüte

Sind die Blüten der vorgetriebenen Pflanzen verwelkt, schneidet man sie ab und kultiviert die Zwiebeln oder Knollen an einem nicht zu warmen Ort weiter. Jetzt sollte man dem Gießwasser einen sparsam dosierten Dünger beimischen, damit sich die Speicherorgane regenerieren können. Sobald das Laub vergilbt, nimmt man die Zwiebeln oder Knollen aus dem Treibgefäß heraus und lagert sie anschließend bis zum Herbst oder pflanzt sie gleich im Garten ein.

Schon einmal vorgetriebene Zwiebeln von Gartenblumen verwendet man im nächsten Jahr besser nicht wieder zum Treiben, sondern nimmt dafür andere, da die Treiberei die Zwiebeln außerordentlich viel Kraft kostet.

Für die Treiberei eignen sich nicht alle Lilien so gut wie die Prachtlilie; außerdem sollte man nur präparierte Zwiebeln verwenden.

Schöne Zwiebel- und Knollenpflanzen für die Treiberei

Botanischer Name	Deutscher Name	Bemerkungen
Anemone coronaria	Kronenanemone	besonders geeignet sind einfachblühende Sorten
Chionodoxa-Arten	Schneeglanz	für kleine Schalen
Crocus-Arten und -Hybriden	Krokus	besonders geeignet sind von den *Crocus*-Hybriden die Sorten 'Vanguard', 'Remembrance', 'Purpureus Grandiflorus', 'Early Perfection'
Eranthis-Arten	Winterling	für kleine Schalen
Erythronium-Arten	Hundszahnlilie	ungewöhnlicher Blütenschmuck
Galanthus-Arten	Schneeglöckchen	besonders geeignet sind *Galanthus plicatus, Galanthus ikariae, Galanthus elwesii* und großblumige Sorten von *Galanthus nivalis*
Hyacinthus orientalis	Hyazinthe	je nach Sorte ist die Treibzeit unterschiedlich lang
Ipheion uniflorum	Sternblume	elegante Blüten
Iris danfordiae	Iris	große Blüten
Iris reticulata	Netziris	sehr leicht zu treiben
Iris-Hollandica-Hybriden	Holland-Iris	besonders geeignet sind u.a. die Sorten 'Wedgwood', 'Yellow Queen', 'Ideal'
Iris-Hispanica-Hybriden	Spanische Iris	angenehm duftend
Ixia-Hybriden	Klebschwertel	schön gefärbte Blüten
Leucojum vernum	Märzenbecher	für kleine Gefäße
Lilium longiflorum	Osterlilie	angenehm duftend
Lilium speciosum	Prachtlilie	angenehm duftende Blüten an langen Stielen
Lilium-Hybriden	Asiatische Lilien-Hybriden	besonders geeignet sind u.a. die Sorten 'Enchantment', 'Cinnabar', 'Sunray', 'Paprika', 'Tabasco'
Muscari-Arten	Traubenhyazinthe	besonders geeignet ist *Muscari armeniacum*
Narcissus-Hybriden	Gartennarzissen	geeignet sind Sorten aus jeder Gruppe, besonders beliebt sind gefülltblühende Narzissen, Jonquillen- und Tazetten-Hybriden
Puschkinia scilloides	Puschkinie	für kleine Schalen
Scilla-Arten	Blaustern	sehr leicht zu treiben
Tulipa-Hybriden	Gartentulpen	geeignet sind zahlreiche Sorten, vor allem von Einfachen Frühen und Gefüllten Frühen Tulpen, Triumph-Tulpen, Darwin-Hybrid-Tulpen, Gefransten Tulpen, Viridiflora-Tulpen, Papagei-Tulpen, Seerosen-Tulpen, Fosteriana-Tulpen und Greigii-Tulpen

Heimischer Hundszahn

Schneeglöckchen

Klebschwertel

Viridiflora-Tulpe

Von Wühlmäusen und anderen Zwiebelfeinden

Schädlinge und Krankheiten

Das lackrote Lilienhähnchen, ein gefürchteter Schädling an Lilien, entwickelt sich aus unscheinbaren Eiern, die an den Blattunterseiten abgelegt wurden.

Die Freude an prachtvollen Blüten wird bisweilen durch Schädlinge und Krankheiten an Zwiebel- und Knollenpflanzen getrübt. Damit sie sich gar nicht erst ausbreiten können, ist schnelles Handeln oberstes Gebot. Frühzeitiges Erkennen und angemessenes Reagieren sind neben standortgerechter Pflanzung und sorgfältiger Hygiene die wirksamsten Methoden des Pflanzenschutzes. Wer zudem Nützlinge gezielt fördert, hat in ihnen Verbündete gegen ungebetene Gäste im Blumenbeet.

Vorbeugende Maßnahmen

Der Marienkäfer und seine Larven vertilgen große Mengen von Blattläusen.

Wie in der Medizin gilt auch beim Pflanzenschutz im Garten der Leitsatz, daß Vorbeugen in jedem Fall besser ist als Heilen. Richtig gepflegte und ausreichend ernährte Pflanzen, die sich an ihrem Standort wohl fühlen, sind zugleich auch gesunde Pflanzen.

Natürliche Abwehrkräfte stärken

Pflanzen verfügen über nicht zu unterschätzende Abwehrkräfte, die es zu unterstützen gilt. Sie wissen sich gegenüber Schädlingen oder Krankheitserregern durchaus zu wehren und überstehen folglich leichtere Formen eines Befalls ohne bleibenden Schaden.

So kann jede Pflanze z.B. Blattläuse verkraften. Zwar leidet sie vorübergehend unter den saugenden Insekten, erholt sich aber meist rasch wieder, wenn sie die Plagegeister losgeworden ist – vorausgesetzt, sie verfügt über eine robuste Konstitution. Ein Mangel ebenso wie ein Überschuß an Nährstoffen, ungünstige Witterungsverhältnisse und andere widrige Lebensbedingungen beeinträchtigen dagegen die pflanzlichen Abwehrkräfte erheblich.

Dennoch wird man im Garten nicht ausschließlich auf das Widerstandsvermögen der Pflanzen vertrauen. Da die Pflanzengemeinschaften künstlich zusammengefügt wurden und kaum abwägbare Wechselwirkungen zwischen den Organismen auftreten können, kann unter ungünstigen Umständen schon ein geringer Befall mit Schädlingen oder Krankheitserregern in eine regelrechte Epidemie ausarten. Eine einzelne Blattlaus beispielsweise vermehrt sich in nur wenigen Wochen zu einer riesigen Schar von Nachkommen, die dann auch auf weniger anfällige Pflanzen übergreifen, sofern keine natürlichen Feinde wie etwa Marienkäfer über den Garten wachen. Durch schnelles und umsichtiges Handeln kann man den Schaden aber meist stark begrenzen.

Bündel aus hohlen Pflanzenstengeln bieten vielen Nützlingen Unterschlupf.

Einige Arten, etwa die hübsche Iris histrioides, sind durch sommerliche Nässe besonders gefährdet, deshalb ist gute Dränage wichtig.

Einwandfreies Pflanzgut

Schon beim Erwerb der Zwiebeln und Knollen sollte man streng darauf achten, daß die Pflanzware frei von Schädlingen und vor allem frei von Krankheiten ist. Denn meistens schleppt man Zwiebelfliegen, Grauschimmel und andere Schädlinge oder Krankheitserreger von außen in den Garten ein.

Zwiebeln und Knollen müssen prall und saftig erscheinen, sich fest anfühlen und eine unbeschädigte Außenhülle haben. Außerdem sollten sie – abgesehen von wenigen Ausnahmen wie z.B. den Zwiebeln der Kaiserkrone (*Fritillaria imperialis*) – angenehm riechen. Sind braun- bis schwarzverfärbte, feucht schimmernde Flecken oder runde Pusteln zu erkennen, fühlen sich Zwiebeln oder Knollen weich und matschig an, geben sie auf Druck nach oder riechen sie verdorben, ist das Pflanzgut höchstwahrscheinlich schon von Krankheiten befallen. Vom Kauf solcher Zwiebeln und Knollen sollte man Abstand nehmen und sicherheitshalber auch die anderen Exemplare aus demselben Angebot meiden.

Nicht nur durch den Kauf von infiziertem Pflanzgut, auch durch Krankheiten, die bei falscher Lagerung im Winterquartier (siehe Seite 109) auftreten, kann man die Ausbreitung von Erregern im Garten ungewollt fördern. Wer Zwiebeln und Knollen während der

Am richtigen Standort sind Pflanzen widerstandsfähig gegen Schädlinge und Krankheiten.

Lagerung in regelmäßigen Abständen kritisch prüft und erkrankte Exemplare sofort aussondert, wirkt dem entgegen. Im Zweifelsfall ist es immer besser, sich von einer Zwiebel zu trennen, auch wenn diese sonst noch recht ansehnlich wirkt. Wer abwartet, bis sich die vermeintliche Schmutzstelle zum unübersehbaren Schimmelfleck entwickelt hat, kann bei den nächsten Kontrollen seines Pflanzguts leicht eine böse Überraschung erleben.

Sorgsam pflanzen

Neben dem Erwerb von einwandfreiem Pflanzgut und sachgerechter Lagerung ist eine sorgsame Pflanzung am richtigen Standort (siehe Seite 60 ff.) zweifellos eines der wichtigsten Mittel zur Vorbeugung gegen Krankheiten. Bei Zwiebel- und Knollenpflanzen sind vor allem die unterirdischen Teile, also die fleischigen Speicherorgane und Wurzeln, durch ungeeignete Standortfaktoren gefährdet.

Stehende Nässe ist der Todfeind aller dieser Gewächse. In einem Boden, der überschüssiges Wasser nur sehr langsam ablaufen läßt, fangen Zwiebeln und Knollen bald zu kränkeln an. Durch den Luftabschluß im nassen Boden werden zuerst die feinen Wurzeln und die äußere Schutzhülle angegriffen. Die Zwiebel bzw. Knolle wird dadurch anfällig für Folgeschäden. Fäulniserreger und andere Schadorganismen haben ein leichtes Spiel, in die unterirdischen Organe einzudringen und deren Verfall unaufhaltsam voranzutreiben.

Selbst wenn die unterirdischen Organe nicht gleich absterben, führt Staunässe oft zu unabänderlichen Schäden. Da die Pflanzen über die Wurzeln nicht mehr optimal versorgt werden, schwinden ihre Abwehrkräfte, und sie können Schädlingen kaum noch Widerstand entgegensetzen.

Mit einem Igelquartier macht man den eifrigen Schädlingsvertilger im Garten seßhaft.

Frühe Diagnose

Trotz aller Aufmerksamkeit und Pflege wird es dennoch einmal vorkommen, daß die prächtigen Gewächse von Schädlingen oder Krankheiten heimgesucht werden. Ein Befall ist um so leichter und erfolgreicher zu bekämpfen, je früher und genauer er erkannt wird. Man sollte es sich deshalb zur Angewohnheit machen, beim Spaziergang durch den Garten oder bei den verschiedenen Pflegearbeiten stets auch einen kritischen Blick auf die Pflanzen zu werfen.

Tip

Durch Überdüngung leiden die Pflanzen meistens viel eher als durch Nährstoffmangel. Das Gewebe wird schwammig und die äußere Zellschicht der Pflanzen weich. Dadurch können Schädlinge leichter in den Pflanzenkörper eindringen. Ersetzt man dagegen ausschließlich fehlende Nährstoffe und stellt dadurch ein Ernährungsgleichgewicht her, stärkt man zugleich die Widerstandskraft der Pflanzen.

Tip

Bei Zwiebeln und Knollen, die in Kunststofftüten zum Verkauf angeboten werden oder in Folie eingeschweißt sind, sollte man Vorsicht walten lassen, wenn die Verpackung auf der Innenseite mit einem Feuchtigkeitsfilm beschlagen ist. In der feuchtwarmen Atmosphäre der Plastikbeutel können sich besonders Pilzkrankheiten leicht ausbreiten.

Tip

Viele Arten, z. B. Krokus, Iris oder Steppenkerze, werden besonders während ihrer Ruhephase durch zuviel Nässe gefährdet. Ihre Zwiebeln oder Knollen können dann nicht genügend ausreifen, der Wachstumsrhythmus ist gestört. Durch eine gute Dränage des Bodens kann man dieser Gefahr vorbeugen.

Tip

An den Blattunterseiten bleiben Schädlinge oft unbemerkt, deshalb sollte man immer wieder Stichproben machen und einzelne Blätter umdrehen.

Tip

Wer gegen Schädlinge und Krankheiten beizeiten und gezielt mit den richtigen Maßnahmen vorgeht, vermeidet eine unnötige Umweltbelastung durch den Einsatz von Pflanzenschutzmitteln.

Tip

Pflanzenschutzmittel werden in verschiedene Gefahrenklassen eingeteilt und entsprechend mit Symbolen sowie Kennbuchstaben versehen:

schwarzer Totenkopf auf orangefarbenem Grund;
T+ sehr giftig,
T giftig

schwarzes Andreaskreuz auf orangefarbenem Grund;
Xn mindergiftig,
Xi reizend

Tropfen, der auf eine Hand fällt;
C ätzend

Tip

Pflanzenschutzmittel sollten nur in der Originalverpackung und an sicherer Stelle, z.B. in einem verschließbaren Schränkchen, aufbewahrt werden. So schützt man sich und andere vor unbeabsichtigtem Fehlgebrauch. Vor allem dürfen sie nicht in Reichweite von Kinderhänden stehen.

Solange es z.B. nur einige Blattläuse sind, die an einer Pflanze saugen, kann man sie einfach mit den Fingern von Blättern und Stengeln abstreifen oder mit einem scharfen Wasserstrahl abspritzen. Bleiben die kleinen Insekten dagegen unentdeckt, vermehren sie sich munter weiter und sitzen bald scharenweise an allen möglichen Pflanzen im Garten. Eine erfolgreiche Bekämpfung wird dann ungleich schwieriger.

Obwohl das frühzeitige Aufmerksamwerden auf einen Befall die Begrenzung des Schadens sehr erleichtert, reicht es dennoch nicht aus. Vielmehr muß man auch erkennen, um welche Art von Schädling es sich handelt, um die jeweils geeigneten Maßnahmen zu dessen Bekämpfung ergreifen zu können.

Wenn z.B. Tulpen nicht mehr austreiben, macht es für die erforderlichen Schritte einen gravierenden Unterschied, ob Wühlmäuse (siehe Seite 121ff.) oder *Fusarium*-Pilze (siehe Seite 130) für den Schaden verantwortlich sind. Während man bei Wühlmäusen Vergrämungsmittel einsetzen oder andere, von den Nagern verschmähte Tulpenarten pflanzen kann, verlangt eine von den *Fusarium*-Pilzen hervorgerufene Zwiebelbodenfäule gänzlich andere Maßnahmen. Davon befallene Zwiebeln müssen sofort vernichtet werden, um die Ansteckung benachbarter Pflanzen zu verhindern. Außerdem dürfen an den betreffenden Gartenstellen mindestens vier bis fünf Jahre lang keine für diese Pilzkrankheit anfälligen Arten mehr gepflanzt werden.

Gezielte Abwehr

Haben sich Schädlinge und Krankheiten erst einmal eingeschlichen und hat man sie erkannt, muß man sie mit geeigneten Methoden beseitigen. Hier ist vor allem auf die Verhältnismäßigkeit der Mittel zu achten. Der eigenen Gesundheit und der Umwelt zuliebe sollte man möglichst völlig auf chemische Pflanzenschutzmittel im Hausgarten verzichten, vor allem auf hochgiftige und ätzende Präparate. In einigen Bundesländern ist der Einsatz gewisser Pflanzenschutzmittel im Hausgarten ohnehin gesetzlich verboten. Über die jeweiligen regionalen Bestimmungen kann man sich bei den zuständigen Pflanzenschutzämtern oder den Landratsämtern (Stelle für Gartenfachberatung) erkundigen.

Häufig kann man schon mit einfachen manuellen bzw. mechanischen Maßnahmen wirkungsvoll eingreifen, z.B. indem man Schädlinge von den Pflanzen absammelt oder herunterwäscht. Auch pflanzliche Präparate sowie andere milde biologische Mittel leisten gute Dienste und sind relativ unbedenklich für die Umwelt. Doch sollte man nicht vergessen, daß auch biologische Pflanzenschutzmittel wie Pyrethrum nichts anderes als Gifte sind und deshalb nur streng nach Vorschrift angewendet werden dürfen.

Im folgenden werden die häufigsten bei Zwiebel- und Knollenpflanzen auftretenden Schädlinge und Krankheiten und deren Schadbilder beschrieben sowie die besten Maßnahmen zur Vorbeugung genannt. Die erwähnten Methoden zur Abwehr beschränken sich in erster Linie auf mechanische und für die Umwelt unbedenkliche Maßnahmen.

Erst wenn keines dieser Mittel mehr hilft, können unter Umständen chemische Pestizide zum Einsatz kommen. Allerdings sollte man bedenken, daß der Kauf neuer Zwiebeln und Knollen oft sicherer und auch kostengünstiger ist. Bei vielen Krankheiten lassen sich die befallenen Pflanzen auch mit chemischen Spritzmitteln kaum mehr retten, und allzuoft steht der Aufwand in keinem Verhältnis zum geringen Erfolg.

Beim Kauf von chemischen Pflanzenschutzmitteln muß eine eingehende Beratung durch den Fachhändler erfolgen. Das ist gesetzlich so vorgeschrieben. Bei der Anwendung der Mittel müssen die Gebrauchsvorschriften und die Dosierungsanleitung peinlich genau eingehalten werden. Außerdem sollte man stets Handschuhe, möglichst auch einen Mundschutz tragen und beim Hantieren mit den Pflanzenschutzmitteln sowie beim Ausbringen weder trinken noch essen oder rauchen.

Durch ein engmaschiges Drahtgitter bleiben Zwiebelblumen vor Wühlmausfraß geschützt.

Schädlinge an Zwiebel- und Knollenblumen

Eine ganze Reihe von Tieren haben es auf Zwiebeln und Knollen abgesehen. Von Säugetieren über Vögel bis hin zu Insekten – für zahlreiche Tierarten sind die fleischigen und nahrhaften unterirdischen Organe der Pflanzen zum Leidwesen des Gärtners eine echte Delikatesse.

Die Schermaus hält sich bevorzugt in Wassernähe und an dicht bewachsenen Stellen auf.

Wühlmäuse

Die Schermaus aus der Familie der Wühlmäuse, auch Mollmaus, Erdratte oder in der Vereinfachung des Volksmunds schlicht Wühlmaus genannt, ist im Garten ein gefürchteter Schädling, der ähnlich wie der Maulwurf ausgedehnte unterirdische Gangsysteme gräbt, sich im Gegensatz zu diesem Nützling aber von Wurzeln, Rüben, Zwiebeln und Knollen ernährt. Auch die nahe mit ihr verwandte Feldmaus kann im Garten äußerst lästig werden. In größerer Zahl treten die Wühler vor allem in ländlichen Gärten auf, in dichtbesiedelten Gebieten findet man sie dagegen vergleichsweise selten.

Bleiben Zwiebel- und Knollenpflanzen von einem Jahr aufs andere einfach aus und findet man dazu lockere, kleine Erdhaufen im Garten, hat sich sicherlich eine Schermaus eingefunden. Die Art des Gangsystems sowie die unordentlich wirkenden Erdhügel der Schermaus unterscheiden sich von denen des Maulwurfs, der als Insektenfresser ein nützlicher Gartengast ist und zudem unter Naturschutz steht (siehe Seite 122).

Zur Vorbeugung gegen die Wühler werden hauptsächlich mäuseundurchlässige Barrieren eingesetzt. Man pflanzt die Zwiebeln und Knollen dann in spezielle Pflanzkörbe aus nagesicherem Drahtgeflecht, die im Fachhandel angeboten werden. So kommen die Tiere nicht an die begehrte Nahrung heran.

Vor allem in ländlichen Gebieten sollte man die natürlichen Feinde der Wühlmäuse, die Greifvögel und Marder (Hermelin, Mauswiesel, Steinmarder), fördern. Ansitzstangen für Greifvögel, Steinhaufen als Unterschlupf für Wiesel und die häufige Mahd großer Wiesen, um die Nager leichter zu entdecken, schaffen gute Bedingungen für die Jagd dieser Tiere auf die unerwünschten Wühler.

Im Fachhandel werden Geräte angeboten, die Wühlmäuse durch Schall vertreiben sollen. Man kann auch leere Weinflaschen schräg zu zwei Dritteln in den Boden eingraben. Der über die Flaschenöffnung streichende Wind erzeugt dann Pfeiftöne. Leider zeitigen diese wie auch andere, selbsterdachte Lärmquellen nicht immer Erfolg, viele Wühlmäuse lassen sich nicht im geringsten davon beeindrucken. Einen Versuch, die Nager zu vertreiben, sind diese absolut umweltverträglichen Methoden aber immerhin wert.

Abschreckend auf Wühlmäuse wirkt auch der strenge oder scharfe Geruch mancher Pflanzen, etwa der Kaiserkrone *(Fritillaria imperialis)*, des Knoblauchs *(Allium sativum)* oder der Kreuzblättrigen Wolfsmilch *(Euphorbia lathyris)*. Sie werden von den Wühlmäusen nicht nur als Nahrung verschmäht, sondern verleiden den Nagern auch den Aufenthalt in ihrer unmittelbaren Umgebung und schützen auf diese Weise benachbarte Pflanzen vor Verbiß. Allerdings läßt diese Schutzwirkung schon in kurzer Entfernung rapide nach, so daß man die Abwehrpflanzen überall im Garten verteilt und ziemlich dicht setzen müßte, um eine tatsächlich „mäusefreie Zone“ zu schaffen.

Die Anwendung von Wühlmausfallen sollte man sich vom Fachhändler exakt erklären lassen. Sie werden in bestimmter Weise in einen der unterirdischen Gänge geschoben, und ihr Auslösemechanismus muß empfindlich genug eingestellt werden. Erfolg wird man mit den Fallen nur in Gängen haben, die vergleichsweise tief im Boden liegen. In flach unter der Erde verlaufenden Gangsystemen kann man

Tip

Statt handelsübliche Pflanzkörbe zu verwenden, um Nager abzuhalten, kann man die Pflanzgrube auch mit einem engmaschigen, stabilen Drahtgitter auslegen, das an den Seiten bis zur Erdoberfläche hochgebogen wird.

Greifvögel wie der Mäusebussard helfen bei der Bekämpfung der Wühlmäuse.

Wühlmäuse schrecken vor den Pfeiftönen zurück, die der Wind an eingegrabenen Flaschen verursacht.

Wie man Maulwurf und Wühlmaus vertreibt

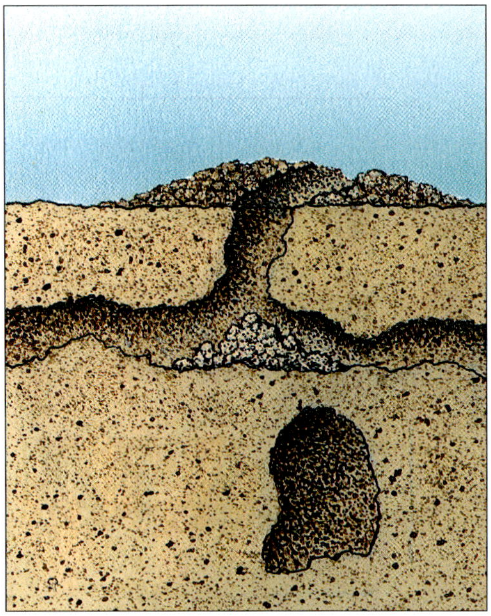

Gangsystem der Schermaus

Gangsystem des Maulwurfs

Tip

Pflanzenschutzämter geben wertvolle Hinweise zur Vertreibung oder Bekämpfung von lästigen Wühlmäusen. Man kann dort Informationsmaterial anfordern, gelegentlich werden sogar Kurse zu diesem Thema angeboten.

Tip

Vor dem Einsetzen in den Boden sollte man Wühlmausfallen gründlich mit Erde abreiben. Bei neugekauften Exemplaren mindert man dadurch den Fabrikationsgeruch, und, wichtiger noch, man überdeckt damit den Eigengeruch der Hände.

Tip

In ländlichen Gebieten können manchmal auch Kaninchen Fraßschäden anrichten. Wirksamen Schutz gegen die Hasentiere bieten engmaschige Drahtzäune rund um den Garten.

Der Maulwurf sollte als nützlicher Schädlingsvertilger eigentlich im Garten geduldet sein. Da er aber den Boden umwühlt und viele unschöne Erdhügel aufwirft, möchte man ihn meist doch lieber loswerden. Er steht jedoch unter Naturschutz und darf nicht getötet, sondern nur vertrieben werden. Erlaubt ist dagegen, Wühlmäuse, allen voran die Schermaus, deren Erdhaufen ebenfalls den Garten verunstalten, mit Hilfe von Fallen zu bekämpfen.

Ob ein Maulwurf oder eine Schermaus im Garten haust, kann man anhand der aufgeworfenen Erdhügel und durch Freilegen eines kleinen Teils der unterirdischen Gangsysteme erkennen. Der Maulwurf gräbt Gänge, die im Querschnitt breiter als hoch sind, und wirft relativ hohe, lockere Hügel auf. Die Schermaus dagegen schaufelt sich Gänge frei, die einen hochovalen Querschnitt zeigen, und hinterläßt nur flache, sehr unordentlich wirkende Hügel. Zugleich verursachen Schermäuse im Garten Schäden an vielerlei Pflanzen – ihre Wurzeln sind angenagt oder sogar völlig abgefressen. Eine ausgesprochene Delikatesse für Schermäuse aber sind saftige Zwiebeln und Knollen.

Hat man die Identität des Störenfrieds festgestellt, kann man zur erforderlichen Methode der Bekämpfung greifen. Zur Vertreibung des Maulwurfs eignen sich z. B. Nußbaumblätter, Knoblauchzehen, Hundehaare oder alte Lederschuhe, die man in die Gänge legt und die durch ihren intensiven Geruch den Insektenfresser abschrecken. Auch im Gartenhandel erhältliche duftgetränkte Lavasteinchen verjagen den Maulwurf. Man legt bei Sichtbarwerden des ersten Maulwurfhügels ein bis zwei Lavasteinchen pro Quadratmeter in etwa 20 cm tiefe Löcher und verschließt diese wieder gut mit dem Fuß. Die Wühlmäuse vergrämt man am besten durch starkriechende Substanzen oder Lärm, oder man fängt sie mit Fallen (siehe Seite 121).

---

sie nicht ausreichend abdecken. Die ausgesprochen luftzug- und lichtempfindlichen Tiere umgehen dann die Falle oft, wühlen sie zu und graben sich gegebenenfalls einen neuen Ausgang.

Auf eine chemische Bekämpfung der Wühlmäuse sollte man aus Gründen der eigenen Gesundheit und des Umweltschutzes besser verzichten. Begasungsmittel sind äußerst giftig und verfliegen in lockerem Boden sehr schnell. Nur in dichtem Tonboden bleibt das todbringende Gas lange genug erhalten, um die beabsichtigte Wirkung zu zeigen. Auch Auspuffgase in die Gänge zu leiten ist nicht unbedenklich, zumal auch ihr Wirksamwerden einen dichten Boden voraussetzt. Überdies töten die unspezifischen Gase auch andere im Boden lebende Tiere. Falls dennoch Gase zur Anwendung kommen sollen, müssen die Vorsichtsmaßnahmen bzw. Gebrauchsvorschriften peinlich genau eingehalten werden.

Amseln

Vögel gelten zwar im allgemeinen als gerngesehene Gartengäste, die viele Insekten vertilgen und die Menschen mit ihrem Gesang erfreuen, unter Umständen können sie aber auch den Unwillen des Gärtners erregen. Amseln, zuweilen auch Sperlinge, entwickeln in manchen Gegenden eine Vorliebe für gelbblühende Krokusse, z. B. den Goldkrokus *(Crocus flavus)* oder den Ankara-Krokus *(Crocus ancyrensis)*, gelegentlich auch für Alpenveilchen *(Cyclamen)*. Aus bisher unbekannten Gründen zerfleddern sie die Blütenhorste regelrecht und hinterlassen in der Pflanzung oft ein trostloses Bild.

Man kann versuchen, die Tiere von ihren Attacken abzuhalten, indem man bunte Windrädchen zwischen die Blumen steckt. Auch flatternde Streifen aus dünner Metallfolie, die man an kurze Stäbe bindet, haben sich schon oft als wirkungsvoll erwiesen. Lassen sich die Vögel aber durch nichts von ihrem zerstörerischen Tun abschrecken, hilft nur der Wechsel zu Krokusarten mit andersfarbigen Blüten bzw. der Verzicht auf Alpenveilchen.

Amseln zerpflücken nur gelbblühende Krokusse, andersfarbige bleiben verschont.

Schnecken

Wohl kaum ein Garten bleibt von Schnecken verschont. Bei feuchter Witterung können vor allem die gefräßigen Nacktschnecken in einer Pflanzung erheblichen Schaden anrichten. Sie machen sich mit Vorliebe besonders über die jungen, saftigen Triebe und zarten Blüten her. Im Zwiebelblumengarten sind dadurch besonders Dahlien, Gladiolen, Lilien, Narzissen, Tulpen, Tagblumen *(Commelina tuberosa)* und Sommerhyazinthen *(Galtonia candicans)* gefährdet.

In erster Linie aber ernähren sich Nackt- und Gehäuseschnecken von abgestorbenen Pflanzenteilen und sind daher – so merkwürdig es klingen mag – als durchaus nützliche Helfer bei der Abfallbeseitigung und Humusbildung anzusehen. In Ermangelung von bereits verrottender Kost lenken sie jedoch ihren Appetit auch auf frisches, liebevoll gehegtes Grün. Schnecken sind vor allem in der Dämmerung und nachts aktiv und können in dieser Zeit erstaunliche Wegstrecken zurücklegen.

Ein massenhaftes Auftreten von Schnecken ist immer ein Zeichen für ein Ungleichgewicht in der Natur. Man sollte sie daher nicht in übertriebenem Maß verfolgen, sondern besser dafür sorgen, daß das Regelspiel zwischen Schnecken und ihren natürlichen Feinden unterstützt wird. Verhilft man den vielen Schneckenjägern unter den Tieren zu akzeptablen Lebensbedingungen im Garten, wird man nur selten eine Schneckenplage erleben. Reisig- oder Steinhaufen dienen z. B. Igeln, Spitzmäusen, Kröten oder Eidechsen als Unterschlupf, dichte und artenreiche Hecken bieten Vögeln Lebensraum.

Zusätzlich kann man die so unliebsamen Weichtiere noch durch schneckenabwehrende Pflanzen vergraulen. Auf dem Boden ausgebreitet, gelten Blätter von Ysop (*Hyssopus officinalis* ssp. *officinalis*), Tomaten oder Farnen, ähnlich wie Fichtennadeln, als wirkungsvolle Duft- und Kriechbarriere. Streut man zusätzlich Streifen aus trockenem Sägemehl, Sand, Gesteinsmehl oder Holzasche um die schutzbedürftigen Pflanzen, erhöht man den Abwehreffekt noch. Allerdings muß dieses Streumaterial regelmäßig durch frisches ersetzt werden, vor allem nach Regenfällen.

Statt Pflanzen oder Streumittel einzusetzen, kann man um gefährdete Beete auch Schneckenzäune errichten. Dazu werden mindestens 30 cm hohe Streifen aus verzinktem Blech, Draht oder Kunststoff, deren obere

Tip

Keinesfalls sollten Netze zur Abwehr von Vögeln über die Pflanzen gespannt werden. In ihnen können sich die Tiere verfangen und, wenn ihr Mißgeschick unbemerkt bleibt, jämmerlich zugrunde gehen.

Nacktschnecken wie die Rote Wegschnecke fressen bevorzugt junge Blätter und Triebe.

Tip

Schneckenbefall ist an Buchten- oder Lochfraß zu erkennen, wobei in der Umgebung der Fraßstellen stets mehr oder weniger deutliche Schleimspuren zurückbleiben. Schnecken sollte man schon allein deshalb bekämpfen, weil die angefressenen Pflanzen anfällig für Pilzkrankheiten werden.

Tip

Im Handel werden schneckenabwehrende Granulate angeboten, die aus duftstoffgetränkten Lavakörnchen bestehen. Sie sind völlig ungiftig und werden als Kriechhindernis ausgestreut.

Schneckenzäune schützen gefährdete Pflanzen.

Tip

Alte Bretter, feuchtes Sackleinen, große Salat- oder Kohlblätter bieten, im Garten ausgelegt, den Schnecken willkommene Unterschlupfmöglichkeiten, unter denen sie sich vor der Hitze und Trockenheit des Tages verkriechen. Man kann sie dort dann gezielt und mühelos aufsammeln.

Tip

Schnecken verstecken sich unter Polsterstauden sehr gern. Beim Absammeln sollte man unbedingt auch dort nachsehen. Durch Schneckenfraß besonders gefährdete Zwiebel- und Knollenpflanzen setzt man besser nicht direkt in dichte Staudenkissen.

Tip

Durch eine regelmäßige Lockerung des Bodens mit dem Sauzahn oder Krail bleibt die Erdoberfläche zu rauh und trocken für die Schnecken. Zugleich werden Schneckeneier bei dieser Bodenbearbeitung an die Oberfläche befördert, wo sie vertrocknen oder gefressen werden.

Kante etwa 5 cm breit in spitzem Winkel umgebogen ist, so um das Beet in den Boden gesteckt, daß das abgewinkelte Profil nach außen gerichtet ist. Ein solches Hindernis können Schnecken nur schwer überwinden.

Erweisen sich all diese Maßnahmen als wirkungslos, hilft nur ein konsequentes Absammeln der Schädlinge – eine zwar etwas mühsame, dafür aber sehr umweltfreundliche Methode, die Schnecken loszuwerden. Die beste Zeit dazu ist der frühe Morgen, wenn der Garten noch taufeucht ist, oder die abendliche Dämmerung. Vor dem hartnäckig an den Fingern haftenden Schleim der Tiere schützen Handschuhe. Die abgesammelten Schnecken kann man schließlich an einer weit von Gärten entfernten Stelle wieder aussetzen oder durch Überbrühen mit kochendem Wasser rasch abtöten.

Eine weitere Möglichkeit zur Schneckenbekämpfung stellen die Bierfallen dar. Sie erweisen sich vor allem im zeitigen Frühjahr, wenn das Nahrungsangebot noch gering ist, als recht wirkungsvoll. Im Sommer allerdings werden die Schnecken durch den Biergeruch zwar in Scharen angelockt, finden dann aber einen so reichlich gedeckten Tisch auf den Beeten vor, daß sie das Bier mehr oder weniger unbeachtet lassen.

Als Fallen dienen glattwandige Kunststoffbecher oder Gläser, die man bis fast zum Rand in den Boden eingräbt und zur Hälfte mit Bier füllt. Ein dünnes Brettchen, das auf Steinen oder Holzklötzchen wie ein luftiges Dach über die Falle gelegt wird, verhindert eine Verdünnung des Biers durch Niederschläge. Die angelockten Schnecken werden durch den Alkohol gelähmt und ertrinken schließlich in der Falle. Man braucht sie dann nur noch in regelmäßigen Abständen einzusammeln und das Bier ständig durch frisches zu ersetzen.

Die Anwendung von Schneckenkorn, einem chemischen Schneckenbekämpfungsmittel, ist sehr umstritten. Nach Möglichkeit sollte man darauf verzichten. Die Schnecken sterben einen qualvollen Tod, das Gift gelangt über die Schnecken auch in den Körper ihrer Freßfeinde, und nicht zuletzt können auch Haustiere durch direkten Kontakt mit dem Schneckenkorn Vergiftungen erleiden. Zu alledem werden die Weichtiere durch die im Schneckenkorn enthaltenen Lockstoffe erst recht angelockt, verschmähen die Köder dann aber häufig, ähnlich wie bei den Bierfallen, zugunsten der reichlich verfügbaren Pflanzenkost gleich nebenan.

Dickmaulrüßler

Halbrunde Kerben mit zahnradförmigem Umriß an Blatträndern vorwiegend von Knollenbegonien (*Begonia*-Knollenbegonien-Hybriden) oder Alpenveilchen *(Cyclamen)* sind die typischen Fraßspuren des Dickmaulrüßlers. Die etwa 1 cm großen, schwarzgrauen, flugunfähigen Käfer sind ausschließlich nachtaktiv. Weitaus größeren Schaden als die vollentwickelten Tiere richten aber deren Larven, die wie kleine Engerlinge aussehen, im Wurzelbereich der Pflanzen an. Sie fressen an den Wurzeln, bis die befallene Pflanze welkt und schließlich abstirbt.

Dickmaulrüßlerlarven können in Alpenveilchenknollen beträchtlichen Schaden anrichten.

Oft werden Dickmaulrüßler, und zwar Käfer wie Larven, durch getopfte Pflanzen ins Blumenbeet eingeschleppt. Ihre Bekämpfung ist sehr schwierig. Neuerdings sind im Fachhandel Nematoden-Präparate erhältlich, die u.a. gegen Dickmaulrüßler angewendet werden. Man bringt sie, genau nach Anweisung, mit dem Gießwasser aus. Sie wirken allerdings erst bei Temperaturen über 12 °C.

Lilienhähnchen

Der leuchtend scharlachrote, etwa 6–7 mm große Blattkäfer befällt neben Lilien auch die Riesenlilie *(Cardiocrinum giganteum)*, in ganz seltenen Fällen auch Kaiserkrone *(Fritillaria imperialis)*, Gladiole und Maiglöckchen *(Convallaria majalis)*. Das auffällige Insekt hinterläßt dicht aneinandergereihte runde Fraßstellen an Blättern und Blütenknospen.

Im Mai und Juni legt das Weibchen seine orangeroten Eier in säuberlichen Reihen auf den Unterseiten der Lilienblätter ab. Schon bald schlüpfen daraus die gefräßigen gelben

Larven. Sie setzen das Zerstörungswerk an den edlen Blumen fort.

Das Lilienhähnchen tritt nur regional auf. Wenn es sich aber einmal in einer Gegend festgesetzt hat, bleibt dort keine Lilie von ihm verschont. Deshalb sollte man, sobald man einen der leuchtend lackroten Käfer entdeckt, sofort mit dem gründlichen Absammeln der Tiere beginnen.

Narzissenfliegen und andere Zwiebelfliegen

Erscheinen beim Austrieb von Narzissen, gelegentlich auch bei Schneeglöckchen *(Galanthus)*, Lauch *(Allium)*, in noch selteneren Fällen bei Tulpe, Lilie, Knotenblume *(Leucojum)* oder Hyazinthe merkwürdig gekräuselte Blättchen, sind die jungen Blätter schwach, gelblich verfärbt und grasartig oder bleibt der Austrieb sogar völlig aus, sind die Zwiebeln wahrscheinlich von schmutzigweißen Maden befallen.

Diese schlüpfen aus den Eiern verschiedener Arten von Zwiebelfliegen. Narzissen werden hauptsächlich Opfer der Kleinen und Großen Narzissenfliege; Zierlaucharten, aber auch die Küchenzwiebeln *(Allium cepa)* werden meist von der eigentlichen Zwiebelfliege heimgesucht.

Die Weibchen legen ihre Eier auf den Zwiebelhälsen ab, wenn das Laub der Pflanzen abstirbt. Die geschlüpften Larven bohren sich dann in die Zwiebeln hinein und fressen sich durch deren Inneres. Dadurch faulen die Zwiebeln vom Boden her.

Vorbeugend sollte man darauf achten, daß die Zwiebelhälse der gefährdeten Arten nicht freiliegen, vor allem nicht zu der Zeit, in der ihr Laub einzieht. Auch eine regelmäßige Bodenlockerung rund um die Pflanzen hält Zwiebelfliegen von einer Eiablage ab. Befallene Zwiebeln werden umgehend entfernt und vernichtet.

Die Made einer Großen Narzissenfliege hat die Zwiebel bereits vollständig zerstört.

Blattläuse

Blattläuse gehören, ebenso wie Schnecken, zu den wohlbekannten Schädlingen im Garten. Auch Zwiebel- und Knollenpflanzen bleiben von den verschiedenen Arten der grünen, gelblichen, rötlichen, braunen oder schwarzen Sauger nicht verschont. Besonders häufig treten die Insekten z. B. bei Knollenbegonien, Dahlien oder bei Lilien auf. Sie schädigen die Pflanzen, indem sie das Gewebe anstechen und den Saft saugen, wodurch der Saftstrom innerhalb der Pflanze empfindlich gestört wird. Befallene Pflanzen zeigen mehr oder weniger gravierende Welkeerscheinungen. Bei sehr starkem Befall können sie auch völlig absterben.

Blattläuse vermögen sich ungeheuer rasch zu vermehren. Zehn, bei günstiger Witterung auch mehr Generationen pro Jahr bringen eine Unzahl der saugenden Schädlinge hervor. Je früher man die Tiere entdeckt und bekämpft, desto hoher sind die Erfolgsaussichten. Noch besser ist es, durch eine möglichst vielfältige und naturnahe Gartengestaltung die blattlausvertilgenden Nützlinge wie Marienkäfer, Florfliegen oder Schlupfwespen zu fördern und dadurch einer Massenvermehrung der Schädlinge vorzubeugen.

Kleine Blattlauskolonien kann man mit den Fingern vorsichtig von Blättern und Stengeln abstreifen und die Insekten dann zerquetschen; oder man spült sie mit einem scharfen Wasserstrahl von den Pflanzen. Diese Prozedur muß auf jeden Fall mehrmals wiederholt werden, um auch die zunächst übersehenen oder später geschlüpften Tiere von den Pflanzen zu entfernen.

Auch das Besprühen befallener Pflanzen mit einem Brennesselkaltwasserauszug oder mit Schmierseifenlösung hat sich bei der Blattlausbekämpfung als recht wirksam erwiesen. Um einen Brennesselkaltwasserauszug herzustellen, weicht man rund 1 kg frische oder 200 g getrocknete Blätter der Brennessel *(Urtica dioica)* in 10 l Wasser ein und läßt den Ansatz ein bis zwei Tage stehen. Die abgesiebte Flüssigkeit wird unverdünnt auf die Pflanzen gespritzt. Eine Schmierseifenlösung stellt man her, indem man etwa 30 g Schmier- oder Neutralseife in 1 l warmem Wasser auflöst und dem Ganzen noch einen Schuß Brennspiritus als Netzmittel hinzufügt.

Tip

Weiche, teigige Zwiebeln von Narzissen sollte man vor der Pflanzung oder beim Aufnehmen sofort aussortieren, denn sie können von Maden der Narzissenfliege befallen sein.

Ameisen fördern Blattläuse, weil sie deren Honigtau mit Vorliebe fressen.

Tip

Der sog. Honigtau, die zuckerhaltigen Ausscheidungen von Blattläusen, ist eine Lieblingsspeise von Ameisen. Wer Ameisenstraßen folgt, findet oft an deren Ende Pflanzen, die von Blattläusen befallen sind.

Tip

Blattläuse sitzen manchmal versteckt hinter den äußeren Zwiebelschalen oder rund um die Triebknospen. Vor der Pflanzung ebenso wie vor der Einlagerung ins Winterquartier sollten Zwiebeln und Knollen deshalb gründlich auf einen Befall untersucht werden.

Zikaden (ganz oben) saugen Blätter von Dahlien an, Blattwanzen verursachen Krüppelwuchs (oben).

Tip

Die Larven der Weißen Fliege sind äußerst widerstandsfähig und nur schwer zu bekämpfen. Durch ein mehrfaches Spritzen mit reinem Paraffinöl im Abstand von jeweils einer Woche kann man sie jedoch meist vernichten.

Diese Schmierseifenlösung wird ebenfalls unverdünnt angewendet.

Wenn auch die meisten Pflanzen mit den durch die Blattläuse direkt erlittenen Schädigungen durchaus fertigwerden, sollte man die kleinen Sauger dennoch nicht dulden. Häufig sind sie nämlich Überträger von gefährlichen Viruskrankheiten, gegen die kein Kraut mehr gewachsen ist. Außerdem siedeln sich auf den zuckerhaltigen Ausscheidungen der Blattläuse oft Rußtaupilze an. Die Pflanzen erscheinen dann wie von einer dünnen Rußschicht überzogen. Durch den Belag wird die Photosyntheseleistung dieser Pflanzenteile stark eingeschränkt.

Zikaden

Bei trockenwarmem Wetter werden Dahlien gelegentlich von Zikaden befallen. Diese kleinen, gelbgrünen Insekten, nahe Verwandte der Blattläuse, sind an den dachförmig zusammengelegten Flügeldecken zu erkennen. Sie saugen an Blättern und hinterlassen als typisches Schadbild feine, gelbliche Pünktchen. Nach einiger Zeit sterben die betroffenen Blätter dann ab.

Mehrmaliges gründliches Abduschen mit Brennesselkaltwasserauszug (siehe Seite 125) schafft Abhilfe.

Weiße Fliegen

Eine besondere Art von Pflanzensaugern kommt hin und wieder an Knollenbegonien vor: die Weiße Fliege oder Mottenschildlaus. Sie sitzt an den Blattunterseiten und saugt den Pflanzensaft. Von oben erscheinen die Blätter bald mit gelblichen Flecken übersät, vertrocknen schließlich und fallen ab. Die durchscheinenden Larven sind nur schwer zu entdecken, schon eher die geflügelten, weißen Alttiere, die bei der leisesten Berührung ihrer Wirtspflanze auffliegen.

Weiße Fliegen treten in erster Linie beim Vortreiben der Knollen auf der Fensterbank oder im Gewächshaus auf. Dort kann man sie mit gelben Leimtafeln, die im Handel erhältlich sind, einfangen. Im Freien hilft, wie gegen die Blattläuse, ein Brennesselkaltwasserauszug (siehe Seite 125).

Blattwanzen

Blattwanzen lassen sich leicht an ihrem auffallend platten Körper und dem dreieckigen Rückenschild erkennen. Bestimmte grüne oder hellbraune Arten stechen manchmal frisch ausgetriebene Dahlien an. Deren Blätter erscheinen bald wie von unzähligen Nadeln durchlöchert, Knospen und junge Blätter bleiben verkrüppelt. Die ausgesprochen lebhaften Tiere sind nur schwer abzusammeln, da sie sich bei der geringsten Bewegung sofort auf den Boden fallen lassen.

Damit die Blattwanzen nicht überhandnehmen, sollte man vor allem Vögel, ihre wichtigsten natürlichen Feinde, fördern, z. B. indem man ihnen die Ansiedlung im Garten durch die Pflanzung von Wildhecken erleichtert.

Im Gegensatz zu ihren gut getarnten Verwandten sind die grell rot-schwarz gezeichneten Feuerwanzen als Nützlinge zu betrachten. Da sie auch tote Insekten und die Gelege so mancher Schadinsekten vertilgen, erfüllen sie nicht nur eine wichtige Aufgabe im Kreislauf der Natur, sondern betätigen sich durchaus im Sinne des Gärtners.

Thripse

Thripse oder Blasenfüße besitzen saugend-stechende Mundwerkzeuge, mit deren Hilfe sie die angestochenen Teile der Blätter aussaugen. Befallene Blätter oder Blüten von Gladiolen, zuweilen auch von Dahlien, noch seltener von Lilien und Iris sind mit silbrig durchschimmernden Flecken, Streifen oder Punkten überzogen. Durch fortgesetztes Saugen der Thripse trocknen die Blätter schließlich ein, die Blüten verkrüppeln.

Größere Bedeutung in den Kulturen von Zwiebel- und Knollenpflanzen hat nur eine einzige Art, der Gladiolenthrips oder Gladiolenblasenfuß. Er überwintert an den Gladiolenknollen und beginnt sein zerstörerisches Werk sofort nach der Pflanzung im Frühjahr. Die Blätter werden dadurch fleckig und streifig, die Blüten entwickeln sich nicht weiter oder sind mißgebildet.

Zur Vorbeugung sollte man jegliches Unkraut in der Nähe von Gladiolen sofort entfernen, denn an etlichen Arten dieser Wildkräuter leben die Thripse bevorzugt, bis ihnen die Gladiolentriebe schmackhaft genug erscheinen. Außerdem sollte man Gladiolen nicht an Stellen setzen, an denen ein Thripsbefall bereits einmal aufgetreten ist. Auch ein weiter Pflanzabstand beugt größerem Schaden vor, ebenso eine gleichmäßige Bewässerung und eine gute, ausgewogene Nährstoffversorgung der Gladiolen.

Ohrwürmer

Strenggenommen sind Ohrwürmer gar nicht als Schädlinge zu betrachten, da sie neben anderer Kost vor allem Blattläuse, Spinnmilben, Pilzgeflechte und Eier von schädlichen

Schmetterlingen vertilgen. Fehlt ihnen allerdings diese Nahrung, vergreifen sie sich schon einmal an Knospen und jungen Trieben von Dahlien. Und wenn sie keinen anderen geeigneten Platz finden, sind ihnen als Unterschlupf die Röhrenblüten der Dahlien durchaus willkommen, die sie dann völlig zerfressen.

Ohrwürmer braucht man in der Regel nicht zu bekämpfen. In einem Garten, in dem Ordnung und Sauberkeit nicht maßlos übertrieben werden, finden die oft zu Unrecht verabscheuten Tiere genügend Ausweichkost.

Schmetterlingsraupen

Während kein einziger ausgewachsener Schmetterling irgendwelchen Schaden an Pflanzen anrichtet, sind die Larven oder Raupen einiger Arten wegen ihres maßlosen Appetits gefürchtet. Die gut getarnten, gelbgrünen Raupen einiger Arten der Eulenfalter sitzen an Blättern und Stengeln ihrer Futterpflanzen, zu denen u.a. auch Dahlien und Gladiolen gehören, und verursachen dort Loch- und Fensterfraß. Die braungrünen Raupen anderer Eulenfalterarten bleiben dagegen als sog. Erdraupen tagsüber im Boden und kommen nur nachts zum Fressen heraus. Mit Vorliebe machen sie sich dann über die Blätter von Gladiolen her.

Normalerweise halten Vögel und andere Nützlinge die Raupen kurz, so daß kein nennenswerter Schaden an den Pflanzen entsteht. Falls die Raupen aber einmal überhandnehmen, sollte man sie konsequent absammeln.

Milben

Saugend wie so viele andere Schädlinge ernähren sich auch die zu den Spinnentieren gehörenden Milben. Spinnmilben, auch als Rote Spinne bekannt, rufen erst bei starkem Befall ein deutlich sichtbares Schadbild hervor: Blätter und junge Triebe von Begonien und Dahlien, ganz selten auch von anderen Arten, sind dann von einem hauchzarten Gespinst überzogen. Vorher lassen sich allenfalls gelbliche bis silbrigweiße Sprenkel an den Blättern erkennen.

Weichhautmilben sind mit bloßem Auge kaum zu entdecken, da die winzigen, durchsichtigen Tiere sehr versteckt an den Pflanzen leben. Sie rufen z.B. an Begonien Blattkräuselungen, Korkfleckigkeit und Blütenmißbildungen hervor.

Narzissen werden nicht selten von Wurzelmilben und Zwiebelschalenmilben heimgesucht. Diese leben überwiegend von den unterirdischen Organen der Pflanzen. Sie saugen dort die Pflanzensäfte aus und bringen die Zwiebeln zum Absterben.

Vor allem im Anfangsstadium eines Befalls lassen sich Milben unschwer bekämpfen. Man spült die lästigen Tiere einfach mit viel Wasser oder einer Schmierseifenlösung (siehe Seite 125 f.) von den Pflanzen ab. Bei stärkerem Befall muß die Behandlung allerdings mehrfach wiederholt werden. Wenn man damit keinen Erfolg hat, trennt man sich besser von den befallenen Pflanzen.

Stengel-, Blatt- und Zwiebelälchen

Älchen, auch als Nematoden oder Fadenwürmer bezeichnet, sind in der Mehrzahl fadenförmig dünne Würmer, die sich aalartig schlängelnd fortbewegen und in ungeheuer großer Zahl jeden nur erdenklichen Lebensraum besiedeln. Einige wenige Arten, farblose, winzige Tiere, haben sich auf eine Lebensweise als Pflanzenschmarotzer spezialisiert. Je nachdem, welche Pflanzenteile sie befallen, werden sie Stengel-, Blatt- oder Zwiebelälchen genannt.

Älchen können sich außerordentlich schnell vermehren. Sie dringen in die Leitbahnen der Pflanzen ein und rufen Verkrüppelungen der Triebe und Blätter sowie andere Mißbildungen hervor. Zwiebelälchen saugen z. B. die Speicherorgane von Hyazinthen aus. Eine befallene Zwiebel zeigt typische braune Ringe und Flecken. Bei den Narzissen sind vorwiegend die Stengel von Älchenbefall betroffen. Sie bekommen verdickte Stellen oder erscheinen verfärbt.

Mißgestaltete Blätter mit glasigen Aufhellungen zwischen den Blattnerven sind dagegen bei Begonien (*Begonia*-Knollenbegonien-Hybriden) das typische Schadbild für Blattälchenbefall. Neben diesen Pflanzengattungen werden bisweilen auch Tulpen, Schneeglöckchen *(Galanthus)*, Iris, Tigerblumen *(Tigridia pavonia)* und Sommerhyazinthen *(Galtonia candicans)* von Älchen heimgesucht.

Eine Bekämpfung der schmarotzenden Älchen ist sehr schwierig. In der Regel hilft nur die sofortige Vernichtung von befallenen Pflanzen, damit die Parasiten wenigstens nicht auf Nachbarpflanzen übergehen können. Die von pflanzenschädlichen Nematoden verseuchte Bodenfläche darf mindestens zwei Jahre, besser aber drei bis fünf Jahre nicht mit anfälligen Arten bepflanzt werden, es sei denn, der Boden wird zuvor tiefreichend ausgetauscht.

Tip

Bei ungewöhnlich starkem Befall mit Raupen kann man auch ein Bacillus-thuringiensis-Präparat einsetzen. Die Raupen nehmen die Bakterien beim Fressen auf und werden durch sie abgetötet. Andere Insekten kommen dadurch nicht zu Schaden, auch nicht die verschiedenen Tiere, die sich von den Raupen ernähren.

Tip

Mit Tontöpfen, die mit Holzwolle gefüllt und umgedreht in Obstbäumen aufgehängt werden, lockt man Ohrwürmer von Zierpflanzen weg und setzt sie als Schädlingsvertilger gezielt im Nutzgarten ein.

Thripse befallen vor allem Gladiolen (unten), Blattälchen insbesondere Knollenbegonien (ganz unten).

Krankheiten an Zwiebel- und Knollenblumen

Tip

Die eigenartigen Flammungen, die es bei Papagei-Tulpen gibt, werden nicht wie bei den Rembrandt-Tulpen von Viren verursacht. Diese Tulpen kann man bedenkenlos neben andere pflanzen.

Wesentlich unangenehmer als die tierischen Schädlinge sind für den Gärtner die vielen Krankheiten, die bei Zwiebel- und Knollenpflanzen auftreten können. Verursacht durch Viren oder Bakterien, aber auch durch Pilze, sind die meisten Infektionen so schwer zu bekämpfen, daß gewöhnlich nichts anderes übrig bleibt, als befallene Zwiebel- und Knollenpflanzen rasch zu entfernen. Zwar muß man sich gewöhnlich überwinden, um die bislang gehegten und gepflegten Pflanzen scheinbar so lieblos zu vernichten, aber oft ist es das einzig Richtige. Zum einen sterben befallene Organe meist über kurz oder lang ohnehin ab, zum anderen kann man nur so eine weitere Ausbreitung der gefährlichen Infektion verhindern.

Viruskrankheiten

Viruskrankheiten oder Virosen sind bei Pflanzen die gefährlichsten Krankheiten. Sie können bei allen Arten auftreten. Verfärbte, gelb oder weiß gesprenkelte oder auch gestreifte Blätter sowie mosaikartige Musterungen, band- oder ringförmige Zeichnungen auf Blättern und Blüten sind typische Erscheinungsbilder eines Virusbefalls. Auch gekräuselte, deformierte oder eingerollte Blätter deuten auf eine Virose hin, ebenso Krüppelwuchs und Mißbildungen der Triebspitzen.

Durch den Stauchevirus werden Dahlienblätter wellig sowie auffallend hell oder dunkel.

Die gestromte und geflammte Blütenzeichnung bei den Rembrandt-Tulpen wird von Viren hervorgerufen.

Eigenartigerweise führt aber nicht jeder Virusbefall zu einer Erkrankung der Pflanze. Manche Viren verursachen lediglich eine Veränderung der Blütenfarben, so z. B. bei Tulpen. Die gestromten, geflammten, von Streifen durchzogenen Blüten der Rembrandt-Tulpen beruhen auf einem Virusbefall, der nur diese Färbungsanomalien hervorruft. Da die Viren aber auf Tulpen anderer Zuchtgruppen übertragen werden und bei diesen erhebliche Schäden verursachen können, muß man Rembrandt-Tulpen stets streng getrennt von anderen Tulpen setzen.

Fast alle Lilien tragen ein sog. latentes oder symptomloses Virus in sich, das keine äußeren Veränderungen bewirkt. Erst wenn ein anderes Virus hinzukommt und dadurch eine Mischvirose entsteht, zeigen sich Schäden.

Bei Dahlien lösen verschiedene Viren unterschiedliche Krankheitsbilder aus. Bei der Dahlien-Mosaikvirose wie bei der Stauchevirose bleiben die Pflanzen zwergwüchsig, die Blätter werden hell oder auffallend dunkel, und das Laub ist gewellt. Ein anderes Virus, das sog. Blattfleckenvirus, ruft helle Flecken auf den Blättern, aber auch ringförmige Aufhellungen oder Scheckungen hervor. Neben diesen treten bei Dahlien und anderen Pflanzen aber auch noch eine ganze Reihe weiterer Virosen auf.

Leider gibt es kein Mittel, um Virosen zu bekämpfen, wenn sie erst einmal ausgebrochen sind. So bleiben dem Pflanzenfreund einzig und allein entsprechende Maßnahmen zur Vorbeugung gegen die Krankheiten. Da heutzutage in den Erzeugerbetrieben strenge Kontrollen auf Virusbefall vorgenommen werden, kommen kaum mehr infizierte Pflanzen in den Handel. Außerdem ist man bemüht, durch Züchtung virusresistente Sorten zu erzielen. Im Garten müssen befallene Pflanzen sofort aus dem Boden genommen und vernichtet werden. Zudem sollte man keine beißenden und saugenden Insekten dulden, da sie Viren von Pflanze zu Pflanze übertragen können.

Bakterielle Infektionen

Durch Bakterien verursachte Krankheiten, auch Bakteriosen genannt, sind, ebenso wie Virosen, kaum zu bekämpfen. Die mikroskopisch kleinen, kugel- oder stäbchenförmigen Organismen dringen über die Blattporen oder über winzige Verletzungen in die Pflanzen ein und vermehren sich vor allem bei anhaltend feuchtem Wetter oder Staunässe im Boden sehr rasch. Kranke Pflanzen müssen schnellstens vernichtet werden, um eine Ausbreitung der Infektion zu verhindern.

Für Zwiebel- und Knollenpflanzen wird vor allem die Bakterienfäule oder Weichfäule gefährlich, bei der Zwiebeln, Knollen und Rhizome von Hyazinthen, Indischem Blumenrohr (*Canna-Indica*-Hybriden) und einigen anderen Gattungen vom Bakterium *Erwinia carotovora* (und einigen anderen, unbedeutenden Bakterienarten) befallen werden. Infiziertes Gewebe wird naß, weich und faulig und zerfällt schließlich zu einem musartigen Brei. Die Erreger dringen durch Verletzungen in die unterirdischen Organe ein, und zwar hauptsächlich während der Lagerung. Man sollte daher im Winterlager (siehe Seite 109) unbedingt auf diese Krankheitssymptome achten und befallenes Pflanzenmaterial sofort aussondern.

Lackschorf an Gladiolen erkennt man an rotbraunen Flecken am Blattgrund, die allmählich in schwarze Faulstellen übergehen. Die Knollen zeigen in diesem Stadium der Krankheit braune, scharf begrenzte, eingesunkene runde Flecken mit einem erhabenen Rand, die eine lackartig glänzende, schleimige Flüssigkeit absondern. Die Infektion mit den Bakterien erfolgt meist im Sommer, der Schaden wird aber oft erst beim Aufnehmen der Gladiolenknollen im Herbst sichtbar. Derart veränderte Knollen müssen sogleich vernichtet werden. Vorbeugend sollte man Gladiolen jedes Jahr an anderer Stelle pflanzen.

Auch eine gute Pflege der Gladiolen sowie regelmäßiges Unkrautjäten in ihrem Umfeld beugen dieser Krankheit vor, denn der Lackschorf wird durch eine ungleichmäßige Bewässerung, durch Überdüngung, aber auch durch Unkrautwuchs gefördert.

Pilzkrankheiten

Im Gegensatz zu den Hutpilzen im Wald haben pflanzenschädliche Pilze oft keinen auffälligen Fruchtkörper, sondern bestehen nur aus den mikroskopisch dünnen Zellfäden, sog. Hyphen, die sich zu einem lockeren Geflecht verbinden. Durch Wind und Wasser, aber auch bei der Gartenarbeit werden ihre Vermehrungskörper, die Sporen, verbreitet. Sie dringen mit Keimhyphen in die Pflanzen ein und rufen dort verschiedene, zumeist sehr ernsthafte Krankheiten hervor.

Grauschimmel

Eine recht häufige Pilzkrankheit ist Grauschimmel oder Botrytis. Vor allem bei feuchtwarmer Witterung können sich die Erreger, verschiedene Arten der Gattung *Botrytis*, schnell ausbreiten. Sie befallen die unterschiedlichsten Zwiebel- und Knollengewächse und sind eigentlich sog. Schwächeparasiten: Vorwiegend auf abgestorbenen Pflanzenteilen lebend, greifen sie von dort aus vor allem auf geschwächte Pflanzen über. Abhängig von

Regelmäßiges Ausschneiden verwelkter Blüten beugt der Ausbreitung von Grauschimmel vor.

der Art des Pilzes ruft ein Befall eine Reihe verschiedener, stets aber recht ähnlicher Krankheitsbilder hervor. Am Stengelgrund, auf Stengeln und Blättern, sogar an Blüten fallen bräunliche Flecken auf; die angegriffenen Pflanzenteile verfärben sich, welken und faulen. Erst danach sind sie von einem graubraunen Schimmelrasen überzogen.

Das Auftreten von Grauschimmel kann man durch sorgfältige Hygiene im Garten begrenzen. Abgestorbene Pflanzenteile sollte man bald auflesen und kompostieren, damit sich der Pilz auf ihnen gar nicht ansiedeln kann. Weite Pflanzabstände und weniger häu-

Tip

Bakteriosen werden häufig durch verunreinigtes Gerät oder über die Hände des Gärtners übertragen. Vorbeugend sollte man daher bei der Gartenarbeit stets auf Sauberkeit achten und Hände wie Geräte gründlich reinigen, eventuell sogar desinfizieren.

Tip

Stehende Nässe im Boden ist oft die Hauptursache für bakterielle Fäulnis. Vor allem die Zwiebeln von Milchstern und Hyazinthe faulen unter diesen Bedingungen sehr leicht. Eine gute Dränage im Pflanzloch kann diesem Schaden wirksam vorbeugen.

Tip

Das regelmäßige Abschneiden verwelkter Blüten läßt nicht nur die Pflanzen stets gepflegt aussehen, sondern ist auch eine Vorsorgemaßnahme gegen Grauschimmelbefall. So kann sich der Pilz auf den absterbenden Blütenblättern erst gar nicht entwickeln.

Typische Schadbilder beim Tulpenfeuer sind verkrüppelte, teilweise welke und verfärbte Triebe (oben links) und verfaulte Zwiebeln mit schwarzen Fruchtkörpern (oben rechts).

Tip

Weißblühende Lilien wie die Madonnenlilie gelten als besonders anfällig für Grauschimmel. Bei diesen Arten sollte man verstärkt auf luftigen und freien Stand achten, damit das Laub schnell abtrocknen kann.

Tip

Die Goldbandlilie stirbt häufig schon ein oder zwei Jahre nach der Pflanzung ab. Meistens liegt dies an einem Befall mit dem Erregerpilz der Zwiebelbodenfäule, für den diese Lilienart besonders anfällig ist. Auf gar keinen Fall darf man sie deshalb an Stellen pflanzen, an denen die Krankheit schon einmal aufgetreten ist.

figes, dafür aber kräftiges Gießen sorgen dafür, daß zwischen den Pflanzen kein feucht-warmes Mikroklima herrscht, in dem sich der Pilz wohl fühlen würde. Zur Stärkung der Pflanzen kann man mehrmals, etwa alle zwei bis drei Wochen, mit Ackerschachtelhalmtee gießen (1 kg frischen oder 150 g getrockneten Ackerschachtelhalm in 10 l Wasser 30 Minuten sieden lassen, abseihen und fünffach verdünnt anwenden). Bereits befallene Pflanzen müssen unverzüglich entfernt und vernichtet werden.

Außer an Inkalilien *(Alstroemeria)*, Knollenbegonien, Dahlien, Hyazinthen, Gladiolen und verschiedenen anderen Arten tritt Grauschimmel auch an Tulpen, Narzissen und Lilien, und hier sogar in besonders gefürchteten Formen auf.

Bei Tulpen nennt man die durch *Botrytis tulipae* verursachte Krankheit Tulpenfeuer, Tulpenbrand oder auch Tulpenrost. Bereits der Austrieb befallener Pflanzen ist deformiert, teilweise welk oder zeigt graubraune Flecken. Schließlich verfaulen die Sprosse und ebenso die Zwiebeln, an denen auffällige schwarze Punkte sitzen: die Dauerfruchtkörper des Pilzes.

Bei Narzissen ruft eine andere *Botrytis*-Art das sog. Narzissenfeuer hervor, das auch als Blatt- und Blütenfleckenkrankheit bezeichnet wird. Ähnlich wie bei Tulpen ist der Austrieb mißgebildet, und Blätter und Blüten sind mit bräunlichen Flecken übersät. Nach Auftreten dieser Symptome fangen die Pflanzen bald zu faulen an.

Der Erreger der Zwiebel- und Triebfäule bei Narzissen ist der Schadpilz *Botryotinia narcissicola*. Auch hier erscheint der Austrieb nur kümmerlich, oft werden die Blattspitzen schwarz, und auf den Blättern bildet sich ein grauer Schimmelrasen. Die Zwiebel zeigt dunkelbraune Flecken auf den äußeren Schalen, die von feinen schwarzen Linien durchzogen sind.

Bei Grauschimmel an Lilien ist ein Befall mit *Botrytis elliptica* die Ursache für fahlbraune, graubraune oder braun-orangefarbene, runde oder elliptische Flecken auf den Blättern. Später wird das gesamte Laub von mausgrauem Schimmelrasen überzogen und stirbt ab. Häufig sind auch die Blütenknospen von dem Pilzbefall betroffen. Sie zeigen winzige braune Punkte und faulen dann ab, bevor sie sich öffnen. Die Zwiebel wird von dem Pilz nicht angegriffen, allerdings leidet sie ganz erheblich unter dem frühzeitigen Laubverlust und bringt deshalb im nächsten Jahr keine Blüten hervor.

Zwiebelbodenfäule

Pilze der Gattung *Fusarium* sind für die Zwiebelbodenfäule, Basalfäule oder Fußkrankheit an Narzissen, Lilien, Alpenveilchen *(Cyclamen)* und anderen Zwiebelpflanzen verantwortlich. Durch den Pilzbefall entstehen am Zwiebelboden oder an den Zwiebelschuppen braune bis schwarze Faulstellen, und die Zwiebeln bilden kaum Wurzeln aus. In fortgeschrittenem Stadium zerfallen die Speicherorgane schließlich ganz.

Bei einem Befall mit diesen gefährlichen Pilzen hilft nur noch, die Zwiebeln sofort zu vernichten. Da die Sporen der *Fusarium*-Pilze im Boden noch lange Zeit keimfähig bleiben, sollte man an Stellen, an denen die Krankheit aufgetreten ist, vorsichtshalber mindestens

Fusariumpilze rufen an Narzissenzwiebeln braune bis schwarze Faulstellen hervor.

vier bis fünf Jahre lang keine der dafür anfälligen Arten pflanzen.

Graufäule

An Tulpen, aber auch an Hyazinthen, Narzissen, Krokussen und Zeitlosen *(Colchicum)* tritt gelegentlich eine besondere Fäulniskrankheit der Zwiebeln bzw. Knollen auf, die sog. Graufäule. Sie wird von Schadpilzen der Gattung *Sclerotium* verursacht. Aus den befallenen Zwiebeln entwickeln sich nur kurze, dünne Triebe, die bald faulen und absterben. Zwischen den Zwiebelschalen läßt sich ein graues watteähnliches Pilzgeflecht erkennen, in dem kleine, schwarze Dauerkörper liegen.

Ein graues watteähnliches Pilzgeflecht ist Kennzeichen für einen Befall mit Graufäule.

Befallene Pflanzen sind sofort zu vernichten. Da die Pilze im Boden noch viele Jahre lebensfähig und damit für die Pflanzen gefährlich bleiben, darf die Fläche mindestens fünf Jahre lang nicht mit anfälligen Arten bepflanzt werden.

Hartfäule

Gladiolen, seltener auch Krokusse, leiden manchmal unter Hartfäule, die auf einen Befall mit Pilzen der Gattung *Septoria* zurückzuführen ist. An den Blättern sind dann kleine, braungerandete Flecken zu erkennen. Die Pflanzen welken und sterben bald ab. Gräbt man die Knollen aus, so erscheinen sie eingetrocknet und mit vielen schwarzbraunen, etwas eingesunkenen Flecken übersät.

Vorbeugend sollte man bei Gladiolen, die man ohnehin aufnimmt und den Winter über lagert, den Pflanzort jährlich wechseln. Befallene Pflanzen muß man rigoros vernichten, die Pflanzfläche darf viele Jahre nicht mit Gladiolen oder Krokussen besetzt werden.

Trockenfäule

Hauptsächlich Gladiolen, aber auch Krokusse und in seltenen Fällen Sterngladiolen *(Acidanthera)* können Opfer einer Form von Fäulnis werden, bei der die Zwiebeln dunkle, ineinander verfließende Flecken aufweisen, trocken werden und schrumpfen. Verursacher sind Pilze der Gattung *Sclerotinia*.

Auch bei dieser Krankheit kann ein jährlicher Standortwechsel dem Schaden vorbeugen. Befallene Pflanzen müssen unbedingt vernichtet werden.

Blattfleckenkrankheiten

Eine ganze Reihe verschiedener Pilze löst Blattfleckenkrankheiten aus. An Blättern und Stengeln treten dabei braune bis schwärzliche Flecken auf, und das Gewebe stirbt an diesen Stellen ab. Bei starkem Befall können letztlich auch die betroffenen Pflanzenteile als Ganzes verdorren. Ähnlich wie beim Grauschimmel (siehe Seite 129f.) werden auch durch Blattfleckenpilze nur geschwächte Pflanzen ernstlich gefährdet. An Narzissen treten durch Pilze der Gattung *Ramularia* schwarze, gelbumrandete Flecken und durch *Stagnospora*-Pilze braune Flecken auf. Bei Dahlien rufen *Entyloma*-Pilze grüngelbe, später graubraune Stellen hervor, die zuerst an den bodennahen, später dann auch an den oberen Blättern erscheinen.

Bestes Mittel, um Blattfleckenkrankheiten zu verhindern, ist neben einer sorgfältigen Wahl des Standorts die optimale Versorgung der Pflanzen während des ganzen Wachstums. Werden fleckige Blätter alsbald abgezupft, kann man einen Befall meist in Grenzen halten.

Echter Mehltau

Im Gegensatz zu vielen Stauden im engeren Sinn werden nur wenige knollenbildende Arten, z. B. Knollenbegonien und Ranunkeln, von Echtem Mehltau befallen. Bei den betroffenen Pflanzen findet sich an Stengeln und Blüten, hauptsächlich jedoch an den Blattober- und -unterseiten ein weißlicher, mehlartiger Pilzüberzug, der sich sehr leicht abwischen läßt.

Zu reichliche Düngung und trockenwarme Witterung begünstigen einen Befall mit Mehltau. Vorbeugend sollte man bei trockenem Wetter durchdringend wässern. Durch ein mehrmaliges Gießen mit Ackerschachtelhalmtee (siehe Seite 130) werden zudem die Abwehrkräfte der Pflanzen gesteigert.

Tip

Eine Infektion mit Hartfäule erfolgt gewöhnlich während des Sommers, wird aber meist erst bei der Lagerung im Winter sichtbar. Darum sollte man die Knollen im Winterquartier regelmäßig auf Befall kontrollieren.

Tip

Blattfleckenkrankheiten treten vermehrt auf, wenn die Pflanzen mit Stickstoff überversorgt sind. Man sollte deshalb auf eine gezielte und ausgewogene Düngung achten und den Pflanzen lieber zuwenig Stickstoff geben als zuviel.

Tip

Rost, eine von Pilzarten verursachte Erkrankung, äußert sich an Gladiolen wie an Narzissen in rostbraunen Flecken auf den Blättern. Wird befallenes Laub regelmäßig entfernt, hält sich der Schaden in Grenzen.

Echter Mehltau an Knollenbegonien tritt vor allem an den Blättern auf.

Blütenwunder aus der Erde

Zwiebel- und Knollenpflanzen von A–Z

Zwiebel- und Knollenpflanzen zählen zu den unentbehrlichen Gartengewächsen. Mit ihren auffälligen, oft faszinierenden Blüten begleiten sie das Gartenjahr.

Von hoch aufragenden Gestalten mit prachtvollen Einzelblüten bis hin zu zwergigen Erscheinungen mit verschwenderischer Blütenfülle spannt sich der Bogen bei den außergewöhnlichen Gewächsen, die sich so verstohlen aus unscheinbaren Zwiebeln und Knollen entwickeln. Neben den allseits beliebten Zuchtformen und den herrlichen Exoten verdienen auch die eher schlichteren Wildarten die gebührende Aufmerksamkeit. Sie sorgen allesamt fast das ganze Jahr hindurch für Blütenschmuck – und das in jedem Teil des Gartens.

Die Pflanzen in diesem Kapitel sind alphabetisch nach ihren botanischen Namen geordnet. In Katalogen, Fachbüchern und auch in Gärtnereien und Blumengeschäften kommt man mit diesen Namen am schnellsten und sichersten zu der tatsächlich gewünschten Art, denn viele Pflanzen haben eine ganze Reihe volkstümlicher Namen, die sich häufig von Gegend zu Gegend unterscheiden. Darüber hinaus kommt es auch vor, daß mit demselben deutschen Namen völlig unterschiedliche Pflanzen benannt werden. Man wird sich schnell an diese Anordnung gewöhnen, zumal das ausführliche Register auch die gängigen deutschen Namen enthält. Besonders wichtig, aber nicht immer einfach ist die richtige Zusammenstellung von Zwiebel- und Knollenpflanzen im Garten. Deshalb sind in diesem Kapitel unter der Rubrik „Verwendung“ geeignete Nachbarpflanzen genannt. Handelt es sich dabei um andere hier beschriebene Zwiebel- und Knollenpflanzen, so sind sie nur mit ihrem gebräuchlichsten deutschen Namen aufgeführt; bei den in diesem Band nicht enthaltenen Pflanzenformen ist zusätzlich ihr botanischer Name angegeben.

A

Acidanthera bicolor

Acidanthera
Sterngladiole, Abessinische Gladiole

Arten: *A. bicolor* (auch *Gladiolus callianthus*), *A. bicolor* var. *murielae* (auch *A. murielae*), *A.* x *tubergenii* (auch *A. bicolor* x *A. bicolor* var. *murielae*)
Familie: Schwertliliengewächse *(Iridaceae)*
Herkunft: grasige Hänge im Bergland Ostafrikas
Blütenfarbe: weiß
Blütezeit: August bis Oktober, *A.* x *tubergenii* Juli bis September
Höhe: *A. bicolor* 45 – 60 cm, *A. bicolor* var. *murielae* 75 – 100 cm, *A.* x *tubergenii* 60 – 100 cm
Standort: sonnig; frischer, nährstoffreicher Boden
Merkmale: Die cremeweißen Blüten der Sterngladiolen, die sich zu mehreren von den hohen, straffen Schäften neigen, scheinen gleichsam über den Büscheln hellgrüner, schwertförmiger Laubblätter zu schweben. Im Zentrum weisen die Blütensterne eine kontrastierende Zeichnung aus spitz auslaufenden Flecken auf. Bei *A. bicolor* sind diese Flecken dunkelbraun, bei deren Varietät *murielae*, die deutlich größere Blüten hat und deshalb am häufigsten angepflanzt wird, rötlichbraun. *A.* x *tubergenii* ähnelt dieser Varietät, blüht jedoch schon 2 – 3 Wochen früher. Alle Arten verströmen einen intensiven Duft.
Sorte: *A.* x *tubergenii* 'Zwanenburg' (weiß mit roter Mitte, Höhe 60 – 100 cm)
Standortansprüche: Sterngladiolen benötigen einen vollsonnigen, warmen und möglichst windgeschützten Platz. Jeder normale, nährstoffreiche und durchlässige, nicht zu schwere oder gar staunasse Gartenboden ist geeignet.
Verwendung: Auf sonnigen Rabatten in größeren Gruppen gepflanzt, kommen diese anmutigen Exoten am besten zur Geltung. Sie können sowohl mit farbkräftigen Sommerblumen wie mit Stauden kombiniert werden. Ihre weißen Blüten fügen sich harmonisch auch in bunte Gruppen ein. Als Schnittblumen sind Sterngladiolen hervorragend geeignet und lange haltbar.
Pflanzung: Die Knollen werden ab Mitte Mai 8 – 10 cm tief im Abstand von etwa 20 cm gepflanzt. Der Boden im Pflanzloch muß vor dem Einsetzen gründlich gelockert werden.
Pflege: Während der Wachstumszeit brauchen die Pflanzen reichlich Nährstoffe. Ist der Boden nicht kurz vorher mit reifem Kompost oder verrottetem Stallmist gedüngt worden, versorgt man sie beim Erscheinen des ersten Austriebs und nochmals nach etwa einem Monat mit einer Volldüngergabe. Verblühtes wird regelmäßig entfernt, so läßt sich ein größerer Blütenreichtum erzielen. Nur in frostfreien Gebieten können Sterngladiolen im Freien überwintern. Überall sonst werden die Knollen im Herbst, nachdem die Blätter verwelkt sind, ausgegraben. Man läßt sie einige Tage trocknen, reinigt sie und schneidet die Triebe ab. Dann werden die Knollen trocken und nicht zu kühl, bei etwa 15 °C, überwintert.
Vermehrung: Wenn die Knollen im Herbst ausgegraben werden, kann man Brutknollen abnehmen. Diese werden wie die Mutterpflanzen überwintert und im Frühjahr direkt ausgepflanzt oder noch ein weiteres Jahr einzeln in Töpfen gezogen. Auch eine Aussaat unter Glas ist im Frühjahr möglich.

Allium
Lauch, Zierlauch

Familie: Liliengewächse *(Liliaceae)*

Beim Anblick der wunderschönen Blütenbälle der Zierlaucharten, die in den unterschiedlichsten Farben vom Frühjahr bis in den Herbst hinein erscheinen, möchte man kaum glauben, daß auch ganz gewöhnliche Nutzpflanzen wie die Speisezwiebel *(A. cepa)*, der Knoblauch *(A. sativum)* und Schnittlauch *(A. schoenoprasum)* zur näheren Verwandtschaft zählen. Sie alle sind Vertreter der großen Gattung *Allium*, die mit zahlreichen Arten über die ganze Nordhalbkugel der Erde verbreitet ist. Die meisten von ihnen lassen sich ausgesprochen einfach kultivieren und bedürfen kaum einer Pflege, wenn man einmal vom Winterschutz für einige Arten absieht. Aber auch wegen der attraktiven, auffälligen Form der Blütenköpfe, die alle Blicke auf sich ziehen, sind die verschiedenen Laucharten im Ziergarten außerordentlich beliebt.

Allium giganteum

Hohe violett-, rosa- oder rotblühende Laucharten

Arten: *A. aflatunense* (Iran-Lauch), *A. carinatum* ssp. *pulchellum* (auch *A. cirrhosum*, *A. pulchellum*, Roter Hängelauch), *A. giganteum* (Riesenlauch), *A. rosenbachianum* (auch *A. jesdianum*, Paukenschlägerlauch, Paukenschlegellauch), *A. jesdianum* (Paukenschlägerlauch), *A. stipitatum* (Paukenschlägerlauch, Hoher Zierlauch), *A. sphaerocephalon* (Kugellauch)
Herkunft: steinige und grasige Hänge, *A. aflatunense* Nordiran, *A. carinatum* ssp. *pulchellum* Südeuropa und Kleinasien, *A. giganteum*, *A. rosenbachianum* und

Allium carinatum ssp. *pulchellum*

A. stipitatum Zentralasien, *A. jesdianum* Iran und Irak, *A. sphaerocephalon* Europa, Nordafrika und Westasien
Blütenfarbe: violett, *A. carinatum* ssp. *pulchellum* auch weiß, *A. giganteum* rosa, *A. sphaerocephalon* rot
Blütezeit: *A. aflatunense*, *A. jesdianum* und *A. rosenbachianum* Mai bis Juni, *A. carinatum* ssp. *pulchellum*, *A. giganteum* und *A. sphaerocephalon* Juli bis August, *A. stipitatum* Juni bis Juli
Höhe: *A. aflatunense* 80 – 100 cm, *A. carinatum* ssp. *pulchellum* 30 – 60 cm, *A. giganteum* 80 – 150 cm, *A. rosenbachianum*, *A. jesdianum* und *A. stipitatum* 60 – 100 cm, *A. sphaerocephalon* 50 – 80 cm
Standort: sonnig; trockener bis frischer, durchlässiger Boden
Merkmale: Typische, der Speisezwiebel ähnliche unterirdische Organe gehören ebenso zu den charakteristischen Kennzeichen der Laucharten wie die vorwiegend grundständigen, länglichen, je nach Art verschieden breiten Blätter und die auf kräftigen Stielen stehenden Blütendolden. Der Iran-Lauch trägt besonders dichte, ballförmige Dolden aus hellvioletten, sternförmigen Blüten mit einem purpurnen Streifen auf jedem Blütenblatt. Rotviolett und anfangs hängend sind die glockigen Blüten des Roten Hängelauchs, die zu einer lockeren Dolde angeordnet sind. Beim imposanten Riesenlauch sind unzählige kleine, intensiv rosa Blüten zu einer großen, kompakten Kugel zusammengefügt, die von einem kräftigen Stiel in die Höhe gestemmt wird. Seine Blätter sind riemenförmig und bis zu 10 cm breit. Sehr ähnlich, aber nicht ganz so groß und mit etwas lockereren Dolden purpurvioletter Blüten sind die Arten, die unter dem deutschen Namen Paukenschlägerlauch erhältlich sind. Die genaue Unterscheidung der einzelnen Arten *A. rosenbachianum*, *A. jesdianum* (wird häufig als Synonym für die erstgenannte Art angegeben, es handelt sich aber um eine eigenständige Art) und *A. stipitatum* ist selbst für den Spezialisten schwierig. Deshalb erhält man im Handel mitunter nicht die Art, die man bestellt hat oder die auf der Verpackung genannt ist, zumal bei Saatgut. Doch schmälert eine Verwechslung keineswegs den Erfolg, denn die Pflanzen stehen einander an Schönheit in nichts nach, und Pflege und Verwendung dieser Arten unterscheiden sich auch nicht voneinander. Kleinere, besonders dichte Dolden aus dunkel karminroten Blüten zeigt der Kugellauch, dessen Dolden sich beim Aufblühen eiförmig strecken. Seine dünnen, gelbgrünen Blätter sind im Querschnitt halbrund und welken noch während der Blüte.
Sorten: von *A. aflatunense* 'Purple Sensation' (dunkel rotviolett, großblütig, Höhe 80 – 100 cm); von *A. carinatum* ssp. *pulchellum* u. a. (meist als Sorten von *A. pulchellum* geführt, jeweils 30 – 60 cm hoch) 'Album' (weiß) und 'Tubergen' (rotviolett, großblütig)

Allium sphaerocephalon

Standortansprüche: Auf sonnigen, warmen Plätzen und mäßig trockenen bis frischen, gut durchlässigen Böden fühlen sich die Laucharten am wohlsten. Sie gedeihen auch auf kargen Böden, die hohen Arten bleiben dort jedoch niedriger. Das optimale Substrat für Lauch ist sandiger Lehm.
Verwendung: Die hohen Zierlaucharten eignen sich hervorragend für sonnige Rabatten und Steingärten, in

denen sie zur Blütezeit einen dekorativen Blickfang bilden. Schöne Nachbarn sind z. B. Steppenkerze, Bartiris (*Iris-Barbata-Elatior*-Hybriden), Salbei *(Salvia)* und Mannstreu *(Eryngium)*. Während die niedrigeren Laucharten erst in Gruppen richtig zur Geltung kommen, genügen bei den hohen Arten bereits wenige Einzelexemplare. Sie werden in die Mitte oder in den Hintergrund der Beete gesetzt und mit niedrigeren Arten unterpflanzt, die das vergilbende Laub verdecken können. Dazu empfehlen sich vor allem Gräser wie Federgras *(Stipa)*, Blauschwingel *(Festuca cinerea)* oder Blaustrahlhafer *(Helictotrichon sempervirens)* sowie Perlpfötchen *(Anaphalis)*, Wolfsmilch *(Euphorbia)*, Fingerkraut *(Potentilla)* und noch andere Blütenstauden. Ebenso schmücken die Laucharten dieser Gruppe auch naturnahe Pflanzungen, z. B. eine Steppenheide oder trockene Kiesbeete. Wie fast alle Laucharten geben sie überdies hervorragende Schnittblumen ab. Auch ihre Fruchtstände sind ausgesprochen

Allium christophii

zierend und werden daher häufig in der Binderei und in Trockensträußen verwendet.
Pflanzung: Lauchzwiebeln werden im Herbst gesetzt, wobei darauf zu achten ist, daß man sie nicht zu tief in die Erde steckt. Die größeren Zwiebeln der hohen Arten pflanzt man 10 cm bis höchstens 20 cm tief in den Boden, die kleineren Zwiebeln nur 5 – 10 cm tief. Auch der Pflanzabstand hängt von der Größe der Zwiebeln ab. Die hohen Arten brauchen etwa 15 – 25 cm Abstand, die niedrigeren nur 10 – 15 cm.
Pflege: Alle hier genannten Laucharten sind denkbar anspruchslos. Auf normalen Böden benötigen sie nur alle 1 – 2 Jahre zum Austrieb eine mäßige Düngung. Trockenheit wird gut vertragen. Welke, unschön wirkende Blätter können entfernt werden, sobald sie ganz vergilbt sind. Will man vermeiden, daß sich die Arten durch Selbstaussaat ausbreiten, schneidet man die Blütenstiele vor der Fruchtreife ab. In rauhen Lagen benötigen der Riesenlauch und die Paukenschlägerlauch-Arten einen Winterschutz.
Vermehrung: Die Arten und Sorten lassen sich auf verschiedene Weise vermehren. Zum einen kann man die Tochterzwiebeln, die sich bis zum Spätsommer an den Mutterzwiebeln gebildet haben, abnehmen, zum andern die Brutzwiebeln, die sich teilweise an den Blütenständen entwickeln. Aber auch Aussaat ist möglich, wobei zu beachten ist, daß es sich bei diesen Laucharten um Kaltkeimer handelt. Man sät direkt ins Freiland aus, einen Teil des Saatguts am besten gleich nach der Reife (in den meisten Fällen im Spätsommer), den Rest im nächsten Frühjahr, nachdem

Allium roseum

die Samen über den Winter gut abtrocknen konnten. Eine Frühjahrsaussaat ist vor allem für Arten aus heißen Steppengebieten wie den Iran-Lauch und die Paukenschlägerlauch-Arten günstig. Dagegen keimen Arten aus eher feuchten Klimazonen, z. B. Roter Hängelauch oder Kugellauch, meist besser bei Aussaat direkt nach der Reife. Bei einigen Arten, etwa beim Iran-Lauch, kann es mehrere Jahre dauern, bis die Pflanzen erstmals zur Blüte kommen. Im ersten Jahr brauchen die Jungpflanzen aller Arten einen Winterschutz.
Schädlinge und Krankheiten: Blattläuse, Zwiebelfliege, Schnecken; Viruskrankheiten

Niedrige violett-, rosa- oder rotblühende Laucharten

Arten: *A. cernuum* (Nickender Lauch), *A. christophii* (auch *A. albopilosum*, Sternkugellauch), *A. narcissiflorum* (Narzissenlauch), *A. oreophilum* (auch *A. ostrowskianum*, Rosenzwerglauch, Rosenlauch), *A. roseum* (Rosenlauch)
Herkunft: steinige Hänge, *A. cernuum* Nordamerika, *A. christophii* Zentralasien, *A. narcissiflorum* Südwestalpen, *A. oreophilum* Zentralasien, *A. roseum* Mittelmeerraum
Blütenfarbe: rosa, rot, *A. christophii* violett
Blütezeit: Juni bis Juli
Höhe: *A. cernuum* 10 – 50 cm, *A. christophii* 15 – 40 cm, *A. narcissiflorum* 15 – 30 cm, *A. oreophilum* 10 – 20 cm, *A. roseum* 40 – 60 cm
Standort: sonnig; trockener bis frischer, durchlässiger Boden; *A. narcissiflorum* halbschattig bis sonnig; frischer Boden

Allium oreophilum

Merkmale: Mit seinen hängenden, schmalen Glockenblüten unterscheidet sich der Nickende Lauch deutlich von den anderen im Garten gebräuchlichen Laucharten. Seine Blütenfarbe ist recht variabel: Die Palette reicht von sehr hellem, fast ins Weiße spielendem Rosa bis zu kräftigem Purpur. Eine besonders auffällige Erscheinung ist der Sternkugellauch. Über riemenförmigen, blaugrünen Blättern erhebt sich auf einem kurzen, kräftigen Schaft eine ausnehmend große Blütendolde, die sich aus zahlrei-

chen langgestielten Sternblüten zusammensetzt. Wegen der spitzen, schmalen und metallisch violett glänzenden Blütenblätter wirkt die Blütenkugel beinahe wie ein dicht bestecktes Nadelkissen. Auch noch zur Fruchtzeit bildet sie einen ungewöhnlichen Blickfang im Staudenbeet. Ganz anders dagegen der Narzissenlauch mit seinen breitglockigen, zartrosa Blüten. Die zunächst nickenden Blütenstände richten sich während der Fruchtreife allmählich auf. Der Name des aparten Lauchs ist etwas irreführend, denn seine Blüten erinnern keineswegs an Narzissen, lediglich seine leicht fleischigen, grasartigen Blätter weisen eine gewisse Ähnlichkeit mit Narzissenblättern auf. In intensivem, fast grell wirkendem Karminrosa leuchten die großen Blütenglocken des Rosenzwerglauchs, die in einer lockeren, aber reichblütigen Dolde beieinanderstehen. Abweichend von den anderen Laucharten überragen seine Blätter den kurzen Blütenstand. Der Rosenlauch trägt ebenfalls relativ große Blüten, die jedoch zartrosa gefärbt sind. Er kann deutlich höher werden als die anderen Arten dieser Gruppe und entwickelt häufig Brut- und Tochterzwiebeln, so daß er sich oft rasch zu dichten Rasen ausbreitet.
Sorte: Von *A. oreophilum* 'Zwanenburg' (leuchtend karminrosa, Höhe 10 – 20 cm)
Standortansprüche: wie bei den hohen violettblühenden Laucharten (siehe Seite 135)
Verwendung: Im großen und ganzen verwendet man die niedrigen wie die hohen violettblühenden Laucharten (siehe Seite 135 f.). Die in dieser Gruppe genannten Arten eignen sich jedoch vor allem für den Steingarten und den Vordergrund von Rabatten, kombiniert mit niedrigen Stauden oder mit Sommerblumen. Auch ein farblich abgestimmtes Arrangement niedriger und hoher Laucharten oder eine Beeteinfassung mit zwergwüchsigen Arten wirkt sehr reizvoll. Die Fruchtstände des Sternkugellauchs sind in der Blumenbinderei sehr beliebt.
Pflanzung, Pflege, Vermehrung, Schädlinge und Krankheiten: wie bei den hohen violettblühenden Laucharten (siehe Seite 136)

Blaublühende Laucharten

Arten: *A. beesianum*, *A. caeruleum* (auch *A. azureum*, Blaulauch, Sibirischer Enzianlauch), *A. cyaneum* (Enzianlauch, Blauer Lauch, China-Lauch)
Herkunft: *A. beesianum* steinige Plätze Westchinas, *A. caeruleum* Steppen und Salzsümpfe Zentralasiens, *A. cyaneum* Grasländer Nordwestchinas
Blütenfarbe: blau
Blütezeit: *A. beesianum* Juli bis August, *A. caeruleum* und *A. cyaneum* Juni bis Juli

Allium caeruleum

Höhe: *A. beesianum* 20 – 30 cm, *A. caeruleum* 30 – 60 cm, *A. cyaneum* 10 – 25 cm
Standort: sonnig; trockener bis frischer, durchlässiger Boden
Merkmale: Diese relativ niedrigen Laucharten wirken wegen der außergewöhnlichen blauen Farbe ihrer Blüten besonders attraktiv. Sie entwickeln grasartiges, schmales Laub und breiten sich an geeigneten Standorten zu lockeren Rasenflächen aus. *A. beesianum* gilt als eine der schönsten Laucharten überhaupt. Seine schmalglockigen Blüten leuchten kräftig blau und hängen in einer lockeren, wenigblütigen Dolde. Die tief himmelblauen Blüten des Blaulauchs mit einem dunkleren Mittelstreifen dagegen bilden eine dichte Dolde. Die intensiv enzianblauen Blüten des Enzianlauchs stehen dicht und leicht nickend, wobei die langen Staubblätter aus den sternförmigen Blütenschalen herausragen.
Standortansprüche, Verwendung, Pflanzung, Pflege, Vermehrung, Schädlinge und Krankheiten: wie bei den hohen violettblühenden Laucharten (siehe Seite 135 f.)

Allium flavum

Gelbblühende Laucharten

Arten: *A. flavum* (Gelber Lauch, Gelber Hängelauch, Schwefellauch), *A. moly* (Goldlauch)
Herkunft: *A. flavum* steinige Hänge Südeuropas und Südrußlands, *A. moly* schattige Plätze zwischen Felsen in Ostspanien und den Pyrenäen
Blütenfarbe: gelb
Blütezeit: *A. flavum* Juni bis August, *A. moly* Mai bis Juni
Höhe: *A. flavum* 5 – 40 cm, *A. moly* 20 – 30 cm
Standort: *A. flavum* sonnig; trockener bis frischer, durchlässiger Boden; *A. moly* halbschattig; frischer Boden
Merkmale: Der Gelbe Lauch begeistert durch das kräftige Zitronengelb seiner schmal glockenförmigen, in der Knospe aufrechten, später hängenden Blüten. Das dezente Graublau seiner Laubblätter (es sind gewöhnlich nur zwei) bildet einen interessanten Kontrast dazu. Von den verschiedenen Unterarten und Varietäten dieser Art wird im Handel auch eine besonders kleinwüchsige, nur etwa 5 cm hohe Form angeboten: *A. flavum* var. *minus* (auch *A. flavum* var. *nanum*). Leuchtend goldgelb sind die

Allium moly

ebenmäßigen Blütensterne des Goldlauchs, die in einer lockeren und reichblütigen Dolde stehen. Auch die kräftigen, metallisch blaugrün schimmernden Blätter dieser Art sind eine Zierde für jeden Garten. Wo ihm der Standort zusagt, breitet sich der Goldlauch durch Tochterzwiebeln rasch aus.
Sorte: *A. moly* 'Jeannine' (goldgelb, Höhe 20 – 30 cm) ist eine ausnehmend schöne Form mit besonders großen Blüten.
Standortansprüche: Der Gelbe Lauch stellt dieselben Ansprüche wie die hohen violettblühenden Laucharten (siehe Seite 135). Der Goldlauch bevorzugt hingegen halbschattige Plätze und gedeiht auf einem eher frischen Boden am besten.
Verwendung: Die gelben Arten können wie die niedrigen violettblühenden Laucharten eingesetzt werden (siehe Seite 137). Besonders schön wirken sie im Kontrast zu blau- oder violettblühenden Beetnachbarn wie Polsterglockenblumen *(Campanula)*, Storchschnabel *(Geranium)* oder Salbei *(Salvia)*.
Pflanzung, Pflege, Vermehrung, Schädlinge und Krankheiten: wie bei den hohen violettblühenden Laucharten (siehe Seite 136 f.)

Weißblühende Laucharten

Arten: *A. karataviense* (Blauzungenlauch), *A. neapolitanum* (auch *A. cowanii*, Neapolitanischer Lauch), *A. triquetrum* (Schneelauch, Glöckchenlauch), *A. ursinum* (Bärlauch, Bärenlauch), *A. victorialis* (Allermannsharnisch, Siegwurz), *A. zebdanense* (Zwergschneelauch)
Herkunft: steinige Hänge, *A. karataviense* in Zentralasien, *A. neapolitanum* im Mittelmeerraum, *A. triquetrum* schattige, feuchte Stellen im westlichen Mittelmeerraum, *A. ursinum* Laubwälder in Europa und im Kaukasus, *A. victorialis* grasige Hänge in den Gebirgen Europas und Nordasiens, *A. zebdanense* steinige Plätze in Kleinasien
Blütenfarbe: weiß, *A. karataviense* auch rosa
Blütezeit: *A. karataviense*, *A. neapolitanum* und *A. zebdanense* Mai bis Juni, *A. triquetrum* und *A. ursinum* April bis Mai, *A. victorialis* Juni bis August
Höhe: *A. karataviense* 15 – 25 cm, *A. neapolitanum* 20 – 60 cm, *A. triquetrum* 30 – 40 cm, *A. ursinum* 20 – 30 cm, *A. victorialis* 30 – 60 cm, *A. zebdanense* 20 – 30 cm
Standort: sonnig; trockener bis frischer, durchlässiger Boden; *A. triquetrum*, *A. ursinum* und *A. victorialis* halbschattig bis schattig; frischer, nährstoffreicher Boden
Merkmale: Die breit eiförmigen, fast zungenartigen, blaugrünen Blätter mit dem feinen, rötlichen Rand machen den Blauzungenlauch zu einer besonderen Attraktion und haben der Pflanze auch ihren Namen gegeben. Meist erscheint nur ein einziges Paar der hübschen Blätter. Aus ihrer Mitte schiebt sich der kurzgestielte, ballförmige Blütenstand aus weißgrauen, manchmal rosa überlaufenen Sternblüten hervor. Er stellt auch getrocknet noch eine Zierde dar. Rein weiße, angenehm duftende Sternblüten in einer aufrechten, langgestielten, halbkugeligen Dolde schmücken den Neapolitanischen Lauch. Ganz anders dagegen der Blütenstand des Schneelauchs: An einem dreikantigen Stengel sind nickende Blüten aufgereiht, die alle in dieselbe Richtung weisen. Sie erinnern an Glockenblumen und tragen auf schneeweißem Grund einen zartblauen Streifen. Der heimische Bärlauch entfaltet seine weißen Sternblüten in einem dichten Blütenschirm, der sich zwischen den breit

Allium karataviense

eiförmigen Blättern hervorschiebt. Kennzeichnend ist sein starker, knoblauchartiger Geruch. Bärlauch kann als Knoblauchersatz mit ähnlicher Würz- und Heilwirkung verwendet werden. Auch der

Allium triquetrum

im Gebirge weitverbreitete Allermannsharnisch war früher ein beliebtes Heilmittel, etwa gegen Skorbut. Darüber hinaus schrieb man ihm magische Kräfte zu. Er sollte, wie sein Name besagt, einen Harnisch, also Schutz, gegen alles Übel bieten. Seine grünlichweißen Blüten schmücken den hohen, am Grund mit breitlanzettlichen Blättern bestandenen Schaft. Rein weiße Blüten wie der Neapolitanische Lauch besitzt auch der Zwergschneelauch; bei ihm sind sie jedoch größer und eher breitglockig.
Sorte: von *A. neapolitanum* 'Grandiflorum' (weiß, großblütig, Höhe 50 – 60 cm)
Standortansprüche: Blauzungenlauch, Neapolitanischer Lauch und Zwergschneelauch stellen dieselben Ansprüche an Licht und Boden wie die hohen violettblühenden Laucharten (siehe Seite 135). Schneelauch, Bärlauch und Allermannsharnisch brauchen dagegen einen halbschattigen bis schattigen, kühlen Platz und ein frisches, humoses und nährstoffreiches, aber noch genügend durchlässiges Substrat. Bei reichlicher Wasserversorgung gedeihen sie jedoch auch in der Sonne.
Verwendung: Blauzungenlauch, Neapolitanischer Lauch und Zwergschneelauch sind wie die niedrigen violettblühenden Laucharten zu verwenden (siehe Seite 137). Vor allem in Kombination mit farbkräftigen Stauden wie Grasnelke *(Armeria)*, Sonnenröschen *(Helianthemum)* und Ehrenpreis *(Veronica)* machen sie sich gut. Schneelauch, Bärlauch und Allermannsharnisch eignen sich besonders zur Unterpflanzung von Gehölzen, wo sie sich bisweilen sogar recht stark ausbreiten können.
Pflanzung: wie bei den hohen violettblühenden Laucharten (siehe Seite 136)
Pflege: Gepflegt werden diese Laucharten weitgehend wie die hohen violettblühenden (siehe Seite 136). Neapolitanischer Lauch und Zwergschneelauch benötigen einen guten Winterschutz.
Vermehrung, Schädlinge und Krankheiten: wie bei den hohen violettblühenden Laucharten (siehe Seite 136)

Alstroemeria
Inkalilie

Arten: *A. aurantiaca* (auch *A. aurea*), *A.-Ligtu*-Hybriden, *A. pulchra* (auch *A. tricolor*)
Familie: Narzissen- oder Amaryllisgewächse *(Amaryllidaceae)*
Herkunft: Gebüsche und felsige, grasreiche Hänge in Chile
Blütenfarbe: *A. aurantiaca* gelb, orange, *A.-Ligtu*-Hybriden weiß, orange, rosa, rot, violett, *A. pulchra* weiß mit gelb-roter Zeichnung
Blütezeit: Juni bis August
Höhe: 60 – 100 cm
Standort: sonnig bis halbschattig; frischer, nährstoffreicher Boden
Merkmale: Als Vasenschmuck haben Inkalilien eine weite Verbreitung gefunden, für den Garten sind die meisten Hybriden jedoch nicht ausreichend winterhart. Am besten eignet sich *A. aurantiaca* für eine Kultur im Freiland. Wie alle Inkalilien trägt sie ihre Blätter merkwürdigerweise mit der Unterseite nach oben gedreht. Die lilienartigen Blüten bestechen durch ihre aparte Form und durch die zarte Strichzeichnung auf den inneren Blütenblättern. Sie erscheinen in reichblütigen, doldenähnlichen Blütenständen an den Triebenden. Die sehr ähnlichen *A.-Ligtu*-Hybriden, die durch Kreuzungen mehrerer Arten gezüchtet wurden, sind meist als Farbmischung erhältlich.
A. pulchra bringt jeweils 2 – 3 Blüten in kleinen Büscheln hervor. Auf weißer Grundfarbe tragen diese ein lebhaftes, gelb-rotes oder gelb-purpurnes Muster, das an ein Raubkatzenfell erinnert.
Sorten: Von *A. aurantiaca* sind u. a. im Handel erhältlich (jeweils 60 – 90 cm hoch) 'Aurea' (goldgelb), 'Lutea' (gelb), 'Moerheim Orange' (leuchtend orange, reichblühend), 'Orange King' (orangerot), 'Splendens' (leuchtend orange, großblütig).
Standortansprüche: Als Pflanzen subtropischer Herkunft brauchen die Inkalilien geschützte und warme, aber keine heißen Plätze in sonniger bis halbschattiger Lage. Der Boden sollte frisch, nährstoffreich und humos sein, auf jeden Fall aber gut durchlässig. Schwach saures Substrat ist zu bevorzugen.
Verwendung: Man pflanzt die Inkalilien zusammen mit anderen hochwüchsigen Arten entweder in Staudenrabatten oder an den Gehölzrand. Ihre warmen Blütenfarben passen gut zu den Gelb- und Orangetönen vieler Stauden wie Nachtkerze *(Oenothera)*, Sonnenhut *(Rudbeckia)* und Fackellilie *(Kniphofia)*, aber auch zum Violett und Blau

Alstroemeria-Ligtu-Hybride

von Salbei *(Salvia)* oder Astern *(Aster)*. Hochwüchsige Gräser, z. B. Pfeifengras *(Molinia)*, lockern die Pflanzung auf. Inkalilien liefern hervorragende Schnittblumen und können auch als Kübelpflanzen gezogen werden.
Pflanzung: Die weißlichen, dickfleischigen Wurzelstöcke werden im Frühjahr oder Frühherbst 15 – 25 cm tief im Abstand von 30 cm eingesetzt. Man sollte sie mit Vorsicht behandeln, da sie leicht brechen.
Pflege: Die hochwüchsigen Pflanzen sind nicht besonders standfest und sollten, sofern sie nicht an Nachbarpflanzen Halt finden, einen Stützstab zur Seite gestellt bekommen. Zur Wachstumszeit brauchen sie ausreichend Feuchtigkeit und gelegentliche Dünger-

gaben. In milden Lagen können Inkalilien mit einer dicken Frostschutzdecke aus Laub und Reisig im Freien überwintern. In Gebieten mit rauhem Klima ist – neben einem geschützten Pflanzplatz im Sommer, etwa am Fuß einer Mauer – eine Überwinterung der Wurzelstöcke im Haus dringend anzuraten.
Vermehrung: Jungpflanzen können im Frühjahr aus Samen herangezogen werden, die man vor der Aussaat 12 Stunden in lauwarmem Wasser quellen läßt. Sie brauchen viel Wärme (etwa 20 °C) zur Keimung. Inkalilien sind Schwerkeimer, manchmal dauert es ein volles Jahr, bis der Samen aufgeht. Zwar ist im Hochsommer auch eine vorsichtige Teilung der Wurzelstöcke möglich, die Teilstücke wachsen aber nicht immer an.
Schädlinge und Krankheiten: Schnecken; Grauschimmel

Anemone
Anemone, Windröschen

Anemone blanda

Arten: *A. nemorosa* (Buschwindröschen, Weiße Osterblume), *A. ranunculoides* (Gelbes Windröschen), *A. blanda* (Strahlenanemone), *A. apennina* (Apennin-Windröschen, Apennin-Anemone), *A. coronaria* (Kronenanemone, Gartenanemone), *A.* x *fulgens* (*A. hortensis* x *A. pavonina*, Feueranemone), *A. hortensis* (Gartenanemone), *A. pavonina* (auch *A. pavonia*, Pfauenanemone)
Familie: Hahnenfußgewächse *(Ranunculaceae)*
Herkunft: *A. nemorosa* Laub- und Mischwälder Europas bis Nordwestasiens, *A. ranunculoides* Auwälder, feuchte Wälder und Wiesen Europas und Westasiens, *A. blanda* trockenere Laubwälder Griechenlands und Kleinasiens, *A. apennina* trockene Laubwälder Südeuropas, von Korsika bis Griechenland, *A. coronaria* steinige Plätze und Gebüsche im Mittelmeerraum und in Kleinasien, *A.* x *fulgens* ebenso, aber nur in Südfrankreich, *A. hortensis* steinige Areale und Buschwerk von Frankreich bis zum östlichen Mittelmeerraum, *A. pavonina* Wiesen und offene Plätze von Frankreich bis zur Türkei
Blütenfarbe: *A. nemorosa* weiß, rosa, blau, violett, *A. ranunculoides* gelb, *A. blanda* blau, auch weiß, rosa, violett, *A. apennina* blau, auch weiß, violett, *A. coronaria* weiß, rosa, rot, violett, blauviolett, auch zweifarbig, *A.* x *fulgens* rot, auch weiß, rosa, violett, *A. hortensis* violett, *A. pavonina* rot
Blütezeit: *A. nemorosa* März bis Mai, *A. ranunculoides*, *A. blanda* und *A. coronaria* April bis Mai, *A. apennina* März bis April, *A.* x *fulgens*, *A. hortensis* und *A. pavonina* Mai bis Juni
Höhe: *A. nemorosa* und *A. ranunculoides* 10 – 20 cm, *A. blanda* und *A. apennina* 15 – 30 cm, *A. coronaria* 25 – 40 cm, *A.* x *fulgens*, *A. hortensis* und *A. pavonina* 20 – 30 cm
Standort: sonnig bis halbschattig; frischer, humoser Boden
Merkmale: Unter den Anemonen gibt es staudige Arten wie die Herbstanemonen (*A. hupehensis*), die ein gewöhnliches Wurzelgeflecht ausbilden, aber auch Arten, die knollige Wurzelstöcke tragen. Diese lassen sich nach einem groben Schema in Waldanemonen und Mittelmeer-Anemonen einteilen. Zu den Waldanemonen zählen Buschwindröschen und Gelbes Windröschen. Beide Arten nutzen das zeitige Frühjahr, wenn das Blätterdach der Bäume noch nicht geschlossen ist und sie am Waldboden genügend Licht erhalten, zu Wachstum und Blüte aus. Die anmutigen Buschwindröschen schmücken sich mit zartweißen Schalenblüten, die außen bisweilen rosa überhaucht sind. Aus der Mitte jeder Blüte leuchtet ein intensiv gelber Kranz aus zahlreichen Staubgefäßen. Die Laubblätter sind dreiteilig und tief eingeschnitten und stehen unterhalb der Blüten jeweils zu dritt am Stengel. Die Blüten des Gelben Windröschens weisen eine ähnliche Form auf, unterscheiden sich jedoch durch ihre leuchtend gelbe Färbung. Auch sind seine Laubblätter feiner zerteilt als die des Buschwindröschens. Die Strahlenanemone, die mit dem Apennin-Windröschen ebenfalls zu den Waldanemonen gehört, ist einer der bezauberndsten Frühjahrsblüher. Sie überzieht bereits im März die Pflanzflächen mit ihren fröhlich wirkenden, lebhaft gefärbten Strahlenblüten. Zahlreiche schmale, zumeist blauviolette Blütenblätter bilden einen dichten Kranz, der im Innern einen weißen Ring trägt. Es gibt von dieser Art aber auch rosaviolette oder rein weiße Formen. Etwas kleinere Blüten, die später im Jahr erscheinen, bildet das

Anemone coronaria

sehr ähnliche Apennin-Windröschen. Die Mittelmeer-Anemonen blühen, solange es im Frühjahr in ihrer Heimat noch ausreichend feucht ist, und verlieren ihre Blätter zu Beginn der sommerlichen Trockenheit. Die wichtigste Art dieser Gruppe ist die Kronenanemone. Inmitten ihrer großen, leuchtend roten Schalen aus auffallend breiten Blütenblättern steht kontrastreich ein schwarzer Staubblattkranz. Die Laubblätter und der Hochblattquirl unterhalb der Blüte sind stark zerteilt. Von dieser Art gibt es eine Reihe von Farbsorten, von denen viele eine weiße Ringzeichnung im Zentrum der Blüte tragen, die den Kontrast zu den schwarzen Staubblättern noch erhöht. Scharlachrote Blüten und ebenfalls schwarze Staubblätter zeigt die Feueranemone. Kleinere Blüten als die vorhergehenden Arten bildet die Gartenanemone aus. Sie bestehen aus einer Vielzahl von Blütenblättern, und unterhalb der Blüte sitzt am Stengel ein Hochblattquirl aus unzerteilten, lanzettlichen Blättern. Leuchtend rot, aber auch kräftig rosa oder purpurn und am Grund oft gelb erstrahlen die Blüten der Pfauenanemone, die ansonsten der Feueranemone ähnelt, nur etwas breitere Blütenblätter besitzt. Anemonen enthalten in allen Teilen den hautreizenden Giftstoff Protoanemonin. Empfindliche Menschen sollten deshalb beim Umgang mit ihnen vorsichtshalber besser immer Handschuhe tragen.

Anemone hortensis

Sorten: Von *A. nemorosa* sind u. a. erhältlich (jeweils 10 – 20 cm hoch) 'Alba Plena' (weiß, gefüllt), 'Robinsoniana' (zart blauviolett, großblütig), 'Rosea' (zartrosa); von *A. ranunculoides* 'Pleniflora' (gelb, gefüllt, Höhe 10 – 20 cm); von *A. blanda* (jeweils 15 – 30 cm hoch) 'Blue Shades' (mittelblau), 'Charmer' (dunkelrosa), 'Radar' (purpurrosa, weiße Mitte), 'Violet Star' (violettblau), 'White Splendour' (rein weiß, großblütig); von *A. coronaria* werden häufig Sortenmischungen angeboten, darunter als wichtigste die 'De Caen'- und die 'St. Brigid'-Anemonen. Als Einzelsorten (jeweils 25 – 40 cm hoch) gibt es u. a. die ungefüllten Sorten 'Die Braut' (auch 'The Bride', rein weiß), 'Mr. Fokker' (blauviolett), 'Sylphide' (rosaviolett), die halbgefüllten Sorten 'Admiral' (dunkel rosaviolett), 'Gouverneur' (leuchtend scharlachrot) sowie die dichtgefüllten Sorten 'Lord Derby' (blauviolett) und 'Purity' (weiß); von *A.* x *fulgens* sind im Handel (jeweils 30 – 40 cm hoch) 'Annulata Grandiflora' (leuchtend scharlachrot, weißgelbe Mitte, großblütig), 'Multipetala' (leuchtend rot, halbgefüllt), 'St. Bavo' (*A.* x *fulgens* x *A. coronaria*, auch *A. pavonina* 'St. Bavo', aus Samen vermehrte Sortenmischung, die kräftig rosa bis violettpurpurn, aber auch weiß blüht, lange Blütezeit).

Anemone pavonina

Standortansprüche: Anemonen bevorzugen einen halbschattigen bis sonnigen Platz. Für die Waldarten sollte er im Frühjahr möglichst hell sein, später können sie auch im lichten Schatten stehen. Die Mittelmeerarten lieben es sonniger und möglichst warm und geschützt. Der Boden muß frisch, beim Gelben Windröschen kann er auch mäßig feucht, bei den Mittelmeer-Anemonen mäßig trocken sein, außerdem locker, humos und kalkhaltig. Ideal ist sandiger, mit Laubhumus angereicherter Lehm.
Verwendung: Die Waldanemonen eignen sich hervorragend zum Verwildern unter Gehölzen, wo sie mit der Zeit wunderschöne Massenbestände bilden. Passende Nachbarn sind z. B. Lerchensporn *(Corydalis)*, Elfenblume *(Epimedium)*, Nieswurz *(Helleborus)*, Leberblümchen *(Hepatica)*, Schlüsselblume *(Primula elatior)* und andere Primeln *(Primula)*, Lungenkraut *(Pulmonaria)* sowie Farne und Waldgräser.
Die Mittelmeer-Anemonen mit ihren leuchtenden Blütenfarben können dagegen gut auf Beeten und im Steingarten verwendet werden. Wildtulpen, Traubenhyazinthen oder Blausterne sowie niedrige Gräser wirken hübsch dazu. Kronenanemonen zählen zu den wichtigsten und schönsten Schnittblumen, die das Frühjahr zu bieten hat, darüber hinaus eignen sie sich gut zur Bepflanzung von Kübeln und Kästen.
Für alle Anemonen gilt, daß sie am besten zur Geltung kommen, wenn sie in großen Gruppen zusammenstehen.
Pflanzung: Anemonen werden, vorzugsweise im Herbst, etwa 3 – 10 cm tief im Abstand von 10 – 15 cm gepflanzt. Vor dem Pflanzen sollte man die Knollen einen Tag lang in handwarmem Wasser vorquellen lassen. Auch eine Frühjahrspflanzung ist möglich. In diesem Fall blühen die Anemonen allerdings etwas später im Jahr.
Pflege: Während der Wachstumszeit muß für ausreichende Feuchtigkeit gesorgt werden. Sobald die Blätter zu vergilben beginnen, hält man die Anemonen trockener.
Die Mittelmeer-Anemonen

sollten, sofern überhaupt erforderlich, nur während ihrer ausgeprägten Ruhezeit nach der Blüte aus dem Boden genommen werden. Ihre Knollen können dann kühl und trocken aufbewahrt und im Herbst wieder eingepflanzt werden. Man überzieht die Pflanzstelle sodann mit reifem Kompost oder verrottetem Stallmist und schützt die Pflanzen den Winter über mit einer dicken Decke aus Reisig und Laub.
Sämtliche Anemonen entwickeln sich am schönsten, wenn man sie möglichst ungestört wachsen läßt. In ihrer Nähe sollte weder umgegraben noch der Boden verdichtet werden, wie es etwa am Rand von Wegen durch stetiges Betreten unweigerlich der Fall ist. Falls man die Anemonen dennoch verpflanzen möchte, sollte dies möglichst im Herbst geschehen.
Vermehrung: Die Pflanzen können im Herbst durch Teilung der knolligen Rhizome und durch Abnahme der gebildeten Nebenknöllchen sowie durch Aussaat vermehrt werden. Es handelt sich um Kaltkeimer, die man möglichst gleich nach der Reife im Freiland oder im Spätwinter unter Glas aussät. Bei der Anzucht unter Glas müssen die Saatkisten zunächst für einige Wochen kalt aufgestellt werden (bei etwa –5 °C), bevor man sie ins Warme holt.
Schädlinge: Schnecken
Tip: Der Pflaumenrost, ein Schadpilz, der die Blätter von Pflaumen- und Zwetschgenbäumen, aber auch von Pfirsichen, Aprikosen und Mandeln befällt, überwintert an den Wurzeln von Anemonenarten, die ihm als Zwischenwirt dienen. Anemonen sollten daher nicht in die Nähe dieser Obstbäume gepflanzt werden.

Arisaema
Feuerkolben

Arten: *A. candidissimum* (Weißer Feuerkolben), *A. griffithii* (Kobralilie), *A. sikokianum* (auch *A. sazensoo*), *A. triphyllum* (auch *A. atrorubens*, Zebrafeuerkolben, Hans in der Kanzel)
Familie: Aronstabgewächse *(Araceae)*
Herkunft: lichte Wälder und schattige, feuchte Hänge, *A. candidissimum* Westchina, *A. griffithii* östlicher Himalaja, *A. sikokianum* Japan, *A. triphyllum* westliches Nordamerika
Blütenfarbe: rotbraun-weiß, *A. candidissimum* grün-rosa-weiß
Blütezeit: *A. candidissimum* Juni bis Juli, *A. griffithii* April bis Mai, *A. sikokianum* Mai bis Juni, *A. triphyllum* Juni
Höhe: *A. candidissimum* 50 – 70 cm, *A. griffithii* und *A. sikokianum* 20 – 40 cm, *A. triphyllum* 40 – 60 cm

Arisaema sikokianum

Standort: halbschattig bis schattig; frischer bis feuchter, humoser Boden
Merkmale: Diese ungewöhnlichen Pflanzen, die im Garten zur Blütezeit alle Blicke auf sich ziehen, sind nahe verwandt mit dem heimischen Aronstab (siehe Seite 143 f.). Im Gegensatz zu dessen Laub setzen sich ihre langgestielten Blätter jedoch aus mehreren Teilblättern zusammen. Das den Blütenkolben umhüllende Blatt, die sog. Spatha, ist zu einer langen Spitze ausgezogen und oft vornübergeneigt. Der angenehm duftende Weiße Feuerkolben bildet nur ein einziges, dreiteiliges Blatt, seine Spatha ist unten grün, im oberen Teil zartrosa bis weiß gefärbt mit weißen Streifen auf den gefärbten Flächen. Die bizarre Kobralilie dagegen treibt 1 – 2 Blätter, ihre Spatha trägt auf braunem bis violettbraunem Grund eine weißliche, netzartige Äderung und ist meist schlangenartig eingerollt. Besonders auffällig präsentiert sich der Blütenstand von *A. sikokianum*. Der am Ende stark verdickte Kolben ist strahlend weiß, ebenso das Innere des rotbraunen, trichterartigen Hüllblatts, von dem

Arisaema triphyllum

ein gelbgrün gestreifter Zipfel schildförmig emporsteht. Beim Zebrafeuerkolben stechen dagegen die weißen Streifen auf dem rotbraunen Grund des schlanken Hüllblatts besonders ins Auge. Wie der Aronstab sind auch die Feuerkolbenarten giftig und stellen für Kleinkinder und Haustiere eine mögliche Gefahrenquelle im Garten dar.
Standortansprüche: Als typische Waldpflanzen gedeihen die Feuerkolbenarten im kühl-feuchten Schatten oder Halbschatten am besten. Je sonniger der Platz, desto feuchter muß der Boden sein. Das Substrat sollte humus- und nährstoffreich, locker, gut durchlässig und frisch bis feucht sein. Ideal ist lockere Lauberde.
Verwendung: Die Feuerkolben werden am besten am Gehölzrand oder unter hohen

Gehölzen gepflanzt, auch am schattigen Gewässerrand stehen sie gut. Passende Nachbarn sind z.B. Funkien *(Hosta)*, Schaublatt *(Rodgersia)* und Farne, etwa der Königsfarn *(Osmunda)*.
Pflanzung: Die Knollen werden im Herbst 10 – 15 cm tief im Abstand von etwa 30 – 50 cm gepflanzt.
Pflege: Bei Trockenheit muß unbedingt gewässert werden, denn Feuerkolben vertragen starkes Austrocknen gar nicht. Vor allem in rauhen Lagen ist eine Winterschutzdecke aus Laub und Reisig notwendig.
Vermehrung: Durch Aussaat gleich nach der Samenreife können ebenso neue Pflanzen gezogen werden wie durch Abnahme der Nebenknollen im Herbst.

Arum
Aronstab

Arten: *A. maculatum* (Gefleckter Aronstab), *A. creticum* (Kretischer Aronstab), *A. italicum* (Italienischer Aronstab)
Familie: Aronstabgewächse *(Araceae)*
Herkunft: *A. maculatum* Laubwälder und Hecken in West-, Mittel- und Südeuropa, *A. creticum* steinige Hänge in der Südwesttürkei, auf Kreta und benachbarten Inseln, *A. italicum* Gebüsche und steinige Plätze in Süd- und Westeuropa
Blütenfarbe: *A. maculatum* Hüllblatt weißlichgrün, Kolben gelblich bis braunviolett, *A. creticum* Hüllblatt gelb, auch weiß oder grünlich, Kolben gelb oder violett, *A. italicum* Hüllblatt gelbgrün, Kolben gelblich
Blütezeit: April bis Mai
Höhe: *A. maculatum* 15 – 40 cm, *A. creticum* 20 – 40 cm, *A. italicum* 30 – 60 cm
Standort: halbschattig, *A. creticum* und *A. italicum* auch sonnig; frischer, humoser, nährstoffreicher Boden
Merkmale: Mit ihren großen, langgestielten, spießförmigen Blättern und der ungewöhnlichen „Blüte" stellen die Aronstabarten eine augenfällige Attraktion im Garten dar. Auf einem kräftigen Schaft reckt

Arum creticum

sich ein kolbenartiger Blütenstand empor, der von einem großen Hüllblatt, der sog. Spatha, umgeben ist. Besonders raffiniert ist der Bestäubungsmechanismus der Pflanzen: Bei dem Blütenstand handelt es sich um eine trickreiche Kesselfalle. Angelockt durch Wärme und durch den meist aasartigen Geruch, den er absondert, landen kleine Insekten, vorwiegend Fliegen und Mücken, auf dem schlauchartigen Hüllblatt. An seinen glatten, durch Ölabscheidung fettigen Innenwänden rutschen sie nach unten zu den echten Blüten. Am Grund des Trichters verhindern lange, querstehende Borstenhaare, daß sie allzuschnell wieder entkommen können. Die Tiere berühren bei ihren mühevollen Fluchtversuchen die befruchtungsfähigen Narben der weiblichen Blüten, die in der Tiefe des Hüllblatttrichters ringförmig um den zentralen Stab angeordnet sind, und bestäuben diese durch mitgebrachten Pollen. Anschließend verstreuen die unterhalb der Borstenreuse sitzenden, männlichen Blüten ihren Pollen auf die Insekten. Inzwischen sind die Borstenhaare erschlafft, die unfreiwilligen Bestäubungshelfer können entkommen und zum nächsten Blütenstand fliegen.
Nachdem das große Hüllblatt verwelkt ist, entwickeln sich im Sommer aus den weiblichen Blüten attraktive, leuchtend rote Beeren. Sie werden von Vögeln gefressen, die für die Verbreitung der unverdaulichen Samen sorgen. Ihre Keimfähigkeit wird durch die Passage durch den Vogeldarm sogar gefördert.
Die Blätter des Gefleckten Aronstabs sind kräftig dunkelgrün und können auch purpurviolett gefleckt sein. Wenn sie im Frühjahr erscheinen, treibt kurz darauf auch der gelbliche bis braunviolette Blütenstand, der von einem weißlichgrünen, z.T. rot gepunkteten Hüllblatt umschlossen ist. Eine besonders attraktive Art ist der Kretische Aronstab. Sein gelber oder violetter Kolben wird von einem großen, meist rein gelben, oft aber auch weißen oder grünlichen Hüllblatt umgeben, dessen Spitze häufig zurückgekrümmt ist. Im Gegensatz zu den anderen Arten verströmt der Kolben des Kretischen Aronstabs einen durchaus angenehmen Duft. Der Italienische Aronstab treibt wie der Kretische sein Laub bereits im Herbst. Er besitzt breit pfeilförmige, glänzend grüne Blätter. Im Frühjahr erscheint dann der von einer großen, gelbgrünen Spatha umhüllte, gelbliche Blütenkolben. Die Art ist sehr variabel. Bei der am häufigsten erhältlichen ssp. *italicum* (auch als *A. italicum* 'Pictum' oder 'Marmoratum' bzw. var. *pictum* oder var. *marmoratum* geführt) ist das Laub auffallend silbrigweiß gezeichnet. Sämtliche Aronstabarten enthalten in allen Pflanzenteilen Giftstoffe, die vor allem einen

Arum maculatum

brennenden Hautreiz hervorrufen und bei Verzehr zu gefährlichen Krämpfen führen können. Sind Kinder im Garten, ist dringend darauf zu achten, daß sie nicht von den roten Beeren naschen.
Standortansprüche: Aronstabarten bevorzugen den Halbschatten, der Gefleckte Aronstab gedeiht auch noch im Schatten unter laubabwerfenden Gehölzen. Andererseits vertragen Kretischer und Italienischer Aronstab auch sonnige, am besten warme und etwas geschützte Plätze. Der Boden sollte frisch, tiefgründig, humus- und nährstoffreich sowie kalkhaltig sein. Der Gefleckte Aronstab wächst auch gern in mäßig feuchtem Substrat.

Arum italicum, Früchte

Verwendung: Wie an ihren natürlichen Standorten kommen die Aronstabarten auch im Garten am besten in Verbindung mit laubabwerfenden Gehölzen zur Geltung. Dort ergeben sie zusammen mit anderen Waldbodenpflanzen wie Anemonen, Knotenblume, Türkenbundlilie, Elfenblume *(Epimedium)*, Nieswurz *(Helleborus)*, Leberblümchen *(Hepatica)*, Lungenkraut *(Pulmonaria)* oder Schaumblüte *(Tiarella)* sowie Farnen und Waldgräsern schöne, natürlich wirkende Pflanzkombinationen. Kretischer und Italienischer Aronstab machen sich auch in der Nähe von Mauern gut oder zwischen Felsen in nicht zu sonnigen Steingartenpartien.
Pflanzung: Die knolligen Rhizome werden im Herbst etwa 10 – 15 cm tief im Abstand von 10 – 20 cm gepflanzt.
Pflege: Alle Aronstabarten sind recht pflegeleicht und sollten möglichst ungestört wachsen können. Im Frühjahr brauchen sie ausreichend Feuchtigkeit, daher ist bei anhaltender Trockenheit durchdringend zu wässern. Während des Sommers schadet dagegen eine leichte Austrocknung nicht. In jedem Herbst sollten sie mit organischem Dünger, z. B. reifem Kompost oder verrotteter Lauberde, überstreut werden. In rauhen Lagen ist für den Kretischen und den Italienischen Aronstab ein Winterschutz aus Laubstreu und Reisig nötig.
Vermehrung: Die Pflanzen werden entweder durch Abnahme von Nebenknollen im Spätsommer oder durch Aussaat im Freiland gleich nach der Samenreife vermehrt. Die Samen brauchen manchmal sehr lange, bis sie keimen. Um die Keimung zu beschleunigen, können sie in einem Kasten mit feuchtem Sand ausgesät werden, der den Winter über im Freien bleibt und gegen Tierfraß mit einem Drahtgeflecht abgedeckt wird. An günstigen Standorten breitet sich der Gefleckte Aronstab durch Selbstaussaat und Tochterknollenbildung oft großflächig aus.

B

Riesenblumige Knollenbegonie

Begonia
Begonie, Schiefblatt

Art: *B.*-Knollenbegonien-Hybriden (auch *B.* x *tuberhybrida*, Knollenbegonie)
Familie: Begonien- oder Schiefblattgewächse *(Begoniaceae)*
Herkunft: Kreuzungen verschiedener Arten, überwiegend aus den südamerikanischen Anden
Blütenfarbe: weiß, gelb, orange, rosa, rot, auch zweifarbig
Blütezeit: Mai bis Oktober
Höhe: 15 – 60 cm
Standort: halbschattig bis schattig, bei guter Wasserversorgung auch sonnig; frischer, lockerer, nährstoffreicher Boden
Merkmale: Aus den flachen bis kugeligen, kleinen Sproßknollen entwickeln diese Begonien-Hybriden fleischige, mehrfach verzweigte Triebe. Sie tragen zugespitzt eiförmige, am Grund asymmetrische Blätter, die eigenartig schief wirken und für die ganze Gattung charakteristisch sind. Aus den Blattachseln entwickeln sich in reicher Fülle die Blüten, die wegen ihrer leuchtenden Farben und ungewöhnlich langen Haltbarkeit so beliebt sind. Durch intensive Züchtung ist aus den kleinen, ungefüllten Blüten der Elternarten ein reiches Sortiment vielgestaltiger, meist mehr oder weniger dicht gefüllter Formen entstanden.
Sorten: Wegen des reichhaltigen Angebots, zu dem jedes Jahr neue Sorten hinzukommen, wird hier auf eine Nennung einzelner Sorten verzichtet. In den Katalogen des Fachhandels werden Knollenbegonien üblicherweise nach Gruppen sowie nach Farben eingeteilt, oft sind auch Farbmischungen erhältlich.
Am bekanntesten ist wohl die Gruppe der Riesenblumigen Knollenbegonien (auch *Gigantea*-Gruppe), deren Blüten 14 – 16 cm, manchmal sogar bis 20 cm Durchmesser erreichen. Hier gibt es Sorten mit gekrausten ('Marginata'-Gruppe), am Rand gefransten ('Fimbriata'-Gruppe) oder marmorierten, also zweifarbigen Blüten ('Marmorata'-Gruppe). Mit bis zu 10 cm Durchmesser wirken die Blüten der Großblumigen Knollenbegonien (auch *Grandiflora-Compacta*-Gruppe) zwar immer noch eindrucksvoll, aber weniger wuchtig als die ihrer riesenblumigen Verwandten. Hier gibt es dieselben nach Blütenformen eingeteilten Untergruppen wie in der erstgenannten Sortengruppe, zusätzlich die besonders schön geformten, rundlichen Kamelienblütigen Begonien und solche mit romantisch wirkenden, un-

Großblumige Knollenbegonie

gefüllten, am Rand stark gerüschten Blüten ('Crispa Marginata'-Gruppe), die meist in Weiß-Rot oder Gelb-Rot erhältlich sind. Sowohl Riesen- wie auch Großblumige Knollenbegonien werden etwa 25 – 50 cm hoch.
Immer beliebter werden die Mittelblumigen Knollenbegonien (auch *Multiflora*-Gruppe). Diese haben einen kompakteren Wuchs und kleinere Blüten als die beiden zuvor genannten Gruppen, dafür erscheinen die Blüten in besonders reicher Fülle. Man unterteilt sie in Sorten mit mittelgroßen Blüten (auch *Floribunda*- oder *Multiflora-Maxima*-Gruppe), die etwa 5 – 9 cm Blütendurchmesser und eine Höhe von 20 bis 30 cm erreichen, sowie Kleinblumige Knollenbegonien. Letztere werden nur 15 bis 20 cm hoch und haben 2 – 4 cm große Blüten.
Besonders empfehlenswert sind die Sortengruppen der 'Happy-End'-, 'Memory'- und 'Nonstop'-Begonien, reichgefüllte Mittelblumige Knollenbegonien in verschiedenen Farbtönen, die unermüdlich blühen und besonders gleichmäßig verzweigt wachsen.
Vor allem für Balkonkästen sehr beliebt sind die schlanken, gefülltblühenden Hänge-, Pendel- oder Ampelbegonien (auch *Flore-Pleno-Pendula*-Gruppe), deren Blüten etwa 4 – 6 cm groß werden und an langen, rankenartigen Trieben erscheinen. In allen Gruppen gibt es eine breite Palette von Blütenfarben, wobei gelbe, orange, rosa und rote Töne vorherrschen.

Standortansprüche: Knollenbegonien fühlen sich an halbschattigen bis nicht zu sonnigen, eher kühlen und luftfeuchten Plätzen am wohlsten. Die Gruppe der Großblumigen sowie die Pendelbegonien nehmen auch mit Schatten vorlieb. Für etwas sonnigere Plätze eignen sich die Mittelblumigen Knollenbegonien noch am besten. An heißen Sommertagen dürfen die Pflanzen jedoch auf keinen Fall in der prallen Sonne stehen. Sie brauchen einen frischen bis leicht feuchten, lockeren und gut durchlässigen, humosen Boden, der schwach sauer sein sollte.

Verwendung: Knollenbegonien sind typische Rabattenpflanzen, die mit ihren leuchtenden Farben auch in schattige Beete Leben bringen. Sie werden gern in den Beetvordergrund gesetzt und in großen, farblich aufeinander abgestimmten Gruppen gepflanzt. Wegen ihrer dominanten Wirkung sind sie nicht einfach mit anderen Pflanzen zu kombinieren. Da die schweren Blütenköpfe der Großblumigen Knollenbegonien bei Regen leicht knicken können, brauchen diese Sorten einen etwas geschützten Platz. Sie können z. B. als farbkräftige Gehölzunterpflanzung verwendet werden. Ebensogut wie im Gartenbeet machen sich die Begonien auch in Kästen und Ampeln aller Art.

Pflanzung: Wichtig ist, die Knollen in der richtigen Lage, d. h. mit den Triebknospen nach oben zu pflanzen. Diejenige Seite der Knolle, an der sich die Wurzeln bilden werden, ist meist etwas bauchig. Auf der konkaven, nach innen gewölbten Seite sitzen dagegen die Triebknospen, fast wie in einer niedrigen Schüssel. Man darf die flachen Knollen erst nach den Eisheiligen ins Freie pflanzen. Sie kommen etwa 2 – 3 cm tief in den Boden, meist mit 15 – 20 cm, die Riesen- und Großblumigen Begonien mit 30 – 40 cm Abstand. Um eine möglichst frühe Blüte zu erzielen, können die Knollen bereits im Spätwinter in Töpfe mit Pikiererde gesetzt und im Warmen (bei etwa 20 °C) vorgetrieben werden. Vor dem Auspflanzen ab Mitte Mai müssen die Pflanzen unbedingt langsam abgehärtet werden.

Mittelblumige Knollenbegonie

Pflege: Um die Knollenbegonien zu einer besonders reichen Blüte anzuregen, empfiehlt es sich, die ersten

Hängebegonie

Knospen auszukneifen. Schneidet man Verblühtes regelmäßig aus, verlängert sich der Flor merklich. Die meisten Sorten, mit Ausnahme der sehr kompakt wachsenden, müssen unauffällig gestützt werden. Die Pflanzen brauchen während der gesamten Wachstumszeit eine reichliche und gleichmäßige Wasserversorgung. Am besten gießt man morgens, damit die Knollen bis zum Abend wieder abtrocknen können. Es muß sorgfältig darauf geachtet werden, daß die Knollen nicht im Wasser stehen, da sie sonst schimmeln oder faulen. Bei normalem Boden reicht es aus, die Pflanzstelle vor der Pflanzung mit reifem Kompost zu verbessern, andernfalls wird einmal monatlich schwach gedüngt. Knollenbegonien sollten nur zurückhaltend gedüngt werden, denn bei zu reichlicher Stickstoffversorgung werden die Triebe weich und die Pflanzen anfällig für Schädlinge und Krankheiten. Etwa ab August stellt man Düngung und Bewässerung ein und läßt das Laub vergilben. Spätestens beim ersten Frost werden die Knollen ausgegraben, Blatt- und Triebreste abgeschnitten und die getrocknete Erde vorsichtig entfernt. Den Winter über werden die Knollen dann frostfrei, trocken und kühl (bei etwa 5 – 10 °C) gelagert.

Vermehrung: Knollenbegonien lassen sich am einfachsten durch Teilung oder Stecklinge vermehren. Geteilt werden angetriebene Knollen, indem man sie in mehrere Stücke zerschneidet, wobei jedes Teilstück mindestens ein Auge besitzen muß. Die abgetrockneten Schnittflächen werden mit Holzkohlenpuder desinfiziert. Anschließend pflanzt man die Teilstücke in ein Gemisch aus Torf oder Lauberde mit Sand ein. Bis sich genügend Wurzeln gebildet haben, gießt man nur ganz wenig. Zur Stecklingsgewinnung werden die Knollen im Winter in Töpfe eingepflanzt, warm gestellt und vorgetrieben. Sobald die sich entwickelnden Triebe etwa 5 cm lang sind, kann man davon Stecklinge schneiden. Sie dürfen nur mäßig gegossen werden, damit sie nicht faulen. Auch eine Anzucht aus Samen ist möglich, aber nicht einfach. Ein Versuch lohnt sich vor allem mit *Multiflora*-Hybriden, die als einzige sortenreines Saatgut liefern. Ausgesät wird ab Februar unter Glas. Die sehr feinkörnigen Samen müssen möglichst dünn ausgebracht und dürfen nicht mit Substrat abgedeckt werden, da es sich um Lichtkeimer handelt. Man stellt die Anzuchtschalen warm und sehr hell bei Zusatzbeleuchtung auf: Eine Keimung erfolgt nur bei mehr als 14 Stunden Licht pro Tag.

Schädlinge und Krankheiten: Spinnmilben, Weichhautmilben, Blattläuse, Blattälchen, Dickmaulrüßler, Weiße Fliege; Echter Mehltau, Grauschimmel

Bletilla
Japan-Orchidee

Art: *B. striata* (auch *B. hyacinthina, Bletia hyacinthina*)
Familie: Orchideen *(Orchidaceae)*
Herkunft: grasige Hänge und Waldränder Ostasiens
Blütenfarbe: rosa
Blütezeit: Mai bis Juli
Höhe: 25 – 50 cm
Standort: sonnig; frischer bis feuchter, durchlässiger Boden
Merkmale: Für den Liebhaber ostasiatischer Kostbarkeiten empfiehlt sich die Japan-Orchidee, denn sie ist eine der wenigen Orchideenarten, die sich im Freiland ohne großen Aufwand kultivieren lassen. Ihre breit lanzettlichen, überhängenden Blätter sind längs gefaltet und ähneln kleinen Palmwedeln. An straffen Stielen erscheinen im späten Frühjahr die karmin- oder purpurrosa Blüten,

Bletilla striata

von denen 3 – 7 ein wenig nickend in einer lockeren Traube stehen. Die auffällige Mittellippe trägt auf ihrer Oberseite weiße, gekrauste Leisten. Insgesamt wirken die Blüten wie Miniaturausgaben der berühmten tropischen Cattleya-Orchideen, die häufig als Schnittblumen angeboten werden.

Sorte: 'Alba' (rein weiß, kleinblütig, etwas empfindlicher als die Art, Höhe 25 – 40 cm)

Standortansprüche: Die Japan-Orchidee benötigt einen möglichst warmen, sonnigen bis absonnigen, auch halbschattigen, geschützten Platz im Garten. Der Boden sollte frisch bis etwas feucht und humos, zugleich aber auch gut durchlässig sein. Den besten Wasserabzug gewährleistet mit Steinschotter vermischter Lehm.

Verwendung: Japan-Orchideen sind mit ihren dekorativen Blättern und den exotischen Blüten in Steingärten und naturnahen Felssteppen eine auffällige Erscheinung. Man sollte sie aber nur mit schwachwüchsigen Nachbarn kombinieren, von denen sie nicht bedrängt werden. Am besten eignen sich Gräser wie Schneemarbel (*Luzula nivea*) und niedrige Schwingelarten *(Festuca)*, aber auch zwergwüchsige Nadelgehölze, vor deren dunklem Hintergrund die Blüten besonders schön leuchten.

Pflanzung: Die Sproßknollen (Scheinbulben) werden im Frühjahr, nach den letzten Spätfrösten, 7 – 15 cm tief im Abstand von etwa 10 – 15 cm gepflanzt. Dabei sollten die Spitzen der Knollen gerade noch sichtbar bleiben. Die Knollen dürfen aber auch bis zur Hälfte aus dem Boden ragen, müssen dann allerdings im Winter besonders gut geschützt werden.

Pflege: Der Austrieb ist spätfrostgefährdet und sollte daher bei Bedarf abgedeckt werden, z. B. mit einem umgedrehten Tontopf. Bei Trockenheit müssen die Pflanzen regelmäßig gewässert werden. Als Winterschutz ist eine dicke Schicht aus Laub- oder Nadelstreu oder Torf nötig, über die man zusätzlich Reisig legt. Japan-Orchideen sollten möglichst lange ungestört an einem Platz bleiben, dann breiten sie sich langsam zu kleinen Gruppen aus. Will man sie dennoch verpflanzen, sollte dies möglichst nur im Frühjahr geschehen.

Vermehrung: Größere Knollengruppen können im Frühjahr, wenn sich der Austrieb

Bulbocodium vernum

zeigt, vorsichtig geteilt werden. Auch die Anzucht aus Samen unter Glas im Frühjahr oder im Freiland gleich nach der Reife ist möglich.
Tip: In klimatisch rauhen Gegenden empfiehlt es sich, die Japan-Orchideen in Töpfen zu ziehen. Diese werden den Sommer über in die Erde eingesenkt, im Herbst wieder herausgenommen und kühl und frostfrei überwintert.

Bulbocodium
Lichtblume

Art: *B. vernum* (auch *Colchicum vernum*, *Colchicum bulbocodium*, Frühlingslichtblume, Lichtmeßblume)
Familie: Liliengewächse *(Liliaceae)*
Herkunft: Bergwiesen in den Pyrenäen, den West- und Zentralalpen
Blütenfarbe: rosaviolett
Blütezeit: Februar bis April
Höhe: 10 – 20 cm
Standort: sonnig bis halbschattig; frischer bis feuchter, humoser Boden
Merkmale: Die zarten, rosavioletten Blütensterne der Frühlingslichtblume scheinen direkt dem Boden aufzusitzen. Sie bestehen aus 6 schlanken, strahlenförmigen Blütenblättern, die zur Blütezeit weit auseinandergeschlagen und oft etwas zurückgekrümmt sind. Mancherorts nennt man die anmutigen Blumen auch Gebirgssafran, da sie dem Safrankrokus (siehe Seite 159 f.) ähneln. Wie bei den nahe verwandten Zeitlosen (siehe Seite 152 f.) erscheinen Blüten und Blätter nicht zur selben Zeit. Das Laub entfaltet sich erst gegen Ende der Blütezeit und wächst anschließend noch weiter in die Länge, bis es im Sommer wieder einzieht. Die Frühlingslichtblume enthält wie die Herbstzeitlose in allen ihren Teilen, besonders aber in den Samen das hochgiftige Colchicin, das bereits beim Verzehr von geringen Mengen tödlich wirken kann.
Standortansprüche: Die Pflanzen bevorzugen sonnige bis absonnige oder halbschattige Plätze. Sie benötigen eine gleichmäßige und ausreichende Bodenfeuchtigkeit, weder zu trockenes noch zu feuchtes Substrat sagt ihnen zu. Besonders geeignet ist ein humoser, sandig-lehmiger, auch ein eher schwerer, aber noch genügend durchlässiger Boden.
Verwendung: Die hübschen Frühlingslichtblumen sind ideal für den Steingarten und nicht zu trockene Gehölzränder. Besonders gut passen niedrige Wildnarzissen (z. B. Reifrocknarzissen), Krokusse, Hundszahnlilien, Schachbrettblumen und andere Fritillarien zu ihnen.
Pflanzung: Die Knollen müssen gleich nach dem Kauf im Spätsommer oder Herbst gesetzt werden, da sie sich nicht lagern lassen. Man steckt sie 8 – 10 cm tief im Abstand von etwa 10 cm in den Boden.
Pflege: Frühlingslichtblumen brauchen während der Wachstumszeit genügend Feuchtigkeit, müssen also in Trockenperioden regelmäßig gewässert werden. Läßt im Lauf der Jahre ihre Blühfreudigkeit nach, nimmt man die Horste nach dem Einziehen der Blätter aus dem Boden und teilt sie.
Vermehrung: Wenn das Laub im Sommer abgestorben ist, kann man die Knollen aus der Erde nehmen und die gebildeten Tochterknollen davon abtrennen.

Calla palustris

C

Calla
Sumpfkalla, Drachenwurz, Schlangenkraut, Schweinsohr

Art: *C. palustris*
Familie: Aronstabgewächse *(Araceae)*
Herkunft: Erlenbruchwälder, Waldsümpfe, Heidemoore, Wassergräben und Teichufer in Mittel-, Ost- und Nordeuropa
Blütenfarbe: Hüllblatt weiß, Kolben gelblich
Blütezeit: Mai bis August
Höhe: 15 – 30 cm
Standort: halbschattig bis schattig; feuchter bis nasser, humoser, saurer Boden; an Gewässerrändern bis 30 cm Wassertiefe
Merkmale: In Deutschland findet man das seltsame Gewächs, das der Volksmund mit so vielen merkwürdigen

Namen bedacht hat, nur noch an ganz wenigen Stellen. Die unter strengem Naturschutz stehende Pflanze kriecht mit einem sehr langen, gedrungenen fleischigen Rhizom im schlammigen Untergrund, bisweilen aber auch oberirdisch, und wächst stets gesellig in dichten, bodendeckenden Beständen. Der schlängelnde Wuchs führte früher zu der Überzeugung, daß die Sumpfkalla gegen Schlangenbisse helfe. An den Spitzen der Rhizome treiben ledrige, rundlich herzförmige Blätter aus, die frischgrün glänzen, eine feine Nervatur zeigen und an Schweinsohren erinnern. Besonders auffallend wirkt die Pflanze zur Blütezeit, wenn sich auf kurzen, dicken Stengeln die gelblichen Blütenkolben emporschieben. Jeder ist von einem auf der Innenseite strahlend weißen, außen grünlichen Hüllblatt, der sog. Spatha, eingerahmt. Die Kolben verströmen einen unangenehmen Fäulnisgeruch und locken damit Fliegen, Käfer und Schnecken an, die die Bestäubung der unscheinbaren, dem Kolben aufsitzenden Blüten übernehmen. Aus den kugeligen Fruchtknoten entwickeln sich scharlachrote, schleimige Beeren. Sie sind wie die gesamte Pflanze hochgiftig.

Standortansprüche: Wie ihr Name vermuten läßt, fordert die Sumpfkalla einen stets feuchten, ja sogar nassen Standort im Halbschatten oder Schatten. Der Boden muß humos und sauer sein.

Verwendung: Die eigenartige Pflanze wird gern zur Bereicherung der Uferflora an Teichen und Bachläufen verwendet, kann aber auch in einer Sumpfzone oder einer feuchten Senke im Heidegarten angesiedelt werden. In einer Pflanzung harmoniert sie mit Sumpfdotterblume *(Caltha palustris)*, Sumpfschwertlilie *(Iris pseudacorus)*, Fieberklee *(Menyanthes trifoliata)*, Igelkolben *(Sparganium)* und Sumpffarn *(Thelypteris palustris)*.

Pflanzung: Die dicken Rhizome werden am besten im zeitigen Frühjahr gesetzt, solange sie noch blattlos sind. Meist wird die Sumpfkalla im Handel getopft angeboten. Man pflanzt das Rhizom dann samt anhaftendem Substrat ebensotief wie zuvor im Gefäß ein. Da sich die Sumpfkalla am richtigen Standort stark ausbreitet, sollten pro Quadratmeter höchstens zwei Pflanzen gesetzt werden.

Pflege: Einmal eingewachsen, erweist sich die Sumpfkalla als völlig winterhart und sehr anspruchslos. Wird der Bestand nach Jahren zu üppig, kann man ihn durch Abstechen mit dem Spaten in Grenzen halten.

Vermehrung: Neue Pflanzen lassen sich durch Teilung eines Rhizoms im Herbst oder zeitigen Frühjahr gewinnen. Da die Vermehrungsknospen an den Rhizomstücken jedoch oft einige Jahre brauchen, bis sie sich weiterentwickeln, dauert es gewöhnlich sehr lange, bis geteilte Pflanzen wieder blühen. Auch Aussaat direkt nach der Samenreife ist möglich, die Anzucht der Jungpflanzen aber ebenfalls langwierig.

Camassia cusickii

Camassia
Prärielilie

Arten: *C. cusickii, C. leichtlinii, C. quamash* (auch *C. esculenta*)
Familie: Liliengewächse *(Liliaceae)*
Herkunft: feuchte Wiesen im westlichen Nordamerika
Blütenfarbe: *C. cusickii* blaßblau, *C. leichtlinii* weiß und blau, *C. quamash* blau, violettblau
Blütezeit: April bis Mai
Höhe: 60 – 100 cm, *C. quamash* 30 – 60 cm
Standort: sonnig bis halbschattig; feuchter bis frischer Boden

Merkmale: Die hohen Blütenfackeln der Prärielilien setzen im wahrsten Sinn des Wortes Höhepunkte im Frühlingsgarten. Die wohl attraktivste Art ist *C. cusickii*, aus deren großer, unangenehm riechender Zwiebel sich eine Rosette schmaler, am Rand leicht welliger Blätter entwickelt. An der mächtigen Blütenkerze, die aus der Rosettenmitte emporwächst, sitzen dicht an dicht bis zu 100 wässrigblaue Sternblüten mit dunklerer Streifenzeichnung. Die traubigen Blütenstände der ansonsten recht ähnlichen Art *C. leichtlinii* wirken schmaler und tragen weiße, blaßblaue oder auch dunkelblaue, manchmal ins Lila spielende Blüten. Im Abblühen ist diese Art leicht zu erkennen: Ihre vertrocknenden Blütenblätter fallen nicht, wie bei *C. cusickii*, einzeln ab, sondern drehen sich wie eine Bonbonhülle über dem Fruchtknoten zusammen. Unterschiedliche Blautöne treten auch bei den Blüten von *C. quamash* auf. Ihre Blütenkerzen bleiben deutlich niedriger als die der beiden anderen Arten und wirken zudem lockerer. Ihre eiförmigen Zwiebeln waren ein wichtiges Nahrungsmittel für die Indianer. Von der Bezeichnung *quamash* leitet sich der Name *Camassia* für die Gattung ab.

Camassia quamash

Sorten: von *C. cusickii* 'Zwanenburg' (tiefblau, Höhe 80 – 100 cm); von *C. leichtlinii* 'Semiplena' (auch als 'Plena' oder var. *semiplena* im Handel, cremeweiß, halbgefüllt, Höhe 80 – 100 cm); von *C. quamash* 'Orion' (stahlblau, Höhe 40 – 60 cm)

Standortansprüche: Je sonniger Prärielilien stehen, desto feuchter muß der Boden sein. An trockeneren Stellen empfiehlt es sich deshalb, ihnen einen eher halbschattigen Platz zu geben. Zumindest

über die Mittagszeit sollten sie Schatten erhalten. An den Boden stellen Prärielilien keine besonderen Ansprüche; nur ausreichend feucht muß er stets bleiben, vor allem während der Wachstumszeit.
Verwendung: Die blauen oder weißen Kerzen passen in alle bunten Frühlingspflanzungen, wo sie in Tulpen, Pfingstrosen *(Paeonia)* oder Akeleien *(Aquilegia)* hübsche Nachbarn finden. Mit Trollblumen *(Trollius)*, Storchschnabel *(Geranium)*, Sibirischer Schwertlilie *(Iris sibirica)* und Jakobsleiter *(Polemonium)* können die Prärielilien auf Beeten und sogar am äußeren Gewässerrand zu Pflanzgemeinschaften kombiniert werden, die an bunte Blumenwiesen erinnern. Die langen Blütenkerzen ergeben auch schöne Schnittblumen.
Pflanzung: Die großen Zwiebeln werden im September in Gruppen 15 – 20 cm tief im Abstand von jeweils 30 cm eingesetzt. Am Gewässerrand muß man darauf achten, daß die Zwiebeln nicht unterhalb der Wasserlinie stehen. Gegebenenfalls pflanzt man sie dort etwas höher.
Pflege: Alle Arten sind anspruchslos und winterhart, eine leichte Abdeckung ist in der kalten Jahreszeit dennoch empfehlenswert. Nach der Blüte schneidet man die Kerzen ab, sofern man keine Samen ernten möchte, läßt das Laub aber noch stehen.
Vermehrung: Bei den reinen Arten können die kugeligen Samen direkt nach der Reife ausgesät werden. Die Saat muß anschließend stets gleichmäßig feucht gehalten werden. Eine Vermehrung ist auch durch Brutzwiebeln möglich. Bei den Sorten ist man ausschließlich auf diese ungeschlechtliche Methode angewiesen.

Canna
Blumenrohr

Art: *C.-Indica*-Hybriden (auch *C.* x *generalis,* Indisches Blumenrohr)
Familie: Blumenrohrgewächse *(Cannaceae)*

Canna-Indica-Hybride

Herkunft: Kreuzungen verschiedener Arten aus dem tropischen Amerika
Blütenfarbe: cremeweiß, gelb, orange, rosa, rot, auch zweifarbig
Blütezeit: Juni bis Oktober
Höhe: 50 – 150 cm
Standort: sonnig, warm und windgeschützt; nährstoffreicher, durchlässiger, frischer Humusboden
Merkmale: Spanische und portugiesische Seefahrer brachten die exotischen Schönheiten von ihren Reisen in die Karibik, nach Florida und Südamerika mit nach Europa, wo sie sofort Aufsehen erregten. Seither beschäftigten sich die Gärtner eingehend mit ihnen. Durch Kreuzungen verschiedener Arten entstanden viele Hybriden und mit ihnen die zahlreichen Sorten des Indischen Blumenrohrs. Der Name bezieht sich einerseits auf die Herkunft der Pflanzen von den Westindischen Inseln, andererseits auf die hohlen, röhrenförmigen Blütenschäfte. Wie bunte Schmetterlinge aus den Tropen scheinen die Blüten über dem üppigen Laub zu schweben. Die Palette der Blütenfarben ist sehr breit. Auch die Laubblätter fallen auf, nicht nur ihrer Größe wegen, sondern auch durch die bei einigen Sorten ungewöhnliche Tönung. Ihre Färbung reicht von frischem Grün über Purpurrot bis hin zu Bronzefarben.
Sorten: Die vielen Sorten, die es heutzutage gibt, lassen sich am besten nach ihrer Wuchshöhe unterteilen. Es gibt sowohl zwergwüchsige Formen mit nur 50 – 60 cm Höhe als auch kleine (60 – 80 cm), mittelhohe (80 – 120 cm) sowie hohe Sorten mit über 120 cm Wuchshöhe. Das Sortiment variiert von Jahr zu Jahr ein wenig, zunehmend beliebt sind jedoch die niedrigeren Sorten der *C.-Indica*-Hybriden. Neben Farbmischungen werden im Handel u. a. folgende Sorten angeboten: 'Lucifer' (scharlachrot, gelb gerandet, Höhe 50 cm), 'Seven Dwarfs' (Mischung von gelben, lachsfarbenen, rosa, scharlach- und karminroten Typen, Höhe 50 cm), 'Salmon Pink' (rosa, Höhe 80 – 100 cm), 'Wyoming' (orangerot, bronzefarbenes Laub, Höhe 100 – 120 cm), 'Eureka' (rein weiß, dunkelgrünes Laub, Höhe 120 – 150 cm), 'Yellow King Humbert' (kanariengelb, rot gesprenkelt, Höhe 120 – 150 cm).
Standortansprüche: Ein sonniger, warmer und vor allem windgeschützter Platz ist ideal für die hohen Tropenpflanzen. Der Boden sollte nährstoffreich, gut durchlässig und nicht zu schwer sein. Gut geeignet ist humose, sandig-lehmige Gartenerde.
Verwendung: Mit seinen leuchtenden Farben und seiner beeindruckenden

Canna-Indica-Hybride

Wuchshöhe bildet das Indische Blumenrohr einen ungewöhnlichen Blickfang auf jedem Beet und in jeder Rabatte. Man unterpflanzt es mit niedrigen, farblich abgestimmten Sommerblumen wie Pantoffelblume *(Calceolaria)*, Buntnessel *(Coleus-Blumei-Hybriden)*, Studentenblume *(Tagetes)* oder Heliotrop *(Heliotropium)*. Bei Kombinationen muß man stets auch die oft kräftige Laubfärbung des Indischen Blumenrohrs berücksichtigen. Niedrige Sorten können gut in Gefäßen kultiviert werden.

Pflanzung: Die knolligen, dunkelbraunen Rhizome werden ab Mitte Mai etwa 10 cm tief und je nach Wuchshöhe im Abstand von 50 – 100 cm in den Boden gelegt. Ist eine besonders frühe Blüte erwünscht, müssen die Rhizome ab Ende Februar oder Anfang März eingetopft und warm vorgetrieben werden.

Pflege: Während des Wachstums brauchen die großen Pflanzen reichlich Wasser und Nährstoffe. Wurde der Boden vor der Pflanzung nicht mit Kompost angereichert, muß alle 2 Wochen ein flüssiger Volldünger verabreicht werden. Verblühtes sollte man regelmäßig herausschneiden, damit sich die Seitenknospen besser entwickeln. Im Herbst, nach den ersten Frösten, schneidet man die Pflanzen bis auf etwa eine Handbreit über den Boden zurück. Dann nimmt man die Rhizome aus der Erde, reinigt sie und läßt sie ein paar Tage lang trocknen. Eingeschichtet in Kisten oder Körbe, werden sie den Winter über trocken und kühl, aber frostfrei gelagert.

Vermehrung: Im Frühjahr können die Rhizome geteilt werden, wobei jedes Teilstück aber mindestens eine kräftige Triebknospe aufweisen muß. Aussaat ist im zeitigen Frühjahr unter Glas möglich. Sortenreine Pflanzen erhält man nur aus gekauftem Saatgut, selbstgeerntete Samen bringen von den Elterntypen abweichende Pflanzen hervor. Die Samen werden einen Tag lang in handwarmem Wasser eingeweicht oder mit einem scharfen Messer eingeritzt, damit sie leichter keimen. Man stellt die Saat hell und sehr warm (20 – 25 °C) auf. Die jungen Pflänzchen pikiert man direkt in geräumige Gefäße, damit die empfindlichen und brüchigen Rhizome nicht durch weiteres Umsetzen geschädigt werden.

Schädlinge und Krankheiten: Schnecken, Blattläuse; Mosaikvirusbefall, Bakterienfäule

Cardiocrinum
Riesenlilie

Art: *C. giganteum* (auch *Lilium giganteum*)
Familie: Liliengewächse *(Liliaceae)*
Herkunft: Wälder im Himalaja und in Tibet
Blütenfarbe: weiß
Blütezeit: Juli bis August
Höhe: 150 – 250 cm, zuweilen bis 300 cm
Standort: halbschattig; gut durchlässiger, nährstoffreicher, neutraler bis leicht saurer Humusboden
Merkmale: Die Riesenlilie erreicht wahrhaft gigantische Ausmaße. Aus der großen, etwas merkwürdig aussehenden Zwiebel, die nur aus einigen wenigen dicken Schuppen besteht, entwickelt sich zunächst eine Rosette mächtiger, herzförmiger Blätter. Aus deren Mitte schiebt sich ein kräftiger, bisweilen über 10 cm Durchmesser erreichender Blütenschaft, der in seinem unteren Teil unregelmäßig beblättert ist und oben große, majestätisch wirkende Blüten trägt. Um die 20 rein weiße, seidig glänzende und stark duftende Trompetenblüten öffnen sich im Sommer an jedem Stiel. Sie tragen im Innern zum Schlund hin eine purpurne Tupfenzeichnung. Insgesamt sehen sie den Blüten der Madonnenlilie (siehe Seite 192) sehr ähnlich, sind nur viel größer und stehen meist waagrecht ab. Aufgrund dieser Ähnlichkeit wurde die Riesenlilie früher zur Gattung *Lilium* gezählt. Heute ordnet man sie ihrer abweichenden Blattform wegen einer eigenen Gattung zu.

Standortansprüche: Als Waldpflanze bevorzugt die Riesenlilie einen halbschattigen Standort auf lockerem, gut durchlässigem Humusboden. Damit sie zu so stattlicher Größe heranwachsen kann, braucht sie reichlich Nährstoffe und stets gleichmäßige Feuchtigkeit. Kalkhaltige Erde verträgt sie nur schlecht, der Untergrund sollte leicht sauer bis neutral reagieren.

Cardiocrinum giganteum

Cardiocrinum giganteum

Verwendung: Nicht nur ihre eindrucksvolle Größe, auch ihre herrlichen Blüten machen die Riesenlilie am Gehölzrand zu einer spektakulären Erscheinung. Besonders schön wirkt sie, wenn sie vor einem dunklen Laubhintergrund steht, z. B. vor Rhododendren *(Rhododendron)*. Als Nachbarn eignen sich die verschiedensten Arten, die dieselben Standortbedingungen bevorzugen, z. B. Prachtspiere *(Astilbe)*, Silberkerze *(Cimicifuga)*, Fingerhut *(Digitalis)*, Schaublatt *(Rodgersia)* oder hohe Glockenblumen *(Campanula)*.

Pflanzung: Die großen, dunkel olivgrünen Zwiebeln werden im Herbst in eine gut vorbereitete Pflanzgrube gesetzt. Man hebt den Boden etwa 50 – 70 cm tief aus, lockert den Untergrund und füllt zur Dränage eine Schicht aus Aststückchen, Rindenhäcksel oder zerkleinerten holzigen Staudenstengeln ein. Darauf kommt eine dicke Lage Lauberde oder mit reichlich reifem Kompost vermischter Gartenboden. Die Zwiebel darf nur flach eingesetzt werden, ihre Spitze sollte noch ein wenig aus dem Boden herausragen.

Pflege: Von der Pflanzung bis zur Blüte vergehen manchmal einige Jahre. Wuchs- und Blühkraft der Pflanze hängen entscheidend von der Zwiebelgröße ab. Den Winter über muß die Pflanzstelle dick mit Laub und Reisig abgedeckt werden. Im Februar oder März wird der Schutz dann wieder entfernt; bei drohenden Spätfrösten allerdings muß man zumindest über Nacht nochmals Reisig über den frischen Austrieb decken. Während des Wachstums brauchen die Pflanzen ausreichend Feuchtigkeit, bei Bedarf wird daher durchdringend gegossen. Jedes Jahr im Herbst oder im zeitigen Frühjahr ergänzt man die Nährstoffvorräte des Bodens mit reifem Kompost oder einem anderen organischen Dünger.

Vermehrung: Neue Pflanzen erhält man durch Brutzwiebeln, die man im Herbst abnimmt, nachdem das Laub abgestorben ist. Sie müssen dann gleich wieder in die Erde gepflanzt werden. Auch eine Vermehrung durch Aussaat ist im Herbst möglich. Die Saat wird im ungeheizten Frühbeet oder an einem geschützten Ort im Freiland aufgestellt. Allerdings blühen die Pflanzen oft erst nach mehr als fünf Jahren.

Schädlinge und Krankheiten: Wühlmäuse, Schnecken, Lilienhähnchen, Blattläuse; Grauschimmel, Zwiebelbodenfäule, verschiedene Viruskrankheiten

Tip: Die Zwiebel stirbt nach der Blüte ab. Bis aus den zuvor gebildeten Tochterzwiebeln wieder blühfähige Pflanzen heranwachsen, dauert es oft mindestens ein Jahr. Möchte man die herrlichen Blüten in jeder Saison genießen, sollte man an den Pflanzplatz mehrere Zwiebeln verschiedener Größe setzen.

Chionodoxa

Schneeglanz, Schneeruhm, Schneestolz

Arten: *C. luciliae, C. gigantea* (auch *C. luciliae), C. sardensis, C. siehei* (auch *C. forbesii), C. tmolusii* (auch *C. tmoli, C. luciliae* 'Tmoli', *C. forbesii)*

Familie: Liliengewächse *(Liliaceae)*

Herkunft: Berghänge im östlichen Mittelmeerraum und in Kleinasien

Blütenfarbe: *C. luciliae* hellblau, auch weiß und rosa, *C. gigantea* hell- bis mittelblau, *C. sardensis* kräftig blau, *C. siehei* violett, *C. tmolusii* blau

Blütezeit: März bis April

Höhe: 10 – 15 cm, *C. gigantea* 20 cm, *C. siehei* 20 – 25 cm

Standort: sonnig bis halbschattig; durchlässiger, leichter, frischer Boden

Merkmale: Während der letzte Schnee noch schmilzt, schieben sich oft schon kleine, blaue Blütensterne der Sonne entgegen. Nicht von ungefähr werden diese anmutigen Blumen also Schneeglanz, Schneeruhm oder Schneestolz genannt. Auf den ersten Blick sehen sie den Blausternen (siehe Seite 214 f.) ähnlich, ihre Blütenblätter sind jedoch am Grund zu einer kurzen Röhre verwachsen. Aus jedem Zwiebelchen treiben nur wenige, oft nur 2 schmale, grasartige Laubblätter und ein dünner Schaft, an dem in einer lockeren Traube die hübschen Blüten stehen.
Die bekannteste Art ist *C. luciliae* mit ihren reichbesetzten Blütentrauben. Jede Blüte ist in der Mitte weiß und wird zu den Spitzen hin immer kräftiger blau. Bei *C. gigantea* sind die einzelnen Blüten zwar größer, aber nicht ganz so leuchtend gefärbt. Intensiv enzianblau strahlen dagegen die Sterne von *C. sardensis*. Für die Gattung recht hochwüchsig zeigt sich die Art *C. siehei*, die mit einer überreichen Fülle blauvioletter Blüten aufwartet. Zwergwüchsig bleibt dagegen *C. tmolusii*, die als letzte der erwähnten Arten zu blühen beginnt. Sie sieht *C. luciliae* sehr ähnlich und wird deshalb manchmal auch nur als Sorte dieser Schneeglanzart im Handel geführt.

Chionodoxa luciliae

Sorten: Von *C. luciliae* haben sich bewährt (jeweils 10 bis 15 cm hoch) 'Alba' (rein weiß), 'Pink Giant' (altrosa) und 'Rosea' (zartrosa).

Standortansprüche: Schneeglanzarten gehören zu den problemlosesten Frühlingsblühern. Siedelt man

Chionodoxa sardensis

sie an einem halbschattigen oder sonnigen, aber nicht zu heißen Platz auf gut dräniertem, lockerem Boden an, bilden sie schnell üppig blühende Teppiche. Sandiger Boden wird von den Arten bevorzugt, er muß aber im Frühjahr reichlich Feuchtigkeit enthalten.
Verwendung: Die zierlichen Blumen gedeihen sowohl am Gehölzrand wie im Steingarten, ebenso in nicht zu dichten Rasenflächen, wo sie leicht verwildern. Mit ihren hübschen Blautönen passen sie gut zu gelben Krokussen, Winterlingen, kleinen Wildtulpen, Wildnarzissen und Schneeglöckchen.
Pflanzung: Die etwa haselnußgroßen, braunen Zwiebeln werden im Herbst stets in Gruppen etwa 5 – 8 cm tief im Abstand von jeweils 10 cm eingesetzt.
Pflege: Alle Arten sind gut winterhart und erweisen sich als genügsam und anspruchslos. An besonders sonnigen Stellen sollte man auf ausreichende Bodenfeuchtigkeit achten.

Colchicum autumnale

Vermehrung: Im Herbst können Brutzwiebeln abgetrennt oder größere Bestände geteilt werden. Auch eine Vermehrung über Samen ist möglich. Dazu drückt man die Samen direkt nach der Reife in sandiges, lockeres Substrat, entweder in Saatschalen oder direkt ins Freiland. Die Keimung erfolgt meist problemlos, und die Sämlinge blühen oft schon im zweiten Jahr.

Colchicum
Zeitlose

Arten: *C. autumnale* (Herbstzeitlose), *C.*- Hybriden, *C. agrippinum, C. byzantinum, C. cilicicum* (auch *C. byzantinum* var. *cilicicum), C. neapolitanum, C. speciosum, C. speciosum* var. *bornmuelleri*
Familie: Liliengewächse *(Liliaceae)*
Herkunft: Berghänge, Wiesen und Gebüsche in Kleinasien, *C. autumnale* in Europa, *C. neapolitanum* in Südeuropa, *C. speciosum* im Kaukasus
Blütenfarbe: rosa bis violett, auch weiß
Blütezeit: August bis Oktober, *C. cilicicum* Oktober bis November
Höhe: 10 – 25 cm
Standort: sonnig bis halbschattig; durchlässiger Boden
Merkmale: Die elegant geformten Blütenbecher der Zeitlosen recken sich gegen Ende des Sommers, in manchen Jahren sogar erst im Herbst den letzten wärmenden Sonnenstrahlen entgegen. Ihre Kelche bleiben zunächst blattlos, was den Pflanzen mancherorts im Volksmund auch den Namen „Nackte Jungfern" eingetragen hat. Erst im folgenden Frühjahr erscheinen die straff aufrechten Blattrosetten, aus deren Mitte sich die walnußgroßen, grünen Fruchtkapseln in die Höhe schieben. Alle Zeitlosen sind äußerst giftig. Sie enthalten das hochwirksame Zellgift Colchicin, das schon in geringer Dosis zu schweren Vergiftungen führt.

Colchicum speciosum

Als eine der ersten ihrer Gattung öffnet die heimische Herbstzeitlose ihre rosalila Kelche. Für den Garten sind vor allem die schönen Sorten von Bedeutung. Noch üppiger und attraktiver blühen die *C.*-Hybriden, die besonders leuchtend gefärbt und manchmal dicht gefüllt sind.
C. agrippinum treibt kurzröhrige Blüten, die auf rötlichlila Grund dunkler gewürfelt sind. Man nimmt an, daß es sich bei dieser Art, die seit langem in Gärten kultiviert wird, um eine Hybride von *C. autumnale* und *C. variegatum,* einer in Griechenland und Kleinasien beheimateten Art, handelt. *C. byzantinum* zeichnet sich durch seine besonders zahlreich erscheinenden, gedrungenen Blütenkelche aus. Bis zu 20 breit becherförmige, lilarosa Blüten drängen sich zu einem dichten Büschel zusammen. Diese Art soll nach Auffassung einiger Fachleute eine Form von *C. autumnale* sein, nach anderer Meinung eine Hybride von *C. cilicicum.* Tatsächlich ähnelt ihr *C. cilicicum* sehr, blüht aber etwas später und ist besonders großblumig. Viel schlanker bleiben dagegen die Kelche von *C. neapolitanum.* Sie sind blaß rosalila getönt und laufen spitzzipfelig aus.
C. speciosum entwickelt große, breite Blütenbecher von rötlichvioletter Farbe mit hellem Grund. Sie erinnern ein wenig an kleine Tulpen. Ältere Pflanzen dieser Art erweisen sich als äußerst reichblütig, nicht selten bilden bis zu 50 Blüten einen üppigen Tuff. Ihre Varietät *bornmuelleri* zeigt etwas früher ihre ersten Blüten, die rötlichlila sind und zur Mitte hin fast weiß werden.
Sorten: Alle genannten Sorten sind 10 – 25 cm hoch. Von *C. autumnale* sind im Handel 'Albiplenum' (auch als var. *album plenum* geführt, weiß, gefüllt), 'Album' (auch als var. *album* geführt, rein

Colchicum-Hybride

weiß), 'Plenum' (auch als var. *plenum* geführt, rosa, gefüllt); von den *C.*- Hybriden 'Autumn Queen' (lila, silbrigweißes Würfelmuster), 'Disraeli' (hellviolett, großblumig), 'Lilac Wonder' (fliederfarben, großblumig), 'The Giant' (rötlichlila mit hellem Schlund, besonders großblumig), 'Violet Queen' (dunkelviolett, heller gewürfelt, leuchtend orangefarbene Staubblätter), 'Water Lily' (lilarosa, dichtgefüllt, schmale Blütenblätter); von *C. speciosum* 'Album' (rein weiß); von *C. speciosum* var. *bornmuelleri* 'Magnificum' (intensiv rosalila).
Standortansprüche: Die Zeitlosen pflanzt man am besten an einen sonnigen bis leicht schattigen Platz auf durchlässigem, humosem und eher trockenem Boden. Die heimische Herbstzeitlose muß etwas feuchter stehen.
Verwendung: Die Zeitlosen passen gut an den Gehölzrand oder in den Steingarten, wo sie mit ihrer ungewöhnlichen Blütezeit spät im Jahr Akzente setzen. Doch wirkt dort auch das im Frühjahr erscheinende Laub sehr ansprechend. Benachbarte Stauden überdecken es, wenn es im Sommer vergilbt.
Pflanzung: Die zwiebelförmigen Knollen werden im Juli oder August in Gruppen gesetzt. Je nach Größe pflanzt man sie dabei 5 – 15 cm tief im Abstand von etwa 20 cm aus. Es ist darauf zu achten, daß die Pflanzen ausreichend weit von anderen Stauden entfernt stehen, damit das wuchskräftige Laub der Zeitlosen diese nicht bedrängt.
Pflege: Am richtigen Standort sind die interessanten Knollenpflanzen sehr pflegeleicht. Sie entwickeln sich am besten, wenn man sie ungestört wachsen läßt.
Vermehrung: Erst mehrere Jahre alte Horste können im Sommer geteilt werden, wobei man zugleich auch Brutknollen abnehmen kann. Reife Samen werden im Juli ausgesät; die Sämlinge blühen dann nach etwa zwei Jahren.
Schädlinge und Krankheiten: Schnecken; Graufäule
Tip: Blühende Knollen der Herbstzeitlose werden im Fachhandel manchmal als sog. Trockenblüher angeboten. Man kann diesen ungewöhnlichen Blumenschmuck auch selbst zustande bringen, wenn man im Sommer Knollen aus dem Boden nimmt, sie ohne Substrat dicht an dicht in eine Schale schichtet und völlig trocken lagert. Im Herbst erscheinen dann die Blüten.

Commelina
Tagblume, Kommeline

Art: *C. tuberosa* (auch *C. coelestis)*
Familie: Kommelinengewächse *(Commelinaceae)*
Herkunft: tropisches Mittelamerika
Blütenfarbe: blau
Blütezeit: Juni bis September
Höhe: 50 – 70 cm
Standort: sonnig, warm und geschützt; durchlässiger, stets ausreichend feuchter Boden
Merkmale: Auf den ersten Blick könnte man die Tagblume mit den bekannten Dreimasterblumen *(Tradescantia)* verwechseln. Wie diese besitzt die Tagblume dreiteilige Blüten, die sich nur für einen Tag öffnen. Allerdings bilden sich an den Enden der knotigen, mit welligen, länglichen Blättern besetzten Triebe unermüdlich neue Knospen, so daß die blaue Blütenpracht über mehrere Wochen anhält.
Im Handel wird die Tagblume meist noch unter dem Artnamen *C. coelestis* angeboten. Früher hielt man *C. coelestis* und *C. tuberosa* nämlich für unterschiedliche Arten, heute faßt man sie dagegen zu einer Art, *C. tuberosa*, zusammen.

Commelina tuberosa

Standortansprüche: Die aus den Tropen stammende Pflanze verlangt einen vollsonnigen, warmen und möglichst geschützten Platz. Der Boden muß gut durchlässig sein und darf während des Wachstums nicht austrocknen.
Verwendung: Im sommerlichen Garten ist die blaue Blütenfarbe eher selten. Um so mehr fallen die strahlend blauen Blüten der Tagblume in bunten Rabatten und Beeten auf. In Begleitung gelbblühender Taglilien *(Hemerocallis)*, von Montbretien, Sommerhyazinthen, Wunderblumen und Gladiolen oder auch verschiedenen einjährigen Sommerblumen zeigen sie ihre höchste Leuchtkraft.
Pflanzung: Die braunen, fleischig verdickten Knollen werden im Mai 5 – 8 cm tief im Abstand von 25 – 30 cm in den Boden gelegt.
Pflege: Die Pflanzen entwickeln sich sehr rasch. Während des Wachstums darf es ihnen nie an Wasser fehlen, selbst kurzzeitige Trockenheit schadet den Knollen. Einer Austrocknung kann man aber durch eine Mulchdecke wirksam vorbeugen. Im Herbst werden die Knollen aufgenommen und den Winter über kühl gelagert. Man kann sie dazu entweder mitsamt dem anhaftenden Erdballen in Kisten legen oder in Sand oder Torf einschichten. Während der Lagerung ist darauf zu achten, daß das Einschlagsubstrat nicht völlig austrocknet.
Vermehrung: Die Knollen können im Frühjahr vor der Pflanzung oder im Herbst geteilt werden. Eine Aussaat nimmt man im zeitigen Frühjahr unter Glas vor. Die Sämlinge blühen oft schon im zweiten Jahr.
Schädlinge: Schnecken
Tip: Wer sich an einer besonders frühen Blüte seiner Tagblumen erfreuen möchte, treibt die Knollen ab März im Haus vor.

Corydalis
Lerchensporn

Arten: *C. cava* (auch *C. bulbosa, Fumaria cava, Fumaria bulbosa,* Hohler Lerchensporn), *C. solida* (Gefingerter Lerchensporn, Fester Lerchensporn), *C. cashmeriana* (Kaschmir-Lerchensporn)
Familie: Mohngewächse *(Papaveraceae)*
Herkunft: Laubwälder in Europa, *C. cashmeriana* Bergwälder im Himalaja
Blütenfarbe: blaßrot, weiß, *C. cashmeriana* blau
Blütezeit: März bis April, *C. cashmeriana* April bis Mai
Höhe: 10 – 30 cm, *C. cashmeriana* 5 – 15 cm
Standort: halbschattig; durchlässiger, humoser, für *C. cashmeriana* kalkfreier, saurer Boden
Merkmale: Die Blüten des Lerchensporns sind asymmetrisch, wobei das obere Kronblatt zu einem langen Sporn verwachsen ist, dem namengebenden Kennzeichen der Gattung. Der Hohle Lerchensporn bildet in Laubwäldern Mitteleuropas vielerorts große Bestände und überzieht dann im Frühjahr den Boden mit unzähligen Trauben aus blaßroten oder weißen Blüten. Seine Knolle ist innen hohl, im Gegensatz zur kompakten Knolle des ansonsten recht ähnlichen Gefingerten Lerchensporns. Letzterer trägt fingerförmig eingeschnittenes Laub und keine ganz so üppigen Blütenstände wie sein „hohler" Verwandter. Eine auffällige Art ist der Kaschmir-Lerchensporn, der über dreiteiligem, tief eingeschnittenem Laub eine Traube aus vielen leuchtend azurblauen Blüten bildet.
Sorte: von *C. solida* 'George Baker' (auch 'Transsylvanica', lachs- bis orangerot, Höhe 10 – 20 cm)
Standortansprüche: Die Pflanzen gelten einerseits als etwas schwierig zu kultivieren, gedeihen aber andererseits häufig gerade an solchen Stellen besonders gut, an denen die meisten anderen Pflanzen Probleme bereiten. Gewährt man ihnen einen ungestörten Platz im Halbschatten auf lockerem, humosem Boden, der auch steinig sein darf, gewöhnen sie sich rasch ein und verwildern alsbald. Der Kaschmir-Lerchensporn braucht allerdings einen sehr lockeren Humusboden, der überdies sauer sein muß. Außerdem sollte an seinem Pflanzort stets hohe Luftfeuchtigkeit herrschen.
Verwendung: Einzelnstehende Pflanzen sind recht unscheinbar, erst in der Menge werden sie zu einem prächtigen Gartenschmuck. Ausgedehnte Teppiche von Lerchensporn untermalen Laubgehölze aller Art, ob Hecken oder frei stehende Bäume. Läßt man den Lerchensporn über Jahre hinweg ungestört wachsen, bildet er sehr hübsche Bodendecken, selbst in schwierigen Ecken des Gartens. In Lücken gesetzte, robuste Zwiebelblüher wie Winterlinge oder Schneeglöckchen sorgen für nette Farbtupfer. Der Kaschmir-Lerchensporn gibt eine ungewöhnliche Unterpflanzung für Rhododendren *(Rhododendron)* ab. Zu ihm passen z. B. auch noch Hundszahnlilien, Wildnarzissen oder Fritillarien. Da all diese Knollenpflanzen nach dem Einziehen im Sommer Lücken hinterlassen, sollte man großblättrige Stauden wie Funkien *(Hosta)* oder Schaublatt *(Rodgersia)* in die Nähe setzen, deren Laub dann die leeren Flächen überdeckt.
Pflanzung: Die kaum walnußgroßen Knollen werden Anfang September 10 – 20 cm tief mit weitem Abstand (mindestens 30 cm) in den Boden gelegt.
Pflege: Die Lerchenspornarten brauchen Ruhe, um sich gut entwickeln zu können. Besonders in den ersten Jahren nach der Pflanzung darf man sie nicht stören, den Boden also nicht umgraben. Einmal eingewöhnt, sind alle Arten pflegeleicht und wachsen willig.
Vermehrung: Eine Vermehrung erfolgt, falls überhaupt nötig, am besten durch Aussaat nach der Samenreife. Da sich die Pflanzen durch Selbstaussaat verbreiten, können aus dichten Beständen einige soeben verblühte Pflanzen versetzt werden, die ihren Samen am neuen Ort ausstreuen. Der Kaschmir-Lerchensporn läßt sich nach der Blüte auch teilen.

Corydalis cashmeriana

Corydalis cava

Crinum
Hakenlilie

Art: *C.* x *powellii* (auch *C. bulbispermum* x *C. moorei)*
Familie: Narzissen- oder Amaryllisgewächse *(Amaryllidaceae)*
Herkunft: beide Elternarten aus Südafrika
Blütenfarbe: weiß, rosa
Blütezeit: Juli bis August
Höhe: 80 – 100 cm
Standort: sonnig; durchlässiger Humusboden
Merkmale: Von der Gattung *Crinum* gilt einzig die genannte Hybride als gute Freilandpflanze, die vielen weiteren Arten gedeihen im hiesigen Klima nicht. Die

Crinum x *powellii*

Pflanze steht in Eleganz und majestätischer Ausstrahlung den Lilien in nichts nach, was ihr mancherorts auch den Namen Liliennarzisse einbrachte. Aus einer mächtigen, keulenförmigen Zwiebel, deren Spitze zu einer Art Flaschenhals ausgezogen ist, treibt ein Büschel langer, riemenförmiger, an den Enden etwas herabhängender Blätter, das weit auseinanderfällt. Im Sommer erscheint ein kräftiger Schaft, der an seiner Spitze einen Kranz aus bis zu 15 strahlend weißen, duftenden Trichterblüten trägt. Überaus reizvoll sind auch die rosafarbenen Sorten.
Sorten: Im Handel werden vor allem angeboten (jeweils 80 – 100 cm hoch) 'Album' (rein weiß), 'Harlemense' (perlmuttartig schimmerndes Rosa), 'Krelagei' (dunkelrosa).
Standortansprüche: Zu voller Pracht gelangt die Hakenlilie nur an einem sonnigen, warmen und geschützten Standort. Der Boden muß gut durchlässig sein und außerdem viel Humus, Nährstoffe und Feuchtigkeit enthalten.
Verwendung: Die stattliche Hakenlilie ist schon als Solitärpflanze eine Pracht, als kleine Gruppe gepflanzt, ist sie in Beeten und Rabatten aber wahrlich ein Erlebnis. Besonders gut wirkt sie in Begleitung ungewöhnlicher Sommerblumen wie etwa Atlasblume *(Godetia)*, Trompetenzunge *(Salpiglossis)* oder Buntschopfsalbei *(Salvia horminum)*, aber auch in Kombination mit exotischen Zwiebelgewächsen wie Montbretie, Tigerblume oder Tagblume. Im Kübel stellt sie eine außergewöhnliche Dekoration für die Terrasse dar.
Pflanzung: Man setzt die dicken, grapefruitgroßen Zwiebeln im Frühjahr 25 – 30 cm tief mit mindestens 40 cm Abstand ein. Der flaschenförmige Zwiebelhals muß dabei noch ein Stückchen aus der Erde herausragen.
Pflege: Während des Wachstums braucht die Hakenlilie reichlich Wasser, nach der Blüte sollte sie dagegen trockener stehen. Ist der Boden nicht vor der Pflanzung mit Kompost verbessert worden, muß zum Austrieb und zur Zeit der Knospenbildung nachgedüngt werden. Im Herbst deckt man die Pflanzstelle dick mit Laub und Reisig ab, am besten stülpt man sogar eine mit Laub oder Holzwolle gefüllte Kiste darüber. Die Pflanze sollte sich längere Zeit ungestört entwickeln dürfen, dann wird sie von Jahr zu Jahr zunehmend prächtiger.
Vermehrung: Im Mai kann man von älteren Exemplaren Brutzwiebeln abtrennen. Dabei dürfen aber die fleischigen, leicht brüchigen Wurzeln nicht beschädigt werden, und die Zwiebeln sollte man sofort wieder in den Boden pflanzen. In den Blüten reifen große Samen heran, die manchmal schon keimen, während sie noch an der Pflanze hängen. Zur Vermehrung von Hakenlilien sammelt man die reifen Samen ab und steckt sie danach mit großem Abstand in Saatgefäße. Die Sämlinge werden den Winter über im Haus warm und stets leicht feucht gehalten, im Frühjahr dann pikiert. Nach etwa 3 Jahren sind sie zu blühfähigen Pflanzen herangewachsen.
Krankheiten: Zwiebelbodenfäule

Crocosmia
Montbretie, Crocosmie

Arten: *C.* x *crocosmiiflora* (auch *C. aurea* x *C. pottsii, Montbretia crocosmiiflora), C. masoniorum*
Familie: Schwertliliengewächse *(Iridaceae)*
Herkunft: Grasländer Südafrikas
Blütenfarbe: orange, auch gelb und scharlachrot
Blütezeit: Juli bis September
Höhe: 50 – 80 cm
Standort: sonnig bis halbschattig, warm und geschützt; durchlässiger, leichter Humusboden

Crocosmia x *crocosmiiflora*

Merkmale: Feurig orangerot leuchten die üppig mit duftenden Trichterblüten besetzten Ähren der Montbretie aus Beeten und Rabatten heraus. Jede Einzelblüte besteht aus einer langen Kronröhre, deren 6 Segmente sich an der Spitze weit nach außen aufbiegen. Vielfach ragen die Staubblätter ein gutes Stück aus der Blüte heraus. Vor allem die besonders groß blütigen Hybriden sind sehr beliebt. Je nach Sorte variieren ihre Blütenfarben von Gelb über Orange bis Scharlachrot. Das schmale, überhängende Laub bleibt dagegen eher unscheinbar. Die Blätter von *C. masoniorum* sind breiter und deutlich gerippt, sie stehen unter den sehr reich besetzten Blütenähren straff aufrecht.
Sorten: Neben Farbsorten von *C.* x *crocosmiiflora*, die teilweise auch *C. masoniorum* zugerechnet werden, sind auch Mischungen im Handel.

Crocosmia masoniorum

Bewährt haben sich (jeweils 60 – 80 cm hoch) 'Firebird' (leuchtend orangerot), 'Lucifer' (scharlachrot), 'Vesuvius' (leuchtend rot).
Standortansprüche: Ein möglichst geschützter und sonniger Platz auf warmem, leichtem und gut durchlässigem Boden ist ideal für Montbretien. Sie gedeihen auch im Halbschatten, blühen dort aber nicht so üppig.
Verwendung: Die feurigen Blüten bilden in Beeten und Rabatten auffallende Farbkleckse zwischen anderen sommerblühenden Zwiebelpflanzen oder Stauden. Hübsch wirken sie z. B. neben Schmucklilie *(Agapanthus)*, Fackellilie *(Kniphofia)* oder Ziersalbei *(Salvia*-Arten), aber auch vor Gehölzen. Die Blütenstände können auch für die Vase geschnitten werden.
Pflanzung: Die Zwiebelknollen werden im Frühjahr, von April bis Mai, 7 – 10 cm tief im Abstand von etwa 30 – 40 cm eingesetzt.
Pflege: Montbretien erweisen sich am richtigen Standort als recht pflegeleicht. Während der Wachstumszeit ist auf gleichmäßige Wasserversorgung zu achten. An windigen Stellen müssen die dünnen Blütenstengel eine Stütze erhalten. Verblühte Ähren schneidet man knapp unterhalb der letzten Blüte ab. Kleinblütige Hybriden und *C. masoniorum* können unter einer Abdeckung aus Laub und Reisig den Winter über im Boden bleiben. Die Zwiebelknollen großblütiger Hybriden sollte man in rauhen Gegenden besser im Herbst aus dem Boden nehmen und mitsamt der anhaftenden Erde in eine sandgefüllte Kiste einlagern. Da sie von Natur aus jedoch keine völlige Ruhezeit einlegen, müssen sie den Winter über ganz leicht feucht gehalten werden und dürfen nicht zu kühl stehen. Eine Überwinterungstemperatur von 10 – 15 °C hat sich bewährt.
Vermehrung: Am richtigen Standort bilden Montbretien durch Ausläufer und Brutknollen bald dichte Bestände. Die Zwiebelklumpen können im Oktober aufgenommen und geteilt werden. Eine Aussaat erfolgt im Frühjahr unter Glas, die Sämlinge blühen erstmals nach etwa 3 Jahren.

Crocus
Krokus

Familie: Schwertliliengewächse *(Iridaceae)*

Crocus ancyrensis

Wenn nach Schneeglöckchen und Winterlingen die leuchtenden Blütenbecher der Krokusse den Garten schmücken, ist der Frühling zum Greifen nah. Wegen ihrer Wuchskraft und Anspruchslosigkeit gehören die Krokusse zu den beliebtesten und verbreitetsten Frühlingsblühern. Unter den vielen hübschen Arten gibt es aber auch solche, die mit einer sehr späten Blütezeit, kurz vor dem Winter, noch einmal Farbe in den Garten bringen. Die Gattung umfaßt eine Fülle von Arten, die man auf den ersten Blick oft kaum auseinanderhalten kann. Sie kommen in der Natur alle auf sehr ähnlichen Standorten vor, sind aber häufig in einem eng begrenzten Gebiet beheimatet. In der gärtnerischen Praxis werden gewöhnlich sog. Botanische Krokusse, das sind alle im Vorfrühling oder Herbst blühenden Wildarten, und Gartenkrokusse, das sind die im Frühjahr blühenden großblumigen Hybriden, unterschieden.
Alle Krokusse besitzen als unterirdische Speicherorgane kleine, kugelige Zwiebelknollen, die von einer mehr oder weniger faserigen, netzartigen oder glatten Hülle geschützt werden. Mit Hilfe von Zugwurzeln, die sich im Boden bei Bedarf langsam zusammenziehen, gelangen die Knollen mit der Zeit in die günstigste Tiefe, so daß eine zu flache Pflanzung nicht schadet.
Aus der Zwiebelknolle treiben zugleich mit der Blüte, bei einigen Arten auch erst danach, die schmal linealischen Laubblätter, die einen hellen Mittelstreifen tragen. Die trichter- bis kelchförmige Blüte besteht aus 6 Kronblättern, die am Grund zu einer schmalen Röhre verwachsen sind. Bei trübkaltem Wetter und nachts bleibt die Blüte geschlossen, öffnet sich am Tag aber schon bei geringem

Crocus versicolor

Temperaturanstieg und gibt den Blick auf die 3 meist intensiv gelben Staubfäden und die oft leuchtend orangefarbene Narbe frei. Dann läßt sich der Krokus ganz leicht von einer Zeitlose (siehe Seite 152) unterscheiden: Die Vertreter der Gattung *Colchicum* besitzen nämlich allesamt 6 Staubfäden.

Vorfrühlingskrokusse, Botanische Krokusse

Arten: *C. ancyrensis* (Ankara-Krokus), *C. angustifolius* (auch *C. susianus,* Goldlackkrokus, Goldbrokatkrokus), *C. balansae, C. biflorus* (Schottischer Krokus, Silberlackkrokus, Silberbrokatkrokus), *C. chrysanthus* (Bunter Krokus), *C. etruscus* (Etruskerkrokus), *C. imperati, C. sieberi, C. tommasinianus* (Elfenkrokus, Dalmatiner Krokus), *C. versicolor* (Silberlackkrokus)
Herkunft: trockene, steinige Berghänge und alpine Wiesen im Mittelmeerraum, in Klein- und Vorderasien
Blütenfarbe: blau bis violett, *C. ancyrensis, C. angustifolius* und *C. balansae* gelb, *C. chrysanthus* gelb und hellviolett bis purpurn, meist mehrfarbig
Blütezeit: Februar bis März, *C. versicolor* März bis April
Höhe: 5 – 10 cm
Standort: sonnig; durchlässiger, auch sandiger oder steiniger Boden
Merkmale: Krokusse gelten als Symbole der Hoffnung, denn sie künden mit ihrer frühen Blüte vom Wiedererwachen der Natur.
Welche der vielen reizvollen Wildarten die schönste ist, mag jeder selbst entscheiden. Attraktiv sind sie alle, ihre farbkräftigen Blüten fallen schon von weitem auf. So z. B. die strahlend goldgelben Blütenbecher des Ankara-Krokus, die in dichten Büscheln stehen. Auch die Blüten des Goldlackkrokus leuchten in sattem Gelb.

Crocus angustifolius

Bei näherem Hinsehen wirken sie durch eine bronzefarbene bis rotbraune Äderung wie edler Brokat. Ebenfalls intensiv gelb, aber mahagonifarben getuscht sind die kleinen Blüten von *C. balansae.* Der Schottische Krokus bildet weiße, lila schattierte Blüten, die auf der Außenseite purpurn gestreift sind und ähnlich denen des Goldlackkrokus aus kostbarem Stoff zu bestehen scheinen. Die weit aus breiteste Farbpalette bietet der Bunte Krokus. Je nach Sorte laufen auf den bauchigen Blüten verschiedene Farben ineinander, wobei die Außenseiten meist kontrastierend zum Innern getönt sind. In zartem Lavendelblau, das von einer feinen, dunklen Federzeichnung überzogen ist, präsentieren sich die Blüten des Etruskerkrokus. Aus ihrem Innern leuchten orangerote Narben heraus. Die Blüten von *C. imperati* öffnen sich in der Sonne weit, so daß man ihre unterschiedlich gefärbten Kronblätter gut bewundern kann. Die äußeren Blütenblätter sind cremegelb mit dunkler Äderung, die inneren dagegen purpurviolett. Klein und kugelig sind die Blüten von *C. sieberi*, und sie erstrahlen in einem frischen Hellviolett. Die Art *C. tommasinianus* wird nicht von ungefähr Elfenkrokus genannt, wirken doch die zarten, schlanken, hellvioletten Blüten mit ihren langen Kronröhren wie tanzende Zauberwesen. Kräftiger im Farbton, aber ebenso zierlich sind die hübschen Sorten dieser Art. Vollendet wird der Reigen der Vorfrühlingsblüher durch den Silberlackkrokus, dessen weiße, von violetten Adern durchzogene Blüten sich als letzte der hier genannten Arten öffnen.
Sorten: Wie die Wildarten selbst werden auch die Sorten jeweils 5 – 10 cm hoch. Von *C. balansae* gibt es im Handel u. a. 'Zwanenburg' (leuchtend orangegelb, außen rotbraun gestrichelt, besonders lange blühend); von *C. biflorus* 'Pusillus' (weiß, orangefarbener Schlund, außen purpurn gestrichelt), 'Weldenii Fairy' (auch als var. *weldenii* 'Fairy' geführt, silbrigweiß, außen hell blaugrau); von *C. chrysanthus* werden u. a. angeboten 'Blue Bird' (blau, weißer Rand), 'Blue Pearl' (mattblau, goldgelber Schlund, außen dunkler), 'Cream Beauty' (cremegelb), 'E. A. Bowles' (buttergelb, außen bronzefarbene Zeichnung), 'Eyecatcher' (innen weiß, außen dunkelviolett mit weißem Saum), 'Goldilocks' (goldgelb, außen bronzefarben gezeichnet), 'Ladykiller' (innen weiß, außen purpurn mit weißem Rand), 'Snowbunting' (innen weiß, außen cremefarben mit lila Feder-

Crocus chrysanthus

zeichnung), 'Sunkist' (goldgelb, außen bronzefarben gestrichelt), 'Zwanenburg Bronce' (innen gelb, außen bronzefarben); von *C. etruscus* gibt es 'Rosalind' (hellrosa), 'Zwanenburg Variety' (blauviolett); von *C. sieberi* 'Firefly' (rosalila), 'Hubert Edelsten' (innen weiß, außen purpurviolett und weiß gescheckt), 'Violet Queen' (hellviolett); von *C. tommasinianus* 'Ruby Giant' (dunkellila), 'Taplow Ruby' (rötlichlila), 'Whitewell Purple' (tief purpurviolett, sehr reich blühend); von *C. versicolor* 'Picturatus' (silbrigweiß, außen kräftig rotviolett gemustert).

Standortansprüche: Alle Wildarten sind ausgesprochen genügsame und robuste Pflanzen, die an einem sonnigen Platz auf durchlässigem Boden, sogar auf steinigem oder sandigem Untergrund, eine reiche Blüte zeigen. Schweren, tonigen Boden sollte man vor der Pflanzung mit Sand auflockern.

Verwendung: Zum Blickpunkt werden die Krokusse nur, wenn sie ihre Farbenpracht in dichten Büscheln präsentieren dürfen. Man pflanzt sie deshalb stets in Gruppen, am besten in den Steingarten oder an den Gehölzrand. In den noch winterlich tristen Beeten und Rabatten sorgen vor allem großblumige oder farbintensive Arten wie Ankara-Krokus oder Bunter Krokus für erste Farbtupfer. Besonders auffallend wirken sie, wenn man Pflanzgruppen in jeweils verschiedenen Farben nebeneinandersetzt. Vor allem gelbe und violette Blütenkissen ergänzen sich hervorragend. Ihre Leuchtkraft erhöht sich noch, wenn sie zwischen immergrüne oder frisch austreibende Polsterstauden gesetzt werden. Alle hier genannten Arten eignen sich zum Verwildern und gedeihen auch in schütteren, lückigen Rasenflächen.

Crocus tommasinianus

Pflanzung: Die etwa haselnußgroßen, rundlichen bis birnenförmigen Zwiebelknollen werden im Herbst 5 – 10 cm tief im Abstand von 10 – 15 cm in den Boden gebracht.

Pflege: Kaum eine andere Gartenpflanze blüht so willig und erweist sich zudem noch als derart pflegeleicht wie der Krokus. Man braucht sich nicht um ihn zu kümmern. Allerdings sollte man das feine, grasartige Laub nach der Blüte unbedingt stehenlassen, damit die Zwiebelknollen ausreichend Speicherstoffe für die nächste Saison einlagern können. Wiesen mit Krokussen dürfen also erst gemäht werden, wenn die Blätter der Krokusse vergilben, frühestens Ende Mai, besser erst Anfang Juni.

Vermehrung: Wenn ihnen der Standort zusagt, vermehren sich die Krokusse durch Brutknollen und Selbstaussaat ganz von allein. Mit den Jahren bilden sie üppige Bestände aus. Nach dem Einziehen des Laubs kann man zwar Brutknollen abnehmen, zugunsten dichter Horstbildung sollte man sie aber besser an den Pflanzen belassen. Aus Samen können, entweder direkt nach der Reife oder im Frühjahr, ganz leicht neue Pflanzen gezogen werden. In sandigem Substrat, nur dünn mit Sand übersiebt und immer leicht feucht gehalten, keimt die Saat meist schnell. Die Sämlinge sind nach etwa 2 – 3 Jahren blühfähig.

Crocus-Hybriden

Schädlinge und Krankheiten: Wühlmäuse, Amseln; Grauschimmel, Hartfäule, Trockenfäule, Graufäule

Großblumige Gartenkrokusse

Arten: *C.*-Hybriden (Gartenkrokus), *C. flavus* (auch *C. aureus, C. luteus,* Goldkrokus), *C. vernus* ssp. *vernus* (auch *C. heuffelianus, C. neapolitanus,* Italienischer Krokus)

Herkunft: trockene und steinige Hänge sowie alpine Wiesen, *C. flavus* in Südosteuropa und Kleinasien, *C. vernus* ssp. *vernus* in Südwesteuropa

Blütenfarbe: *C.*-Hybriden weiß, lila, blau, purpurn, auch zweifarbig, *C. flavus* gelb, *C. vernus* ssp. *vernus* violett und weiß

Blütezeit: März bis April

Höhe: 5 – 10 cm

Standort: sonnig bis halbschattig; durchlässiger Gartenboden

Merkmale: Die bunte Farbenpracht der Gartenkrokusse erfreut jedes Frühjahr aufs neue. Mit ihren großen Kelchen, vielfach in herrlichen leuchtenden Farben, gehören die großblumigen Hybriden, die von einigen Anbietern auch als Holländische Krokusse bezeichnet werden, zu den schönsten Frühlingsblumen im Garten. Die Palette ihrer weißen, hellblauen, hell- und dunkelvioletten Farbtöne läßt sich durch das sonnige Gelb des Goldkrokus wirkungsvoll erweitern. Eine Stammart der Hybriden ist der Italienische Krokus, der durch seine großen, bauchigen Blüten in Weiß, Violett oder in einer Mischung aus diesen beiden Farben besticht.

Sorten: Von den Hybriden werden neben bunten Mischungen u. a. angeboten (jeweils 5 – 10 cm hoch) 'Early Perfection' (dunkelviolett, noch dunklerer Saum, gute Treibsorte), 'Haarlem Gem' (zartviolett, außen grau, versamt sich nicht), 'Jeanne d'Arc' (rein weiß), 'Pickwick' (weiß mit violetten Streifen), 'Purpureus Grandiflorus' (leuchtend violett, sehr großblumig, gute Treibsorte), 'Queen of the Blues' (lilablau, heller Saum), 'Remembrance' (silbrig purpurviolett, gute Treibsorte), 'Striped Beauty' (weiß-violett gestreift), 'Vanguard' (violett, außen grau überhaucht, versamt sich nicht, gute Treibsorte); von *C. flavus* 'Großer Gelber' (auch als 'Dutch Yellow', 'Yellow Mammooth' oder 'Large Yellow' bezeichnet, zuweilen auch zu den *C.*- Hybriden gezählt, leuchtend goldgelb, besonders lange Blütezeit, versamt sich nicht, Höhe 5 – 10 cm).

Verwendung: Die üppigen Blüten dieser Krokusse kommen in Beeten und Rabatten am besten zur Geltung, verfehlen aber auch in lückigen Rasenflächen nicht ihre Wirkung. Im Steingarten erscheinen sie dagegen eher zu pompös. Dieser Gartenteil sollte den zarteren Wildarten vorbehalten bleiben.
Ihre volle Pracht stellen auch die großblumigen Arten erst in der Gruppe zur Schau. Sie schmücken im Frühling nicht nur Gartenbeete, sondern auch Kästen und Schalen mit leuchtenden Farben.
Pflanzung, Pflege, Vermehrung, Schädlinge und Krankheiten: wie bei den Vorfrühlingskrokussen (siehe Seite 158)

Crocus medius

Crocus flavus

Standortansprüche: Die robusten Gartenkrokusse wie auch der Goldkrokus und der Italienische Krokus gedeihen sowohl an sonnigen wie an leicht schattigen Stellen gut, wobei die Blüte aber um so spärlicher ausfällt, je länger der Pflanzort täglich im Schatten liegt. Ihrer Herkunft entsprechend begnügen sie sich mit jedem gut durchlässigen Gartenboden.

Tip: Für die Treiberei werden Knollen der Sorten 'Vanguard', 'Remembrance', 'Purpureus Grandiflorus' und andere im Oktober flach in Gefäße mit sandigem Substrat gepflanzt. Nachdem sie etwa 2 Monate kühl und dunkel aufbewahrt wurden, holt man sie ans Licht und in die Wärme. Die Blüten zeigen sich dann bereits innerhalb weniger Wochen.

Herbstblühende Botanische Krokusse

Arten: *C. sativus* (Safrankrokus), *C. speciosus* (Prachtkrokus), *C. banaticus* (auch *C. byzantinus, C. iridiflorus*, Siebenbürger Krokus), *C. kotschyanus* (auch *C. zonatus, C. cancellatus), C. longiflorus* (auch *C. odorus), C. medius, C. nudiflorus, C. pulchellus*
Herkunft: steinige Hänge, lichte Wälder und Gebüsche im Mittelmeerraum, in Klein- und Vorderasien, *C. sativus* nur in Kultur bekannt
Blütenfarbe: violett
Blütezeit: September bis November
Höhe: 5 – 10 cm
Standort: sonnig bis halbschattig; durchlässiger Gartenboden
Merkmale: Der Safrankrokus ist wohl die bekannteste Pflanze dieser großen Artengruppe. Seine satt orangeroten Narben, die weit aus der schieferblauen bis violetten Blüte herausragen, ergeben, getrocknet und zermahlen, das teuerste Gewürz der Welt. Der Prachtkrokus steht dem edlen Verwandten an Schönheit nicht nach. Seine becherfömigen, langröhrigen Blüten von zart blauvioletter bis fast weißer Färbung sind von dunklen Adern durchzogen. Bei der Art ebenso wie bei den mehr oder weniger intensiv getönten und geäderten Sorten

Crocus speciosus

bilden die orangefarbenen Narben einen starken Kontrast zu den Kronblättern. Auch die Blüten des Siebenbürger Krokus sind auffallend langröhrig, meist lila, bisweilen aber auch tiefviolett gefärbt oder weiß. Sie zeigen ihre Eigenart erst bei längerem Sonnenschein. Dann nämlich schlagen sich die äußeren 3 Blütenblätter

Crocus kotschyanus

weit nach außen auf, während die inneren aufrecht stehenbleiben. Und noch eine Besonderheit wird erst jetzt sichtbar: Die feinzerteilte Narbe ist, anders als bei den übrigen Krokussen, weißlichlila gefärbt. Bei *C. kotschyanus* steht wiederum eine gelbe Narbe inmitten eines rosalila Kelchs. Auffallend orangerot ist die Narbe bei *C. longiflorus*, dessen lila- bis purpurrosa Blüten von bauchiger Gestalt sind. Noch feuriger leuchtet die rotorangefarbene Narbe bei *C. medius* aus dem gelben Schlund des dunkellila Blütenbechers heraus. Lange bevor das Laub erscheint, öffnen sich die purpurvioletten Blüten von *C. nudiflorus*. Das hat der Art ihren botanischen Namen eingetragen, der übersetzt „nacktblütiger Krokus" bedeutet. Besonders anmutig wirken die zartvioletten Blüten von *C. pulchellus* mit dem orangefarbenen, dicht behaarten Schlund, in dem wie ein kleiner Pinsel die vielfach zerteilte, dunkelgelbe Narbe steht.

Sorten: Es sind u. a. im Handel (jeweils 5 – 10 cm hoch) von *C. speciosus* 'Albus' (rein weiß, gelber Schlund), 'Artabir' (hell lavendelblau, dunkler geädert, cremeweißer Schlund), 'Cassiope' (hell violettblau, großblumig), 'Oxonian' (dunkel violettblau, großblumig); von *C. pulchellus* 'Zephir' (weiß, außen perlgrau, gelber Schlund).

Crocus pulchellus

Standortansprüche: Die herbstblühenden Arten erweisen sich als ebenso genügsam wie die Frühlingsblüher; auch sie sind mit einem sonnigen bis halbschattigen Standort auf jedem einigermaßen durchlässigen Untergrund zufrieden.
Verwendung: Die zarten Kelche der Herbstkrokusse zaubern noch einmal Farbenpracht in den Steingarten und an den Gehölzrand. Sie wirken am besten in locker verteilten, verschiedenfarbigen Gruppen und lassen ihre Blüten zwischen Polsterstauden und kleinen Grashorsten oder vor dunklen Gehölzen besonders hübsch aufleuchten.
Pflanzung: Die Zwiebelknollen werden im Juli oder August 5 – 10 cm tief im Abstand von 10 – 15 cm in den Boden gebracht.
Pflege, Vermehrung, Schädlinge und Krankheiten: wie bei Vorfrühlingskrokussen (siehe Seite 158)

Cyclamen
Alpenveilchen, Zyklame

Arten: *C. coum* (auch *C. orbiculatum, C. vernum,* Vorfrühlings-Alpenveilchen), *C. cilicium, C. hederifolium* (auch *C. neapolitanum,* Efeublättriges Alpenveilchen, Herbstalpenveilchen), *C. repandum, C. mirabile, C. purpurascens* (auch *C. europaeum,* Wildes Alpenveilchen, Sommeralpenveilchen)
Familie: Primelgewächse *(Primulaceae)*
Herkunft: lichte Wälder und Gebüsche, auch zwischen Felsen, *C. coum* und *C. cilicium* in Kleinasien, *C. hederifolium* und *C. repandum* in Südeuropa von Frankreich bis zur Türkei, *C. mirabile* in Kleinasien, *C. purpurascens* vom südlichen Jura und den Alpen bis nach Dalmatien und zu den Karpaten
Blütenfarbe: *C. coum* rosa, rot, auch weiß, *C. cilicium* rosa, *C. hederifolium* und *C. repandum* rosa, auch weiß, *C. mirabile* rosa, *C. purpurascens* rosa, rot
Blütezeit: *C. coum* Februar bis April, *C. cilicium, C. hederifolium* und *C. mirabile* September bis Oktober, *C. repandum* März bis Mai, *C. purpurascens* Juni bis September
Höhe: 10 – 15 cm, *C. coum* 5 – 10 cm, *C. repandum* 10 – 20 cm
Standort: halbschattig; frischer, humoser, durchlässiger Boden
Merkmale: Alle Alpenveilchen zeichnen sich durch eine scheibenförmige oder rundliche Knolle aus, von der sich auch ihr botanischer Name ableitet (das griechische *cyclos* bedeutet Scheibe). Während die Knollen der meisten Arten auf der Unterseite oder rundherum Wurzeln bilden, treiben die des Efeublättrigen Alpenveilchens nur auf der Knollenoberseite aus.
Die zarte Farbe und aparte Form ihrer langgestielten Einelblüten machen Alpenveilchen zu begehrten Gartenschätzen, zumal die Pflanzen sehr pflegeleicht sind. Auch das kräftig dunkelgrüne, meist zartsilbrig gezeichnete und unterseits karminrote Laub wirkt ausgesprochen schmückend. Die elegante Blütenform, die so gar nicht an ihre Primelverwandten erinnert, entsteht durch die schon vom Ansatz her weit zurückgeschlagenen Blütenblätter, die oft an ihrer Basis ein dunkleres „Auge" tragen. Nach ihrer Blütezeit lassen sich die Alpenveilchen in

2 Gruppen einteilen: Die einen, etwa das Vorfrühlings-Alpenveilchen oder *C. repandum*, blühen im Frühjahr, die anderen, z. B. Efeublättriges Alpenveilchen und *C. mirabile*, dagegen im Herbst. Sie nutzen damit zur Blüte jeweils die Zeit des Jahres aus, in der es in ihrer Heimat am feuchtesten ist. Die Blüten der einzelnen Arten sehen einander recht ähnlich. Eher schon kann man sie an ihren Laubblättern unterscheiden, obwohl diese innerhalb einer Art recht variabel sein können. Wilden Alpenveilchen bleibt das rundlich-nierenförmige Laub ganzjährig erhalten. Die letztgenannte Art steht unter Naturschutz. Durch den Gehalt an Saponinen sind die Knollen der Alpenveilchenarten giftig.

Sorten: Von *C. hederifolium* sind u. a. erhältlich (jeweils 10 – 15 cm hoch) 'Album' (weiß), 'Perlenteppich' (rein weiß) und 'Rosenteppich' (rosa).

Standortansprüche: Alpenveilchen gedeihen am besten an einem Platz im Halbschatten oder im lichten Schatten. Sie benötigen einen frischen bis mäßig trockenen, gut durchlässigen, warmen, humosen Boden, der schwach kalkhaltig sein darf. Günstig ist eine Mischung aus Lauberde und lehmiger Gartenerde. *C. cilicium* und *C. mirabile* benötigen gut geschützte Plätze; sie sind von allen genannten Arten die frostempfindlichsten. Ständige oder stauende Nässe wird dagegen von keiner Art lange ertragen.

Verwendung: In größeren Gruppen kommen Alpenveilchen am sonnigen Gehölzrand sowie unter lichten, laubabwerfenden Gehölzgruppen am besten zur Geltung. Sie können dort besonders schön mit Apennin-Windröschen, Zeitlosen, Krokussen, Winterlingen, Nieswurz *(Helleborus)*, Primeln *(Primula)* oder Veilchen *(Viola)* kombiniert werden. Auch im absonnigen Steingarten oder im Schatten größerer Einzelsteine finden sich geeignete Stellen für Alpenveilchen. Hier bilden vor allem kleine Ziergehölze eine wunderbare Ergänzung. Das Vorfrühlings-Alpenveilchen eignet sich besonders gut zum Verwildern.

Pflanzung: Die Knollen der herbstblühenden Arten werden im April, die der Frühjahrsblüher im August oder September gepflanzt. Die Knollen des Efeublättrigen Alpenveilchens kommen dabei 5 – 10 cm tief, die von *C. repandum* 10 – 15 cm tief in den Boden, während die anderen Arten in nur etwa 5 cm Tiefe gelegt werden. Beim Einpflanzen des Efeublättrigen Alpenveilchens muß man darauf achten, daß der Wurzelansatz der Knolle nach oben zeigt. Alpenveilchen wirken in kleinen Gruppen von jeweils 3 – 5 Pflanzen besonders hübsch, wobei der Pflanzabstand zwischen den Knollen ungefähr 10 cm betragen sollte.

Pflege: Im ersten Winter müssen die Knollen – mit Ausnahme derjenigen des völlig frostharten Wilden Alpenveilchens – unbedingt durch eine Abdeckung aus Reisig oder Nadelstreu geschützt werden. Zur Ergänzung der Nährstoffvorräte des Bodens wird die Pflanzstelle alle 1 – 2 Jahre im Frühjahr oder im Herbst dünn mit Kompost oder Laubhumus überstreut. Alpenveilchen blühen am schönsten, wenn sie möglichst lange ungestört wachsen dürfen. Werden die Knollen durch den Frost aus dem Boden gehoben, bedeckt man sie im Frühjahr wieder mit etwas Erde.

Vermehrung: Alpenveilchen werden gewöhnlich durch Aussaat vermehrt, entweder im Frühjahr unter Glas oder gleich nach der Samenreife im Freiland. Sie sind Dunkelkeimer, die Samen müssen also gut mit Erde bedeckt werden. Nur frisches Saatgut keimt zuverlässig, daher wird es möglichst bald nach der Reife ausgesät. Bis zur ersten Blüte der Jungpflanzen können dann allerdings noch einige Jahre vergehen.

Cyclamen coum

Cyclamen hederifolium

Beim Vorfrühlings-Alpenveilchen sind sie rundlich bis nierenförmig, einfach grün oder leicht gefleckt, bei dem wohlriechenden *C. cilicium* ebenfalls rundlich, aber deutlich marmoriert. Efeuartig, wintergrün (d. h. den Winter über an der Pflanze, im Sommer dagegen eingezogen) und meist lebhaft gezeichnet ist dagegen das Laub des Efeublättrigen Alpenveilchens. *C. repandum* trägt herzförmige, am Rand gelappte oder gekerbte Blätter. Die jungen, kräftig gezähnten Blätter von *C. mirabile* sind im Unterschied zu allen anderen Arten rosa gezeichnet, und nur beim

Schädlinge und Krankheiten: Blattläuse, Dickmaulrüßler, Amseln, Wühlmäuse; Fäulnis der Knollen in nassen Böden, Zwiebelbodenfäule, Grauschimmel
Tip: Da das Einpflanzen von losen Knollen des Efeublättrigen Alpenveilchens wegen des eigentümlichen Wurzelwachstums oft Schwierigkeiten bereitet, sollte man vorgezogene, getopfte Pflanzen erwerben. Das Erdreich im Topf wird vor der Pflanzung nochmals gegossen, damit der Erdballen nicht auseinanderfällt. Dann setzt man den Topfinhalt mitsamt der Knolle in ein entsprechend großes Pflanzloch ein.

Cypripedium
Frauenschuh, Venusschuh

Arten: *C. calceolus* (Marienfrauenschuh), *C. reginae* (auch *C. spectabile*, Königsfrauenschuh)
Familie: Orchideen *(Orchidaceae)*
Herkunft: *C. calceolus* Laub- und Nadelwälder in Europa und Vorderasien, *C. reginae* Moore und Sümpfe in Nordamerika
Blütenfarbe: *C. calceolus* gelb-purpurbraun, *C. reginae* weiß, rosa geädert
Blütezeit: Mai bis Juni
Höhe: *C. calceolus* 30 – 40 cm, *C. reginae* 40 – 60 cm
Standort: halbschattig; durchlässiger, humoser Boden, für *C. calceolus* kalkhaltig, für *C. reginae* kalkfrei
Merkmale: Die beiden Arten machen mit ihren spektakulären Blüten der noblen Orchideenfamilie alle Ehre. Der untere Blütenteil ist zu einem pantoffelähnlichen Gebilde aufgebläht, das der Sage nach einst der Göttin Venus als Schuh gedient hat. Dem Marienfrauenschuh wurden seine großen und auffälligen Blüten beinahe zum Verhängnis: Seine Bestände wurden vielerorts so sehr geplündert, daß er heute in der Natur nur noch äußerst selten zu finden ist und unter strengstem Naturschutz steht. In Fachgärtnereien werden die exotisch wirkenden Blumen mit ihren gelben „Pantoffeln" und den purpurbraunen, lanzettlichen und meist ein wenig verdrehten übrigen Blütenblättern eigens für die Gartenkultur vermehrt. Wildpflanzen dürfen weder gepflückt noch gar ausgegraben werden; bei Zuwiderhandlung drohen empfindliche Strafen. Botaniker unterscheiden von dieser Art einige Varietäten, in der Gartenpraxis spricht man allerdings nur von *C. calceolus* (was der Varietät *C. calceolus* var. *calceolus* entspricht).
Der elegante Königsfrauenschuh besticht durch seine schneeweißen Blüten. Seine ballonartige Lippe ist von einem zarten, rosa Streifenmuster überzogen.

Cypripedium calceolus

Standortansprüche: Die Wahl des richtigen Standorts ist für das Gedeihen beider Arten ausschlaggebend und sollte daher sehr sorgfältig erfolgen. Der Marienfrauenschuh braucht eine halbschattige Stelle auf gut durchlässigem, humosem, frischem Boden, der kalkhaltig sein muß. Der Königsfrauenschuh muß ebenfalls halbschattig stehen, aber auf sauer reagierendem, kalkfreiem Boden, der auch feucht sein darf.
Verwendung: Die eleganten Orchideen erhalten am besten einen gut sichtbaren Platz, an dem man sie gebührend bewundern kann. Im Steingarten oder am Gehölzrand stellen kleine Farne und Gräser eine schlichte, aber wirkungsvolle Begleitung dar. Zum Marienfrauenschuh passen Primeln *(Primula)*; der Königsfrauenschuh harmoniert dagegen mit Preisel- oder Heidelbeeren *(Vaccinium)* und kommt im Moorbeet auch vor Rhododendren *(Rhododendron)* oder Lorbeerrosen *(Kalmia)* gut zur Geltung.

Pflanzung: Die fleischigen, bisweilen knollig verdickten Rhizome sollten nur getopft erworben und auch nur mitsamt dem anhaftenden Substrat, also dem kompletten Wurzelballen, gepflanzt werden. Die Wurzeln sind nämlich sehr empfindlich und wachsen schon nach kleinsten Beschädigungen nicht mehr weiter. Man setzt die Rhizome im Frühjahr oder Herbst ebensotief ein, wie sie zuvor im Topf standen.
Pflege: Ausschlaggebend für eine üppige Blüte dieser eigenwilligen Orchideen ist ein optimaler Standort. Sagt ihnen die Stelle zu, wachsen sie willig und werden recht alt. Man sollte sie aber unbedingt ungestört lassen, damit sie sich frei entwickeln können. Jedes Verpflanzen beeinträchtigt die Wuchskraft, häufig leiden die Pflanzen nachhaltig darunter. Einmal eingewachsen, erweisen sich die Orchideen als pflegeleicht. Sie sind zwar winterhart, reagieren aber empfindlich auf häufige und besonders krasse Temperaturwechsel. Deshalb sollte man sie im Winter mit Nadelstreu, Reisig oder trockenem Laub abdecken.
Vermehrung: Vorsichtige Teilung der Rhizome im Frühjahr ist zwar möglich, aber sehr schwierig. Häufig überstehen die Pflanzen diesen Eingriff nicht. Daher ist es besser, neue Pflanzen zu kaufen.
Schädlinge: Schnecken
Tip: Beim Kauf des Marienfrauenschuhs sollte man darauf achten, daß die Pflanzen in den ansässigen Gärtnereien gezogen und nicht aus anderen Ländern importiert wurden. Das wirkt einerseits einem möglichen Raubbau an der fremden Flora entgegen, zum anderen wachsen vor Ort kultivierte Pflanzen wesentlich besser an.

D

Dahlia
Dahlie, Georgine

Art: *D.*-Hybriden (auch *D.* x *cultorum*, *D. variabilis*)
Familie: Korbblütler *(Compositae)*

Neben den Tulpen gehören die farbenprächtigen und vielgestaltigen Dahlien unzweifelhaft zu den beliebtesten Zwiebel- und Knollengewächsen. Die ursprünglichen Arten stammen aus Mittelamerika, wo sie schon die Gärten der Azteken schmückten. Erst vor etwa 200 Jahren gelangten die attraktiven Blumen nach Europa. Allerdings wurden sie anfangs nicht als Gartenzierde, sondern als Futterpflanzen fürs Vieh kultiviert. Aus ihren Knollen stellte man zudem eine Art Süßstoff her. Durch intensive Züchtung entstanden bald zahllose Sorten in einer schier unüberschaubaren Farben- und Formenvielfalt. Auch heute erscheinen noch immer jedes Jahr neue Formen auf dem Markt. Das Sortiment, das der Handel bereithält, wechselt allerdings ständig, beeinflußt durch mehr oder weniger kurzlebige Modetrends. Nicht nur in den Farben und Formen der Blüten, auch in der Wuchshöhe der Pflanzen bestehen große Unterschiede. Dahlien gibt es in allen Größen, von Zwergformen bis zu mächtigen, straff aufrechten Büschen.

Die Korbblüten der Dahlien, die sich an den Spitzen der mehrfach verzweigten und mit ein- bis dreifach gefiedertem Laub besetzten Triebe entwickeln, bestehen eigentlich aus einem dichtgedrängten Blütenstand aus Einzelblüten. Auf einer zentralen Scheibe sitzen zwittrige, stark zurückgebildete Röhrenblüten, die fast nur noch aus Narben und Staubgefäßen bestehen. Umkränzt werden sie von weiblichen oder geschlechtslosen Zungen- oder Strahlenblüten, bei denen sich die männlichen Organe zu stark verbreiterten und leuchtend gefärbten Blütenblättern umgebildet haben.

Bei halbgefüllten und gefüllten Blütenkörben ist die Zahl der Zungenblüten stark erhöht, manchmal die gelbe Blütenmitte gar nicht mehr vorhanden. Die Zungenblüten fallen je nach Sorte sehr unterschiedlich aus, sie können kurz und rundlich oder lang und zugespitzt, tütenförmig eingerollt oder flach ausgebreitet sein.
Gemäß einer internationalen Vereinbarung werden die Sorten nach ihren unterschiedlichen Blütenformen in verschiedene Klassen eingeteilt, die man jeweils zu den Gruppen einfachblühende, halbgefüllte und gefüllte Dahlien zusammenfaßt.

Durch intensive Züchtungsarbeit entstanden zahlreiche verschiedene Blütenformen der Dahlie: ① Halskrausendahlie, ② Pompondahlie, ③ Balldahlie, ④ Päonienblütige Dahlie, ⑤ Einfachblühende Dahlie, ⑥ Anemonenblütige Dahlie, ⑦ Schmuckdahlie, ⑧ Semikaktusdahlie, ⑨ Kaktusdahlie.

Dahlia-Hybride, Mignondahlie

Einfachblühende Dahlien

Klassen: Zwerg-Mignondahlien (auch Top-Mix-Dahlien), Mignondahlien, Hohe Mignondahlien
Blütenfarbe: alle Farben außer Blau und Schwarz, auch mehrfarbig
Blütezeit: Juni bis Oktober
Höhe: Zwerg-Mignondahlien 15 – 30 cm, Mignondahlien 30 – 40 cm, Hohe Mignondahlien 50 – 60 cm
Standort: sonnig; frischer, durchlässiger, nährstoffreicher Gartenboden
Merkmale: Ein einfacher Kranz aus oft leuchtend gefärbten Zungenblüten um eine goldgelbe Mitte ist das Kennzeichen aller Mignondahlien. Entsprechend der Wuchshöhe der Pflanzen hat man die Gruppe noch weiter unterteilt. Die niedrigsten Formen, überwiegend Zwerg-Mignondahlien, werden oft auch als „Liliputdahlien" angeboten.
Sorten: Häufig sind samenvermehrbare Farbmischungen (z. B. 'Mignon-Prachtmischung', Höhe 30 – 40 cm) oder nur mit ihrer Farbe bezeichnete, ebenfalls samenvermehrbare Hybridgruppen im Handel, z. B. 'Coltness'-

Dahlia-Hybride, Anemonenblütige Dahlie

Hybriden (Höhe 45 cm) oder 'Piccolo'-Hybriden (Höhe 15 cm).

Standortansprüche: Die Dahlien können sich an sonnigen Plätzen auf gut durchlässigem, nährstoffreichem Boden am besten entwickeln. Geeignet ist ein humoser, mittelschwerer Boden. Sehr schwere Tonböden sollte man durch Sandbeimengung auflockern, leichte Sandböden durch Untermischen von Lehm, Tonmehl und Kompost verbessern.

Verwendung: Die Mignondahlien mit ihren schlichten, aber farbkräftigen Blüten passen am besten auf sommerliche Beete und Rabatten, wo sie in Gemeinschaft mit einjährigen Sommerblumen fröhlich bunte Bilder in den Garten zaubern. Vor allem die niedrigen Sorten eignen sich auch für die Kultur in Gefäßen. Langstielige Blüten ergeben schöne Schnittblumen.

Pflanzung: Die handförmig geteilten Knollen werden im Frühjahr so tief eingesetzt, daß der Austriebbereich der Knolle etwa 5 cm hoch mit Erde bedeckt ist. Die Knollen sollten etwa 20 – 40 cm Abstand voneinander haben. In klimatisch milden Regionen kann die Pflanzung schon im April erfolgen, in rauheren Gebieten wartet man damit, bis die Spätfrostgefahr vorüber ist. Besonders früh blühen die Pflanzen, wenn die Knollen schon im März oder April eingetopft und im Haus vorgetrieben werden; sie kommen dann etwa Mitte Mai ins Freie. Hohen Sorten gibt man gleich bei der Pflanzung eine stabile Stütze bei. So vermeidet man, daß die Knollen beschädigt werden, wenn man nachträglich einen Stützstab in die Erde steckt.

Pflege: Zwar ist der Austrieb oft robuster als erwartet – durch Frost geschädigte Blätter werden schnell durch neue ersetzt –, trotzdem sollte man die noch kleinen Pflanzen bei Nachtfrostgefahr vorsichtshalber mit einem Karton, einer Papiertüte oder einem Eimer abdecken. Während des Wachstums müssen die Pflanzen gleichmäßig feucht gehalten werden. Auf kargem Boden muß man zum Austrieb und nochmals zur Zeit der Knospenbildung düngen, sofern nicht schon vor der Pflanzung Kompost in die Erde eingearbeitet wurde. Stickstoffreiche Dünger sind zu vermeiden, da sie nur eine übermäßige Entwicklung des Laubs fördern, die Blütenbildung aber hemmen. Man verwendet daher kalibetonte Düngemittel, z. B. Patentkali oder lösliche Volldünger mit hohem Kalianteil. Schneidet man verwelkte Blüten laufend ab, wird der weitere Flor üppiger und hält länger an. Wenn die ersten Herbstfröste die Triebe zum Absterben gebracht haben, nimmt man die Knollen aus dem Boden, läßt sie einige Tage abtrocknen und schneidet die Stengelreste auf Handbreite zurück. Dann werden die Knollen in trockenen Sand oder Torf eingeschichtet und den Winter über kühl, aber frostfrei aufbewahrt.

Vermehrung: Vor dem Pflanzen im Frühjahr können starke Knollen geteilt werden. Dabei ist zu beachten, daß jedes Teilstück über mindestens einen Triebansatz verfügt. Um grundständige Stecklinge zu gewinnen, werden die Knollen im Februar oder März in ein Sand-Erde-Gemisch eingetopft und bei 18 °C vorgetrieben. Sind die Triebe gut 10 cm hoch, schneidet man sie so ab, daß ein Stück des vorjährigen Stengels an den Schößlingen verbleibt. In mit Sand vermischter Blumenerde, die leicht feucht gehalten wird, bewurzeln sich die Stecklinge innerhalb von 2 – 3 Wochen. Bei einigen Sorten ist auch eine Aussaat von Februar bis April unter Glas möglich.

Schädlinge und Krankheiten: Blattläuse, Spinnmilben, Blattwanzen, Zikaden, Thripse, Eulenraupen, Ohrwürmer, Schnecken; Dahlien-Mosaikvirus, Stauchevirus und Blattfleckenvirus, pilzliche Blattfleckenkrankheit, Grauschimmel

Halbgefüllte Dahlien

Klassen: Päonienblütige Dahlien (auch Duplexdahlien), Halskrausendahlien, Anemonenblütige Dahlien
Blütenfarbe: alle Farben außer Blau und Schwarz, auch mehrfarbig
Blütezeit: Juni bis Oktober
Höhe: meist 60 – 110 cm, manche Sorten niedriger
Standort: sonnig; frischer, durchlässiger, nährstoffreicher Gartenboden

Dahlia-Hybride, Halskrausendahlie

Merkmale: Die halbgefüllten Dahlien umgeben ihre Blütenmitte mit mehreren Kränzen von Zungenblüten. Bei den Päonienblütigen oder Duplexdahlien sind sie in 2 – 3 Kreisen um den Blütenkorb angeordnet. Nur eine einzige Rosette aus breiten Zungenblüten, dazu aber eine Halskrause aus oft kontrastierend gefärbten und meist feineren Strahlenblüten umstehen den gelben Korb

der Halskrausendahlien. Die Anemonenblütigen Dahlien besitzen dagegen einen einfachen Kranz aus Strahlenblüten, der eine manchmal andersfarbige, gewölbte Quaste oder einen Pompon aus vielen dünnen Röhrenblüten einrahmt.
Sorten: Von den Päonienblütigen Dahlien werden u. a. angeboten 'Bishop of Llandaff' (feuerrot, purpurrotes Laub, Höhe 100 cm), 'Redskin' (Farbmischung, bronzefarben überlaufenes, dunkles Laub, samenvermehrbar, Höhe 40 cm), 'Sunny' (F_1-Hybriden in verschiedenen Farbsorten, klare Farben, samenvermehrbar, Höhe 30 cm). Von den Halskrausendahlien sind u. a. im Handel 'Grand Duc' (dunkelrot, gelbweiße Krause, Höhe 80 cm), 'La Cierva' (purpurrot, weiße Krause, Höhe 100 cm), 'Libretto' (weiß, purpurne Halskrause, Höhe 100 cm). Von den Anemonenblütigen Dahlien haben sich u. a. bewährt 'Monsieur Dupont' (purpurrosa, Höhe 80 cm), 'Toto' (weiß, gelbe Mitte, Höhe 30 cm).
Standortansprüche: wie bei den einfachblühenden Dahlien (siehe Seite 164)
Verwendung: Halbgefüllte Dahlien sind herrliche Rabatten- und Beetstauden, von denen man gewöhnlich mehrere, farblich zueinander passende Sorten kombiniert. Auch andere Dahlienformen werden gern dazugesetzt. Ein abwechslungsreiches Bild ergibt sich, wenn man unterschiedlich hohe Dahlien im Wechsel pflanzt und die Gruppen durch Sommerblumen wie Salbei *(Salvia)*, Goldkamille *(Chrysanthemum parthenium)*, Schmuckkörbchen *(Cosmos)* und Studentenblume *(Tagetes)* oder durch Stauden wie Gelenkblume

Dahlia-Hybride, Kaktusdahlie

(Physostegia) und Ehrenpreis *(Veronica)* auflockert. Ebenfalls hübsch wirken üppige Grashorste oder andere Zwiebel- und Knollenpflanzen wie Gladiolen oder Montbretien zwischen diesen Dahlien.
Pflanzung, Pflege, Vermehrung, Schädlinge und Krankheiten: wie bei den einfachblühenden Dahlien (siehe Seite 164)

Gefüllte Dahlien

Klassen: Kaktusdahlien, Semikaktusdahlien, Schmuckdahlien (auch Dekorative Dahlien), Balldahlien (auch Kugeldahlien), Pompondahlien, Orchideenblütige Dahlien (auch Giraffen- und Seesterndahlien)
Blütenfarbe: alle Farben außer Blau und Schwarz, auch mehrfarbig
Blütezeit: Juni bis Oktober
Höhe: 60 – 120 cm
Standort: sonnig; frischer, durchlässiger, nährstoffreicher Gartenboden
Merkmale: Die Blütenkörbe der gefüllten Dahlien sind ungewöhnlich dicht mit Strahlenblüten besetzt, die gelbe Blütenscheibe in der Mitte ist gänzlich verschwunden. Bei den mächtigen Kaktusdahlien sind die Zungenblüten stark zugespitzt und zu dünnen Röhren eingerollt. Zu ihnen zählt man auch eine Besonderheit: die sog. Hirschgeweihdahlie. Deren Zungenblüten sind ein- oder auch mehrmals geschlitzt oder gefranst, wodurch sie winzigen Geweihen ähneln. Die Strahlenblüten der Semikaktusdahlien sind nur teilweise zu Tüten gerollt, dadurch wirken die Blütenkörbe fülliger und nicht so bizarr wie die der Kaktusdahlien. Flach oder nur wenig aufgebogen sind die breiten Zungen der Schmuckdahlien. Zur Blütenmitte hin werden sie immer kürzer und dichter und lassen dadurch den Blütenkorb hochgewölbt erscheinen. Ball- und Pompondahlien unterscheiden sich nur in der Größe ihrer Blüten. Bei beiden sind leicht eingerollte, breit eiförmige Strahlenblüten sehr regelmäßig und dicht zu einem fast kugelrunden Korb gepackt, der bei den kleineren Pompondahlien noch kompakter wirkt als bei den großblumigen Balldahlien. Eigenartig muten die Blüten der Orchideenblütigen Dahlien an. Sie tragen mehrere Kreise aus langen, schmalen Zungenblüten, die seitlich aufgewölbt und lebhaft gefleckt oder gestreift sind, ein Muster, das an Giraffen oder Seesterne erinnert.
Sorten: Die Sortenfülle dieser sehr beliebten Dahlien ist derart groß, daß eine Nennung einzelner Sorten hier nicht gerechtfertigt ist. Neben Namenssorten sind auch Farbmischungen sowie verschiedene samenvermehrbare Sortengruppen im Handel.
Standortansprüche: wie bei den einfachblühenden Dahlien (siehe Seite 164)
Verwendung: wie bei den halbgefüllten Dahlien (siehe oben)
Pflanzung, Pflege, Vermehrung, Schädlinge und Krankheiten: wie bei den einfachblühenden Dahlien (siehe Seite 164)

Dahlia-Hybride, Pompondahlie

E

Eranthis
Winterling

Arten: *E. hyemalis* (Kleiner Winterling), *E. cilicica* (auch *E. hyemalis* var. *cilicica*), *E.* x *tubergenii* (auch *E. cilicica* x *E. hyemalis*)
Familie: Hahnenfußgewächse *(Ranunculaceae)*
Herkunft: Waldränder und Gebüsche, *E. hyemalis* ursprünglich Südeuropa, in Mittel- und Westeuropa eingebürgert, *E. cilicica* Kleinasien
Blütenfarbe: gelb
Blütezeit: Februar bis März, *E. cilicica* März
Höhe: 5 – 15 cm
Standort: halbschattig; durchlässiger Boden
Merkmale: Golden leuchtende und wohlriechende Blütenteppiche inmitten eines noch kahlen und tristen Gartens – solch ein optimistisch stimmendes Bild läßt sich mit den robusten und genügsamen Winterlingen mühelos schaffen. Der heimische Kleine Winterling trotzt sogar einer Schneedecke und schiebt seine goldgelben, kugeligen Blüten schon im Februar aus dem Boden. Inmitten des Blütenbechers steht ein dickes Büschel gelber Staubgefäße, ein Quirl zerschlitzter Hochblätter rahmt die Blüte ein. Nur wenig später entfaltet auch *E. cilicica* ihre tief goldgelben Blüten, die über einer bronzegrünen Halskrause stehen. Bei beiden Arten erscheint das feinzerteilte Laub erst zum Ende der Blütezeit und zieht dann auch schon bald wieder ein. *E.* x *tubergenii* ist das Ergebnis einer Kreuzung der beiden genannten Arten. Die Hybride ist kräftiger im Wuchs und erfreut den Gärtner durch eine besonders ausgedehnte Blütezeit. Anders als die Wildarten setzt sie keinen Samen an, breitet sich aber durch Brutknollen aus.
Sorte: von *E.* x *tubergenii* 'Guinea Gold' (intensiv goldgelb, bronzefarbene Halskrause, Blütezeit im März, Höhe 15 cm)
Standortansprüche: Winterlinge gelten als besonders anspruchslose Frühlingsblüher, die auf nahezu allen Bodenarten, die durchlässig und im Frühjahr nicht zu trocken sind, gut gedeihen. Sie sollten halbschattig stehen, in voller Sonne verwelken die Blüten sehr rasch. *E. cilicica* bevorzugt ein kalkhaltiges Substrat.
Verwendung: Die weithin leuchtenden Blüten sind für eine Frühlingspflanzung am Gehölzrand fast unverzichtbar. In Gruppen gesetzt, bilden Winterlinge dort zusammen mit Krokussen und Schneeglöckchen bunte Teppiche. Winterlinge können aber auch im Steingarten und sogar mitten in schütteren Rasenflächen stehen.
Pflanzung: Die nur erbsengroßen Sproßknollen werden im August oder September 3 – 7 cm tief und mit nur etwa 7 – 10 cm Abstand in die Erde gelegt. Weicht man sie vor der Pflanzung über Nacht in handwarmem Wasser ein, wachsen sie leichter an.
Pflege: Winterlinge haben eine große Durchsetzungskraft und benötigen keine Pflege. Läßt man sie ungestört wachsen, breiten sie sich, sofern ihnen der Standort zusagt, durch Selbstaussaat und Brutknollen aus.
Vermehrung: Größere, dichte Horste können nach der Blüte zur Teilung aus der Erde genommen werden. Die klumpigen Knollenpakete schneidet man an den schmaleren Stellen vorsichtig auseinander, jedes Teilstück muß eine Triebspitze aufweisen. Aus den sternförmigen Früchten lassen sich Samen ernten, die man direkt nach der Reife entweder ins Freiland oder in Saatschalen streut. Die winzigen Samen werden nur dünn mit Substrat übersiebt und vorsichtig mit Wasser übersprüht. Die Gefäße müssen kühl und luftfeucht aufgestellt werden. Allerdings vergehen bis zur ersten Blüte etwa 4 – 5 Jahre.
Tip: Pflanzt man den Kleinen Winterling und *E.* x *tubergenii* in gemischten Gruppen zusammen, kann man sich besonders lange an dem gelben Blütenschmuck erfreuen.

Eranthis hyemalis

Eremurus-Hybride

Eremurus
Steppenkerze, Lilienschweif, Steppenlilie, Kleopatranadel

Arten: *E.*-Hybriden (auch *E.* x *shelford* und *E.* x *isabellinus*), *E. elwesii* (auch *E. robustus* var. *elwesii*), *E. himalaicus*, *E. robustus*, *E. spectabilis*, *E. stenophyllus* ssp. *stenophyllus* (auch *E. bungei*, *E. stenophyllus* var. *bungei*)
Familie: Liliengewächse *(Liliaceae)*
Herkunft: Steppen in West- und Zentralasien
Blütenfarbe: *E.*-Hybriden weiß, gelb, orange, rosa, *E. elwesii* lilarosa, *E. himalaicus* weiß, E. robustus hellrosa, *E. spectabilis* creme- bis ockerfarben, *E. stenophyllus* ssp. *stenophyllus* gelb
Blütezeit: Juni bis Juli, *E. elwesii* und *E. himalaicus* Mai bis Juni
Höhe: 100 – 250 cm

Standort: sonnig; durchlässiger, nährstoffreicher, trockener bis frischer Boden
Merkmale: Eindrucksvolle, oft übermannshohe Blütenschäfte, die wie Raketen in den Himmel ragen, zeichnen die Steppenkerzen aus. Bemerkenswert sind auch die ungewöhnlich geformten, seesternartigen Wurzelknollen. Von einer scheibenförmigen Achse gehen ringsum fleischig-dicke, äußerst spröde Wurzeln aus. Im Frühjahr schiebt sich zuerst eine faustgroße Blattknospe aus der Erde, aus der sich dann eine Rosette riemenförmiger Blätter entfaltet. In deren Mitte treibt schließlich eine hohe, schlanke Blütenkerze, die von unten nach oben aufblüht. Bei den Hybriden stehen die Einzelblüten dichtgepackt am Schaft, sie leuchten in schönen, klaren Farbtönen. Im Handel werden die Hybriden auch oft nach ihren Züchtern Shelford- oder Ruiter-Hybriden genannt. *E. elwesii*, der einerseits als mögliche Varietät von *E. robustus*, andererseits aber auch als Hybride zwischen *E. himalaicus* und *E. robustus* angesehen wird, besticht durch seine enorm hohen Blütenschäfte in hellem Rosa. Sie können in Ausnahmefällen eine Höhe bis zu 3 m erreichen. Mit 1 – 1,2 m hohen Kerzen wirkt *E. himalaicus* dagegen geradezu zierlich. Er blüht gewöhnlich als erste der hier genannten Arten. Da die Blüten von *E. robustus* nicht glöckchenförmig bleiben wie bei den anderen Arten, sondern sich flach ausbreiten, wirken seine Kerzen besonders dicht. Die anfangs hellrosa Blütenfarbe bleicht mit der Zeit aus. Die cremehellen, kugeligen Blüten von *E. spectabilis* tragen dunklere Streifen und erscheinen dadurch

Eremurus stenophyllus ssp. *stenophyllus*

aus größerer Entfernung fast erdfarben. *E. stenophyllus* ssp. *stenophyllus* zeichnet sich durch kanariengelbe Blüten aus, die dicht an dicht stehen. Die leuchtend orangefarbenen Staubblätter ragen weit aus den Blüten heraus und erzeugen einen lebhaften Kontrast.
Sorten: Von den *E.*-Hybriden werden neben Farbmischungen u. a. angeboten (jeweils 100 – 180 cm hoch) 'Cleopatra' (auch 'Kleopatra', orange, rot gestreift), 'Feuerfackel' (orangerot), 'Image' (gelb), 'Obelisk' (weiß, grün gestreift), 'Parade' (rosa), 'Sahara' (kupferfarben), 'Schneelanze' (weißlichgrün); von *E. elwesii* 'Albus' (auch *E. elwesii* var. *albus*, rein weiß, Höhe 150 – 250 cm).
Standortansprüche: Der Pflanzplatz für Steppenkerzen sollte sonnig und warm sein, der Boden gut durchlässig und nährstoffreich. Leichten Sandboden vermengt man mit reichlich reifem Kompost und Lehm, schweren Boden lockert man mit Sand auf. Die Pflanzen vertragen trockene Erde, aber keine Nässe.
Verwendung: Die eindrucksvollen Blütenschäfte leuchten wie Fackeln auf, wenn sie vor einer dunklen Gehölzkulisse stehen. Aber auch in Beeten und Rabatten setzen die mächtigen Blütenschweife im wahrsten Sinn herausragende Akzente. Man kann ihnen dort Stauden wie Katzenminze *(Nepeta)*, Ochsenzunge *(Anchusa)*, Junkerlilie *(Asphodeline)*, Spornblume *(Centranthus)*, Hohe Bartiris (*Iris-Barbata-Elatior*-Hybriden) oder Palmlilie *(Yucca)* sowie hohe Grashorste zugesellen, aber auch große Laucharten. Alle Steppenkerzen, besonders aber die Hybriden, ergeben wunderbare Schnittblumen.
Pflanzung: Da die Wurzelknollen sehr brüchig sind, ist bei der Pflanzung größte Vorsicht geboten. Man hebt im September ein möglichst breites, 20 – 30 cm tiefes Pflanzloch aus, in das eine 10 – 15 cm dicke Feinkies- oder Sandschicht in Form eines flachen Hügels eingebracht wird. Darauf breitet man die Wurzeln vorsichtig aus und deckt sie mit Erde ab. Die Wurzeln dürfen nirgendwo anstoßen und nicht umgebogen sein; sie sollten flach ausgebreitet und nicht tiefer als 15 cm liegen.
Pflege: Abgeblühte Kerzen werden bis etwa zur Hälfte des Schafts zurückgeschnitten, sofern man auf die mit dicken, kugeligen Früchten besetzten Stände als Gartenzierde verzichten möchte. Über den Winter erhalten die Pflanzen eine Schutzdecke aus trockenem Laub und/oder Reisig. Im Frühjahr muß man den Blattaustrieb bei drohenden Spätfrösten durch Auflegen von Nadelzweigen vor Kälteschäden bewahren.
Vermehrung: Nach etwa 3 – 4 Jahren sind die Pflanzen in der Regel kräftig genug, daß man die Wurzelknollen teilen kann. Sie werden im August aus dem Boden genommen und ein- bis zweimal zerschnitten. Um Fäulnis zu verhindern, tunkt man die Schnittflächen sorgfältig in Holzkohlenstaub. Eine Vermehrung ist auch durch Aussaat gleich nach der Samenreife möglich, erfordert aber einige Erfahrung. Noch am besten gelingt die Anzucht aus Samen bei den Hybriden. Steppenkerzen sind Dunkel- und Kaltkeimer, die Saat geht oft erst nach längerer Zeit auf. Die Jungpflanzen sollten beim Pikieren in ausreichend große Töpfe gesetzt werden, in denen sie so lange verbleiben können, bis sie später mitsamt dem Erdreich ausgepflanzt werden. So leiden die empfindlichen Wurzeln am wenigsten.

Erythronium dens-canis

Erythronium
Hundszahnlilie, Zahnlilie, Forellenlilie

Arten: *E. dens-canis* (Hundszahn, Hundszahnveilchen), *E. revolutum*, *E. tuolumnense*, *E. oregonum* (auch *E. giganteum*), *E. americanum*, *E. californicum*, *E.*-Hybriden
Familie: Liliengewächse *(Liliaceae)*
Herkunft: Wiesen und Wälder, *E. dens-canis* Europa,

Erythronium-Hybride

die anderen Arten westliches Nordamerika
Blütenfarbe: *E. dens-canis* rosa, auch weiß und violett, *E. revolutum* weiß bis rosa, *E. tuolumnense* gelb, *E. oregonum* cremefarben, *E. americanum* gelb, *E. californicum* weiß-orange, *E.*-Hybriden weiß, rosa und gelb
Blütezeit: *E. dens-canis* März bis April, die anderen Arten April bis Mai
Höhe: 10–20 cm, *E. tuolumnense*, *E. oregonum* und *E.*-Hybriden 30–40 cm
Standort: halbschattig; durchlässiger, nährstoffreicher, humoser Boden
Merkmale: Zu kleinen Krönchen aufgeschwungene Blütenblätter hängen an dünnen Stielen anmutig über wenigen, manchmal nur 2 breitlanzettlichen Grundblättern. Ihren eigenartigen deutschen Namen haben die Hundszahnlilien nach ihren länglich eiförmigen, weißlichen Zwiebeln erhalten, die in Form und Farbe an den Eckzahn eines Hundes erinnern. Die Bezeichnung Forellenlilie bezieht sich dagegen auf die oft hübsch gesprenkelten Blätter.
Als einzige Art der Gattung ist in Europa der Hundszahn heimisch. Er kommt im Frühjahr als erste dieser Arten zur Blüte. Seine zartrosa Blüten, die denen der Türkenbundlilie (siehe Seite 191) ähneln, bilden einen aparten Kontrast zu dem blaugrünen, purpurn gefleckten Laub. Bei *E. revolutum* sind die Laubblätter hellbraun bis weißlich gemustert, die großen Blüten zeigen ein weites Farbenspiel von Weiß bis Dunkelrosa, bisweilen sind sie auch gelb oder orange schattiert oder tragen braunrote Grundflecken. Meist verändert sich die Färbung der Blüten im Lauf des Flors ein wenig. Die goldgelben Blüten von *E. tuolumnense* schaukeln dagegen über einfarbig gelbgrünem Laub. Cremeweiße, zur Mitte hin gelbgetönte Blüten hängen bei *E. oregonum* jeweils zu mehreren an den Stielen, die sich aus der Mitte des hellbraun-weiß gefleckten Laubs erheben. Nur jeweils eine einzige, hellgelbe Blüte entfaltet dagegen *E. americanum* über den lebhaft purpurn und weiß gesprenkelten Blättern. Die ebenfalls einzelnstehenden Blüten von *E. californicum* sind sahneweiß mit orangegelber Mitte. Die *E.*-Hybriden schließlich sehen recht unterschiedlich aus und gelten als besonders gut im Garten zu kultivieren. Sie sind aus Kreuzungen verschiedener Arten hervorgegangen, oft ist die Abstammung nicht mehr eindeutig zu ermitteln.
Sorten: Von *E. dens-canis* werden u. a. angeboten (jeweils 10–20 cm hoch) 'Carneum' (fleischfarben), 'Frans Hals' (violett, zur Basis hin bronzegrün), 'Niveum' (rein weiß), 'Pink Perfection' (rosa), 'Purple King' (violett, braun getupfte Mitte), 'Rose Queen' (rosa), 'Roseum' (rosenrot). Schöne Hybridsorten sind u. a. (jeweils 30–40 cm hoch) 'Pagoda' (schwefelgelb, bronzefarben marmoriertes Laub), 'Pink Beauty' (rosarot), 'White Beauty' (meist als *E. revolutum* geführt, rein weiß, gelbe Mitte, hübsch gezeichnetes Laub).
Standortansprüche: Gibt man den Hundszahnlilien einen halbschattigen Platz mit gut durchlässigem, frischem, nährstoff- und humusreichem Boden, danken sie es durch reiche Blüte. Besonders dauerhafte und üppige Bestände entwickeln sich, wenn der Boden außerdem leicht sauer reagiert und zum Austrieb im Frühjahr reichlich Feuchtigkeit enthält, im Sommer aber eher trocken ist.
Verwendung: Die eleganten Blüten kommen am Gehölzrand wie auch im Steingarten gut zur Geltung. Hübsche Begleiter sind kleine Farne und Gräser, Hasenglöckchen, Blausterne, Buschwindröschen oder kleine Narzissen.
Pflanzung: Da die Zwiebelknollen keine schützende Hülle besitzen, trocknen sie leicht aus und müssen sofort nach Erhalt gepflanzt werden. Man setzt sie im August oder September etwa 10 cm tief im Abstand von 15–20 cm ein. In schwerem Boden ist eine Dränage mit Sand vor der Pflanzung ratsam.
Pflege: Bis sich die Pflanzen eingewöhnt haben, können einige Jahre vergehen. Während der Wachstumszeit ist auf ausreichende Feuchtigkeit zu achten. Nach der Blüte sollten die Pflanzen dagegen eher trocken stehen. Es hat sich bewährt, Herbstlaub auf den Pflanzstellen liegenzulassen. Zum einen dient es im Winter als schützende Decke, zum anderen nach dem Verrotten als wichtiger Nährstofflieferant. Im Steingarten ist jährlich im zeitigen Frühjahr eine Düngung mit reifem Kompost erforderlich. In rauhen und zugleich schneearmen Wintern sollten die ansonsten ausreichend winterharten Pflanzen vorsichtshalber mit Reisig oder Laub abgedeckt werden.
Vermehrung: Die Pflanzen verbreiten sich am richtigen Standort durch Brutzwiebeln und Samen von selbst. Läßt man sie ungestört, bilden sie

Erythronium tuolumnense

mit den Jahren schöne Horste oder Kolonien. Brutzwiebeln können nach dem Einziehen des Laubs abgenommen, müssen aber sofort wieder gepflanzt werden. Aussaat ist nach der Samenreife möglich, die Keimung erfolgt aber oft verzögert, und bis zur ersten Blüte vergehen mehrere Jahre.

Eucomis bicolor

Eucomis
Schopflilie

Arten: *E. bicolor*, *E. comosa* (auch *E. punctata*), *E. autumnalis* (auch *E. undulata*)
Familie: Liliengewächse *(Liliaceae)*
Herkunft: tropische Wälder in Südafrika
Blütenfarbe: grünlich bis cremefarben
Blütezeit: *E. bicolor* Juli bis August, *E. comosa* Juni bis Juli, *E. autumnalis* März bis April
Höhe: 30 – 50 cm, *E. comosa* 50 – 70 cm
Standort: sonnig bis lichtschattig, warm und gut geschützt; durchlässiger, nährstoffreicher Boden
Merkmale: Wegen ihrer ungewöhnlichen Blütentrauben werden Schopflilien manchmal auch „Ananasblumen" genannt. Der dicht an dicht mit sternförmigen Blüten besetzte und von einem Schopf vergrößerter Deckblätter gekrönte Blütenstand erinnert nämlich stark an diese Tropenfrucht. Die einzelnen Schopflilienarten unterscheiden sich nur unwesentlich. So ist *E. bicolor* eine eher niedrige Art, die riemenförmige Blätter mit leicht gewelltem Rand treibt und deren lindgrüne Blüten violett gesäumt und getupft sind. *E. comosa* wird höher, ihre Blätter sind glatt, die duftenden Blüten cremeweiß bis gelblichgrün mit rotbraunem Rand und Zentrum. Die unterseits braun gestreiften und am Rand gewellten Blätter von *E. autumnalis* fallen leicht auseinander und liegen dann fast dem Boden auf. Auch die über dem grünlichen Blütenstand aufragenden Schopfblätter sind bei dieser Art gekräuselt.
Standortansprüche: Um zu voller Pracht zu gelangen, müssen Schopflilien an einem sonnigen bis lichtschattigen Ort in durchlässigen, nährstoffreichen Boden gepflanzt werden.
Verwendung: Die exotisch anmutenden Blütenzylinder wirken am besten im Vordergrund von sommerlichen Beeten und Rabatten. Vor dunklen Gehölzen oder großen Steinen heben sich die grünlichen Blütenstände gut ab. Schöne Nachbarn sind blaue oder weiße Sommerblumen wie Lobelie *(Lobelia)* oder Heliotrop *(Heliotropium)*, aber auch sommerblühende Zwiebel- und Knollengewächse wie Montbretie, Tigerblume oder Tagblume. In Gefäße gepflanzt, ergeben Schopflilien einen ungewöhnlichen Schmuck für Balkon oder Terrasse.
Pflanzung: Die großen Zwiebeln werden von Mitte April bis Anfang Mai 15 – 20 cm tief im Abstand von etwa 20 – 30 cm eingepflanzt.
Pflege: Während des Wachstums brauchen Schopflilien eine gleichmäßige Bodenfeuchtigkeit. Auf kargem Boden sollten sie zu Beginn des Austriebs eine Volldüngergabe erhalten. Verwelkte Blüten werden bis etwa zur Hälfte des Schafts zurückgeschnitten. In klimatisch milden Gebieten überstehen die Pflanzen unter einer guten Abdeckung den Winter im Freien, in rauhen Gegenden dagegen nimmt man sie besser im Herbst aus dem Boden und überwintert die Zwiebeln kühl und trocken.
Vermehrung: Sobald das Laub vergilbt ist, können Brutzwiebeln abgenommen werden. Aussaat ist im Frühjahr unter Glas möglich. Schopflilien keimen sehr leicht, die Sämlinge blühen jedoch erst nach 2 – 4 Jahren.

Eucomis comosa

Fritillaria
Fritillarie

Familie: Liliengewächse *(Liliaceae)*

Die Gattung der Fritillarien umfaßt Arten von völlig verschiedener Gestalt: imposant die bekannten Kaiserkronen, weniger dominant, teils sogar sehr zierlich die seltener kultivierten Verwandten. Allesamt jedoch sind sie mit ihren faszinierenden nickenden Blütenglocken eine außergewöhnliche Zierde für jeden Garten.

Kaiserkronen

Arten: *F. imperialis* (Kaiserkrone), *F. raddeana* (auch *F. askabadensis*)
Herkunft: steinige Berghänge und Gebüsche im Himalaja und Iran
Blütenfarbe: orangerot, auch gelb und rot, *F. raddeana* gelb
Blütezeit: April bis Mai
Höhe: 60 – 100 cm, *F. raddeana* 60 – 70 cm
Standort: sonnig; nährstoffreicher, gut durchlässiger Boden
Merkmale: Die majestätische Kaiserkrone gehört zu den stattlichsten Frühlingsblühern im Garten. Nicht nur ihre Wuchshöhe, sondern auch der eindrucksvolle, kronenartige Blütenstand in leuchtender Farbe adeln sie. Aus einer gut faustgroßen Zwiebel treibt die Pflanze einen starken

Schaft, der rundum dicht mit spitzen Blättern besetzt ist. An seinem Ende entwickelt sich ein Kranz aus 5 – 8 glockigen, nickenden Blüten, der seinerseits von einem kurzen Blattschopf gekrönt ist. Die Blütenfarbe variiert je nach Sorte von feurigem Orange über bräunliches Rot bis hin zu sattem Gelb. Die Pflanze, insbesondere die Zwiebel, verströmt einen unangenehmen Raubtiergeruch, ähnlich verdorbenem Fleisch. Geruchlos ist dagegen die Varietät *F. imperialis* var. *inodora*, die sich äußerlich kaum von der Art unterscheidet.

Fritillaria imperialis

Wie eine kleinere Ausgabe der mächtigen Kaiserkrone wirkt *F. raddeana*. Sie trägt einen strohfarbenen, fahlgelben, manchmal leicht ins Grünliche schimmernden Blütenkranz. Wegen ihrer Ähnlichkeit mit der Kaiserkrone wird sie von manchen Fachleuten auch zur Art *F. imperialis* gezählt. Kaiserkronen enthalten in allen Pflanzenteilen Giftstoffe.
Sorten: Von *F. imperialis* findet man im Handel (jeweils 60 – 100 cm hoch) 'Aurora' (orangerot, großblumig, starkwüchsig), 'Lutea' (sattgelb), 'Lutea Maxima' (leuchtend gelb, wuchskräftig), 'Rubra Maxima' (ziegelrot, leicht ins Bräunliche spielend).
Standortansprüche: Kaiserkronen brauchen einen sonnigen, warmen Standort auf tiefgründigem, gut durchlässigem und nährstoffreichem Boden. Sie gedeihen sowohl in leichtem wie in schwerem Substrat, solange dieses nur reichlich Humus enthält.
Verwendung: Auf einem Beet oder einer Rabatte in Kombination mit anderen Frühlingsblühern kommen Kaiserkronen am besten zur Geltung. Ihre farbkräftigen Blütenkronen bilden sozusagen eine zweite Etage über dem Blütenschmuck niedrigerer Nachbarn. Besonders schön wirken kleine Gruppen von Kaiserkronen, die von farblich abgestimmten Tulpen, Gartenstiefmütterchen (*Viola-Wittrockiana*-Hybriden), Vergißmeinnicht *(Myosotis)*, Goldlack *(Cheiranthus)* oder auch spätblühenden Narzissen umspielt werden.
Pflanzung: Die gelbweißen, großen Zwiebeln besitzen keine schützende trockene Hülle, sie müssen deshalb möglichst ohne lange Zwischenlagerung gepflanzt werden. Man setzt sie schon im Juli oder August etwa 20 – 30 cm tief auf eine dicke Dränageschicht aus Sand im Abstand von 40 – 50 cm ein. Die Zwiebel wird in leichter Schräglage im Pflanzloch plaziert. So kann sich in der Vertiefung, die nach dem Absterben des Vorjahrestriebs entsteht, kein Wasser sammeln, das zum Faulen der Zwiebel führen könnte. Die Kaiserkrone braucht oft einige Zeit, bis sie anwächst; manchmal vergehen nach der Pflanzung 1 – 2 Jahre, bis die erste Blüte erscheint.
Pflege: Verwelkte Blütenkronen werden bis zu den ersten Blättern des Schafts abgeschnitten, sofern man nicht Samen ernten möchte.

Fritillaria imperialis

Nach dem Vergilben des Laubs kappt man die Pflanze schließlich nahe über dem Boden. Kaiserkronen sind gut winterhart, um einen besonderen Schutz braucht man sich nicht zu kümmern. Dagegen müssen sie regelmäßig mit Nährstoffen versorgt werden. Man düngt die Pflanzen entweder im Herbst mit reifem Kompost oder im Frühjahr zum Austrieb mit Volldünger. Kaiserkronen sollten möglichst ungestört wachsen dürfen, häufiges Verpflanzen beeinträchtigt ihre Entwicklung stark.
Vermehrung: Zu Beginn der Ruhezeit im Juni oder Juli können Brutzwiebeln abgenommen werden, die man sofort wieder in die Erde bringt. Samen werden nur dann reichlich gebildet, wenn man bei der Bestäubung ein wenig nachhilft: Mit einem feinen Pinsel überträgt man den Pollen einer Pflanze auf die Narben einer anderen. Die Samen werden gleich nach ihrer Reife in sandigem Substrat ausgebracht und nur ganz dünn mit Erde abgedeckt. Dann senkt man die Saatgefäße an einer kühlen, geschützten Stelle im Freien in den Boden. Kaiserkronen keimen nur schwer, oft erst nach einem halben Jahr oder auch später. Frosteinwirkung begünstigt das Aufgehen der Saat. Die Sämlinge blühen erstmals nach etwa 5 Jahren.
Tip: Wegen des starken Geruchs ihrer Zwiebel gilt die Kaiserkrone als Abwehrmittel gegen Wühlmäuse.

Fritillarien mit Schachbrettmuster

Arten: *F. meleagris* (Schachbrettblume, Schachblume, Kiebitzei), *F. latifolia* (Prophetenblume)
Herkunft: sumpfige Wiesen, *F. meleagris* in Europa, *F. latifolia* in Vorderasien
Blütenfarbe: *F. meleagris* hell- und dunkelpurpurfarben gescheckt, auch weiß, rosa und violett, *F. latifolia* purpurfarben und gelb gescheckt
Blütezeit: April bis Mai
Höhe: 15 – 30 cm
Standort: halbschattig; frischer bis feuchter, zeitweilig auch nasser, nährstoffreicher, humoser Boden
Merkmale: Die eigenartige Musterung der Blüten, die in ihrer graphischen Regelmäßigkeit an ein Spielbrett erinnert, hat der Schachbrettblume ihren Namen eingetragen. Die ebenmäßigen, breiten Blütenbecher nicken anmutig an dünnen Stielen. Das feine Laub aus schmalen, graugrünen Blättern unterstützt noch die grazile Wirkung der zarten Blumen.

Die Schachbrettblumen sind giftig. Im Garten erweisen sie sich als robust und langlebig, in freier Natur dagegen sind sie vom Aussterben bedroht und stehen unter strengem Naturschutz.
Nahe verwandt mit dieser heimischen Art ist die Prophetenblume. Sie wirkt gedrungener und bleibt meist etwas niedriger, schmückt sich aber ebenso wie ihre Verwandte mit großen, becherförmigen Blütenglocken. Diese sind kontrastreicher gezeichnet, tragen auf blaßgelber Grundfarbe ein rotbraunes bis purpurrotes Würfelmuster. Daneben werden noch einige farblich abweichende Varietäten unterschieden: *F. latifolia* var. *aurea* zeigt dunkelgelbe Blüten mit schokoladenfarbenen Würfeln, var. *lutea* ist violett-schwefelgelb kariert, und var. *nobilis* entwickelt nur knapp über dem Boden hängende Blüten mit mattpurpurn-gelbgrüner Scheckung.
Sorten: Von *F. meleagris* sind im Handel erhältlich (jeweils 20 – 30 cm hoch) 'Aphrodite' (weiß), 'Artemis' (purpurngrün gewürfelt), 'Charon' (sehr dunkel purpurfarben, fast schwarz mit hellvioletten

Fritillaria meleagris

Flecken), 'Emperor' (violettgrau kariert), 'Pomona' (purpurviolett und weiß gescheckt), 'Poseidon' (purpurrosa), 'Saturnus' (hell und dunkel rotviolett gewürfelt).
Standortansprüche: Im Gegensatz zu den stattlichen Kaiserkronen verlangen die zarten Fritillarien dieser Gruppe einen halbschattigen, kühlen Platz mit feuchtem, nährstoffreichem und möglichst lehmigem Boden. Auch zeitweilig stehende Nässe wird gut vertragen.
Verwendung: Die zu reichblühenden Büscheln heranwachsenden Pflanzen sind am Teichrand oder in sumpfigen Wiesen eine ausgesprochene Bereicherung. Man kann sie aber ebensogut am kühlfeuchten Gehölzrand verwenden. Hübsche Nachbarn sind z. B. Märzenbecher, Hundszahnlilie, Hasenglöckchen, Sumpfdotterblume *(Caltha)*, Bachnelkenwurz *(Geum rivale)* oder Mehlprimel *(Primula farinosa)*.
Pflanzung: Die kleinen Zwiebeln werden im August oder September etwa 5 – 8 cm tief im Abstand von 15 – 20 cm eingesetzt.
Pflege: Schachbrett- und Prophetenblume erweisen sich am richtigen Standort als völlig problemlos. Man läßt sie am besten ungestört wachsen, damit sie sich üppig entwickeln können. Ist der erste Winter nach der Pflanzung sehr streng, sollte man die Pflanzstellen mit etwas Reisig oder Rindenmulch abdecken.
Vermehrung: Die Pflanzen entwickeln Brutzwiebeln, die man nach dem Einziehen des Laubs abnehmen kann. Sie müssen gleich wieder eingepflanzt werden, da sie sonst austrocknen. Auch eine Vermehrung durch Aussaat gleich nach der Samenreife bzw. im Herbst ist möglich, die Anzucht der Pflänzchen aber langwierig. Man sät in Aussaaterde, die mit reichlich Sand vermischt ist, und deckt die Samen nur ganz dünn mit Substrat ab. Die Saatgefäße müssen gut feucht gehalten und der Kälte ausgesetzt werden; bis zur Keimung können jedoch viele Monate vergehen. Blühfähig werden die Sämlinge oft erst nach mehreren Jahren.

Fritillaria camtschatcensis

Fritillarien mit ungewöhnlichen Blüten

Arten: *F. acmopetala* (auch *F. lycia*), *F. camtschatcensis* (auch *F. kamtschatcensis*, *Lilium camtschatcensis*), *F. olivieri*, *F. pallidiflora*, *F. persica* (auch *F. arabica*, *F. libanotica*), *F. pontica*, *F. pyrenaica*, *F. verticillata*
Herkunft: Wiesen, Berghänge und Gebüschsäume im Mittelmeerraum und in Vorderasien, *F. camtschatcensis* im nördlichen Nordamerika, in Sibirien und Japan, *F. pallidiflora* in Sibirien, *F. pyrenaica* in den Pyrenäen und Frankreich, *F. verticillata* in China, Japan und Zentralasien
Blütenfarbe: *F. acmopetala* purpurn-oliv, *F. camtschatcensis* dunkelpurpurn, *F. olivieri* hellgrün gewürfelt, *F. pallidiflora* gelb-bräunlich gefleckt, *F. persica* pflaumenblau, *F. pontica* grünlich-braun, *F. pyrenaica* rotbraun, *F. verticillata* weißlichgrün
Blütezeit: April bis Mai, *F. camtschatcensis* Mai bis Juni
Höhe: 30 – 40 cm, *F. persica* 60 – 90 cm
Standort: sonnig bis halbschattig, *F. camtschatcensis* schattig; durchlässiger, humoser, frischer bis feuchter Boden
Merkmale: Neben Kaiserkronen und Schachbrettblumen umfaßt die Gattung *Fritillaria* noch eine Fülle verschiedener Arten, die sich durch ihre ungewöhnlichen Blüten auszeichnen. Da sie in hiesigen Gärten noch kaum Verbreitung gefunden haben, kennt man für sie bislang keine gebräuchlichen deutschen Namen. *F. acmopetala* trägt hängende Blütenglocken, die auffallend bräunlichpurpurn und olivgrün gestreift sind. Die Wildform wird nur 30 – 40 cm hoch, im Handel sind aber oft höherwüchsige Auslesen zu finden, die über einen halben Meter hoch werden. *F. camtschatcensis* hebt sich unter den Fritillarien durch die bei weitem dunkelsten und angenehm duftenden Blüten hervor. Sie wirken mit ihrer metallisch schimmernden, braunpurpurfarbenen Tönung fast schon schwarz. Hellgrünes Laub und hellgrün gewürfelte Blütenbecher mit fein ausgezogenen Spitzen sind die Kennzeichen von *F. olivieri*. Bleichgelbe, längliche Glocken, die bisweilen rötlich oder bräunlich gepunktet sind, hängen bei *F. pallidiflora* an der Spitze eines blaugrün beblätterten Stengels.
F. persica ist wohl die bekannteste Art dieser Fritillariengruppe. Ihre wohlriechenden,

Fritillaria olivieri

hohen Blütentrauben mit 10–50 pflaumenfarbenen, außen grau bereiften Glöckchen machen sie zu einer außergewöhnlichen Schönheit. *F. pontica* zeigt grünliche, nickende Blüten, deren Blütenblätter einen grünen Mittelstreifen tragen und bräunlich überhaucht sind. Die glockigen Blüten von *F. pyrenaica* sind außen rotbraun, innen jedoch glänzend grüngelb. Da sich die Blütenspitzen nach außen aufbiegen, ergibt sich ein hübscher Kontrast. Für *F. verticillata* sind lockig aufgerollte Blattspitzen kennzeichnend. Sie ist aber auch wegen ihrer weißlichgrünen bis schwach cremefarbenen Blüten sehr interessant.

Sorte: von *F. persica* 'Adiyaman' (intensiv pflaumenfarben, kräftiger Wuchs, Höhe 70–90 cm)

Standortansprüche: Die Fritillarien dieser Gruppe stehen am besten an einem nur zeitweilig sonnigen Platz auf humosem, frischem bis feuchtem und gut durchlässigem Boden. Für *F. camtschatcensis* allerdings ist ein schattiger Ort besser geeignet. Außer für *F. persica*, die selbst auf eher trockenem, steinigem und kargem Boden gedeihen kann, sollte die Erde für alle Arten nährstoffreich und leicht sauer sein.

Verwendung: An gesonderten Stellen im Steingarten oder am Gehölzrand kann man die Blütenschönheiten mit ihren ungewöhnlichen Farben, die aus größerer Entfernung kaum auffallen, am besten bewundern. Sie sollten auf jeden Fall nur schlichte Nachbarn erhalten, z. B. zierliche Gräser oder Farne.

Pflanzung: Die kleinen Zwiebeln werden im August oder September etwa 10 cm tief in den Boden gesetzt. Für die hochwüchsige *F. persica* ist eine Pflanztiefe von etwa 20 cm erforderlich. Eine dränierende Sandschicht im Pflanzloch wirkt sich günstig auf das Ausreifen der Zwiebeln aus.

Pflege: Voraussetzung für ein gutes Gedeihen dieser Fritillarien ist der richtige Standort. Eine weitere Pflege erübrigt sich dann. Obwohl alle hier genannten Arten im Prinzip winterhart sind, sollte man sie vorsichtshalber mit leichtem Reisigschutz versehen. Empfehlenswert ist dies besonders bei frisch gepflanzten Zwiebeln sowie bei *F. persica*.

Vermehrung: wie bei den Fritillarien mit Schachbrettmuster (siehe Seite 171)

Fritillaria pyrenaica

G

Gagea lutea

Gagea
Gelbstern, Goldstern

Arten: *G. lutea* (auch *G. sylvatica*, Gewöhnlicher Gelbstern, Waldgelbstern), *G. bohemica* (auch *G. saxatilis*, Felsengelbstern), *G. fistulosa* (auch *G. anisanthos*, Alpengelbstern), *G. minima* (Kleiner Gelbstern), *G. glacialis* (Gletschergelbstern), *G. pusilla*

Familie: Liliengewächse (*Liliaceae*)

Herkunft: *G. lutea* Laubwälder, Gebüsche, die anderen Arten Matten, Wiesen, steinige Hänge in Europa und Vorderasien

Blütenfarbe: gelb

Blütezeit: *G. lutea* April bis Mai, *G. bohemica* März bis April, *G. fistulosa* und *G. glacialis* Mai bis Juni, *G. minima* April bis Juni, *G. pusilla* Februar bis April

Höhe: 10–30 cm, *G. minima*, *G. glacialis* und *G. pusilla* 5–10 cm

Standort: im Frühjahr sonnig, sonst auch halbschattig; durchlässiger Gartenboden

Merkmale: Einen einzelnen Gelbstern kann man leicht übersehen, nicht jedoch größere Bestände, deren kleine gelbe Blüten weithin leuchten. Die eher unscheinbare Pflanze offenbart ihre lilienähnliche Schönheit erst bei näherem Hinsehen. Mehrere schmale, elegant rückwärts geschwungene Kronblätter bilden eine sternförmige Blüte in schimmerndem Goldgelb. Auf der Außenseite sind die Kronblätter meist grünlich gestreift. Die einzelnen Arten unterscheiden sich nur wenig voneinander, ziehen nach der Blüte rasch ein und breiten sich durch Brutzwiebeln oder Selbstaussaat aus. Beim Gewöhnlichen Gelbstern stehen die Blüten zu mehreren in einer lockeren Dolde

an einem dünnen Stengel, der sich neben einem einzigen schmalen Laubblatt aus dem Boden schiebt. Der Felsengelbstern entwickelt dagegen 2 Grundblätter, die flach dem Boden aufliegen. Der derb und kräftig anmutende Alpengelbstern bildet 1–2 schmale, hohle Blätter, die an Schnittlauch erinnern. Seine Blütenknospen ähneln denen von Krokussen. Beim Kleinen Gelbstern erscheint wiederum nur ein breites, flaches Grundblatt. Klein und zierlich bleiben die Blüten des Gletschergelbsterns, die von den schmalen Laubblättern überragt werden. Sehr ähnlich, nur viel kleiner ist *G. pusilla*, eine Art, die sich durch eine besonders lange Blütezeit auszeichnet.
Standortansprüche: Gelbsternarten brauchen einen sonnigen Standort, denn nur dort öffnen sie ihre Blüten. Nach der Blüte kann die Stelle dagegen ruhig auch im Halbschatten liegen. Der Boden muß gut durchlässig sein. Die meisten Arten gedeihen auch auf karger, steiniger, kalkreicher Erde, nur der Alpengelbstern sollte auf saurem und nährstoffreichem Substrat stehen.
Verwendung: Die kleinen Pflanzen wirken erst in der Gruppe schön. Mit Ausnahme des Waldgelbsterns passen sie in den Steingarten, wo man sie am besten zwischen größere Steine plaziert. Der Alpengelbstern steht in feuchten Senken gut, z. B. in der Nähe eines den Steingarten durchziehenden Bachlaufs. In die Nachbarschaft der Gelbsterne passen zierliche Gräser, Zwerggehölze oder auch niedrige Steinbrecharten *(Saxifraga)*. Den Waldgelbstern kann man zur Unterpflanzung von Gehölzgruppen oder Laubhecken verwenden.
Pflanzung: Die kleinen Zwiebeln haben eine feste Außenhaut und viele feine Wurzeln. Sie werden im Herbst 2 bis 5 cm tief im Abstand von 5–10 cm eingesetzt.
Pflege: Die Liliengewächse sind völlig winterhart und brauchen keinerlei Pflege. Auch eine Düngung ist nicht erforderlich.
Vermehrung: Gelbsterne kann man im Frühjahr oder gleich nach der Samenreife ins Freie aussäen. Brutzwiebeln werden nach dem Einziehen des Laubs abgetrennt.

Galanthus
Schneeglöckchen

Arten: *G. nivalis*, *G. reginae-olgae* (auch *G. nivalis* ssp. *reginae-olgae*, *G. corcyrensis*), *G. elwesii*, *G. caucasicus*, *G. ikariae* ssp. *ikariae*, *G. ikariae* ssp. *latifolius* (auch *G. latifolius*), *G. plicatus* (auch *G. latifolius*), *G. byzantinus*
Familie: Narzissen- oder Amaryllisgewächse *(Amaryllidaceae)*
Herkunft: Wälder, Wiesen und Berghänge in Europa und Vorderasien
Blütenfarbe: weiß
Blütezeit: Februar bis März, *G. reginae-olgae* September bis November
Höhe: 10–20 cm
Standort: halbschattig bis schattig, im Frühjahr aber hell; frischer bis feuchter, gut durchlässiger Humusboden
Merkmale: Einer Legende zufolge soll ein Himmelsbote auf die Erde fallende Schneeflocken in kleine Blumen verzaubert haben, damit die Menschen an das Wiedererwachen der Natur nach dem Winter glauben können. Und tatsächlich läutet das Schneeglöckchen als eine der ersten Pflanzen das kommende Frühjahr ein. Zwischen zwei schmalen Blättern erhebt sich ein Blütenschaft, der eine weiße Glockenblüte trägt. Gekrönt von einem deutlich erkennbaren grünen Fruchtknoten, baumelt sie unterhalb eines kurzen Hochblatts. Auf den ersten Blick unterscheiden sich die verschiedenen Arten kaum voneinander. Das heimische Schneeglöckchen *(G. nivalis)*, dessen Wildbestände unter Naturschutz stehen, überzieht im Frühjahr oft große Flächen mit einem weißen Blütenteppich. Seine 3 inneren Kronblätter sind an den Spitzen grün gezeichnet. Früher zu dieser Art gezählt, heute aber als eigenständige Art betrachtet, überrascht *G. reginae-olgae* mit einer ungewöhnlichen Blütezeit im Herbst. Das grau bereifte Laub dieser Art entwickelt sich erst während oder sogar nach der Blüte. *G. elwesii* wirkt insgesamt etwas kräftiger als *G. nivalis*, die blaugrünen, relativ breiten Blätter sind beim Austrieb eng umeinandergerollt und entfalten sich nur allmählich. Das innere Krönchen der großen Blüten trägt breite dunkelgrüne Streifen. Bei der ähnlichen Art *G. caucasicus* ist die grüne Krönchenzeichnung dagegen halbmondförmig. Von dieser Art gibt es auch eine herbstblühende Varietät, var. *hiemalis*. Die äußeren, rein weißen Blütenblätter werden bei *G. ikariae* ssp. *ikariae* sehr lang, die inneren, kurzen zeigen wiederum die typische grüne Halbmondzeichnung. Noch länger werden die äußeren Kronblätter bei *G. ikariae* ssp. *latifolius*, die Blüten wirken dadurch besonders filigran. Die größten Blüten aller Schneeglöckchen entfaltet die Art *G. plicatus*, die erst relativ spät im März zur Blüte kommt. Zusätzlich zum grünen Halbmondmuster trägt *G. byzantinus* grüne Flecken an der Basis seiner inneren Blütenblätter. Alle Schneeglöckchenarten duften angenehm, enthalten aber in sämtlichen Pflanzenteilen Giftstoffe.
Sorten: Der Handel bietet von Schneeglöckchen viele Sorten an, die sich in Form und Größe der Blüten sowie in der grünen Zeichnung der inneren Blütenblätter unterscheiden. Oft sind sie nicht eindeutig einer bestimmten Art zuzuordnen, werden aber meist als Sorten von *G. nivalis* geführt. Im Sortiment sind u. a. (jeweils 10–20 cm hoch) 'Atkinsii' (weiß, schlanke Blüte, bildet keine Samen),

Galanthus nivalis

Galanthus caucasicus

'Brenda Troyle' (weiß, sehr große, runde Blüte, gute Treibsorte), 'Hortensis' (weiß, grün gefleckt, gefüllt), 'Jaquenetta' (weiß, dichtgefüllt, großblumig, gute Treibsorte), 'S. Arnott' (auch als 'Sam Arnott' oder 'Samuel Arnott' geführt, weiß, rundliche Blüten), 'Straffan' (weiß, meist 2 Blütenstiele pro Zwiebel, spätblühend), 'Scharlokii' (auch *G. nivalis* var. *scharlokii*, weiß, oft zweiblütig, auffällige Hochblätter), 'Viridapicis' (auch als *G. nivalis* var. *viridapicis* im Handel geführt, weiß, auffallend grüne Blütenspitzen).
Von *G. caucasicus* wird bisweilen die Sorte 'Plenus' mit gefüllten Blüten angeboten (10 – 15 cm hoch).
Von *G. plicatus* sind die Sorten 'Plenus' mit gefüllten und 'Warnham Variety' mit sehr großen Blüten im Handel, die beide 15 – 20 cm hoch werden.
Standortansprüche: Nur zur Blütezeit brauchen Schneeglöckchen einen sonnigen Platz; im Sommer können sie dagegen auch halbschattig oder schattig stehen. Wenn sie einen humusreichen, lockeren Boden vorfinden, der recht viel Feuchtigkeit enthält, entwickeln sie sich durch Brutzwiebeln und Selbstaussaat schnell zu großen Beständen.
Verwendung: Die anpassungsfähigen und robusten Schneeglöckchen besiedeln am liebsten Stellen unter Laubgehölzen, wo im Frühjahr durch die noch unbelaubten Kronen viel Licht auf den Boden fällt. Ob zwischen Ziergehölzgruppen, unter Bäumen oder am Saum von Hecken, die anmutigen Glöckchen gedeihen problemlos und verwildern von dort bis in Wiesen hinein. Die Bestände lassen sich mit Winterlingen, Alpenveilchen, frühen Krokussen, Buschwindröschen und Gelben Windröschen farbenfroh auflockern. Die im Herbst blühende Art *G. reginae-olgae* kommt im Steingarten zusammen mit herbstblühenden Krokussen oder am Gehölzrand in Kombination mit Herbstzeitlosen ganz hervorragend zur Geltung. Schneeglöckchen können auch in Gefäßen kultiviert werden, und langstielige Blüten lassen sich als Schnittblumen nutzen.
Pflanzung: Die haselnußgroßen Zwiebeln werden früh im Herbst, im September, 5 – 8 cm tief im Abstand von 10 – 15 cm in die Erde gesetzt. Die Zwiebeln trocknen leicht aus, deshalb sollte man sie sofort nach dem Kauf in den Boden bringen.
Pflege: Schneeglöckchen gedeihen auch ohne Pflege hervorragend. Sie sind völlig winterhart und nehmen selbst ein Verpflanzen während der Blüte kaum übel. Man sollte sie nicht düngen, denn sonst treiben sie hauptsächlich Laub und blühen nur spärlich.
Vermehrung: Die kleinen Zwiebelblüher lassen sich mühelos vermehren: Größere Bestände werden einfach geteilt, oder man trennt nach der Blüte Brutzwiebeln ab, die sofort wieder gepflanzt werden müssen. Meist bilden Schneeglöckchen auch reichlich Samen. Bevor sie von Ameisen im Garten verschleppt werden, drückt man die gelb gewordenen, dicken Früchte einfach in den Boden hinein. Nach etwa 2 – 3 Jahren sind daraus blühfähige Pflanzen geworden.
Schädlinge und Krankheiten: Narzissenfliege, Schnecken; Grauschimmel
Tip: Durch Vortreiben kann man Schneeglöckchen schon um die Weihnachtszeit zur Blüte bringen und dann als aparten Raumschmuck verwenden. Zwiebeln, neu gekauft oder aus dem Garten ausgegraben, werden dazu Anfang September eingetopft, die Töpfe im Garten eingesenkt, im November wieder herausgeholt und an einen hellen, kühlen Ort im Haus gestellt.

Galtonia
Sommerhyazinthe, Kaphyazinthe, Riesenhyazinthe

Art: *G. candicans* (auch *Hyacinthus candicans*)
Familie: Liliengewächse *(Liliaceae)*
Herkunft: Grasländer in Südafrika
Blütenfarbe: weiß
Blütezeit: Juli bis September
Höhe: 100 – 150 cm
Standort: sonnig, warm und geschützt; durchlässiger, nährstoffreicher Boden
Merkmale: Die Sommerhyazinthe gilt als Diva unter den sommerblühenden Zwiebelgewächsen. Mit ihren hohen, lockeren Trauben aus 20 – 40 großen, weißen Glockenblüten ist sie wahrhaft nicht zu übersehen. Der kräftige Blütenschaft erhebt sich aus der Mitte einiger weniger blaugrüner, riemenförmiger Blätter. Die Blüten verströmen einen angenehmen, dezenten Duft.
Standortansprüche: Um ihre volle Pracht entfalten zu können, braucht die Sommer-

Galtonia candicans

hyazinthe einen vollsonnigen, warmen Platz in geschützter Lage. Der Boden muß locker und gut durchlässig sein und genügend Nährstoffe enthalten. Im Frühjahr sollte der Standort ausreichend feucht, über den Winter dagegen trocken sein.
Verwendung: Die imposanten Pflanzen stehen am besten in einem großen Beet oder einer breiten Rabatte, wo Stauden wie Ochsenzunge *(Anchusa)*, Sonnenhut *(Rudbeckia)*, Indianernessel *(Monarda)* oder Astern *(Aster)* schöne Nachbarn sind. Mit ihrer ungewöhnlichen Gestalt passen sie aber auch zu anderen exotisch wirkenden Zwiebelgewächsen wie Blumenrohr, Riesenlauch, Tagblume oder Tigerblume. Inmitten bunter Gladiolengruppen gepflanzt, sorgen die weißen Blütentrauben für Auflockerung. Die stattlichen Blütenstände ergeben haltbare Schnittblumen.
Pflanzung: Die großen, runden, gelbschaligen Zwiebeln werden im Frühjahr nur ganz flach eingesetzt, die Zwiebelspitzen sollten gerade eben unter der Erdoberfläche zu liegen kommen. Um sich gut entwickeln zu können, müssen die Pflanzen untereinander mindestens 40 cm Abstand haben.
Pflege: Sommerhyazinthen brauchen während des Wachstums reichlich Wasser und Nährstoffe. Ist der Boden nicht schon durch vorangegangene Düngung kräftig genug, sollten die Pflanzen zum Austrieb und noch einmal zu Beginn der Blüte mit Volldünger versorgt werden. Abgeblühtes schneidet man ab. Geht nach einigen Jahren die Zahl der Blüten merklich zurück, müssen die starkzehrenden Zwiebeln an eine andere Stelle umgepflanzt werden. Die Sommerhyazinthen können den Winter nur in sehr milden Gebieten überdauern, und das auch nur mit einer guten Abdeckung. Besser nimmt man sie nach dem Abblühen im Herbst aus dem Boden und lagert die Zwiebeln trocken und kühl.
Vermehrung: Im Frühjahr, aber auch im Herbst kann unter Glas ausgesät werden. Die Saat geht meist leicht und rasch auf, wenn man sie nur sehr dünn mit Erde abdeckt. Die Jungpflanzen können im Mai direkt ausgepflanzt oder aber noch ein weiteres Jahr in Gefäßen gezogen werden. Sie kommen nach etwa 3 Jahren zur Blüte. Nebenzwiebeln werden äußerst selten gebildet und lassen sich auch nur schwer abtrennen.
Schädlinge und Krankheiten: Schnecken; Fäulnis der Zwiebel bei nassem Boden

Gladiolus
Gladiole, Siegwurz

Familie: Schwertliliengewächse *(Iridaceae)*

Trichterförmige Blüten, die an einem kräftigen Schaft aufgereiht sind, und das schwertförmige Laub kennzeichnen die Arten der Gattung *Gladiolus*. Weithin beliebt sind die üppigen Formen der Garten- oder Edelgladiolen, die ähnlich wie Dahlien in sehr vielen Gärten den spätsommerlichen Flor bereichern. Nicht weniger reizvoll sind jedoch die zierlichen Wildarten.

Gartengladiolen, Edelgladiolen

Art: *G.*-Hybriden
Herkunft: Die Ursprungsarten der Hybriden stammen

Gladiolus-Hybride, Großblütige Gartengladiole

aus südafrikanischen Grasländern sowie von Wiesen im Mittelmeerraum.
Blütenfarbe: alle Farben außer Blau und Schwarz, auch zwei- oder mehrfarbig
Blütezeit: Juni bis September
Höhe: 50 – 150 cm
Standort: sonnig; tiefgründiger, durchlässiger, frischer bis leicht feuchter und nährstoffreicher Boden
Merkmale: Gartengladiolen sind das Ergebnis langer Züchtungsarbeit. Wie bei Dahlien oder Tulpen werden dem ohnehin sehr umfangreichen, schnell wechselnden Sortiment jährlich neue Sorten hinzugefügt. Trotz ihrer Vielfalt an Farben und Blütenformen haben doch alle Gartengladiolen etliche Gemeinsamkeiten. Ihre trichterförmigen Blütenkelche stehen, fein aufgereiht in einer Ähre, an einem kräftigen, hohen Blütenschaft. Ein schlanker Fächer steifer, schwertförmiger grüner Laubblätter untermalt die Blüten. Der besseren Übersicht wegen teilt man die Gartengladiolen nach ihrer Höhe und Blütenform in mehrere Gruppen ein. Auffällig wirken vor allem die Großblütigen Gartengladiolen, die meist über 1 m hoch werden und Blüten hervorbringen, die 10 – 15 cm Durchmesser, bei manchen Sorten sogar fast das Doppelte erreichen. Butterfly- oder Schmetterlingsgladiolen bleiben etwas niedriger, ihre Blüten sind stets mehrfarbig und am Rand leicht gewellt. Sie erinnern an bunte Falter, die sich auf den Stengeln niedergelassen haben. Nanus-, Baby- oder Colvillei-Gladiolen sind zierliche, nur um 50 cm hohe Formen, deren elegante Blüten locker verteilt in der Ähre sitzen. Bei den Primulinus-Gladiolen sind die oberen Blütenblätter weit herabgebogen und sehen dadurch wie kleine Kapuzen aus. Auch die Pflanzen dieser Gruppe wirken sehr grazil, sie werden etwa 50 – 80 cm hoch.

Gladiolus-Hybride, Butterfly-Gladiole

Sorten: Von den Großblütigen Gartengladiolen führt der Handel ein sehr reichhaltiges Angebot, das nach der Dauer der Entwicklung noch weiter unterteilt wird in früh-, mittel-

Gladiolus-Hybride, Nanus-Gladiole

früh- und spätblühende Sorten. Neben Farbmischungen werden u. a. angeboten (jeweils 100 – 150 cm hoch) 'Cordula' (scharlachrot, spätblühend), 'Fidelio' (rosa, mittelfrühblühend), 'Flowersong' (gelb, frühblühend), 'Jester' (gelb, rot geflammt, spätblühend), 'Peter Pears' (lachsrosa, frühblühend), 'White Friendship' (weiß, frühblühend).
Von den Butterfly-Gladiolen sind u. a. erhältlich (jeweils 80 – 100 cm hoch) 'Blackpool' (gelb, rot gefleckt), 'Dyanito' (mattgelb-rot), 'Lady Godiva' (weiß, grün gemustert), 'Richmond' (weiß, orangerote Mitte).
Von den Nanus-Gladiolen haben sich u. a. bewährt (jeweils 50 – 60 cm hoch) 'Atom' (rot, cremeweiß gerandet), 'Guernsey Glory' (dunkelviolett mit, roten Spitzen, cremeweiße Flecken), 'Jade' (limonengrün), 'Nymph' (weiß, rot gefleckt), 'Sunmaid' (rosarot und lila, weiße Mitte).
Von den Primulinus-Gladiolen werden u. a. im Handel angeboten (jeweils 50 bis 80 cm hoch) 'Carioca' (orange), 'Little Darling' (rosa), 'White City' (weiß), 'Yellow Special' (gelb).

Standortansprüche: Gartengladiolen brauchen einen sonnigen, warmen, möglichst auch windgeschützten Platz auf gut durchlässigem, tiefgründigem und nährstoffreichem Boden, der zwar reichlich Feuchtigkeit enthalten sollte, aber nicht zu feucht sein darf. Optimal ist ein mittelschwerer, humoser Lehmboden.
Verwendung: Obwohl die Blüten der Gartengladiolen so prachtvoll leuchten, ist es nicht ganz leicht, die starr und ein wenig staksig wirkenden Pflanzen harmonisch in Beete und Rabatten zu integrieren. Am besten setzt man sie in Gruppen oder Reihen und umpflanzt sie mit kleinblumigen Sommerblumen. Sommerphlox *(Phlox drummondii)*, bunte Nemesien (*Nemesia*-Hybriden), Leberbalsam *(Ageratum)*, Sonnenflügel *(Helipterum)* oder Verbenen *(Verbena)* sind hübsche Nachbarn. In traditionellen Bauerngärten werden Gladiolen gern entlang eines Zauns gepflanzt, an dem sie nicht nur eine Stütze finden, sondern mit ihrer straff aufrechten Gestalt auch gut zur Geltung kommen. Dort wie in allen anderen Beeten passen farblich abgestimmte Dahlien dazu. Schließlich können Gartengladiolen auch zu Stauden gesellt werden, z. B. zu Hohem Staudenphlox (*Phlox-Paniculata*-Hybriden), Oktober-Margerite *(Chrysanthemum serotinum)*, Feinstrahl *(Erigeron)* oder Gelenkblume *(Physostegia)*.
Alle Sorten der Gartengladiolen, vor allem aber die hohen, sind hervorragende Schnittblumen. Sie werden geschnitten, wenn sich die ersten 1 – 2 Blüten der Ähre gerade eben geöffnet haben.
Pflanzung: Die rundlichen, zwiebelförmigen Knollen können von Ende April bis Mitte Mai etwa 10 – 15 cm tief im Abstand von 20 – 30 cm eingesetzt werden. Je leichter und krümeliger der Boden ist, desto tiefer legt man die Knollen hinein, um die Standfestigkeit des Blütenschafts zu erhöhen.

Gladiolus communis

Pflege: Die frisch ausgetriebenen Sprosse sind sehr frostempfindlich. Bei drohenden Spätfrösten deckt man sie daher mit einer Papiertüte ab oder stülpt einen großen Blumentopf über sie. Während der gesamten Entwicklungszeit brauchen Gladiolen eine gleichmäßige Wasser- und Nährstoffzufuhr. Bei Trockenheit ist daher ausreichend zu gießen, bei kargem Boden werden die Pflanzen zu Beginn der Blüte mit einem mineralischen Volldünger versorgt. Besser ist allerdings eine Kompostgabe im Herbst, noch vor der Pflanzung, oder eine Düngergabe direkt ins Pflanzloch. An windigen Stellen sollten Gladiolen einen Stützstab erhalten. Im Herbst nimmt man die Pflanzen aus dem Boden, schneidet Stengel- und Laubreste auf etwa 5 cm zurück und lagert die Knollen den Winter über trocken und frostfrei.
Vermehrung: Brutknollen, die sich an der Basis der Mutterknolle oft reichlich bilden, können im Herbst abgetrennt werden. Im Frühjahr pflanzt man sie in ein eigenes Vermehrungsbeet, denn erst im zweiten oder dritten Jahr haben sie die zur eigentlichen Pflanzung richtige Größe erreicht. Sie entwickeln sich häufig nur zögernd und blühen schlechter, weshalb neugekaufte Knollen gewöhnlich bevorzugt werden.
Schädlinge und Krankheiten: Gladiolenthripse, Schnecken, Erdraupen; Hartfäule, Trockenfäule, Grauschimmel, Lackschorf, Rost
Tip: Die Blütezeit der Gladiolen im Garten läßt sich um viele Wochen ausdehnen, wenn man die Knollen in mehreren, zeitlich versetzten Pflanzabschnitten in den Boden bringt. Für eine sehr frühe Blüte können die Knollen schon im März in Töpfe gesetzt und an einem kühlen, hellen Platz vorgetrieben werden. Man pflanzt sie später samt der Topferde ins Freie aus.

Wildarten für trockene Standorte

Arten: *G. communis* (Gewöhnliche Siegwurz), *G. communis* ssp. *byzantinus* (auch *G. byzantinus*, Byzantinische Siegwurz), *G. illyricus* (Illyrische Siegwurz), *G. imbricatus* (Wiesensiegwurz), *G. italicus* (auch *G. segetum*, Saatgladiole)
Herkunft: Wiesen, Strauchheiden, Felsfluren und trockene Wälder im Mittelmeerraum, *G. imbricatus* trockene bis feuchte Wiesen im östlichen Mitteleuropa und in Vorderasien

Gladiolus communis ssp. *byzantinus*

Blütenfarbe: purpurrot, rosarot
Blütezeit: Mai bis Juni, *G. imbricatus* Juni bis Juli
Höhe: 50 – 80 cm, *G. illyricus* und *G. imbricatus* 30 – 50 cm
Standort: sonnig und warm; frischer, gut durchlässiger Boden
Merkmale: Die Gewöhnliche Siegwurz, die auch in Deutschland stellenweise verwildert anzutreffen ist, trägt über einem Fächer aus ungleich langen, schwertförmigen Laubblättern eine Ähre aus intensiv rosaroten Trichterblüten, die alle in dieselbe Richtung weisen. Die Byzantinische Siegwurz ist ihr sehr ähnlich, nur sind deren Blüten noch farbintensiver und spielen ins Burgunderrot. Bei der Illyrischen Siegwurz untermalen schmale, kurze Laubblätter eine etwa fünf- bis zehnblütige Ähre aus leuchtend purpurroten, fein weiß gezeichneten Blüten. Die auch in Deutschland heimische und unter Naturschutz stehende Wiesensiegwurz öffnet an derben Blütenschäften intensiv purpurrote Blüten, die dicht aneinanderstehen. Aus mediterranen Weinbergen, Olivenhainen und Getreidefeldern leuchten häufig die kräftig rosa- bis purpurroten, schlanken Trichterblüten der Saatgladiole hervor. Obwohl sie zu den wärmeliebenden südländischen Arten dieser Gattung gehört, gilt sie als besonders robust und ist selbst in kälteren Gegenden sehr ausdauernd.
Sorte: *G. communis* ssp. *byzantinus* 'Albus' (rein weiß, Höhe 50 – 70 cm)
Standortansprüche: Gewährt man den hübschen Wildarten einen sonnigen, geschützten und möglichst warmen Platz auf durchlässigem, nicht zu trockenem, aber auch nicht zu nassem Boden, danken sie es mit wunderschönen Blüten. Sie geben sich mit einem wenig nährstoffreichen Boden zufrieden; die Saatgladiole gedeiht sogar auf steinigem Untergrund.
Verwendung: Die hübschen Blütenkerzen setzen lebhafte Farbtupfer in lückige Blumenwiesen und an Gehölzsäume, wo sie anmutig zwischen Grashorsten hervorblitzen. Schön wirken sie auch in naturnahen Gemeinschaften mit Wildstauden, etwa mit Schafgarbe *(Achillea)*, Beifuß *(Artemisia)*, Perovskie *(Perovskia)* oder Jakobsleiter *(Polemonium)*. Man kann sie aber genausogut als Blickfang in den Steingarten setzen.
Pflanzung: Die derbhäutigen, oft faserigen Knollen dieser durchweg winterharten Arten werden im Oktober etwa 5 – 10 cm tief mit 15 – 20 cm Abstand ausgepflanzt. Die Byzantinische Siegwurz kann man in besonders rauhen Gebieten vorsichtshalber auch erst im Frühjahr pflanzen.
Pflege: Am richtigen Standort sind die Gladiolen-Wildarten sehr anspruchslos. Mit der Zeit vermehren sie sich zu schönen, reichblühenden Horsten. Deshalb läßt man sie am besten ungestört wachsen. Byzantinische und Illyrische Siegwurz wie auch die Saatgladiole sollten im Winter mit Reisig abgedeckt werden.
Vermehrung: Zusätzliche Pflanzen kann man sich problemlos aus Brutknöllchen heranziehen, die man im Herbst abnimmt.
Schädlinge und Krankheiten: wie bei den Gartengladiolen (siehe Seite 176)

Wildarten für feuchte Standorte

Art: *G. palustris* (Sumpfsiegwurz, Sumpfgladiole)
Herkunft: feuchte Wiesen und Moore in Mittel- und Südeuropa
Blütenfarbe: purpurrot
Blütezeit: Mai bis Juni
Höhe: 30 – 60 cm
Standort: sonnig; durchlässiger, feuchter, aber nicht staunasser Boden
Merkmale: Aus einer kleinen, harten, eiförmigen Knolle, die von einer netzartigen Faserhülle umschlossen ist, treiben im Frühjahr schmale, spitze Laubblätter aus. Im Frühsommer entwickelt sich dann der Blütenstand, an dem sich, nach einer Seite gerichtet, 3 – 6 purpurrote Blüten öffnen. Obwohl sie im Vergleich zu den Blüten der Gartengladiolen geradezu winzig sind, ziehen sie doch den Blick auf sich, denn ihre Leuchtkraft ist unvergleichlich. Die Sumpfsiegwurz ist im Voralpenland, in Süd- und Ostdeutschland gelegentlich noch in Wildbeständen anzutreffen. Sie steht unter strengem Naturschutz.
Standortansprüche: Den Kopf in wärmender Sonne, den Fuß in erfrischender Feuchtigkeit – so kann der ideale Standort beschrieben werden. Am besten entwickeln sich die Knollen in einem humosen, lockeren Gartenboden, der stets leicht feucht ist, aber keinesfalls staunaß sein darf.
Verwendung: Die Sumpfsiegwurz eignet sich hervorragend für den Uferbereich von naturnah angelegten Gartenteichen, ebenso für ausreichend feuchte Wiesenpartien. Hübsche Gemeinschaften ergeben sich z. B. mit Felberich *(Lysimachia)*, Blutweiderich *(Lythrum salicaria)*, Sibirischer Schwertlilie *(Iris sibirica)* und Pfeifengras *(Molinia)*.
Pflanzung: Die kleinen Knollen werden im Oktober ungefähr 5 – 10 cm tief mit etwa 20 cm Abstand eingesetzt.
Pflege: Die Sumpfsiegwurz gilt als anspruchslose und willig wachsende Wildpflanze, sofern ihre Ansprüche an den Standort im Garten gänzlich erfüllt sind. Sie ist auch gut winterhart.
Vermehrung: Brutknollen können im Herbst abgenommen werden. Besser läßt man die Pflanze aber ungestört wachsen, damit sie sich zu einem üppig blühenden Horst entwickeln kann.
Schädlinge und Krankheiten: wie bei den Gartengladiolen (siehe Seite 176)

Gladiolus palustris

H

Hyacinthoides
Hasenglöckchen

Arten: *H. hispanica* (auch *Hyacinthus campanulatus, Scilla hispanica, Scilla campanulata, Endymion hispanicus, Endymion campanulatus*, Spanisches Hasenglöckchen, Glockenscilla), *H. non-scripta* (auch *Scilla non-scripta, Scilla nutans, Endymion non-scriptus*, Gewöhnliches Hasenglöckchen, Waldhyazinthe)
Familie: Liliengewächse *(Liliaceae)*
Herkunft: *H. hispanica* Mischwälder und schattige Felspartien in Portugal, Westspanien und Nordafrika, im Süden und Westen Europas verwildert, *H. non-scripta* Mischwälder und schattige Wiesen in Westeuropa bis Nordwestdeutschland
Blütenfarbe: blau, *H. hispanica* auch weiß und rosa
Blütezeit: *H. hispanica* Mai bis Juni, *H. non-scripta* April bis Mai
Höhe: *H. hispanica* 25 – 40 cm, *H. non-scripta* 15 – 40 cm
Standort: halbschattig bis schattig; feuchter, nährstoffreicher, humoser Boden
Merkmale: Beide Arten tragen hängende Glöckchenblüten, die sich in einer lockeren Traube über den bandförmigen Grundblättern erheben und an Hyazinthen (siehe Seite 179) erinnern. Der Blütenstand des Spanischen Hasenglöckchens ist aufrechter, ausladender und reichblütiger als der des Gewöhnlichen Hasenglöckchens, auch die Blätter sind breiter. Das in Mitteleuropa unter Naturschutz stehende Gewöhnliche Hasenglöckchen ist in England Nationalblume, wird dort „Bluebells“, d. h. Blaue Glocken, genannt und überzieht im Frühjahr zu Tausenden Wiesen und Waldränder. In vielen Gartenkatalogen werden diese hübschen und pflegeleichten Frühjahrsblüher noch unter dem alten Namen *Scilla* geführt. Sie unterscheiden sich von den *Scilla*-Arten (siehe Seite 214 f.) jedoch u. a. dadurch, daß ihre Zwiebeln nur ein Jahr überdauern und im nächsten durch Tochterzwiebeln ersetzt werden; heute werden sie als eigene Gattung angesehen.
Sorten: Von *H. hispanica* werden u. a. angeboten 'Dainty Maid' (kräftig rosa, Höhe 30 cm), 'La Grandesse' (rein weiß, Höhe 30 cm), 'Queen of the Pinks' (dunkelrosa, Höhe 30 cm), 'White Queen' (rein weiß, Höhe 30 cm), 'Excelsior' (dunkelblau, großblütig, Höhe 40 cm), 'White Triumphator' (rein weiß, Höhe 40 cm).
Standortansprüche: Beide Arten benötigen einen kühlen, luftfeuchten Platz im Halbschatten oder im lichten Schatten. Der Boden sollte sehr frisch, im Frühjahr sogar deutlich feucht, nährstoffreich, locker, humos und schwach sauer sein. Ideal für die Pflanzen ist ein lehmiger Laubhumusboden.
Verwendung: Beide Hasenglöckchenarten eignen sich hervorragend zum Verwildern unter Gehölzen, wo vor allem das Gewöhnliche Hasenglöckchen durch Selbstaussaat bald große Bestände bildet. Dadurch bieten sie sich besonders für den Naturgarten oder naturnahe Gartenteile an. Die Sorten passen eher an den Gehölzrand, als Unterpflanzung zu Rhododendren *(Rhododendron)* oder als Einfassung schattiger Bereiche. Harmonierende Nachbarn sind Waldgräser, Farne, auch Hundszahnlilienarten und Großblumige Narzissen.
Pflanzung: Die Zwiebeln werden im September oder Oktober 5 – 10 cm tief mit 15 – 20 cm Abstand eingesetzt. Dabei ist unbedingt darauf zu achten, daß die Außenschale der Zwiebeln nicht verletzt wird.

Hyacinthoides non-scripta

Hyacinthoides hispanica

Pflege: Am richtigen Standort benötigen Hasenglöckchen keine Pflege. Wo sie durch fehlenden Laubfall keinen natürlichen Nährstoffnachschub erhalten, können sie alle paar Jahre zur Zeit des Austriebs mit Kompost versorgt werden. Bei anhaltend trockener Witterung im Frühjahr sollte ab und zu gewässert werden.
Vermehrung: Nachdem das Laub vergilbt ist, können dichte Bestände geteilt und/oder von den Zwiebeln Brutzwiebeln abgenommen werden. Die Pflanzen lassen sich auch durch Aussaat anziehen. Reifer Samen wird dazu abgesammelt und entweder im Herbst direkt ins Freiland oder im Frühjahr in Anzuchtschalen gesät.

Hyacinthus
Hyazinthe

Art: *H. orientalis*
Familie: Liliengewächse *(Liliaceae)*
Herkunft: felsige Hänge und Wiesen im Mittelmeerraum
Blütenfarbe: weiß, gelb, orange, rosa, rot, blau, violett
Blütezeit: April bis Mai
Höhe: 15–30 cm
Standort: sonnig; durchlässiger, eher leichter Humusboden
Merkmale: Wer kennt nicht die prachtvollen, behäbigdrallen Blütenkerzen der Hyazinthen, die ihren schweren Duft alljährlich in so vielen Zimmern verströmen. Schon in der Antike waren die herrlichen Blumen als Zierpflanzen bekannt und beliebt. Als Ende des 17. Jh. ein Schiff mit einer Ladung kostbarer Hyazinthenzwiebeln an der holländischen Küste strandete, wußte man sich dort den unverhofften Blumensegen gärtnerisch zunutze zu machen. Die feine Gesellschaft Europas fand Gefallen an den prächtigen Blüten, und bald wurden enorme Summen für die Zwiebeln bezahlt. Heute sind Hyazinthen Massenware, die überall preiswert angeboten wird. Mit der ursprünglichen Wildart der Pflanze haben die im Handel erhältlichen Züchtungen allerdings nur mehr wenig gemein. Bei der Wildart stehen einzelne, langstielige Blütenglocken an langen Schäften, die sich aus der Mitte der grundständigen,

Hyacinthus orientalis

fleischigen Blätter herausschieben. Bei den Zuchtsorten stehen die kurzgestielten Sternblüten dicht gedrängt um eine Achse. Auch das Farbenspektrum ist viel breiter geworden. Hyazinthen blühen in allen erdenklichen Farbtönen, immer jedoch wirken die Farben klar und frisch. Bedeutung haben die „Königinnen der Frühlingsblumen" vor allem für die Treiberei, denn aus den Zwiebeln lassen sich selbst im Winter ohne große Mühe die prächtigen, intensiv und süß duftenden Blütenstände hervorlocken. Aber auch im Garten werden Hyazinthen gern gepflanzt, weil sie so lebhafte Farbkleckse auf die Beete zaubern. Allerdings haben die Pflanzen die Eigenart, daß ihre anfangs dichten Blütenstände mit den Jahren immer lichter werden und schon bald nur noch wenige Blüten pro Stiel erscheinen. Dabei handelt es sich nicht um eine Erschöpfung der Pflanzen, vielmehr setzt sich deren natürliche Wuchsform wieder durch. Der anfängliche Blütenreichtum wird nur durch besondere Anbauverfahren der Züchter erzielt.
Eine gärtnerische Spezialität sind die sog. Multiflora-Hyazinthen, bei denen aus jeder Zwiebel etwa 5–7 lockere Blütenstände treiben. Sie sehen aus, als seien sie zu einem Strauß gebunden. In Fachgärtnereien schneidet man aus diesen Zwiebeln die Hauptblüte heraus und kultiviert die Zwiebeln dann nach einer speziellen Methode weiter. Dadurch entwickeln sich besonders viele Seitentriebe.
Sorten: Bewährt haben sich u. a. (jeweils 15–30 cm hoch) 'Amethyst' (rötlich violett), 'Amsterdam' (glänzend rot), 'Anne Marie' (auch 'Anna Marie' oder 'Christmas Joy', hellrosa), 'Bismarck' (mittelblau), 'Carnegie' (rein weiß, gute Treibsorte), 'Chestnut Flower' (rosa, gefüllt), 'City of Haarlem' (hellgelb, gute Treibsorte), 'Delfts Blauw' (auch 'Delft Blue', silbrigblau, gute Treibsorte), 'Gipsy Queen' (apricot), 'Hollyhock' (karminrot, gefüllt), 'Jan Bos' (hellrot, gute Treibsorte), 'La Victoire' (karminrot), 'L'Innocence' (rein weiß, gute Treibsorte), 'Lord Balfour' (violett), 'Marconi' (dunkelrosa), 'Orange König' (orange), 'Ostara' (dunkelblau, gute Treibsorte), 'Pink Pearl' (dunkelrosa, gute Treibsorte), 'Queen of the Pinks' (auch 'Rebecca', rosa), 'Salmonetta' (auch 'Oranje Boven', lachsapricot), 'Violet Pearl' (blauviolett), 'Yellow Hammer' (gelb).

Hyacinthus orientalis

Standortansprüche: Hyazinthen brauchen einen warmen, geschützten Platz in voller Sonne. Sie gedeihen am besten in humus- und nährstoffreichem Boden, der unbedingt gut wasserdurchlässig sein muß. Optimal ist ein leichter Sandboden; andere Bodenarten werden durch reiche Kompostgaben und lockernd wirkenden Sand verbessert.
Verwendung: Obwohl jeder Blütenstand für sich opulent und farbintensiv ist, wirken Hyazinthen doch erst in der Gruppe richtig schön. Man pflanzt sie deshalb immer zu mehreren in Frühlingsbeete und Rabatten. Kleine Frühlingsblumen wie Vergißmeinnicht *(Myosotis)*, Maßliebchen *(Bellis)* oder Gartenstiefmütterchen (*Viola-Wittrockiana*-Hybriden) überspielen die Lücken zwischen den Hyazinthen, die durch die erforderlichen weiten Pflanz-

abstände entstehen. Am sonnigen Gehölzrand ergibt sich mit frühblühenden Gehölzen wie Forsythie *(Forsythia)*, Felsenbirne *(Amelanchier)* oder Zierkirschen *(Prunus)* ein wunderbares Bild. In Schalen und Kästen sorgen die barocken Blütentrauben für belebende Farbkleckse auf Balkon und Terrasse. Nicht zu vergessen ist auch ihre ausgezeichnete Eignung zum Treiben; sie sind überdies hübsche Schnittblumen.

Pflanzung: Für die Freilandkultur verwendet man am besten preisgünstige, kleinere Zwiebeln mit 15 – 16 cm Umfang bzw. 5 cm Durchmesser, die nicht für die Treiberei präpariert sein dürfen. Beim Einkauf ist also darauf zu achten, daß die Zwiebeln entsprechend gekennzeichnet sind. Dickere Zwiebeln sind teurer und werden zum Treiben bevorzugt; sie sind dann speziell vorbehandelt. Die von den kleineren Zwiebeln hervorgebrachten Blütenstände werden nicht gar so mächtig, es besteht daher aber auch nur eine geringere Gefahr, daß sie umkippen oder abbrechen. Man pflanzt die runden Zwiebeln mit der silbrigen oder blauroten Haut Ende September oder Anfang Oktober, in milden Gebieten auch noch später, 11 – 17 cm tief im Abstand von mindestens 15 cm, besser von 20 cm ein.

Pflege: Während des Wachstums brauchen Hyazinthen reichlich Feuchtigkeit und Nährstoffe. Allerdings vertragen sie keine stauende Nässe, deshalb ist schon bei der Pflanzung auf eine gute Dränage zu achten. Nach Regenfällen neigen die schweren Blütentrauben zum Umfallen. Hier hilft ein kleiner, stabiler Stab als Stütze. Verwelkte Blütenstände schneidet man ab. Eine Weiterkultur ist auf zweierlei Art möglich. An günstigen Standorten können die Pflanzen mehrere Jahre im Boden bleiben, in schneearmen Wintern wird mit Laub oder Reisig abgedeckt. Da schon früh im Jahr die ersten Triebe erscheinen, darf man nicht versäumen, die Winterabdeckung frühzeitig wieder zu entfernen. Allerdings muß man bei dieser Art der Kultur in Kauf nehmen, daß die Blütenstände von Jahr zu Jahr lockerer werden. An besonders feuchten oder sehr kalten Stellen oder wenn man Wert darauf legt, jedes Jahr gleichbleibend dicke Blütenkerzen zu erhalten, nimmt man die Zwiebeln aus dem Boden, sobald das Laub eingetrocknet ist. Von Erde gereinigt, werden sie dann bis zur erneuten Pflanzung trocken und kühl aufbewahrt. Einfacher ist es, die Hyazinthen alljährlich durch neue Zwiebeln zu ersetzen.

Vermehrung: Nach dem Einziehen der Pflanzen im Sommer kann man von den Zwiebeln kleine Brutzwiebeln ablösen. Bei einer großen, gesunden Mutterzwiebel läßt sich durch kreuzweises Einschneiden oder Aushöhlen des Bodens eine verstärkte Bildung von Brutzwiebeln anregen (siehe auch Seite 79). Die kleinen Brutzwiebeln werden ebenfalls im Herbst gepflanzt; sie treiben im Frühjahr hauptsächlich Laub und nur wenige Blüten. Nach dem Vergilben des Laubs nimmt man sie wieder aus dem Boden und löst die neuen Brutzwiebeln ab, damit durch diesen Nachwuchs den selbst noch kleinen Mutterzwiebeln nicht zuviel Kraft verlorengeht. Im nächsten Herbst erneut gepflanzt, blühen sie im folgenden Frühjahr dann schon reicher. Bis sie allerdings so üppige Blütenkerzen hervorbringen wie die handelsüblichen Zwiebeln, vergehen nochmals 2 – 3 Jahre, in denen die Brut weiterhin jährlich entfernt werden muß.

Schädlinge und Krankheiten: Wühlmäuse, Zwiebelälchen, Blattläuse; Grauschimmel, Bakterienfäule, Graufäule

Tip: Zum Treiben verwendet man Hyazinthenzwiebeln mit mindestens 18 cm Umfang, die speziell für diesen Zweck präpariert wurden. Die Pflanzen können sowohl in Erde als auch in besonderen Hyazinthengläsern mit Wasser angetrieben werden. Wichtig ist, die Zwiebeln anfangs kühl und dunkel aufzustellen. Bei der Treiberei in Gläsern werden die Zwiebeln mit einem Hütchen aus Papier abgedeckt. Erst wenn die Triebe erscheinen, kommen die Pflanzen allmählich ins Licht und in die Wärme. Die Zeit, die vom Ansetzen der Zwiebel bis zur Blüte vergeht, ist von Sorte zu Sorte verschieden.

I

Ipheion

Sternblume, Frühlingsstern, Ipheie

Art: *I. uniflorum* (auch *Brodiaea uniflora, Triteleia uniflora)*
Familie: Liliengewächse *(Liliaceae)*
Herkunft: Berghänge und Wiesen in Südamerika
Blütenfarbe: weißlich bis violett
Blütezeit: März bis Mai, manchmal auch September
Höhe: 10 – 20 cm
Standort: sonnig und geschützt; lockerer, leichter Boden
Merkmale: Aus jeder Zwiebel sprießen mehrere Blüten-

Ipheion uniflorum

schäfte hervor, die jeweils eine einzelne Blüte tragen. Die weißen, blau überhauchten oder violetten Blütenblätter mit dem dunklen Mittelstreifen sind am Grund zu einer kurzen Röhre verwachsen. Sie biegen sich nur bei Sonnenschein weit nach außen zu einem Stern auf. Von den Blüten geht ein süßlich-seifiger Duft aus, die übrige Pflanze riecht dagegen deutlich wie Speisezwiebeln. Gewöhnlich erscheinen die in dichten Büscheln stehenden flachen, länglichen, fahlgrünen Laubblätter gleichzeitig mit den Blüten. Bisweilen treiben die Blätter auch schon im Herbst aus; in manchen Jahren zeigen sich zu dieser Zeit sogar vereinzelte Blüten.
Sorten: 'Violaceum' (auch als Varietät *violaceum* geführt, weiß mit blauer Mittelrippe, Höhe 10 – 20 cm), 'Wisley Blue' (violettblau, großblumig, Höhe 10 – 20 cm)
Standortansprüche: Sternblumen brauchen einen geschützten, sonnigen Platz, sonst öffnen sich ihre Blüten nicht. Der Boden muß gut durchlässig sein; ein lockerer Sandboden ist ideal.
Verwendung: Wie so viele andere kleine Frühlingsblüher paßt auch die Sternblume am besten in den Steingarten. Ihre zarten Blüten harmonieren gut mit Krokussen, kleinen Narzissen oder Blausternen und passen gut unter niedrige Rhododendren *(Rhododendron)*. An einem sonnigen Gehölzrand wirken sie nur in größeren Gruppen.
Pflanzung: Die kleinen, eiförmigen Zwiebeln werden im September oder Oktober 3 – 5 cm tief mit etwa 10 cm Abstand gepflanzt.
Pflege: Zwar wird Sternblumen oft eine ungenügende Winterhärte nachgesagt, jedoch erweisen sie sich immer wieder als robust genug für hiesige Winter. Nur bei fehlender Schneedecke sollten die Pflanzstellen mit Reisig abgedeckt werden. Weitere Maßnahmen sind nicht nötig.
Vermehrung: Die sich rasch vermehrenden Zwiebelhorste können nach dem Einziehen des Laubs im Sommer aus der Erde genommen und geteilt werden. Außerdem kann man den Samen nach der Reife abnehmen und im Frühjahr unter Glas aussäen.
Schädlinge: Schnecken

Iris
Iris, Schwertlilie

Familie: Schwertliliengewächse *(Iridaceae)*

Die Gattung *Iris*, die wegen ihres Reichtums an Blütenfarben nach der griechischen Göttin des Regenbogens benannt wurde, umfaßt eine Fülle von Arten. Am bekanntesten sind die barttragenden Schwertlilien, die häufig in Beete gepflanzt werden. Sie bilden zwar verdickte Rhizome, werden in der gärtnerischen Praxis aber stets zu den Blütenstauden im engeren Sinn gerechnet. Daneben gibt es eine Reihe weiterer Arten, die Zwiebeln tragen und hier beschrieben werden. Darunter sind so edle Pflanzen wie die schlankwüchsigen Holland-Iris, die vor allem als Schnittblumen beliebt sind, aber auch Pflanzenzwerge wie die Netziris, deren außergewöhnliche Blüten zeitig im Jahr erscheinen, sich manchmal sogar schon durch die Schneedecke schieben.
Bei der botanischen Einordnung und systematischen Zusammenfassung der zahllosen Vertreter der Gattung *Iris* sind sich die Fachleute nicht ganz einig. Häufig werden die Arten und Hybriden nach ihrem Aussehen und dem jeweiligen Verwandtschaftsgrad in sog. Sektionen zusammengefaßt, so auch die nachstehend aufgeführten Formen der umfangreichen Gattung. Die Sektionen wiederum sehen einige Botaniker sogar als eigene Gattungen an.

Iris-Hollandica-Hybriden

Hohe Arten, Xiphium-Iris

Arten: *I.-Hollandica*-Hybriden (auch *I.* x *hollandica*, Holland-Iris, Holländische Iris), *I.-Hispanica*-Hybriden (auch *I. xiphium*, *I. hispanica*, *Xiphion vulgare*, Spanische Iris), *I.-Anglica*-Hybriden (auch *I. latifolia*, *I. anglica*, *I. xiphioides*, *Xiphion latifolium*, Englische Iris)
Herkunft: Die Elternarten stammen von trockenen Wiesen und Hängen im Mittelmeerraum, die der *I.-Anglica*-Hybriden von frischen bis feuchten Stellen.
Blütenfarbe: weiß, gelb, blau, violett, auch zweifarbig
Blütezeit: Mai bis Juni
Höhe: 40 – 60 cm
Standort: sonnig; gut durchlässiger, trockener Boden, *I.-Anglica*-Hybriden frischer bis feuchter Boden

Merkmale: Den schon seit langem in Gärten kultivierten Hybriden ist eine elegante, schlanke Blütenform gemeinsam. Die spitzen Knospen lassen noch kaum ahnen, welches Wunderwerk aus ihnen hervorbrechen wird. Voll erblüht, zeigt sich dann ihre ganze Schönheit: 3 leicht herabgeschlagene Hängeblätter und 3 nach oben gerichtete Domblätter fügen sich zu einem eigenwilligen, anmutigen Blütengebilde. Die Palette der Blütenfarben reicht von strahlendem Weiß über helles und dunkles Gelb

Iris-Hispanica-Hybride

Iris-Anglica-Hybride

bis hin zu herrlichen Blautönen, die auch ins Violett spielen können. Dom- und Hängeblätter sind dabei oft unterschiedlich gefärbt, die Hängeblätter dazu noch mit kontrastierenden Flecken und Mustern gezeichnet. Angesichts dieser Blütenpracht tritt das schlichte, blaugrüne, schwertförmige Laub ganz in den Hintergrund. Die Holland-Iris ist eine beliebte Schnittblume, die von Fachgeschäften fast das ganze Jahr hindurch angeboten wird. Durch ausgeklügelte Kulturverfahren bringt man sie zu den verschiedensten Zeiten zur Blüte. Im Garten ist sie eine ausgesprochene Bereicherung für Frühlingsbeete. Die Spanische Iris ist der Holland-Iris sehr ähnlich, blüht jedoch meist etwa 2 Wochen später auf. Auch sie wird häufig als Schnittblume angeboten. Ihre Blüten duften zwar nur leicht, dafür aber sehr angenehm. Die Englische Iris stammt nicht, wie der Name vermuten ließe, aus England, die Ursprungsart ist vielmehr im Bergland Spaniens heimisch. Wahrscheinlich ist ihre vergleichsweise rauhe Heimat der Grund dafür, daß sie am besten mit den hiesigen Klimaverhältnissen zurechtkommt und sich als robuster als die anderen Hybriden erweist.

Sorten: Im Handel wird eine Fülle verschiedener Sorten angeboten; das Sortiment wechselt, ähnlich wie bei Tulpen, vor allem bei den Holland-Iris häufig. Oft bekommt man keine einzelnen Sorten zu kaufen, sondern nur Zwiebelmischungen ohne bestimmte Bezeichnung. Von den *I.-Hollandica*-Hybriden haben sich u. a. bewährt (jeweils 40 – 60 cm hoch) 'Golden Harvest' (dunkelgelb), 'Ideal' (dunkelblau, gute Treibsorte), 'Princess Irene' (Hängeblätter dunkelorange, Domblätter rein weiß), 'Professor Blaauw' (enzianblau, großblumig), 'Purple Sensation' (dunkelviolett-enzianblau, gelb gefleckt), 'Wedgwood' (himmelblau mit gelben Flecken, frühblühend, gute Treibsorte), 'White Perfection' (rein weiß, großblumig), 'Yellow Queen' (gelb, gute Treibsorte).
Von den *I.-Hispanica*-Hybriden werden u. a. angeboten (jeweils 40 – 60 cm hoch) 'Cajanus' (leuchtend gelb), 'Frederika' (auch 'Friderika', elfenbeinfarben mit gelben Flecken, großblumig), 'Hercules' (bronzefarben mit blauvioletter Tönung), 'King of the Blues' (tiefblau), 'Queen Wilhelmina' (auch 'Königin Wilhelmina', weiß, zierliche gelbe Flecken), 'Prince Henry' (auch 'Prinz Heinrich', Hängeblätter bronzefarben, Domblätter purpurbraun, orange gefleckt).
Von den *I.-Anglica*-Hybriden sind u. a. erhältlich (jeweils 40 – 60 cm hoch) 'Almona' (lavendelblau), 'Blue Giant' (dunkelblau, weiß gefleckt, großblumig), 'Mont Blanc' (rein weiß), 'Prince Albert' (silbrigblau).

Standortansprüche: Alle Hybriden brauchen einen geschützten, sonnigen Platz. Der Boden sollte tiefgründig und gut durchlässig sein und für Holland- und Spanische Iris trocken, für die Englische Iris dagegen frisch bis feucht.

Verwendung: Mit ihren anmutigen Formen und den leuchtenden Farben wirken die Hybriden gut in bunten Frühlingsbeeten, so z. B. zwischen Späten Tulpen, Gemswurz *(Doronicum)* oder Maßliebchen *(Bellis)*. Als hervorragende Schnittblumen werden sie aber gern in speziellen Beeten gezogen. Holland- und Spanische Iris eignen sich gut für die Treiberei.

Pflanzung: Die relativ großen, schlanken und glatthäutigen Zwiebeln werden im September oder Oktober etwa 7 – 8 cm tief im Abstand von ungefähr 15 cm gesetzt. Zur Gewinnung von Schnittblumen kann der Abstand auf 10 cm verringert werden. Die Zwiebeln dürfen nicht in frisch gedüngten Boden kommen, das vertragen sie nur schlecht. Man pflanzt sie deshalb am besten an Stellen, an denen die letzte Kompostgabe schon länger zurückliegt.

Pflege: Verwelkte Blüten werden abgeschnitten, das Laub muß aber erhalten bleiben, bis es vergilbt ist. Danach legen die Zwiebeln ihre jährliche Ruhezeit ein, in der sie – mit Ausnahme der Englischen Iris – unbedingt trocken stehen müssen. Wo dies nicht der Fall ist, nimmt man die Zwiebeln aus dem Boden und lagert sie bis zur erneuten Pflanzung trocken und kühl, am besten in trockenen Sand eingeschlagen. Den Winter über sollten die Pflanzstellen mit Reisig abgedeckt werden, vor allem bei Holland- und Spanischer Iris.

Iris histrioides

Vermehrung: Nach dem Einziehen des Laubs können Brutzwiebeln abgenommen werden.

Schädlinge: Wühlmäuse

Kleine Arten mit netzhäutigen Zwiebeln, Reticulata-Iris

Arten: *I. reticulata* (auch *Iridodictyum reticulatum*, Netziris), *I. histrio* (auch *Iridodictyum histrio*), *I. histrioides* (auch *Iridodictyum histrioides*), *I. danfordiae* (auch *I. bornmuelleri*, *Iridodictyum danfordiae*)
Herkunft: Berghänge in Kleinasien, *I. reticulata* auch in Vorderasien
Blütenfarbe: *I. reticulata* violettblau mit orangefarbenem Mittelstreifen, auch hell- oder dunkelblau und purpurn, *I. histrio* weiß-lilablau mit gelbem Mittelstreifen, *I. histrioides* dunkelblau mit orangegelber Zeichnung, auch cremeweiß, *I. danfordiae* gelb
Blütezeit: Februar bis März
Höhe: 10 – 20 cm, *I. histrioides* 5 – 10 cm
Standort: sonnig und geschützt; durchlässiger, leicht kalkhaltiger Sand- oder Lehmboden
Merkmale: Die grazilen Blüten der kleinen Zwiebeliris-arten erscheinen oft schon, wenn das restliche Leben im Garten noch tief in Winterruhe verharrt. Zwischen dem feinen, schwertförmigen Laub erheben sie sich nur knapp über den Boden. Die Netziris ist die bekannteste Art dieser Gruppe. Ihre eindrucksvoll gefärbten Blüten duften zart nach Veilchen. Die Hängeblätter stehen straff seitwärts gerichtet und sind lebhaft gemustert. Sie tragen auf leuchtend violettblauem Grund einen orangefarbenen Mittelstreifen, der überdies noch weiß gesäumt ist. Die einfarbig violettblauen Domblätter sind zu einer schlanken Kuppel nach oben vereinigt. Von der Netziris gibt es eine Reihe verschiedener Sorten, die aus Kreuzungen mit anderen Arten dieser Irisgruppe hervorgegangen sind und sich durch hübsche Färbungsvariationen auszeichnen. Das blau gesprenkelte Blütenkleid von *I. histrio* erinnert an das Kostüm eines fahrenden Spielmanns, der Artname *histrio* bedeutet übersetzt auch Schauspieler oder Harlekin. Bei günstiger Witterung öffnet diese Art ihre Blüten manchmal schon Ende Januar. *I. histrioides* ist nicht minder bunt, bleibt aber wesentlich niedriger. Ihre tief enzianblauen Hängeblätter tragen eine goldgelbe Mittellinie, von der aus sich blauweiß gefleckte Streifen über die Blattfläche ziehen. Auch von dieser Art gibt es einige bezaubernde Sorten. In sattem Butterblumengelb präsentiert sich *I. danfordiae*, deren große Hängeblätter an ihrer verschmälerten Basis schwarz punktiert, auf der breiten Spreite olivgrün gesprenkelt sind. Die Domblätter bleiben bei dieser Art sehr kurz, dadurch wirkt die gesamte Blüte eher tellerförmig.
Sorten: Von *I. reticulata* sind u. a. im Handel (jeweils 10 – 20 cm hoch) 'Blue Veil' (klar himmelblau), 'Cantab' (blaßblau mit orangefarbenen Flecken), 'Clairette' (Domblätter himmelblau, Hängeblätter dunkelblau mit weißer Zeichnung), 'Harmony' (dunkel himmelblau mit gelbem Mittelstreifen), 'Jeannine' (auch 'Janine', purpurviolett mit orangefarbenen Flecken, stark duftend), 'J. S. Dijt' (rötlich bis purpurn, stark duftend), 'Pauline' (purpurviolett mit weißen Flecken), 'Spring Time' (Domblätter hellblau, Hängeblätter mittelblau mit orangefarbener Zeichnung). Von *I. histrioides* wird angeboten 'Major' (wie die Art, aber großblumiger, Höhe 5 – 10 cm); 'Katharina Hodgkin', eine 5 – 10 cm hohe Kreuzung von *I. histrioides* 'Major' mit *I. danfordiae*, zeigt rundliche, cremeweiße Blüten mit blauer Äderung, die Hängeblätter tragen gelbe Flecken mit blauem Strich- oder Punktmuster.
Standortansprüche: Alle Arten und Sorten brauchen einen sonnigen, geschützten Platz. Der Boden soll gut durchlässig sein. Am besten ist ein leicht basischer bis neutraler Sand- oder Lehmboden geeignet, der auch steinig sein darf. Vor allem im Sommer müssen die Irisarten trocken stehen, damit die Zwiebeln unbeschadet ausreifen können.
Verwendung: Um die herrlichen Blüten gut betrachten zu können, sollte man die kleinen Pflanzen an einen Sonnenhang im Steingarten setzen. Nur wenige andere Arten, z. B. Botanische Krokusse, blühen ebenfalls schon so früh im Jahr. Vor allem gelbblühende Krokusse wirken hervorragend neben den blauen Arten und Sorten der Iris. Die nach dem Einziehen entstehenden Lücken werden durch benachbarte Polster von Nelken *(Dianthus)*, kleinen Fetthennen *(Sedum)* oder Thymian *(Thymus)* rasch überwachsen. Die kleinen Irisarten können auch in Schalen oder in Kästen gezogen werden, Netziris und *I. danfordiae* sind gut zum Treiben geeignet.
Pflanzung: Die kleinen, netzhäutigen Zwiebeln kommen im September oder Oktober etwa 5 cm tief mit 10 – 15 cm Abstand in den Boden. Um schädlicher Staunässe vorzubeugen, kann unter die Zwiebeln eine Dränageschicht aus Kalksplitt, Sand oder feinen Tonscherben eingebracht werden.
Pflege: Alle genannten Arten sind erstaunlich robust und anspruchslos. Am richtigen Standort ist keine Pflege erforderlich. Nur in nassen Sommern sollten die Pflanzen vor zuviel Feuchtigkeit bewahrt werden, z. B. durch Auflegen einer Folie oder Glasplatte. *I. danfordiae* braucht eine Winterabdeckung, wenn sie in einer rauhen Gegend oder an einem wenig geschützten Standort gut gedeihen soll.
Vermehrung: Neue Pflanzen erhält man am einfachsten durch Abnehmen der Brut-

Iris danfordiae

Iris reticulata

zwiebeln nach dem Einziehen des Laubs im Sommer. Die Zwiebelchen werden bis zur Neupflanzung im Herbst trocken und kühl aufbewahrt.
Schädlinge und Krankheiten: Wühlmäuse; Tintenfleckenkrankheit (Pflanzen zeigen gelben Austrieb, die Blüten bleiben stecken, Zwiebeln sind blauschwarz verfärbt; befallene Zwiebeln vernichten, anderen Pflanzplatz wählen)
Tip: *I. danfordiae* neigt dazu, sich schnell in sehr viele Nebenzwiebeln aufzuspalten, die erst nach einer Pause von etwa 1 – 2 Jahren wieder blühen. Wer jedes Jahr an den gelben Blüten seine Freude haben möchte, sollte jeweils im Herbst neugekaufte Zwiebeln einsetzen.

Kleine Arten mit glatthäutigen Zwiebeln, Juno- oder Scorp-Iris

Arten: *I. bucharica* (auch *Juno bucharica*, Geweihiris), *I. graeberiana* (auch *Juno graeberiana*), *I. magnifica* (auch *I. vicaria, Juno magnifica*)
Herkunft: trockene Hänge und Steppenwiesen in Vorder- und Zentralasien

Iris bucharica

Blütenfarbe: *I. bucharica* gelb-weiß, *I. graeberiana* lavendelblau mit weißer Zeichnung, *I. magnifica* bläulichweiß mit orangefarbenen Flecken
Blütezeit: April bis Mai
Höhe: 30 – 50 cm, *I. magnifica* 40 – 60 cm
Standort: sonnig und geschützt; durchlässiger, im Sommer trockener, kalkhaltiger und nährstoffreicher Boden
Merkmale: Wie für Iris typisch, tragen auch die Arten dieser Gruppe schwertförmige Laubblätter. Bei der Geweihiris sind sie ziemlich groß und breit, stengelumfassend und glänzend frischgrün. Sie bilden einen üppigen Horst. Aus den Blattachseln schieben sich im Frühjahr duftende Blüten hervor, die entfernt an ein Hirschgeweih erinnern. Ihre weißen Domblätter sind recht klein und nicht nach oben, sondern seitwärts über die gelben Hängeblätter gerichtet. Das tief gekielte Laub von *I. graeberiana* steht zweizeilig um einen kräftigen Schaft angeordnet, an dem sich jeweils 4 – 6 Blüten öffnen. Die Dom- ebenso wie die Hängeblätter sind herabgeschlagen und strahlen zart

Iris magnifica

lavendelfarben mit anmutiger weißer Fleckung. Bei *I. magnifica* dagegen sind die in ihrer Grundtönung weißen Blüten bläulich bis violett überlaufen. Ihre Hängeblätter tragen einen hellgelben Mittelstreifen, der von feinen, dunklen Linien umspielt wird. Diese Art wird in ihrer Heimat fast 1 m hoch, bleibt in Kultur aber wesentlich niedriger.
Sorte: Von *I. magnifica* wird gelegentlich die rein weiße 'Alba' angeboten, die etwa 50 cm hoch wird und sich häufig durch Selbstaussaat vermehrt.
Standortansprüche: Sonnige, warme, außerdem geschützte Plätze sind für das Gedeihen dieser Irisarten unerläßlich. Sie bevorzugen gut durchlässigen, kalkhaltigen Boden, der im Sommer sehr trocken sein sollte. Da sie eine reichliche Versorgung mit Nährstoffen brauchen, sollte man alljährlich mit reifem Kompost düngen.
Verwendung: Die attraktiven Horste ziehen im Steingarten, aber auch am Gehölzrand zur Blütezeit den Blick auf sich. Geweihiris und Kaiserkronen bilden eine schöne Pflanzgruppe. Da die Arten nach der Blüte allmählich einziehen und dann eine Lücke hinterlassen, sollte man sie mit spätaustreibenden, trockenheitsverträglichen Stauden wie Perlpfötchen *(Anaphalis)*, Hundskamille *(Anthemis)* oder Perovskie *(Perovskia)* kombinieren, die später die leere Stelle kaschieren.
Pflanzung: Die glatthäutigen Zwiebeln tragen fleischige Wurzeln, die auch während der Ruhezeit nicht absterben. Deshalb ist beim Umgang mit den Zwiebeln besondere Vorsicht geboten. Sie werden im Oktober 10 – 15 cm tief mit 25 – 30 cm Abstand gepflanzt, die Wurzeln dürfen dabei nicht abbrechen. Am besten gräbt man ein etwas tieferes Pflanzloch, lockert zusätzlich den Untergrund, hält die Zwiebel mit der einen Hand in der richtigen Tiefe fest und füllt mit der anderen Hand rundum vorsichtig Pflanzerde auf.
Pflege: Während der Wachstumszeit brauchen alle Arten ausreichend Feuchtigkeit. Verwelkte Blüten werden abgeschnitten, das Laub sollte aber stehenbleiben, bis es von selbst einzieht. Den Sommer über wird nicht gegossen, im Gegenteil, die Zwiebeln müssen durch eine gute Dränage vor zuviel Feuchtigkeit geschützt werden. Alle hier genannten Arten der Gruppe gelten als dauerhaft und gut winterhart, dennoch ist eine Winterabdeckung mit Reisig empfehlenswert, in erster Linie als Schutz vor übermäßiger Nässe.
Vermehrung: Während der Ruhezeit im Sommer können dichte Horste geteilt oder Nebenzwiebeln vorsichtig abgelöst werden. Auch eine Aussaat unmittelbar nach der Samenreife ist möglich.
Schädlinge: Wühlmäuse

Tip: Manchmal wird im Fachhandel auch die zu dieser Irisgruppe zählende Hybride *I.* x *warlsind* angeboten. Sie trägt sehr elegante Blüten: Bläulichweiße Domblätter stehen über gelben, blaugesäumten Hängeblättern. Mit etwa 25 cm bleibt sie deutlich niedriger als die übrigen Arten dieser Gruppe und blüht schon ab März.

Iris graeberiana

Ixia

Klebschwertel, Afrikanische Kornlilie

Arten: *I.*-Hybriden, *I. paniculata*, *I. viridiflora*
Familie: Schwertliliengewächse *(Iridaceae)*
Herkunft: Die Elternarten der Hybriden stammen aus Grasländern im südlichen Afrika, *I. paniculata* und *I. viridiflora* aus der Kapprovinz.
Blütenfarbe: *I.*-Hybriden weiß, gelb, rosa, rot, meist zweifarbig, *I. paniculata* cremeweiß mit rötlicher Mitte, *I. viridiflora* grünlich bis stahlblau mit dunklem Auge
Blütezeit: Mai bis Juli
Höhe: 40 – 60 cm, *I. paniculata* 30 – 45 cm
Standort: sonnig und warm; durchlässiger, leichter Boden
Merkmale: Ihren Namen verdanken die Klebschwertel zum einen dem klebrigen Saft, den sie enthalten, und zum anderen den schmalen, grasähnlichen Laubblättern. Im Englischen werden diese wirklich außergewöhnlichen Gewächse Zauberstabblumen genannt – nach ihren drahtigen, dünnen Stielen, an denen sich vielblütige Rispen farbenprächtiger Blütenteller oder -trichter im Wind wiegen. Die Farbpalette der *I.*-Hybriden ist beachtlich. In den meisten Fällen sind die Blüten zweifarbig, in ihrer Mitte dunkler schattiert oder in Kontrastfarben getönt. Sie öffnen sich nur bei anhaltendem Sonnenschein vollends, sonst bleiben sie geschlossen oder nur halboffen wie kleine Becher. *I. paniculata* blüht ein wenig später als die übrigen Klebschwertel auf. Die Spitzen ihrer cremeweißen, in der Mitte rötlich gefärbten Röhrenblüten biegen sich nach außen um. Aufsehen erregen in jedem Fall die sternförmigen Blüten von *I. viridiflora*, die zahlreich in einer langen Rispe stehen. Sie schillern eigentümlich grünlich bis stahlblau, wirken fast durchscheinend und tragen ein dunkelviolettes, beinahe schwarzes Auge.
Sorten: Im Handel sind von den *I.*-Hybriden u. a. erhältlich (jeweils 40 – 60 cm hoch) 'Afterglow' (pfirsichfarben mit dunkelroter Mitte), 'Blue Bird' (weiß mit blauem Zentrum, dadurch wirken die Blüten insgesamt bläulich überhaucht), 'Hogarth' (cremegelb mit dunkelroter Mitte, großblumig, ausgezeichnete Schnittsorte), 'Nelson' (rein weiß mit tief dunkelrotem

Ixia-Hybriden

Auge, dunkelrote Zeichnung auch auf den Blütenblättern), 'Rose Emperor' (rosa mit dunkelrosa Auge), 'Uranus' (dunkelgelb mit dunkelroter Mitte).
Standortansprüche: Nur in vollsonniger Lage und an warmen, geschützten Plätzen auf gut durchlässigem, leichtem Boden gedeihen Klebschwertel gut.
Verwendung: So auffällige Blüten verlangen einen entsprechenden Platz im Garten. Trotz ihrer eindrucksvollen Farben kommen die zarten Gewächse erst in der Menge zur Geltung. Klebschwertel passen am besten auf Beete und Rabatten mit einem neutralen Hintergrund, z. B. vor eine Hauswand oder ein dunkles Gehölz. Die Wirkung der Blüten kann durch Unterpflanzung mit kleinblühenden Sommerblumen wie Steinrich *(Lobularia)* oder Blauen Gänseblümchen *(Brachycome multifida)* noch unterstrichen werden. Im Steingarten setzen sie hübsche Blickpunkte und führen den Flor von Frühlingsblühern fort. Die Pflanzen können gut in Gefäßen gezogen werden und liefern herrliche, lange haltbare Schnittblumen.
Pflanzung: Die Knollen werden im Frühjahr nur etwa 5 cm tief mit ungefähr 10 cm Abstand in Gruppen gepflanzt. In sehr milden Regionen kann man sie auch im Herbst in den Boden bringen, jedoch nicht vor November, damit das Laub nicht vorzeitig austreibt.
Pflege: In der Regel sind Klebschwertel im hiesigen Klima nicht winterhart. Nur in besonders warmen Gebieten, etwa in Weinbaugegenden, können sie unter Umständen ganzjährig im Freien bleiben. Andernorts behandelt man sie ähnlich wie Dahlien (siehe Seite 164). Bei Pflanzung im Frühjahr sind die jungen Triebe von Spätfrösten bedroht; man schützt sie daher durch Überstülpen eines großen Topfs oder einer Papiertüte. Während des Wachstums brauchen die Pflanzen ausreichend Feuchtigkeit, nach der Blüte müssen sie jedoch trocken stehen, damit die Knollen ausreifen können. In nassen Sommern sollte man sie durch Folie

oder eine Glasplatte vor zuviel Nässe bewahren. Im Herbst nimmt man die Knollen aus der Erde, pflanzt sie in Gefäße und bringt sie an einem temperierten Ort bei etwa 10 – 15 °C durch den Winter. Sie dürfen dabei nicht austrocknen, müssen also von Zeit zu Zeit leicht gegossen werden.
Vermehrung: Meist setzen die Pflanzen reichlich Brutknollen an. Diese können im Herbst bzw. vor dem Auspflanzen abgenommen werden. Saatgut wird im Frühjahr oder Herbst unter Glas ausgebracht. Die Pflanzen sollten mindestens 1 Jahr lang in Gefäßen kultiviert werden, bevor man sie auspflanzt.

Ixia viridiflora

Schädlinge: Schnecken
Tip: Kultiviert man die Pflanzen in Gefäßen, kann man sie im Sommer samt Topf in die Erde einsenken und erspart sich das jährliche Umpflanzen im Herbst.

L

Leucojum
Knotenblume

Arten: *L. vernum* (Märzenbecher, Märzbecher, Frühlingsknotenblume, Märzglöckchen), *L. aestivum* (Sommerknotenblume, Sommertürchen), *L. autumnale* (Herbstknotenblume)
Familie: Narzissen- oder Amaryllisgewächse *(Amaryllidaceae)*
Herkunft: feuchte Wiesen, Ufer und Auwälder in Mittel- und Südeuropa, *L. autumnale* lichte Wälder in Südeuropa und Nordafrika
Blütenfarbe: weiß, *L. autumnale* weiß, rosa überhaucht
Blütezeit: *L. vernum* März bis April, *L. aestivum* Mai bis Juni, *L. autumnale* September bis Oktober
Höhe: *L. vernum* 10 – 30 cm, *L. aestivum* 30 – 50 cm, *L. autumnale* 10 – 20 cm
Standort: *L. vernum* halbschattig bis schattig; frischer Boden, *L. aestivum* halbschattig; feuchter Humusboden, *L. autumnale* sonnig; durchlässiger, eher trockener Boden
Merkmale: So sehr sich die einzelnen Arten hinsichtlich der Blütezeit, Größe und Ansprüche auch unterscheiden, so deutlich zeigt die Ähnlichkeit ihrer Blüten die enge Verwandtschaft. Alle tragen nickende Glocken in strahlendem bis gebrochenem Weiß, die mit einem dicken Fruchtknoten an einem langen Stiel über den riemenförmigen Blättern aufgehängt sind. Der wohlriechende Märzenbecher, der häufig mit dem Schneeglöckchen verwechselt wird und in manchen Regionen auch unter dessen Namen bekannt ist, schmückt die einzelnen Zipfel seiner weißen, dickbauchigen Glocken mit grünen oder gelben Flecken. Die Blüten dienen Bienen und anderen Insekten schon früh im Jahr als Nektarquelle. Wie eine zu groß geratene Ausgabe des Märzenbechers wirkt die Sommerknotenblume. Von ihren Stengeln hängen jeweils 3 – 7 Blüten an langen, dünnen Stielen herab. Zart und klein bleibt dagegen die Herbstknotenblume, bei der zuerst die Blütenstiele mit weißen, rosa überhauchten oder rot gezeichneten, länglichen Glocken erscheinen, bevor später auch das grasartige Laub sprießt. Knotenblumen sind mäßig giftig, die heimischen Arten stehen unter Naturschutz.
Sorten: Von *L. vernum* (teilweise auch als Varietäten angegeben) sind im Handel erhältlich 'Carpaticum' (weiß mit gelben Flecken, meist 2 Blüten pro Stiel, Höhe 10 – 30 cm) und 'Vagneri' (weiß, oft 2 Blüten pro Stiel, deutlich größer und kräftiger als die reine Art, Höhe 40 cm); von *L. aestivum* 'Gravetye Giant' (weiß, lockerer Aufbau, Höhe 40 – 50 cm).
Standortansprüche: Der Märzenbecher bevorzugt halbschattige Stellen mit frischem, im Sommer auch feuchtem oder nassem Boden. Die Sommerknotenblume wächst am besten, wenn sie in leichtem Schatten auf nassem, zeitweise sogar überflutetem Humusboden steht. Dagegen braucht die Herbstknotenblume einen sonnigen Standort auf eher trockenem, durchlässigem Boden.
Verwendung: Der Märzenbecher gehört zu den beliebtesten Frühlingsblühern und wird bevorzugt am Gehölzrand, aber auch im Moorbeet zusammen mit Rhododendren *(Rhododendron)* angesiedelt. Bei ausreichend feuchtem Boden wandert er auch in offene Wiesenflächen ein. Am schönsten wirkt er in großen Gruppen, die man durch Hohe Schlüsselblumen *(Primula elatior)* auflockern kann.

Leucojum vernum

Leucojum aestivum

Die Sommerknotenblume entfaltet ihren grazilen Charme am besten in Gewässernähe, z. B. an einem Bachufer. Goldgelbe Sumpfdotterblumen *(Caltha palustris)* sind hübsche Nachbarn. Mit ihrer späten Blütezeit sorgt die Herbstknotenblume vor allem im Steingarten noch einmal für ein Glanzlicht. Sie kann dort durch Herbstkrokusse harmonisch ergänzt werden. Alle Knotenblumenarten eignen sich auch zur Gefäßkultur und als Schnittblumen.
Pflanzung: Grundsätzlich werden die Zwiebeln während der Ruhezeit gepflanzt – und damit, je nach Art, zu verschiedenen Jahreszeiten.
Die kugeligen Zwiebeln des Märzenbechers kommen im August oder September 5 – 10 cm tief mit 10 cm Abstand in den Boden; die eiförmigen der Sommerknotenblume werden etwas später, im September oder Oktober, 10 – 20 cm tief im Abstand von 15 – 25 cm ausgelegt. Die kleinen Zwiebeln der Herbstknotenblume pflanzt man im Frühjahr etwa 5 – 7 cm tief mit 10 cm Abstand.

Pflege: Knotenblumen sind robuste, problemlos zu kultivierende Pflanzen, die keine besondere Pflege brauchen. Läßt man sie ungestört, entwickeln sie sich bald zu üppigen Beständen. Mit Ausnahme der Herbstknotenblume sind sie völlig winterhart. Letztere muß den Winter über gut mit Laub und Reisig abgedeckt werden.
Vermehrung: Neue Bestände lassen sich durch Brutzwiebeln, Teilung von dichten Zwiebelhorsten und auch durch Aussaat gewinnen. Brutzwiebeln kann man abnehmen, sobald die Pflanzen ihr Laub eingezogen haben und ihre Ruhezeit beginnt. Auch die Horstteilung erfolgt am besten zu diesem Zeitpunkt. Die Zwiebeln sollten alsbald wieder in die Erde kommen, da sie sehr leicht austrocknen, insbesondere die Wurzelbärte. Samen sät man am besten gleich nach der Reife aus, entweder unter Glas oder direkt ins Freie. Sie dürfen nur ganz leicht mit Erde abgedeckt werden. Meist vermehren sich die Knotenblumen jedoch durch Selbstaussaat von allein.

Lilium
Lilie

Familie: Liliengewächse *(Liliaceae)*

Unbestritten bildet die Blütezeit der Lilien einen Höhepunkt im Garten. Ihre hinreißenden Blütenschalen sind für viele Pflanzenliebhaber Sinnbild vollendeter Schönheit und graziöser Anmut. Obwohl es unter den zahllosen Sorten und Wildarten durchaus auch solche gibt, die recht spezielle Ansprüche stellen, ist doch die Mehrzahl der

Blütenformen der Lilie:
① Trompetenblüte, ② Türkenbundblüte, ③ Schalenblüte

Lilien ohne große Schwierigkeiten zu ziehen. Dies gilt vor allem für die Asiatischen Hybriden, die von allen Lilien am häufigsten im Handel angeboten werden.
Wer erst einmal vom „Lilienfieber" gepackt ist, kann sich auch an die exotischeren, anspruchsvolleren Vertreter der Gattung wagen und womöglich sogar selbst mit Kreuzungsexperimenten und der Züchtung neuer Formen beginnen (siehe Seite 89).
Lilienblüten bestehen aus 6 gleichartigen, sternförmig angeordneten Blütenblättern, die alle mehr oder weniger stark zurückgeschlagen sind. Bei manchen Arten sind sie am Grund zu einer langen Röhre verwachsen. So unterscheidet man rein sternförmige Blüten, schalenförmige mit leicht zurückgeschlagenen Blütenblättern, Türkenbundblüten, bei denen die Blütenblätter turbanähnlich nach hinten eingerollt sind, und schließlich trichter- bis trompetenförmige Blüten mit langer Kronröhre. Im Zentrum der Blüten steht jeweils ein Kranz langgestielter Staubblätter mit großen, oft farblich kontrastierenden Staubbeuteln. Die Laubblätter sind bei allen Lilien lanzettlich und ganzrandig. Sie sitzen entweder in Quirlen am Stengel oder sind einzeln über den ganzen Stengel verteilt.
Die Zwiebeln der Lilien stellen eine Besonderheit dar, denn sie sind nicht wie die der Tulpen oder Narzissen als Ganzes von einer äußeren Hülle umgeben, sondern bestehen aus vielen fleischigen, dachziegelartig angeordneten Schuppen. Da diese leicht austrocknen, müssen Lilien möglichst sofort nach dem Kauf eingepflanzt werden. Ist dies nicht möglich, werden sie in angefeuchteten Sand oder Torf eingeschlagen, sehr kühl (bei etwa 5 °C) aufbewahrt und im Frühjahr gesetzt.
Nach einem international gültigen System werden die Lilienarten in mehrere Gruppen eingeteilt, die die Verwandtschaftsverhältnisse berücksichtigen. Dabei sind nur die Elternarten entscheidend, die für die Züchtung der Hybriden verwendet wurden und deren Merkmale bei den jeweiligen Sorten dominieren. Für den Laien ist diese Gliederung oft reichlich verwirrend, sind dadurch doch Sorten mit ähnlichen Blütenformen in ganz verschiedenen Gruppen zu finden. Die Einteilung nach den Elternarten hat jedoch den Vorteil, daß

Lilium bulbiferum

die Ansprüche der Pflanzen an Standort und Pflege innerhalb einer Gruppe recht einheitlich sind.
Da laufend neue Sorten auf den Markt kommen und jeder Händler ein etwas unterschiedliches Sortiment anbietet, wird hier nur eine Auswahl besonders bewährter und empfehlenswerter Sorten vorgestellt. In ausführlichen Katalogen werden manche Sorten mit dem Zusatz „Strain" angegeben. Dies bedeutet, daß es sich dabei um nicht vegetativ vermehrte und daher nicht absolut einheitliche Pflanzen handelt, sondern um Sämlinge, also um Pflanzen, die aus Samen vermehrt wurden und deshalb in der Blütenfarbe etwas variieren können. Außer den genannten Wildarten, die bei gut sortierten Anbietern zu beziehen und bei Beachtung der Standort- und Pflegeansprüche recht einfach zu ziehen sind, gibt es noch eine Reihe weiterer Lilienarten, die jedoch kaum im Handel angeboten werden. Die meisten davon eignen sich nicht für das mitteleuropäische Klima und sind daher entweder nur für Spezialisten interessant oder aber hierzulande ausgesprochen kurzlebig.

Asiatische Wildarten und Hybriden

Arten: *L. bulbiferum* (Feuerlilie), *L. bulbiferum* ssp. *croceum* (auch *L. croceum*, *L. aurantiacum*, Safranlilie), *L. lancifolium* (auch *L. tigrinum*, Tigerlilie), *L. davidii* (Davidslilie, Pyramidenlilie), *L. pensylvanicum* (auch *L. dauricum*, *L. davuricum*, *L. dahuricum*), *L. pumilum* (auch *L. tenuifolium*, Korallenlilie), Asiatische Hybriden (auch Asiatic-Hybriden)
Herkunft: *L. bulbiferum* Säume und Waldränder von Mittel- bis Südeuropa, *L. bulbiferum* ssp. *croceum* felsige Hänge in den Alpen, die übrigen Arten Waldränder, Säume und grasige Hänge, *L. lancifolium* Ostasien, *L. davidii* Mittelchina, *L. pensylvanicum* und *L. pumilum* Nordostasien; Asiatische Hybriden sind Kreuzungen verschiedener Wildarten dieser Liliengruppe
Blütenfarbe: orangerot, *L. pumilum* rot, Asiatische Hybriden weiß, gelb, orange, rosa, rot
Blütezeit: *L. bulbiferum* und *L. bulbiferum* ssp. *croceum* Mai bis Juli, *L. lancifolium* August bis September, *L. davidii* Juli, *L. pensylvanicum* und *L. pumilum* Juni bis Juli, Asiatische Hybriden Juni bis August
Höhe: *L. bulbiferum* und *L. bulbiferum* ssp. *croceum* 40 – 120 cm, *L. lancifolium* 100 – 150 cm, *L. davidii* 100 – 180 cm, *L. pensylvanicum* 40 – 80 cm, *L. pumilum* 30 – 50 cm, Asiatische Hybriden 50 – 200 cm
Standort: sonnig bis halbschattig; frischer, humusreicher und durchlässiger Boden
Merkmale: Die Feuerlilie gehört zu den wenigen Arten dieser Gruppe, die auch in Mitteleuropa heimisch sind. Ihre natürlichen Bestände sind streng geschützt. Als Gartenpflanze ist sie seit langer Zeit vor allem in Bauerngärten zu finden. Ihre prächtigen Schalenblüten stehen am Ende des hohen Stengels in einer Dolde beisammen. Sie sind leuchtend orangerot gefärbt und tragen in ihrem Zentrum einige braune Punkte. Der botanische Artname bedeutet zwiebeltragend und bezieht sich auf die zahlreichen Brutknöllchen, die sich in den Blattachseln bilden.
Die schöne Safranlilie ähnelt der Feuerlilie insgesamt sehr, trägt jedoch keine Brutzwiebeln und ist für den Laien leichter zu ziehen. Ihre Blüten sind etwas gelblicher und stärker gepunktet.
Die stärkereichen Zwiebeln der Tigerlilie werden in ihrer ostasiatischen Heimat seit alters getrocknet und dienen als Nahrungsmittel. Wie die Feuerlilie trägt auch die Tigerlilie Achselknöllchen am Stengel. Ihre orangeroten, über und über schwarz gepunkteten Blüten haben jedoch die Form eines Turbans wie die der Türkenbundlilie. Eine beliebte und verbreitete Spielart davon ist die Varietät *flaviflorum* mit zitronengelben, dunkel gepunkteten Blüten. Sie ist allerdings etwas wuchsschwächer und ein wenig virusanfällig.
Von der Davidslilie findet man die problemlos zu ziehende Varietät *willmottiae* (auch *L. willmottiae*) am häufigsten im Handel. Diese stattliche, sehr reich blühende Lilie präsentiert ihre orangeroten, braun gesprenkelten Türkenbundblüten in einer großen, pyramidenförmigen Rispe.
L. pensylvanicum kennen die meisten Gärtner noch unter dem alten Namen *L. dauricum*. Er bezieht sich auf die Heimat dieser Art, eine Landschaft im Süden Sibiriens. Die vergleichsweise klein bleibende Lilie treibt kräftig orangerote, getupfte Schalenblüten mit roten Staubgefäßen.
Sehr hübsch und eine der am frühesten blühenden Lilien ist die niedrige Korallenlilie. Ihre feuerroten, kleinen Türken-

Lilium lancifolium

bundblüten erscheinen in reicher Zahl, und die Stengel sind dicht mit auffallend schmalen Blättern besetzt. Leider ist diese Art etwas kurzlebig und sollte daher rechtzeitig aus Samen nachgezogen werden.
Die Asiatischen Hybriden zählen zu den am einfachsten zu ziehenden Lilien überhaupt und sind daher in den Gärten weit verbreitet. Ihre zahllosen Sorten können nach ihren Blütenformen in drei Untergruppen eingeteilt werden. So gibt es Sorten mit aufrechten Blüten, solche mit seitwärts gerichteten, waagrecht vom Stengel abstehenden Blüten und solche mit nickenden oder hängenden Blüten. Während die Blüten der beiden ersten Gruppen fast sternförmig ausgebreitet sind, krümmen sich die Blütenblätter der letzten Sortengruppe stark zurück; ihre Blüten ähneln dadurch den Türkenbundformen. Die meisten Sorten blühen bereits recht früh im Jahr, oft schon im Juni.
Sehr bekannt und bewährt sind die sog. Midcentury-Hybriden, die um die Mitte dieses Jahrhunderts aus den USA importiert wurden – daher ihr Name. Sie haben aufrechte Blüten, die gewöhnlich in ihrem Zentrum kontrastierend gepunktet sind, und werden oft als vielfarbige Mischung angeboten. Auch die Connecticut-Hybriden, ebenfalls mit aufrechten, überwiegend aber ungepunkteten, reinfarbigen Blüten, sind problemlos zu kultivieren und seit langem im Handel. Eine andere, häufig angebotene Hybridgruppe ist die der farbenfrohen, niedrigeren Fiesta-Hybriden mit türkenbundartigen Blüten.

Lilium-Hybride, Asiatische Hybride

Sorten: Eine Auswahl bewährter Asiatischer Hybriden, die häufig im Handel zu finden sind, umfaßt Sorten mit aufrechten Blüten wie 'Tabasco' (rotbraun, Höhe 50 – 60 cm, gute Treibsorte), 'Cinnabar' (leuchtend rot, dunkel gepunktet, gut zum Treiben, Höhe 60 – 80 cm), 'Connecticut King' (hellgelb, Höhe 60 – 80 cm), 'Sunray' (leuchtend gelb, im Zentrum grünlich, wenig gepunktet, gut zum Treiben, Höhe 60 bis 80 cm), 'Enchantment' (orangerot, sehr gute Treibsorte, Höhe 80 – 100 cm), 'Chinook' (ockerfarben, Höhe 80 – 120 cm), 'Firecracker' (intensiv rot, dunkel gepunktet, wuchskräftig, Höhe 100 – 120 cm); Sorten mit seitwärts gerichteten Blüten wie 'Paprika' (karminrot, dunkel gepunktet, gut zum Treiben, Höhe 60 – 80 cm), 'Fire King' (leuchtend rot, Höhe 100 – 120 cm), 'Schützenlisl' (leuchtend orange, Höhe 100 – 120 cm); Sorten mit hängenden Blüten wie 'Connecticut Yankee' (rotorange, großblütig, Höhe 100 – 120 cm), 'Citronella' (Strain, zitronengelb, dunkel gepunktet, Höhe 100 bis 140 cm), 'Schellenbaum' (leuchtend rot mit orangefarbener Mitte, reichblühend, wuchskräftig, Höhe 150 – 200 cm).
Standortansprüche: Die Asiatischen Wildarten und Hybriden bevorzugen einen absonnigen bis halbschattigen, warmen Platz im Garten. Auch sonnige Stellen sind geeignet, vor allem für Feuer- und Safranlilie; der Wurzelbereich sollte jedoch auf jeden Fall beschattet sein. Hochwüchsige Formen pflanzt man am besten windgeschützt. Asiatische Lilien bevorzugen frischen, humosen, lockeren und gut dränierten, nährstoffreichen Boden. Wie alle Lilien gedeihen sie besonders gut in schwach sauren Substraten. Außer *L. pensylvanicum* kann man diese Arten aber auch auf kalkhaltigem Boden ziehen.
Verwendung: Alle hier genannten Formen sind prunkvolle und zur Blütezeit über sämtliche Nachbarn dominierende Pflanzen, die sich vor allem für prächtige Staudenbeete und gehölzbegleitende Pflanzungen eignen. Dabei sind bereits einige wenige Exemplare, als sortenreine Gruppe gesetzt, äußerst wirkungsvoll. Vor einem dunklen Hintergrund aus Nadelgehölzen erscheinen die Blütenfarben der Lilien besonders leuchtend. Sprichwörtlich ist die Vorliebe der Lilien für einen Platz, an dem sie „mit den Füßen im Wasser und dem Kopf in der Sonne" stehen. Sie strecken ihre Triebe weit dem Licht entgegen. Deshalb ist es günstig, sie in die Nähe von Sträuchern zu setzen, an die sie sich ein wenig anlehnen und durch deren Gezweig sie ihre Triebe hindurchschieben können. So gewinnen sie erheblich an Standfestigkeit.

Lilium-Hybride, Asiatische Hybride

Andererseits sollte der Fußbereich stets kühl und möglichst etwas luftfeucht bleiben, was mit einer Unter- bzw. Vorpflanzung aus niedrigen Stauden oder Zwerggehölzen erreicht werden kann. Geeignete Gehölze sind z. B. Japanischer Ahorn *(Acer japonicum)*, Fächerahorn *(Acer palmatum)*, Deutzien *(Deutzia)*, Rhododendren *(Rhododendron)*, Schneeball

(Viburnum) oder Mahonie *(Mahonia)*. Als niedrige Begleitstauden können Lavendel *(Lavandula)*, Beifuß *(Artemisia)*, Katzenminze *(Nepeta)*, Salbei *(Salvia)* oder Wollziest *(Stachys byzantina)* dienen. Abhängig von der Blütenfarbe eignen sich auch verschiedene höhere Stauden als Nachbarn. Beispiele dafür sind im Staudenbeet etwa Schmucklilie *(Agapanthus)*, Brennende Liebe *(Lychnis chalcedonica)*, Pfingstrose *(Paeonia)* oder hohe Gräser wie Chinaschilf *(Miscanthus)* und am Gehölzrand Japanische Anemone (*Anemone-Japonica*-Hybriden), Akelei *(Aquilegia)*, hohe Glockenblumen *(Campanula)*, Silberkerze *(Cimicifuga)*, Fingerhut *(Digitalis)*, Farne und ebenfalls hohe Gräser. Geradezu traumhafte Bilder ergeben sich, wenn man Lilien mit Rosen kombiniert. Blauer Rittersporn *(Delphinium)* bildet einen starken, belebenden Kontrast dazu. Die niedrig bleibende *L. pensylvanicum* und die Korallenlilie eignen sich auch gut für den Steingarten, am besten zusammen mit kleinwüchsigen Gehölzen und Gräsern, die niedrigen Sorten der Asiatischen Hybri-

Lilium-Hybride, Asiatische Hybride

Lilium pumilum

den für die Gefäßkultur. In großflächigen Pflanzungen besteht auch die Möglichkeit, Lilien verwildern zu lassen. Sie können, sortenrein oder in farblich aufeinander abgestimmten Mischungen, zum beherrschenden Vordergrund vor größeren Gehölzpflanzungen werden.
Alle Lilien sind ausgezeichnete, lange haltbare Schnittblumen. Manche Treibsorten werden sogar fast ausschließlich für den Schnitt verwendet und besonders früh zur Blüte gebracht.
Pflanzung: Beim Einkauf der Zwiebeln sollte man darauf achten, daß ihre Schuppen weder vertrocknet noch schimmelig sind. Gesunde Zwiebeln fühlen sich prall und fest an. Bei Lilien sind nicht unbedingt die größten Zwiebeln die besten. Oft erweisen sich mittelgroße, festere Zwiebeln als blühfreudiger, gesünder und dauerhafter als sehr große Exemplare von weicherer Konsistenz. Wie alle Lilien sollten aber auch diese baldmöglichst nach dem Kauf gepflanzt werden, da ihre Zwiebeln leicht austrocknen. Die beste Pflanzzeit ist der Herbst, etwa von September bis Oktober. Notfalls können die Zwiebeln aber auch im zeitigen Frühjahr, im März oder April, gesetzt werden. Vor allem in rauhen Gebieten und bei besonders spät blühenden Arten wie der Tigerlilie ist dies sogar zu empfehlen. Bei Herbstpflanzung können die Lilien ansonsten oft vor dem Winter nicht mehr richtig Fuß fassen.
Die schuppigen Zwiebeln werden in ein vorbereitetes Pflanzloch gerade so tief eingesetzt, daß der Abstand von der Zwiebelspitze bis zur Erdoberfläche doppelt so groß wie die Höhe der Zwiebel ist. Der Abstand zwischen den Zwiebeln sollte etwa 20 – 30 cm betragen, bei besonders hochwüchsigen Arten etwas mehr, bei niedrigen etwas weniger. Um die nötige Dränage zu erreichen, wird das Pflanzloch etwas tiefer ausgehoben, der Untergrund und die Seitenwände gelockert und die Zwiebel auf eine Handvoll Sand oder Splitt gesetzt, wobei man ihre Wurzeln behutsam sternförmig ausbreitet. Um bei schwerem Lehmboden den Wasserabzug zu verbessern, vermischt man den Aushub mit Kies, Bims, Splitt oder Sand, bevor man ihn wieder ins Pflanzloch füllt. Schließlich ist noch darauf zu achten, daß sich nach dem Festklopfen der Pflanzerde keine Mulde bildet, in der Wasser stehenbleiben könnte. Vielmehr sollte der Boden über der Pflanzstelle leicht gewölbt sein. Bei schwerem Boden bzw. empfindlichen Arten oder Sorten ist es ratsam, die Zwiebeln leicht schräg einzusetzen, damit sich im Triebansatz kein Wasser sammeln kann. Die Triebe dieser Pflanzen stehen später dennoch gerade im Beet.

Pflege: Besonders wichtig für ein gutes Gedeihen der Lilien ist die Vorbereitung der Pflanzstelle. Falls die Zwiebeln im Winter durch den Frost gehoben wurden, häufelt man etwas Erde an. Während der Wachstumszeit muß bei Trockenheit durchdringend gewässert werden; nach der Blüte wird jedoch nicht mehr gegossen. An sehr heißen Plätzen kann man rund um die Pflanzen Rindenmulch streuen, um den Boden vor Austrocknung zu schützen. Zum Austrieb gibt man den Pflanzen gut verrotteten Kompost bzw. Stallmist oder ausgewogenen, kaliumbetonten

Lilium davidii

Mineraldünger. Auch zur Blütezeit kann nochmals (mäßig) mineralisch gedüngt werden, nun jedoch keinesfalls mehr mit frischem Kompost oder Mist. Besonders hochwüchsige Sorten erhalten bei Bedarf einen Stab als Stütze. Beim Blumenschnitt für die Vase sollte der Trieb nicht knapp über dem Boden gekappt, sondern möglichst in halber Länge stehengelassen werden. Falls kein Samenansatz erwünscht ist, wird der

Blütenstand oder entsprechende Teile davon gleich nach dem Verblühen abgeschnitten, damit die Pflanzen nicht unnötig Kraft zur Samenbildung verbrauchen. Dabei sollte man aber möglichst viele Blätter am Stengel belassen. Nicht nur, um Ordnung in den Beeten zu schaffen, sondern auch, um Krankheiten vorzubeugen, werden die Triebe im Herbst bis zum Boden abgeschnitten. Entdeckt man dabei bereits erkrankte Sprosse, sollte das Schnittgut keinesfalls kompostiert werden. Herbstlaub, das auf die Pflanzstellen fällt, wird nicht entfernt; es bietet Schutz vor Frost und Austrocknung und verbessert nach seiner Verrottung zusätzlich den Boden.
Die Tigerlilie ist häufig virusinfiziert, scheint jedoch darunter nicht zu leiden. Trotzdem müssen Blattläuse unbedingt bekämpft werden, da sie beim Saugen an den Pflanzen die Viren auf empfindlichere Lilienarten übertragen können.
Werden die Lilienhorste im Lauf der Jahre blühfaul oder bedrängen sich die Einzelpflanzen gegenseitig, nimmt man die Zwiebeln zur Pflanzzeit aus dem Boden und teilt sie vorsichtig.
Vermehrung: Lilien kann man durch Teilung zur Pflanzzeit, aus Zwiebelschuppen sowie durch Aussaat vermehren, Feuer- und Tigerlilie außerdem durch Abnahme der Brutknöllchen aus den Blattachseln im Spätsommer. Lilien sind Dunkelkeimer, ihre Samen müssen also bei der Aussaat mit Erde bedeckt werden. Ausgesät wird im Frühjahr unter Glas in gut durchlässiges Substrat. Die Saat wird warm (bei etwa 20 °C) aufgestellt, bis die Keimlinge erschienen sind.

Lilium-Martagon-Hybride

Schädlinge und Krankheiten: Blattläuse, Lilienhähnchen, Schnecken, Wühlmäuse; Grauschimmel, Zwiebelbodenfäule, verschiedene Viruskrankheiten
Tip: Werden Lilien als Vasenschmuck verwendet, ist darauf zu achten, daß die farbigen Staubbeutel nicht an Kleidung oder Tischwäsche entlangstreifen. Der Pollen enthält einen gelben Farbstoff, der sich aus Textilien nur sehr schwer wieder entfernen läßt. Vorsichtshalber schneidet man die Staubbeutel daher besser ab.

Türkenbundlilien und deren Hybriden

Arten: *L. martagon* (Türkenbundlilie), *L. hansonii* (Goldtürkenbund), Martagon-Hybriden
Herkunft: *L. martagon* Laub- und Mischwälder von Mitteleuropa bis Sibirien, *L. hansonii* lichte Wälder und Gebüsche in Nordostasien; Martagon-Hybriden sind Kreuzungen von verschiedenen Formen der genannten Arten dieser Liliengruppe.
Blütenfarbe: *L. martagon* fleischrot, auch weiß, *L. hansonii* orange, Martagon-Hybriden weiß, gelb, orange
Blütezeit: Juni bis Juli
Höhe: *L. martagon* 50 – 150 cm, *L. hansonii* 100 – 150 cm, Martagon-Hybriden 100 – 200 cm
Standort: halbschattig; frischer, lockerer, humoser Boden
Merkmale: Die hierzulande wohl bekannteste Lilienart ist die Türkenbundlilie mit ihren typischen, stark zurückgeschlagenen, ja beinahe aufgerollten Blütenblättern. Ihre Blütenfarbe variiert von kräftigem Rosa bis zu einem tiefen Purpurrot. Seltener findet man die Varietät *album* (auch als Sorte 'Album' geführt) mit rein weißen Blüten. Für die Art charakteristisch ist die quirlige Anordnung der spatelförmigen Laubblätter und das ausgeprägte Zimtaroma. In der freien Natur sind die Bestände der Türkenbundlilie streng geschützt. Eine besondere Attraktion im Garten stellt der angenehm duftende Goldtürkenbund dar. Seine orangegelben, braun getupften Blüten sind nur leicht nach hinten gebogen und von eigenartig fleischig-wachsiger Konsistenz. Die Stengelblätter stehen wie bei der zuvor beschriebenen Art in Quirlen. Die Martagon-Hybriden, die besonders reich blühen, wuchskräftig und leicht zu kultivieren sind, entstanden aus der Kreuzung verschiedener Formen dieser beiden Arten. In der Blütenform stehen sie zwischen den Elternarten. Eine ihrer Sortengruppen wird als Paisley-Hybriden bezeichnet (so genannt nach dem berühmten Stoffmuster, an das die Blütenzeichnung erinnert). Nach ihrer Abstammung unterscheidet man außerdem die Sortengruppen der Marhan-Hybriden (Kreuzungen von *L. martagon* var. *album* x *L. hansonii*), Dalhansonii-Hybriden (Kreuzungen von *L. martagon* var. *cattaniae* x *L. hansonii*) und Backhouse-Hybriden (benannt nach ihrer Züchterin).
Sorten: Von den Martagon-Hybriden sind u. a. im Handel 'Jacques S. Dijt' (cremegelb, rot gepunktet, die fleischigen Blütenblätter nur leicht zurückgebogen, reichblühend, Höhe 100 – 150 cm), 'Mrs. R. O. Backhouse' (ebenso, aber gelbbraun).
Standortansprüche: wie bei den Asiatischen Wildarten und Hybriden (siehe Seite 189), bevorzugt jedoch Halbschatten und kalkhaltiges Substrat
Verwendung: Diese eleganten Lilien werden im Garten ähnlich eingesetzt wie die Asiatischen Wildarten und Hybriden (siehe Seite 189 f.). Die Türkenbundlilie eignet sich auch gut zum Verwildern unter und vor Gehölzen, insbesondere im naturnahen Garten.

Lilium martagon

Pflanzung: wie bei den Asiatischen Wildarten und Hybriden (siehe Seite 190)
Pflege: Im Prinzip entsprechen die Pflegemaßnahmen denjenigen, die bei den Asiatischen Wildarten und Hybriden notwendig sind. Der Goldtürkenbund ist spätfrostgefährdet, seine jungen Triebe sollten daher durch Abdecken

mit Reisig oder durch Überstülpen eines Tontopfs geschützt werden.
Vermehrung, Schädlinge und Krankheiten: wie bei den Asiatischen Wildarten und Hybriden (siehe Seite 191)

Madonnenlilie, verwandte Arten und Hybriden

Arten: *L. candidum* (Madonnenlilie), *L.* x *testaceum* (auch *L. candidum* x *L. chalcedonicum*, Nanking-Lilie, Isabell-Lilie), *L. monadelphum* (auch *L. szovitsianum*), *L. pyrenaicum*

Lilium monadelphum

Herkunft: *L. candidum* grasige und steinige Plätze sowie lichte Gebüsche im östlichen Mittelmeerraum, *L.* x *testaceum* ist eine vermutlich natürlich entstandene Kreuzung unbekannter Herkunft, *L. monadelphum* Berghänge und Wälder im Kaukasus, *L. pyrenaicum* Wiesen und Waldränder von Nordspanien bis Südwestfrankreich
Blütenfarbe: *L. candidum* weiß, *L.* x *testaceum* gelblich, *L. monadelphum* und *L. pyrenaicum* gelb
Blütezeit: *L. candidum* Juni bis Juli, *L.* x *testaceum* Juli bis August, *L. monadelphum* und *L. pyrenaicum* Mai bis Juni
Höhe: *L. candidum* und *L.* x *testaceum* 80 – 150 cm, *L. monadelphum* 60 bis 120 cm, *L. pyrenaicum* 50 – 120 cm
Standort: sonnig; frischer, lockerer, humoser, für *L. candidum* und *L.* x *testaceum* kalkhaltiger Boden
Merkmale: Ihrer rein weißen, klaren und zugleich anmutig geformten Trichterblüten wegen gilt die Madonnenlilie von alters her als Sinnbild der Reinheit und Unschuld und daher auch als Symbol der Jungfrau Maria. Als eine der ältesten Zierpflanzen war diese Art bereits bei den Griechen und Römern beliebt. Später hielt sie Einzug in Kloster- und Bauerngärten. Ihre Blüten stehen zu mehreren in einer schmalen Traube leicht nickend am Stengel und verströmen einen betörenden Duft. An geeigneten Standorten kann die Pflanze ein recht ansehnliches Alter erreichen.
Große Ähnlichkeit mit der Madonnenlilie hat die Nanking-Lilie, eine der ältesten bekannten Lilienhybriden. Sie wurde im vorigen Jahrhundert entdeckt und ist wahrscheinlich ein natürliches Kreuzungsprodukt. Ihr hoher Stengel trägt duftende, zart weißlichgelbe Trichterblüten mit weit zurückgeschlagenen Blütenblättern, von denen sich die großen, orangeroten Staubgefäße kontrastreich abheben.
Die duftenden Blüten von *L. monadelphum* ähneln ihrer Form nach ebenfalls denen der Madonnenlilie, zeigen sich aber in reinem, klarem Gelb mit zarten, rötlichen Punkten im Innern des Kelchs. Ihre Staubblätter sind am Grund zu einer Röhre verwachsen. Manche Fachleute sind der Auffassung, bei *L. szovitsianum* und *L. monadelphum* handle es sich um ein und dieselbe Art, da am Wildstandort Übergänge zwischen beiden Formen zu finden sind. Andere Botaniker dagegen trennen sie als zweierlei Arten voneinander ab, wobei sie Formen ohne Staubblattröhre als *L. szovitsianum* bezeichnen. Diese „Art" mit eher hellgelben, im Innern ungepunkteten Blüten wird allerdings nur selten einmal im Handel angeboten.
Bei *L. pyrenaicum* entfalten sich an den Enden dichtbeblätterter Stengel kleine, grünlichgelbe Türkenbundblüten mit purpurfarbenen Warzen und Punkten. Die, verglichen mit ihren großblütigen Verwandten, eher unscheinbare Art blüht im Garten als eine der ersten Lilien auf.
Kreuzungen verschiedener Arten dieser Liliengruppe, die sog. Candidum-Hybriden, sind derzeit im Handel nicht von Bedeutung.
Standortansprüche: wie bei den Asiatischen Wildarten und Hybriden (siehe Seite 189), Madonnen- und Nanking-Lilie jedoch auf sonnigen, warmen Plätzen und kalkhaltigem Boden
Verwendung: wie bei den Asiatischen Wildarten und Hybriden (siehe Seite 189 f.), jedoch bevorzugt in Staudenbeeten
Pflanzung: Bei der Pflanzung ist weitgehend dasselbe zu beachten wie bei den Asiatischen Wildarten und deren Hybriden. Madonnenlilie und Nanking-Lilie werden, im Gegensatz zu den anderen hier genannten Lilien, jedoch nur so tief gesetzt, daß die Zwiebelspitze gerade eben mit Erde bedeckt ist, also nur etwa 3 – 5 cm tief. Sie müssen

Lilium candidum

bereits im August gepflanzt werden, damit sie noch im Herbst einen Blattschopf bilden. Diesen brauchen sie, um für die Blüte im Folgejahr genügend Kraft sammeln zu können.
Pflege: wie bei den Asiatischen Wildarten und Hybriden (siehe Seite 190 f.); in strengen Wintern und rauhen Lagen sollte man Madonnen- und Nanking-Lilie jedoch abdecken
Vermehrung: Für diese Liliengruppe gibt es dieselben Vermehrungsmöglichkeiten wie für die Asiatischen Wildarten und Hybriden (siehe Seite 191). Bei der Aussaat ist zu beachten, daß die Lilien dieser Gruppe Schwer- bzw. Langsamkeimer sind. Manchmal bilden sich erst im zweiten Jahr Triebe. Man sät nach der Samenreife entweder direkt ins Freiland aus und deckt die Stelle den Winter über mit Glas ab, oder in eine Saatschale unter Glas, die dann aber zunächst warm, anschließend einige Wochen kalt und dann wieder warm aufgestellt werden muß.
Schädlinge und Krankheiten: wie bei den Asiatischen Wildarten und Hybriden (siehe Seite 191)
Tip: Selbst wenn alle Voraussetzungen für die Kultur der Madonnenlilie erfüllt scheinen, gelingt es doch nicht immer, sie im Garten anzu-

siedeln. An anderer Stelle gedeiht sie dagegen prächtig und vermehrt sich reichlich. Der Grund für diese Eigenwilligkeit ist selbst Lilienspezialisten ein Rätsel. Manchmal genügt einfach das Umsetzen an eine andere Stelle, um die Madonnenlilie zum Blühen zu bringen.

Amerikanische Wildarten und Hybriden

Arten: *L. pardalinum* (Pantherlilie, Leopardlilie), *L. harrisianum* (auch *L. pardalinum* var. *giganteum*, *L. pardalinum* 'Giganteum', Abendrotlilie, Pantherlilie), *L. canadense* (Kanadische Wiesenlilie, Kanada-Lilie), Amerikanische Hybriden
Herkunft: *L. pardalinum* und *L. harrisianum* Sümpfe, feuchte Wiesen und Gebüsche im Westen Nordamerikas, *L. canadense* feuchte Wiesen im Osten Nordamerikas; Amerikanische Hybriden sind Kreuzungen verschiedener Arten dieser Liliengruppe
Blütenfarbe: *L. pardalinum* orange-rot, *L. harrisianum* orange, *L. canadense* gelb, auch rot, Amerikanische Hybriden weiß, gelb, rosa, rot
Blütezeit: *L. pardalinum* und *L. harrisianum* Juli, *L. canadense* Juni bis Juli, Amerikanische Hybriden Juni bis August
Höhe: *L. pardalinum* 120 – 200 cm, *L. harrisianum* 150 – 220 cm, *L. canadense* 80 – 150 cm, Amerikanische Hybriden 120 – 200 cm
Standort: halbschattig bis sonnig; frischer bis feuchter, humoser, saurer Boden
Merkmale: Amerikanische Lilien und Hybriden stehen in dem Ruf, ausgesprochen anspruchsvolle Pfleglinge und daher nur für Liebhaber von Interesse zu sein. Eine Ausnahme bilden die drei hier genannten Arten, die vergleichsweise einfach zu ziehen sind. Eine der wuchskräftigsten Lilienarten überhaupt ist die Panther- oder Leopardlilie. Der Name der eindrucksvollen Pflanze bezieht sich auf ihre stark gefleckten Blüten, die in einer Traube am Ende des hoch aufragenden Stengels hängen. Während das Zentrum der Blüten glänzend orangefarben ist und dunkle Tupfen trägt, leuchten die nach Türkenbundart zurückgeschlagenen Blütenblattzipfel lebhaft scharlach- bis karminrot. Die Zwiebeln der Pantherlilie hängen dicht zusammen und bilden bei älteren Exemplaren eigenartige, rhizomähnliche Gebilde, die gut geteilt werden können.
Die noch höher wüchsige Abendrotlilie wirkt insgesamt wie eine große Ausgabe der Pantherlilie. Ihre Blüten sind etwas dunkler gefärbt, zeigen aber die gleiche Zeichnung. Einen einmaligen Blickfang im Garten stellt die Kanadische Wiesenlilie dar. Wenn sie ihre breit glockenförmigen, leuchtend gelben bis gelborangefarbenen, innen dunkel getupften Blüten entfaltet, scheinen diese an den schräg aufwärts gerichteten Stielen anmutig wie Schmetterlinge über den Blattquirlen zu gaukeln. Die Blütenfarbe variiert bei dieser Art leicht. Manchmal werden im Handel rein gelbe Formen als var. *flavum* und zinnoberrote als var. *coccineum* angeboten.
Von den Amerikanischen Hybriden, die durchweg einfacher zu kultivieren sind als die Wildarten, sind die starkwüchsigen und robusten Bellingham-Hybriden am weitesten verbreitet. Sie entstanden in erster Linie durch Kreuzung von *L. humboldtii* mit *L. pardalinum*. Ihre vielen großen Türkenbundblüten bilden breit ausladende Blütenstände. Andere Hybriden gelangen nur sehr selten in den Handel.
Sorten: Von den Amerikanischen Hybriden sind z. B. die Bellingham-Hybriden 'Afterglow' (karminrot mit braunen Punkten), 'Buttercup' (goldgelb mit braunen Punkten) und 'Shuksan' (gelborange mit dunklen Punkten) erhältlich sowie die neueren Züchtungen 'Morgenröte' (karminrosa, im Zentrum weiß und orange, dunkelrot gepunktet) und 'Nightingale' (intensiv altrosa). Sie werden jeweils 130 – 180 cm hoch.
Standortansprüche: Der optimale Standort ist derselbe wie für die Asiatischen Wildarten und Hybriden (siehe Seite 189), jedoch wird ein frischer bis feuchter, möglichst kalkfreier, saurer, humoser und dennoch durchlässiger Boden bevorzugt. Um diese Ansprüche zu erfüllen, vermischt man die Gartenerde mit sauren Substraten wie Lauberde, Rindenkompost, Moorerde oder scharfem Sand und bringt sie in die großzügig ausgehobene Pflanzstelle ein.
Verwendung: wie bei den Asiatischen Wildarten und Hybriden (siehe Seite 189 f.), bevorzugt jedoch am Gehölzrand
Pflanzung: Für die Pflanzung der Amerikanischen Wildarten und ihrer Hybriden gilt dasselbe wie für die Asiatischen Lilien (siehe Seite 190), sie sollte jedoch möglichst früh im Herbst erfolgen, am besten bereits im September, damit die Pflanzen noch gut einwurzeln können.

Lilium canadense

Lilium pardalinum

Pflege: wie bei den Asiatischen Wildarten und Hybriden (siehe Seite 190 f.)
Vermehrung: wie bei den Asiatischen Wildarten und Hybriden (siehe Seite 191); es handelt sich jedoch um Schwer- bzw. Langsamkeimer, die bei der Samenvermehrung wie die Madonnenlilie behandelt werden (siehe Seite 192)
Schädlinge und Krankheiten: wie bei den Asiatischen Wildarten und Hybriden (siehe Seite 191)

Osterlilie und Longiflorum-Hybriden

Arten: *L. longiflorum* (Osterlilie), Longiflorum-Hybriden
Herkunft: *L. longiflorum* felsige Hänge in Japan; Longiflorum-Hybriden sind Kreuzungen von *L. longiflorum* und verschiedenen, hier nicht erwähnten Arten dieser Liliengruppe
Blütenfarbe: weiß
Blütezeit: Juli bis August
Höhe: 50 – 100 cm
Standort: sonnig bis halbschattig; frischer, humoser, durchlässiger Boden
Merkmale: Ähnlich wie die Madonnenlilie (siehe Seite 192), jedoch in geringerer Zahl bildet auch die Osterlilie wunderschöne, rein weiße, waagrecht abstehende, langröhrige Trichterblüten, die einen angenehmen Duft verströmen. Sie eignet sich besonders gut zum Treiben und hat deshalb für Erwerbsgärtner große Bedeutung. Vor allem zur Osterzeit kommt sie in riesigen Mengen als Schnittblume in den Handel – daher auch ihr Name. Als Gartenpflanze wird sie dagegen eher selten angeboten. Die derzeit erhältlichen Longiflorum-Hybriden haben ähnliche, rein weiße Blüten wie die Osterlilie, sind aber in der Mehrzahl nicht fürs Freiland geeignet, sondern müssen unter Glas gezogen werden. Die Züchtung neuer Formen ist jedoch in vollem Gang, so daß man in Zukunft wohl eher freilandgeeignete Sorten und auch solche mit anderen Blütenfarben erwarten darf.
Standortansprüche: wie bei den Asiatischen Wildarten und Hybriden (siehe Seite 189), aber nur geschützte Plätze
Verwendung, Pflanzung und Pflege: wie bei den Asiatischen Wildarten und Hybriden (siehe Seite 189 ff.); es ist jedoch eine besonders gute Winterschutzabdeckung nötig
Vermehrung, Schädlinge und Krankheiten: wie bei Asiatischen Wildarten und Hybriden (siehe Seite 191)

Lilium longiflorum

Trichter- und Trompetenlilien und deren Hybriden

Arten: *L. regale* (Königslilie), *L. henryi* (Mandarinenlilie, Gelber Riesentürkenbund), Trompetenhybriden
Herkunft: felsige Hänge, *L. regale* in Westchina, *L. henryi* in Mittelchina; Trompetenhybriden sind Kreuzungen verschiedener, auch hier nicht aufgeführter Arten dieser Liliengruppe
Blütenfarbe: *L. regale* weiß, *L. henryi* orange, Trompetenhybriden weiß, gelb, orange, rosa, rot
Blütezeit: Juli bis August, *L. henryi* August bis September
Höhe: *L. regale* 80 – 150 cm, *L. henryi* 140 – 220 cm, Trompetenhybriden 100 – 200 cm

Lilium regale

Standort: sonnig bis halbschattig; frischer, humoser, durchlässiger Boden
Merkmale: Die großen weißen, außen purpurrosa gestreiften Trompetenblüten der Königslilie verströmen einen schweren, süßlichen Duft und machen sie zu einer der schönsten Arten dieser Gattung. Sie ist problemlos zu ziehen und verträgt sogar kalkhaltigen Boden. Auch die Mandarinenlilie zählt zu den Arten, die selbst für unerfahrene Neulinge unter den Lilienfreunden ohne Einschränkung zu empfehlen sind. Sie hat große, orangefarbene Türkenbundblüten, die braun gesprenkelt und dicht mit kleinen Erhebungen, sog. Papillen, besetzt sind. Die langen, dicht mit breitlanzettlichen Blättern besetzten Stengel dieser ausgesprochen hochwüchsigen Lilien schieben sich am Heimatstandort durch dichtes Gebüsch. Es mag zunächst etwas verwirren, daß diese Art mit ihren Türkenbundblüten in dieselbe Gruppe gehören soll wie Lilien mit trompetenförmigen Blüten. Für die Zuordnung zu dieser Gruppe ist jedoch weniger die Blütenform maßgeblich als vielmehr andere Kriterien wie Art der Keimung, Form der Zwiebel und Zwiebelschuppen sowie die geographische Herkunft. Diese Einteilung ist allerdings unter Fachleuten nicht völlig unumstritten. Die berühmten Trompetenhybriden begeistern Lilienfreunde sowohl durch ihre außergewöhnlich großen, langröhrigen Blüten in bezaubernden, meist pastelligen Farben wie auch durch ihren betörenden, intensiven Duft. Am bekanntesten sind Sorten mit dem Namen Aurelian-Hybriden (*L.-Aurelianense*-Hybriden, auch *L.* x *aurelianense*). Sie entstanden durch Kreuzung von *L. sargentiae*

Lilium-Hybride, Trompetenhybride

mit *L. henryi*, wobei später noch verschiedene andere Arten eingekreuzt wurden. Aurelian-Hybriden sind im Handel auch als Mischung erhältlich und bringen meist weit geöffnete Trichter- oder Trompetenblüten hervor. Ihre vorherrschenden Blütenfarben sind Gelb-, Rosa- und Rottöne.
Sorten: Von *L. regale* ist 'Album' (rein weiß, sonst wie die Art, Höhe 80 – 120 cm) erhältlich. Von den Trompetenhybriden sind u. a. im Handel verbreitet und zu empfehlen 'Bright Star' (weiß, gelborangefarbene Mitte mit roten Punkten, Höhe 100 – 150 cm), 'Carrara' (Strain, rein weiß, schöne Trichterform, Höhe

100–150 cm), 'Golden Splendour' (Strain, goldgelb, großblütig, außen mit rotbraunen Streifen, Trompetenform, Höhe 100–160 cm), 'Royal Gold' (leuchtend hellgelb, außen teils grünlich gestreift, weit trompetenförmig, Höhe 100–160 cm), 'Pink Perfection' (Strain, violettrosa, innen heller, großblütig, schöne Trompetenform, Höhe 120–200 cm), 'Black Magic' (Strain, weiß, außen bronzefarben, Trichterform, Höhe 130–170 cm), 'African Queen' (Strain, aprikosenfarben, großblütig, weite Trichterform, reichblühend, Höhe 150–180 cm).

Standortansprüche: Im großen und ganzen gilt dasselbe wie bei den Asiatischen Wildarten und Hybriden (siehe Seite 189), jedoch stehen die meisten Lilien dieser Gruppe bevorzugt sonnig und warm. Eine Ausnahme bilden rosa- und rotblühende Trompetenhybriden, deren Blüten in der vollen Sonne ausbleichen und die daher besser in den Halbschatten gesetzt werden. Königs- und Mandarinenlilie vertragen schwach sauren wie auch kalkhaltigen Boden gleichermaßen gut, und auch die meisten erhältlichen Hybriden sind in dieser Beziehung anspruchslos.

Verwendung: wie bei den Asiatischen Wildarten und Hybriden (siehe Seite 189 f.)

Pflanzung: Grundsätzlich werden diese Lilien wie Asiatische Wildarten und Hybriden gepflanzt (siehe Seite 190). Die Mandarinenlilie kann wegen ihrer späten Blütezeit gut auch erst im Frühjahr gepflanzt werden. Man sollte sie etwas tiefer als sonst bei Lilien üblich, in etwa 25–30 cm Tiefe, legen.

Pflege: wie bei den Asiatischen Wildarten und Hybriden (siehe Seite 190 f.); Königslilie und Trompetenhybriden sind spätfrostgefährdet, daher empfiehlt es sich, die jungen Triebe durch Abdecken mit Reisig oder auch einem ausreichend großen, umgedrehten Tontopf zu schützen

Vermehrung, Schädlinge und Krankheiten: wie bei den Asiatischen Wildarten und Hybriden (siehe Seite 191)

Orientalische Wildarten und Hybriden

Arten: *L. auratum* (Goldbandlilie), *L. speciosum* (Prachtlilie), Orientalische Hybriden (auch Japanische Hybriden)

Herkunft: grasige Hänge und Gebüsche, *L. auratum* Japan, *L. speciosum* Ostasien; Orientalische Hybriden sind Kreuzungen der genannten und anderer Arten dieser Liliengruppe

Blütenfarbe: *L. auratum* weiß-gelb, *L. speciosum* weiß-rosa, Orientalische Hybriden weiß, rosa, rot, auch zweifarbig

Lilium auratum

Blütezeit: *L. auratum* und *L. speciosum* August bis September, Orientalische Hybriden Juli bis August

Höhe: *L. auratum* 100–180 cm, *L. speciosum* 80–120 cm, Orientalische Hybriden 80–200 cm

Standort: halbschattig; frischer, humoser, saurer Boden

Merkmale: Aufgrund ihrer speziellen Standortansprüche sind die Lilien dieser Gruppe eher den erfahreneren Lilienliebhabern zu empfehlen. Sie eignen sich besonders für Gebiete mit kühl-ozeanischem Klima, wie es etwa in Norddeutschland, den Niederlanden oder in küstennahen Gegenden Englands und Schottlands vorherrscht. Dort können die Pflanzen etliche Jahre ausdauern, während sie sich in anderen Gegenden meist nur 2 oder 3 Jahre lang halten. Wahre Lilienfreunde wird dies jedoch nicht abschrecken, denn ihre Mühen werden mit einmalig schönen Blüten belohnt.

Lilium-Hybride, Orientalische Hybride

Eine edle Kostbarkeit unter den Lilien ist die Goldbandlilie. Sie entwickelt an hohen Stengeln große, weiße, weit geöffnete und herrlich duftende Schalenblüten. Die Mitte eines jeden Blütenblatts ziert ein goldgelber Streifen, der rundherum rotbraun gepunktet ist. Die zweite wichtige und ebenso schöne Art dieser Gruppe ist die Prachtlilie. Auch sie entwickelt große, weiße, intensiv duftende Schalenblüten, deren Blütenblätter aber stark zurückgeschlagen, manchmal regelrecht eingerollt sind. Im Zentrum der Blüte sitzen zahlreiche lange, weiße bis rosarote, höckerartige Erhebungen, sog. Papillen. Außerdem sind die Blütenblätter dicht mit großen, karminrosa Punkten übersät, so daß die Blüte aus einiger Entfernung rosa überhaucht erscheint. Es gibt einige Varietäten, die oft auch als Sorten bezeichnet werden. Am verbreitetsten sind *L. speciosum* var. *album* (auch *L. speciosum* 'Album'), die rein weiß blüht, und var. *rubrum* (auch *L. speciosum* 'Rubrum') mit intensiv karminrosa Blüten.

Lilium speciosum

Orientalische Hybriden, oft auch Japanische Hybriden genannt, sind die Aristokraten unter den Lilienhybriden. Ihre besonders großen Blüten sind edel geformt, prächtig gefärbt und duften oft betörend. An ihrer Entstehung sind vor allem Goldband- und Prachtlilie beteiligt, aber auch *L. japonicum*, *L. rubellum* sowie die nicht zu dieser Gruppe gehörende Mandarinenlilie (siehe Seite 194), lauter Arten, die in Japan bzw. Ostasien vorkommen. Die zahlreichen Sorten werden nach ihrer Blütenform in mehrere Untergruppen eingeteilt. Es werden Hybridsorten mit Trompetenblüten, mit Schalenblüten, mit flachen, sternförmigen Blüten und solche mit zurückgekrümmten, türkenbundähnlichen Blütenformen unterschieden.

Sorten: Von *L. speciosum* ist erhältlich 'Uchida' (karminrot, an den Spitzen heller, weiß gerandet, in der Mitte rot gepunktet, Höhe 80 bis 120 cm). Von den Orientalischen Hybriden sind u. a. empfehlenswert 'Casa Blanca' (rein weiß, zart grünliche Mitte, große Schalenblüten, Höhe 100 – 150 cm), 'Stargazer' (intensiv rosarot, dunkel gepunktet, aufrechte, große Sternblüten, wuchskräftig, Höhe 120 – 150 cm), 'Imperial Crimson' (Strain, karminrot, weiß gerandet, sternförmige Blüten, duftend, Höhe 120 – 150 cm), 'Jamboree' (Strain, karminrot, weiß gerandet, Blütenblätter türkenbundähnlich zurückgeschlagen, duftend, Höhe 120 – 180 cm), 'Black Beauty' (sehr dunkles Rot, grünliche Mitte, weiß gerandet, Blütenblätter türkenbundartig stark zurückgeschlagen, Höhe 120 – 200 cm), 'Imperial Gold' (weiß mit gelbem Mittelstreifen, rot gepunktet, sternförmige Blüten, duftend, Höhe 150 – 200 cm).

Standortansprüche: wie bei den Asiatischen Wildarten und Hybriden (siehe Seite 189); diese Lilien bevorzugen jedoch ausgesprochen milde, luftfeuchte Lagen und benötigen einen kalkfreien, sauren, humosen und dennoch durchlässigen Boden (Zusammensetzung wie bei den Amerikanischen Wildarten und Hybriden, siehe Seite 193)

Verwendung: wie bei den Asiatischen Wildarten und Hybriden (siehe Seite 189)

Pflanzung: Im großen und ganzen gilt dasselbe wie bei den Asiatischen Wildarten und Hybriden (siehe Seite 190). Goldband- und Prachtlilie können wegen ihrer späten Blütezeit auch gut im Frühjahr gepflanzt werden. Beide sollten etwas tiefer als sonst bei Lilien üblich gesetzt werden, nämlich bei normalem Boden in etwa 25 – 30 cm Tiefe.

Pflege: wie bei den Asiatischen Wildarten und Hybriden (siehe Seite 190 f.); vor allem in rauhen Lagen ist jedoch eine gute Winterschutzabdeckung nötig

Vermehrung: wie bei den Asiatischen Wildarten und Hybriden (siehe Seite 191); diese Arten sind jedoch Schwer- bzw. Langsamkeimer, die wie die Madonnenlilie behandelt werden müssen (siehe Seite 192)

Schädlinge und Krankheiten: wie bei den Asiatischen Wildarten und Hybriden (siehe Seite 191)

Tip: In klimatisch ungünstigen Gegenden, etwa in Gebirgsnähe oder Gebieten mit starken Temperaturdifferenzen im Lauf des Jahres, empfiehlt es sich, Orientalische Hybriden in Töpfen zu ziehen. Man senkt diese dann den Sommer über im Garten ein und stellt sie zur Überwinterung an einen kühlen, luftfeuchten und frostfreien Platz im Haus.

M

Mirabilis
Wunderblume

Art: *M. jalapa*
Familie: Wunderblumengewächse *(Nyctaginaceae)*
Herkunft: tropisches Amerika
Blütenfarbe: weiß, gelb, rosa, rot, auch mehrfarbig
Blütezeit: Juni bis Oktober
Höhe: 60 – 100 cm
Standort: sonnig und warm; tiefgründiger, nährstoffreicher und kalkhaltiger Boden
Merkmale: Ihren vielversprechenden Namen erhielten die tropischen Stauden, weil ein und dieselbe Pflanze unterschiedlich gefärbte Blüten bilden kann – was früher unerklärlich war und deshalb für ein besonderes Wunder der Natur gehalten wurde. Heute weiß man, daß die verschiedenfarbigen Blüten an einer Pflanze durch eine Besonderheit im Erbgut dieser Gattung bedingt sind. In englischsprachigen Ländern nennt man die Wunderblumen auch „Four-o'clock-plants", Vier-Uhr-Blumen, weil sie ihre zierlich gefältelten Knospen erst am Nachmittag öffnen. Für nur eine einzige Nacht entfalten sie sich zu glockigen oder flach ausgebreiteten Blüten mit schlanker Röhre. Doch immer wieder erscheinen an den Triebspitzen neue Blütentrauben, so daß die buschigen Pflanzen den ganzen Sommer über in üppigem Flor stehen.

Standortansprüche: Die wärmeliebenden Tropengewächse brauchen einen vollsonnigen, warmen und geschützten Platz auf tiefgründigem, kalkhaltigem Humusboden, der locker und nährstoffreich sein sollte.
Verwendung: Mit ihren weithin leuchtenden, fast schon grellen Blütenfarben passen Wunderblumen am besten auf farbenfrohe Sommerbeete und Rabatten, wo sie zusammen mit niedrigen Sommerblumen und mit weiteren exotischen Zwiebel- und Knollenpflanzen wie etwa Sommerhyazinthe, Tagblume oder Indischem Blumenrohr kombiniert werden können. Hübsch und außergewöhnlich wirken Wunderblumen auch als Kübelpflanzen.
Pflanzung: Die knolligen, rübenförmigen, fast schwarzen Wurzelstöcke werden Mitte Mai möglichst flach eingesetzt. Sie sollen nur mit einer 2 – 3 cm dicken Erdschicht bedeckt sein. Zwischen den Pflanzen muß genügend Abstand, etwa 50 – 70 cm, gehalten werden, damit sich die Büsche gut entwickeln können.
Pflege: Wunderblumen brauchen während des Wachstums reichlich Wasser und Nährstoffe. Bei Bedarf müssen sie ausgiebig gegossen und mehrmals mit Volldünger versorgt werden. Da die Pflanzen im hiesigen Klima nicht winterhart sind, nimmt man sie nach dem ersten Frost aus dem Boden, schneidet das Laub zurück und lagert die knolligen Rhizome den Winter über trocken und kühl, aber frostfrei ein.
Vermehrung: Nicht nur in ihrer Kultur, sondern auch bei der Vermehrung werden Wunderblumen ähnlich wie Dahlien (siehe Seite 164) behandelt. Im Herbst können die Wurzelstöcke geteilt, im Frühjahr grundständige Stecklinge gewonnen werden. Außerdem lassen sich Wunderblumen im Frühjahr durch Aussaat unter Glas heranziehen.

Mirabilis jalapa

Muscari
Traubenhyazinthe, Träubel

Familie: Liliengewächse *(Liliaceae)*

Wie kleine Pagoden erheben sich im Frühjahr die Blütenstände der Traubenhyazinthen über das schmale Laub. Ihre perlengleichen Einzelblüten

Muscari botryoides var. *botryoides*

leuchten in kräftigem Blau. Als Gartenpflanzen sind alle Traubenhyazinthenarten ausgesprochen leicht zu kultivieren. Sie gedeihen fast überall problemlos und blühen üppig. Allerdings gelten sie als giftig.

Frühblühende Arten

Arten: *M. armeniacum*, *M. botryoides* var. *botryoides*, *M. botryoides* var. *heldreichii*, *M. neglectum* (auch *M. racemosum*, Große Traubenhyazinthe, Weinberg-Traubenhyazinthe), *M. azureum* (auch *Hyacinthella azurea*, *Hyacinthus azureus*, *Pseudomuscari azureum*), *M. aucheri* (auch *M. tubergenianum*)
Herkunft: Felsfluren, steinige Hänge, Äcker und Weinberge im Mittelmeerraum und in Kleinasien
Blütenfarbe: blau, violettblau, auch weiß und rosa
Blütezeit: April bis Mai, *M. neglectum* März bis Mai, *M. azureum* März bis April
Höhe: 15 – 30 cm, *M. neglectum* 10 – 40 cm
Standort: sonnig bis halbschattig; durchlässiger Boden
Merkmale: Kurze Blütentrauben auf kräftigen Stielen entwickelt *M. armeniacum* über seinen Blattrosetten. Die kleinen, angenehm duftenden Kugelblüten sind intensiv kobaltblau gefärbt und weiß gesäumt. Die recht ähnliche Art *M. botryoides*, die aber

Muscari armeniacum

nur 2 – 4 grasartige Blätter trägt, kommt in 2 Varietäten vor. Bei *M. botryoides* var. *botryoides* sind himmelblaue Blüten mit weißen Zähnchen zu einer kugeligen Traube vereinigt. Die etwas früher erscheinenden Blüten von *M. botryoides* var. *heldreichii* sind ebenfalls weiß gezähnt, aber dunkelblau und außerdem größer, der Blütenstand erscheint im Umriß eiförmig.

Die Wildbestände der Art stehen unter Naturschutz. Die Große Traubenhyazinthe bildet manchmal so dichte Büschel ihres zierlich-schmalen Laubs, daß die Blüten darin fast verschwinden. Meist hängen die Blätter aber schlaff zur Seite und geben den Blick auf die zylindrischen Trauben frei, deren weiß gerandete Blüten im oberen Bereich heller blau, im unteren Teil der Traube fast schwarzblau sind. Die Blüten duften intensiv nach reifen Pflaumen. Azurblau mit dunkleren Strichen sind die winzigen Glöckchen von *M. azureum*. In ihrer Gesamtheit bilden sie einen kegelförmigen Blütenstand. *M. aucheri* bringt dichtgedrängte Blütentrauben hervor, die sich aus helleren blauen Blüten an der Spitze und wesentlich dunkleren an der Basis zusammensetzen.

Sorten: von *M. armeniacum* (jeweils 20 cm hoch) 'Blue Spike' (himmelblau, Blüten überwiegend gefüllt, sehr lange und reich blühend), 'Cantab' (hell kobaltblau, spätblühend), 'Heavenly Blue' (himmelblau); von *M. botryoides* var. *botryoides* (jeweils 30 cm hoch) 'Album' (weiß, im Volksmund „Spanische Perlen" genannt), 'Caeruleum' (intensiv blau), 'Carneum' (zartrosa)

Muscari latifolium

Standortansprüche: Traubenhyazinthen sind genügsame Pflanzen, die sich fast überall durchsetzen. Sie bevorzugen einen sonnigen bis halbschattigen Platz; in vollem Schatten wachsen sie zwar auch, bilden aber weitaus weniger Blüten. Der Boden sollte durchlässig und nicht zu naß sein.

Verwendung: Die kräftig blauen Blüten sind schon von weitem zu sehen, vor allem, wenn sie in größerer Zahl zusammenstehen. Am Gehölzrand oder im Steingarten machen sie sich ebensogut wie im Frühlingsbeet. Besonders reizvolle Effekte ergeben sich, wenn eine große Schar Traubenhyazinthen unter einer goldgelben Forsythie *(Forsythia)* oder einem rosa blühenden Mandelbäumchen *(Prunus triloba)* steht. Setzt man sie zusammen mit frühen Tulpen in Gelb, Rot oder Orange und mit Narzissen, erhält man ein fröhlich buntes Pflanzenbild. Traubenhyazinthen eignen sich auch gut zum Treiben, vor allem *M. armeniacum*, und sogar als Schnittblumen. Problemlos kann man sie auch in Schalen oder Kästen ziehen.

Pflanzung: Die kleinen Zwiebeln trocknen leicht aus und sind deshalb schlecht lagerfähig. Sie werden Ende August, spätestens bis Ende September 5 – 10 cm tief im Abstand von 8 – 10 cm in den Boden gebracht. Die frühe Pflanzzeit ist wichtig, damit die Zwiebeln vor dem Winter gut einwurzeln können. Meistens erscheint noch im Herbst das feine Laub.

Muscari comosum

Pflege: Alle erwähnten Arten sind robust, völlig winterhart und wachsen willig. Pflege ist nicht erforderlich. Bleiben die Pflanzen ungestört, entwickeln sie durch Brutzwiebeln bald üppige Teppiche.

Vermehrung: Dichte Zwiebelbestände kann man im Spätsommer aus dem Boden nehmen und teilen oder die reichlich gebildete Brut davon abnehmen. Die Zwiebeln sollten sofort wieder in den Boden kommen, da sie sonst eintrocknen. Auch eine Vermehrung durch Aussaat ist möglich. Die Samen werden dazu im Frühsommer, gleich nach ihrer Reife, in Anzuchtschalen oder direkt im Freien ausgebracht. Sämlinge blühen erstmals nach etwa 3 Jahren.

Spätblühende Arten

Arten: *M. comosum* (Federbuschhyazinthe), *M. latifolium* (Breitblättrige Traubenhyazinthe)
Herkunft: steinige Hänge, Äcker und Weinberge im Mittelmeerraum und in Kleinasien
Blütenfarbe: blau
Blütezeit: Mai bis Juni
Höhe: 20 – 30 cm
Standort: sonnig bis halbschattig; durchlässiger Boden

Merkmale: Erst wenn die letzten Tulpen schon fast verwelken, öffnen sich die Blüten der beiden genannten Arten. Für Traubenhyazinthen ungewöhnlich ist aber nicht nur ihre Blütezeit, sondern auch ihre Gestalt. Vor allem die Federbuschhyazinthe, von der ausschließlich Zuchtsorten kultiviert werden, fällt durch ihre eigenartigen Blüten auf. Sie sind verkümmert, nur noch die verzweigten blauen Blütenstiele bilden einen fedrig-buschigen Blütenstand. Die Laubblätter sind, ebenso wie bei der Breitblättrigen Traubenhyazinthe, ausgesprochen breit. Letztere besitzt aber den für die Gattung typischen Blütenstand. Die oberen kleinen Kugelblüten sind hellblau, die unteren dunkelblau.

Sorten: Von *M. comosum* sind im Handel (jeweils 20 – 30 cm hoch) 'Monstrosum' (blau), 'Plumosum' (blau bis violett).

Standortansprüche: wie bei den frühblühenden Arten (siehe oben)

Verwendung: Beide Arten sind im Steingarten am besten aufgehoben, wo ihre Blüten an gut einsehbaren Stellen besonders schön zur Geltung kommen. Federbuschhyazinthen eignen sich auch als Schnittblumen.

Pflanzung und Pflege: wie bei den frühblühenden Arten (siehe oben)

Vermehrung: Für die Breitblättrige Traubenhyazinthe gilt dasselbe wie für die frühblühenden Arten (siehe oben). Die Sorten der Federbuschhyazinthe lassen sich mangels fruchtbarer Blüten nur durch Brutzwiebeln vermehren.

N

Narcissus
Narzisse, Osterglocke

Familie: Narzissen- oder Amaryllisgewächse *(Amaryllidaceae)*

Die anmutigen Narzissen mit ihren sonnigen Farben waren bereits im alten Ägypten und Griechenland beliebte Gartenpflanzen. Seit nunmehr rund 400 Jahren wird intensive Züchtungsarbeit geleistet, sowohl von professionellen Gartenbetrieben wie von privaten Liebhabern. Die dadurch erzielte Sortenvielfalt ist überwältigend und nahezu unüberschaubar. Man zählt insgesamt etwa 14 000 Sorten, von denen heute allerdings nur ein Teil allgemeine Bedeutung hat. Aber immer noch kommen jedes Jahr neue Sorten hinzu. Die meisten davon stammen aus Holland und England. Neben den Neuzüchtungen sind im Handel auch jahrzehntealte, bewährte Sorten zu finden, die ihren Reiz bis heute nicht verloren haben.
Um sich in der Vielzahl der verschiedenen Narzissen leichter zurechtzufinden, werden sie nach internationaler Übereinkunft in 12 Gruppen eingeordnet. Auch die Unterteilung der hier vorgestellten Arten und Hybriden orientiert sich an dieser Klassifizierung. Ausschlaggebende Kriterien für die Einordnung sind Anzahl und Form der Blüten sowie die Abstammung der Sorten. Ein wichtiges Unterscheidungsmerkmal ist die Länge der sog. Nebenkrone, die wie eine Schale oder ein Becher die Staubblätter umhüllt und in der Mitte der meist größeren, sternförmigen Hauptkrone sitzt. Häufig verströmt sie einen wunderbaren Duft. Die ersten 4 der hier aufgeführten Gruppen werden auch als Großblumige Gartennarzissen bezeichnet, die nächsten 6 Gruppen als Wildnarzissenhybriden. Die reinen Wildarten sowie in freier Natur spontan auftretende Kreuzungen sind nach der internationalen Klassifizierung zu einer eigenen Gruppe zusammengefaßt, hier jedoch nach ihrer jeweiligen Wuchshöhe in zwei Gruppen aufgeteilt. Im Handel werden sie oft auch als Botanische Narzissen bezeichnet. Die letzte der klassifizierten Gruppen schließlich ist verschiedenen Hybridformen vorbehalten, die mit ihrer oft eigenartigen Blütenform keiner anderen Gruppe zugeordnet werden können. Diese sind allerdings für den Garten nicht von Bedeutung und werden daher hier auch nicht vorgestellt. Bei den Hunderten von Sorten versteht es sich ganz von selbst, daß zu jeder Gruppe nur eine kleine Auswahl der wichtigsten genannt werden kann.

Blütenformen der Narzisse: ① Poeticus-Narzisse, ② Cyclamineus-Narzisse, ③ Triandrus-Narzisse, ④ Tazetten-Narzisse, ⑤ Großkronige Narzisse, ⑥ Kleinkronige Narzisse, ⑦ Gefülltblühende Narzisse, ⑧ Jonquillen-Narzisse, ⑨ Splitkorona-Narzisse, ⑩ Trompetennarzisse

Die saftführenden Pflanzenteile, insbesondere aber die Zwiebeln sämtlicher Narzissen enthalten übrigens Giftstoffe, zumeist verschiedene, z. T. hochwirksame Alkaloide. Alle in Europa wild vorkommenden Arten stehen unter strengem Naturschutz.

Trompetennarzissen, Osterglocken

Art: *N.*-Hybriden (vorwiegend Kreuzungen von *N. pseudonarcissus*-Formen)
Blütenfarbe: weiß, gelb, zweifarbig mit Weiß, Gelb, Orange oder Rosa
Blütezeit: März bis Mai
Höhe: 40 – 60 cm
Standort: sonnig bis halbschattig; frischer, nährstoffreicher, humoser Boden
Merkmale: Als allseits beliebte und bekannte Osterglocken läuten die Trompetennarzissen mit ihren leuchtenden Blüten den Frühling ein. Sie tragen an jedem Stengel nur eine Blüte, deren trompetenförmige Nebenkrone ebensolang oder sogar länger ist als die Blütenblätter der flach ausgebreiteten, sternförmigen Hauptkrone.
Sorten: Die Höhe der aufgeführten Sorten beträgt jeweils 40 – 60 cm. Weiß blühen u. a. 'Cantatrice' (rein weiß mit langer Nebenkrone), 'Empress of Ireland' (hell cremeweiß, großblütig), 'Mount Hood' (anfangs hellgelb, später cremeweiß).
Weiße Haupt- und kräftig gelbe Nebenkrone zeigen u. a. 'Bravoure' (großblütig), 'Newcastle' (großblütig).
Weiße Haupt- und rosa Nebenkrone tragen u. a. 'Alpine Glow' (große Nebenkrone kräftig rosa), 'Rima' (Nebenkrone blaßrosa).
Gelbe Sorten sind u. a. 'Arctic Gold' (tief goldgelb), 'Dutch Master' (kräftig gelb,

Narcissus-Hybride, Trompetennarzisse

großblütig), 'Exception' (gelb, großblütig), 'King Alfred' (goldgelb, sehr alte Sorte), 'Rembrandt' (goldgelb), 'Rijnveldt's Early Sensation' (kräftig gelb, sehr früh blühend), 'Unsurpassable' (kräftig gelb, sehr große Nebenkrone), 'Golden Harvest' (goldgelb).
Zitronengelbe Haupt- und weißliche Nebenkrone haben 'Gin and Lime' (Nebenkrone milchweiß, großblütig), 'Spellbinder' (Nebenkrone gelblich cremefarben mit gelbem Rand, großblütig).
Mit gelber Haupt- und orangefarbener Nebenkrone blüht 'Glenfarclas' (Hauptkrone tiefgelb, Nebenkrone tieforange).
Standortansprüche: Trompetennarzissen brauchen wie fast alle Narzissen einen sonnigen oder leicht beschatteten Platz. Der Boden sollte frisch bis feucht, nährstoff- und humusreich, neutral bis schwach sauer, durchlässig und nicht staunaß sein. Gut geeignet ist lehmig-sandiger, nicht zu leichter, tiefgründiger Boden, der vor dem Pflanzen mit reifem Kompost oder verrottetem Stallmist angereichert werden sollte.
Verwendung: Mit ihren großen, leuchtenden Blüten werden Trompetennarzissen an vielerlei Stellen im Garten zum Blickfang. Am besten stehen sie am sonnigen oder leicht beschatteten Gehölzrand. Dort können sie mit niedrigen, frühblühenden Gehölzen wie Gewöhnlichem Seidelbast *(Daphne mezereum)* oder Rhododendren *(Rhododendron)*, mit Stauden wie Kaukasus-Vergißmeinnicht *(Brunnera)*, Gedenkemein *(Omphalodes)*, Primeln *(Primula)* und Lungenkraut *(Pulmonaria)*, aber auch mit anderen Zwiebelblumen wie Anemonen, Traubenhyazinthen, Blausternen oder Wildtulpen sehr schön kombiniert werden. Ebensogut passen sie in Staudenbeete und Rabatten, wo sie Nachbarn mit üppigem Blattwerk zugesellt werden sollten. So können die während des Einziehens unansehnlich wirkenden Blätter bzw. die danach entstehenden Lücken durch deren Laub verdeckt werden. Geeignet sind dafür z. B. Bergenien *(Bergenia)*, Taglilien *(Hemerocallis)* und Funkien *(Hosta)*. Der zeitweise unvermeidliche, wenig attraktive Anblick des einziehenden Laubs legt es auch nahe, Narzissen nicht ganz in den Vordergrund eines Beets zu pflanzen. Größere Gruppen in Beeten können gut durch Frühlingsblumen wie Maßliebchen *(Bellis)*, Vergißmeinnicht *(Myosotis)* oder Gartenstiefmütterchen (*Viola-Wittrockiana*-Hybriden) aufgelockert werden. Auf Freiflächen lassen sich regelrechte Narzissenwiesen, wie sie auch in der Natur vorkommen, anlegen, sofern man sich nicht daran stört, daß das Laub bis zum endgültigen Einziehen stehenbleiben muß. In jedem Fall wirken Narzissen am schönsten, wenn man sie in größeren Gruppen zusammenpflanzt. Sie eignen sich auch ausgezeichnet zur Kultur in Gefäßen.
Pflanzung: Die großen, spitz zulaufenden Zwiebeln mit bräunlicher Schale werden im September, spätestens im Oktober 10 – 20 cm tief im Abstand von jeweils 10 – 15 cm eingesetzt.
Pflege: Vom Austrieb bis einige Wochen nach der Blüte brauchen Trompetennarzissen reichlich Feuchtigkeit, so daß in einem trockenen Frühjahr gewässert werden muß.
Je nach Bodenzustand sollte man die Pflanzen jährlich oder alle 2 Jahre zum Austrieb düngen, am besten mit reifem Kompost oder einem organischen Dünger. Wird Mineraldünger verwendet, darf man ihn nur auf den Boden zwischen den Pflanzen streuen, niemals auf die Blätter. Um auch im folgenden Jahr einen kräftigen Flor zu erhalten, ist es wichtig, das Laub bis zum völligen Einziehen an den Pflanzen zu belassen. Man darf es erst entfernen bzw. die Narzissenwiese mähen, wenn sich die Blätter leicht ausreißen lassen. Das ist frühestens 6 Wochen nach dem Abblühen, etwa Mitte Juni, der Fall. Auf der Wiese kann man das welke Laub auch zu Büscheln zusammenbinden und um die Pflanzen herum mähen. Wenn das Laub vollends eingezogen ist, lassen sich die Zwiebeln vorsichtig mit der Grabegabel aus dem Boden nehmen und versetzen.
Vermehrung: Nach dem Vergilben des Laubs können Tochter- und Seitenzwiebeln abgenommen werden, die man bis zur Pflanzung im Herbst trocken und kühl aufbewahrt.
Schädlinge und Krankheiten: Stengelälchen, Wurzelmilben, Zwiebelschalenmilben, Große und Kleine Narzissenfliege, Schnecken; Zwiebelbodenfäule, Zwiebel- und Triebfäule, Graufäule, Grauschimmel (sog. Narzissenfeuer), Stagnospora- und Ramularia-Blattfleckenkrankheit, Rost, verschiedene Viruskrankheiten
Tip: Trompetennarzissen sind hervorragende Schnittblumen. Der beste Zeitpunkt für den Schnitt ist gekommen, wenn sich die Knospen bereits bis zur Waagrechten aufgerichtet haben und kurz vor dem Öffnen stehen. Bevor sie jedoch in der Vase mit

Narcissus-Hybride, Trompetennarzisse

anderen Blumen in Kontakt kommen, sollten die frisch geschnittenen Stengel „ausbluten", d. h. ihren Schleim verlieren. Viele Schnittblumen, besonders Tulpen, reagieren nämlich sehr empfindlich auf die darin enthaltenen Substanzen. Man stellt die Narzissen daher etwa einen Tag lang für sich allein in eine Vase und kombiniert sie erst danach mit anderen Blüten zu einem Strauß.

Narcissus-Hybride, Großkronige Narzisse

Großkronige Narzissen, Schalen- oder Bechernarzissen

Art: *N.*-Hybriden (meist *N. pseudonarcissus* x *N. poeticus*, auch *N.* x *incomparabilis*)
Blütenfarbe: weiß, gelb, zweifarbig mit Weiß, Gelb, Orange oder Rosa
Blütezeit: März bis Mai
Höhe: 40 – 60 cm
Standort: sonnig bis halbschattig; frischer, nährstoffreicher, humoser Boden
Merkmale: Die Sorten dieser Narzissengruppe ähneln vielfach den Trompetennarzissen. Auch sie sind einblütig, doch ist die Nebenkrone nur ein Drittel bis höchstens ebensolang wie die Blätter der Hauptkrone. Großkronige Narzissen entstanden durch Kreuzungen von Trompeten- mit Dichternarzissen, und es gibt sie in einer nicht minder großen Vielzahl an Farbkombinationen und Formen. Vor allem die Nebenkronen variieren von lang und röhrenförmig bis zu breit und tellerartig flach, und ihr Rand ist unterschiedlich stark gekräuselt.
Sorten: Die aufgeführten Sorten werden jeweils 40 – 60 cm hoch. Weiß blühen u. a. 'Canisp' (rein weiß mit langer Nebenkrone), 'Ice Follies' (cremeweiß, Nebenkrone anfangs gelblich, dann cremeweiß, in der Mitte grünlich), 'Stainless' (schneeweiß).
Cremeweiße Haupt- und orangefarbene Nebenkrone zeigen u. a. 'Professor Einstein' (Nebenkrone intensiv orangerot, bleicht in der Sonne aus), 'Sempre Avanti' (auch 'Semper Avanti', Nebenkrone kräftig orange).
Sorten mit weißer Haupt- und rosa Nebenkrone sind z. B. 'Cool Flame' (Hauptkrone rein weiß, Nebenkrone korallenrosa), 'Louise de Coligny' (Hauptkrone cremeweiß, Nebenkrone aprikosenrosa, lang), 'Passionale' (Hauptkrone rein weiß, Nebenkrone zartrosa, sehr lang), 'Salome' (Nebenkrone zartrosa mit hellgelbem Saum, lang).
Gelbe Sorten sind u. a. 'Carlton' (Hauptkrone hellgelb, Nebenkrone kräftig gelb, relativ kurz), 'Yellow Sun' (Haupt- und Nebenkrone kräftig gelb, großblütig), 'Golden Aura' (tief goldgelb, Nebenkrone schlank und lang).
Mit zitronengelber Haupt- und weißer Nebenkrone blühen u. a. 'Binkie' (Nebenkrone cremefarben, in der Sonne ausbleichend), 'Daydream' (Nebenkrone grünlichcremeweiß, am Grund rein weiß).
Sorten mit gelber Haupt- und orangefarbener Nebenkrone sind u. a. 'Ceylon' (Hauptkrone gelb, Nebenkrone tieforange), 'Fortissimo' (Hauptkrone hellgelb, Nebenkrone orange mit stark gerüschtem Rand), 'Mary Bohannon' (Hauptkrone gelb, Nebenkrone tieforange, relativ kurz), 'Red Devon' (Hauptkrone sattgelb, Nebenkrone kräftig orange, großblutig).
Orange blüht z. B. 'Ambergate' (Hauptkrone intensiv goldorange, Nebenkrone orangerot).
Standortansprüche, Verwendung: wie bei den Trompetennarzissen (siehe Seite 200)
Pflanzung: Die großen, schlanken Zwiebeln sollten im August oder September 10 – 20 cm tief mit 10 bis 20 cm Abstand in den Boden kommen.
Pflege, Vermehrung, Schädlinge und Krankheiten: wie bei den Trompetennarzissen (siehe Seite 200)

Narcissus-Hybride, Großkronige Narzisse

Kleinkronige oder Tellernarzissen

Art: *N.*-Hybriden
Blütenfarbe: weiß, gelb, orange, zweifarbig mit Weiß, Gelb, Orange oder Rot
Blütezeit: April bis Mai
Höhe: 40 – 60 cm
Standort: sonnig bis halbschattig; frischer, nährstoffreicher, humoser Boden
Merkmale: Diese Sortengruppe ist von gleicher Herkunft wie die Großkronigen Narzissen, jedoch ist ihre Nebenkrone noch kürzer. Sie erreicht höchstens ein Drittel der Länge der Hauptkrone. Manche Formen ähneln sehr den Dichternarzissen (siehe Seite 206 f.), die jedoch andere Eltern haben. Die leuchtende, oft kontrastreiche Färbung macht diese Narzissen besonders attraktiv.
Sorten: Die genannten Sorten werden alle 40 – 60 cm hoch. Weiß blühen 'Chinese White' (Hauptkrone rein weiß, Nebenkrone am Grund zart gelblich, großblütig), 'Snow Crest' (Hauptkrone rein weiß, Nebenkrone mit grünlichem Auge), 'Verona' (beim Aufblühen Haupt- und Nebenkrone cremefarben,

Narcissus-Hybride, Kleinkronige Narzisse

später rein weiß, großblütig). Eine weiße Haupt- und gelbe Nebenkrone zeigen 'Merlin' (Hauptkrone rein weiß, Nebenkrone hellgelb mit intensiv rotem Rand), 'Verger' (Hauptkrone cremeweiß, Nebenkrone gelb mit grünlichem Auge und orangerotem Saum, reichblühend). Mit weißer Haupt- und orangefarbener Nebenkrone werden z. B. angeboten 'Barret Browning' (Hauptkrone cremeweiß, Nebenkrone orange, ausbleichend), 'La Riante' (Hauptkrone weiß, Nebenkrone tief orangerot mit grünlichem Auge, ausbleichend), 'Rockall' (Hauptkrone weiß, Nebenkrone tief orangerot, großblütig).
Gelbe Sorten sind u. a. 'Citronita' (Hauptkrone zitronengelb, Nebenkrone kräftig gelb), 'Perimeter' (Hauptkrone gelb, Nebenkrone intensiv gelb mit orangerotem Saum), 'Verwood' (leuchtend hellgelb, Nebenkrone am Rand dunkelgelb, großblütig).
Sorten mit gelber Haupt- und orangefarbener Nebenkrone sind 'Achduart' (Hauptkrone goldgelb, Nebenkrone tief orangerot, großblütig), 'Birma' (Hauptkrone tiefgelb, Nebenkrone kräftig orangerot, in der Sonne ausbleichend, großblütig), 'Doubtful' (Hauptkrone kräftig gelb, Nebenkrone orangerot).
Orangefarbene Haupt- und rote Nebenkrone zeigt u. a. 'Sabine Hay' (Hauptkrone goldorange, Nebenkrone rot).
Standortansprüche, Verwendung: wie bei den Trompetennarzissen (siehe Seite 200)
Pflanzung: Die großen Zwiebeln pflanzt man am besten im August oder September 10 – 20 cm tief im Abstand von 10 – 20 cm.
Pflege, Vermehrung, Schädlinge und Krankheiten: wie bei den Trompetennarzissen (siehe Seite 200)

Narcissus-Hybride, Kleinkronige Narzisse

Gefülltblühende Narzissen

Art: *N.*-Hybriden
Blütenfarbe: weiß, gelb, zweifarbig mit Weiß, Gelb, Orange oder Rosa
Blütezeit: März bis Mai
Höhe: 40 – 60 cm
Standort: sonnig bis halbschattig; frischer, nährstoffreicher, humoser Boden

Narcissus-Hybride, Gefülltblühende Narzisse

Merkmale: Wie die vorher beschriebenen Gruppen tragen auch diese Narzissenschönheiten nur eine Blüte je Stengel. Ihre mehr oder weniger dicht gefüllten Blütenköpfe wurden früher als abnorm empfunden, sind heute jedoch weit verbreitet. Bei einigen besonders aparten Sorten ist nur die Nebenkrone gefüllt, die Hauptkrone bildet dahinter einen breiten, sternförmigen Rahmen.
Sorten: Sämtliche hier aufgeführten Sorten werden 40 – 60 cm hoch. Weiße Sorten sind u. a. 'Conglass' (dichtgefüllt), 'Rose of May' (dichtgefüllt, duftend).
Gelb blühen z. B. 'Inglescombe' (hellgelb, dichtgefüllt), 'Van Sion' (gelb, manchmal etwas grünlich, eine über 200 Jahre alte Sorte).
Zweifarbige Sorten sind u. a. 'Acropolis' (außen und innen weiß, im Zentrum kräftig orange, großblütig), 'Apricot Sundae' (außen weiß, einige innere Blättchen rosa), 'Flower Drift' (außen rein weiß, nur die innersten Blütenblätter an den Rändern kräftig orangerot, nur leicht gefüllt), 'Irene Copeland' (außen weiß, innen hellgelb, dichtgefüllt), 'Tahiti' (außen dunkelgelb, innen kräftig orangerot, großblütig), 'White Lion' (außen cremeweiß, innen hellgelb, mäßig gefüllt).
Standortansprüche: Gefülltblühende Narzissen stellen dieselben Ansprüche an Licht- und Bodenverhältnisse wie Trompetennarzissen (siehe Seite 200), sollten jedoch wind- und regengeschützte Plätze bekommen. Ihre fülligen Blütenköpfe werden bei Regen nämlich oft sehr schwer und können dann knicken.
Verwendung: wie bei den Trompetennarzissen (siehe Seite 200)
Pflanzung: wie bei den Großkronigen Narzissen (siehe Seite 201)
Pflege, Vermehrung, Schädlinge und Krankheiten: wie bei den Trompetennarzissen (siehe Seite 200)

Triandrus-Hybriden oder Engelstränen-Narzissen

Art: *N.-Triandrus*-Hybriden
Blütenfarbe: weiß, gelb, zweifarbig weiß und gelb, orange oder rosa
Blütezeit: April bis Mai
Höhe: 25 – 45 cm
Standort: sonnig bis halbschattig; frischer, nährstoffreicher, humoser Boden

Narcissus-Triandrus-Hybride

Merkmale: Aus der Kreuzung von *N. triandrus* mit *N. jonquilla* sowie durch Rückkreuzungen verschiedener daraus hervorgegangener Sorten mit den Elternarten entstanden diese anmutigen, stark duftenden, spätblühenden Gartenschönheiten, die der Wildart sehr ähnlich sind. Sie tragen meist 2 oder 3 der typischen hängenden Blüten, wie sie die wilden Engelstränen-Narzissen aufweisen. Die Hauptkrone ist dabei immer mehr oder weniger weit nach hinten zurückgeschlagen, die Nebenkrone kann ganz kurz und schalenartig oder auch lang und röhrenförmig sein.
Sorten: Sofern nicht anders angegeben, erreichen die genannten Sorten 30 – 40 cm Höhe. Weiß blühen u. a. 'Petrel' (schneeweiß, bis zu 5 Blüten pro Stiel), 'Thalia' (rein weiß, zwei- bis dreiblütig), 'Tresamble' (rein weiß, großblütig), 'White Marvel' (cremeweiß, dichtgefüllt). Als gelbe Sorten werden angeboten u. a. 'April Tears' (hellgelb, kleinblütig, Höhe 25 cm), 'Hawera' (kräftig gelb, Höhe 25 cm), 'Liberty Bells' (zitronengelb). Zweifarbige Sorten sind z. B. 'Akepa' (Hauptkrone milchweiß, Nebenkrone rosa), 'Lapwing' (Hauptkrone weiß, Nebenkrone hellgelb), 'Lavalier' (Hauptkrone zitronengelb, am Grund weiß, Nebenkrone cremeweiß), 'Silver Chimes' (Hauptkrone weiß, Nebenkrone gelb, etwas empfindlich), 'Tuesday's Child' (Hauptkrone groß, rein weiß und leicht zurückgeschlagen, Nebenkrone intensiv gelb).
Standortansprüche, Verwendung: wie bei den Trompetennarzissen (siehe Seite 200)
Pflanzung: Die relativ kleinen Zwiebeln setzt man im August oder September 5 – 10 cm tief im Abstand von etwa 10 cm ein.
Pflege, Vermehrung, Schädlinge und Krankheiten: wie bei den Trompetennarzissen (siehe Seite 200)

Cyclamineus-Hybriden oder Alpenveilchen-Narzissen

Art: *N.-Cyclamineus*-Hybriden
Blütenfarbe: weiß, gelb, zweifarbig mit Weiß, Gelb, Orange oder Rosa
Blütezeit: März bis April
Höhe: 20 – 40 cm
Standort: sonnig bis halbschattig; feuchter, saurer, humoser Boden
Merkmale: Wie ihre Stammart *N. cyclamineus* weisen auch die Hybriden, die durch Kreuzung mit verschiedenen Sorten entstanden sind, nur eine einzelne nickende Blüte auf. Mit ihren weit zurückgeschlagenen Hauptkronblättern um die lange, schmale Nebenkrone erinnert sie ein wenig an das Alpenveilchen (siehe Seite 160 f.) – daher der Name. Alpenveilchen-Narzissen eröffnen als eine der ersten Narzissengruppen den Blütenreigen im Frühjahr.
Sorten: Sofern nicht anders angegeben, erreichen alle genannten Sorten 30 – 40 cm Höhe. Weiß blühen u. a. 'February Silver' (Nebenkrone anfangs gelblich), 'Jenny' (Hauptkrone milchweiß, Nebenkrone schlank, leicht gelblich).
Gelb zeigen sich u. a. 'February Gold' (goldgelb), 'Peeping Tom' (goldgelb mit langer, schlanker Nebenkrone, lange blühend).
Zweifarbige Sorten sind z. B. 'Foundling' (Hauptkrone weiß, Nebenkrone rosa), 'Jack Snipe' (Hauptkrone cremeweiß, Nebenkrone gelb, Höhe 25 cm), 'Jetfire' (Hauptkrone zitronengelb, Nebenkrone orangerot), 'Satellite' (Hauptkrone gelb, Nebenkrone kräftig orange, kurz).
Standortansprüche: Alpenveilchen-Narzissen brauchen einen sonnigen bis halbschattigen, kühlen Platz. Der Boden muß ausreichend feucht und möglichst kalkfrei sein. Geeignet ist ein im Frühjahr feuchter, später frischer bis trockener, saurer Humusboden.
Verwendung: Die anmutigen Pflanzen werden grundsätzlich ähnlich wie die Trompetennarzissen verwendet (siehe Seite 200). Aufgrund ihrer zarteren Formen passen sie aber besonders gut in den Steingarten, zusammen mit Polsterstauden wie Immergrüner Schleifenblume *(Iberis sempervirens)*, Polsterphlox (*Phlox-Subulata*-Hybriden), niedrigem Ehrenpreis (*Veronica prostrata* oder *Veronica spicata*), neben Botanische oder Wildtulpen sowie zu niedrigen Gräsern.
Pflanzung: Die Zwiebeln werden im August oder September 5 – 10 cm tief mit 10 cm Abstand eingesetzt.

Narcissus-Cyclamineus-Hybride

Pflege: wie bei den Trompetennarzissen (siehe Seite 200); in verregneten Sommern muß man diese Narzissen aber vor zuviel Nässe schützen
Vermehrung, Schädlinge und Krankheiten: wie bei den Trompetennarzissen (siehe Seite 200)

Jonquillen-Hybriden oder Duftnarzissen

Art: *N.-Jonquilla*-Hybriden
Blütenfarbe: weiß, gelb, zweifarbig mit Weiß, Gelb, Orange oder Rosa
Blütezeit: März bis April
Höhe: 15 – 50 cm
Standort: sonnig bis halbschattig; frischer, nährstoffreicher und humoser Boden
Merkmale: Diese aus der Stammart *N. jonquilla* hervorgegangenen Sorten sind meist mehrblütig und haben auffallend breite, sich stark überlappende Hauptkronblätter sowie eine eher kurze, breit becher- oder schalenförmige Nebenkrone. Ihr intensiver Duft wird von allen Narzissenfreunden gerühmt.
Sorten: Als weiße Sorte ist u. a. 'Ocean Spray' (einblütig, Höhe 30 cm) im Handel. Gelbe Sorten sind u. a. 'Sweetness' (kräftig goldgelb, meist einblütig, lange blühend, Höhe 35 cm), 'Tittle-Tattle' (Nebenkrone klein mit grünem Auge, zwei- bis dreiblütig, Höhe 40 cm), 'Trevithian' (kräftig gelb, zwei- bis dreiblütig, Höhe 40 cm). Zweifarbige Sorten sind z. B. 'Bell Song' (Hauptkrone weiß, Nebenkrone rosa, zwei- bis dreiblütig, Höhe 35 cm), 'Hillstar' (Hauptkrone zitronengelb, am Grund weiß, Nebenkrone hellgelb mit weißem Rand, zwei- bis dreiblütig, Höhe 40 cm), 'Sugarbush' (Hauptkrone cremeweiß, Nebenkrone hellgelb, zweiblütig, Höhe 20 cm), 'Suzy' (Hauptkrone hellgelb, Nebenkrone kräftig orangerot, in der Sonne verblassend, Höhe 40 cm).
Standortansprüche: wie bei den Trompetennarzissen (siehe Seite 200); Duftnarzissen bevorzugen jedoch etwas sonnigere und wärmere Plätze
Verwendung, Pflanzung: wie bei den Cyclamineus-Hybriden (siehe Seite 203)
Pflege: wie bei den Trompetennarzissen (siehe Seite 200); in rauhen Lagen oder in besonders kalten Wintern ist jedoch eine Reisigabdeckung als Frostschutz ratsam
Vermehrung, Schädlinge und Krankheiten: wie bei den Trompetennarzissen (siehe Seite 200)

Narcissus-Jonquilla-Hybride

Narcissus-Hybride, Tazetten-Hybride

Tazetten-Hybriden oder Straußnarzissen

Arten: *N.*-Hybriden, bei Einkreuzung von *N. poeticus* auch Poetaz-Narzissen (bisweilen zu *N.* x *medioluteus* gerechnet)
Blütenfarbe: weiß, gelb, zweifarbig mit Weiß, Gelb oder Orange
Blütezeit: April bis Mai
Höhe: 25 – 45 cm
Standort: sonnig bis halbschattig; frischer, nährstoffreicher, humoser Boden
Merkmale: Das besondere Merkmal dieser Narzissengruppe sind die vielen kleinen, duftenden Blüten, die wie ein Blumenstrauß am Stengel erscheinen. Es können bis zu 20 an einem einzigen Blütenschaft sitzen. Ihre Hauptkrone ist flach und breitblättrig, die Nebenkrone formt einen kleinen, zarten Becher. Bei den Tazetten-Hybriden überwiegen die zweifarbigen Sorten, die der im mediterranen Raum heimischen Tazette *(N. tazetta)* nahestehen. Da diese nur mäßig frosthart ist, sind in Mitteleuropa vor allem die Poetaz-Narzissen verbreitet, die durch das Einkreuzen der wesentlich robusteren Dichternarzisse *(N. poeticus)* entstanden sind.
Sorten: Die aufgeführten Sorten werden alle jeweils 30 – 45 cm hoch. Eine sehr bewährte weiße Sorte ist z. B. 'Silver Chimes' (Nebenkrone anfangs zitronengelb, apart geformt, reichblütig), eine empfehlenswerte gelbe Sorte 'Yellow Cheerfulness' (hellgelb, gefüllt, drei- bis vierblütig). Zweifarbige Sorten sind z. B. 'Cragford' (Hauptkrone weiß, Nebenkrone orangerot, dreiblütig), 'Geranium' (Hauptkrone weiß, Nebenkrone kräftig orange, vier- bis fünfblütig, lange blühend), 'Minnow' (Hauptkrone cremeweiß, Nebenkrone gelb, zwei- bis dreiblütig), 'Scarlet Gem' (Hauptkrone gelb, Nebenkrone orange, drei- bis vierblütig, in der Sonne ausbleichend).
Standortansprüche: wie bei den Trompetennarzissen (siehe Seite 200)
Verwendung, Pflanzung: wie bei den Cyclamineus-Hybriden (siehe Seite 203)
Pflege: wie bei den Trompetennarzissen (siehe Seite 200); in rauhen Lagen ist aber eine Reisigabdeckung als Frostschutz ratsam
Vermehrung, Schädlinge und Krankheiten: wie bei den Trompetennarzissen (siehe Seite 200)

Poeticus-Hybriden oder Dichternarzissen

Art: *N.-Poeticus*-Hybriden
Blütenfarbe: weiß mit Gelb oder Orange
Blütezeit: April bis Mai
Höhe: 35 – 45 cm
Standort: sonnig bis halbschattig; frischer, nährstoffreicher, humoser Boden
Merkmale: Alle Hybriden dieser Gruppe sind ihrer Elternart, der Dichternarzisse *(N. poeticus),* sehr ähnlich. Wie diese sind sie einblütig und besitzen eine große, weiße Haupt- und eine relativ kleine, rot geränderte Nebenkrone. Besonders attraktiv sind die Sorten mit kontrastierendem grünem Auge.
Sorten: Häufig im Handel erhältlich sind (jeweils 35 – 45 cm hoch) 'Ace of Diamonds' (Hauptkrone weiß, Nebenkrone grünlichgelb, orange und rot gerändert), 'Actaea' (Hauptkrone weiß, Nebenkrone gelb, rot gesäumt

Narcissus-Poeticus-Hybride

mit grünem Auge), 'Dactyl' (Hauptkrone weiß, Nebenkrone grünlichgelb, gelb und rot gerändert, mit grünem Auge), 'Horace' (Hauptkrone weiß, Nebenkrone gelb, orange und rot gerändert), 'Queen of Narcissi' (Hauptkrone rein weiß, Nebenkrone groß, orangegelb mit rotem Rand).
Standortansprüche: wie bei den Trompetennarzissen (siehe Seite 200); der Boden muß jedoch frisch bis feucht sein und darf keinesfalls leicht austrocknen
Verwendung, Pflanzung: wie bei den Cyclamineus-Hybriden (siehe Seite 203)
Pflege, Vermehrung, Schädlinge und Krankheiten: wie bei den Trompetennarzissen (siehe Seite 200)

Splitkorona-, Spaltkronige, Orchideen- oder Schmetterlingsnarzissen

Art: *N.*-Hybriden
Blütenfarbe: weiß, gelb, zweifarbig mit Weiß, Gelb, Orange oder Rosa
Blütezeit: März bis Mai
Höhe: 40 – 60 cm
Standort: sonnig bis halbschattig; frischer, nährstoffreicher, humoser Boden
Merkmale: Viele Pflanzen dieser Gruppe zeigen auf den ersten Blick nur noch eine entfernte Ähnlichkeit mit den Gartennarzissen. Durch die mehr oder weniger tief gespaltene, teils zurückgeschlagene Nebenkrone wirken sie bizarr, haben jedoch ihren ganz eigenen Reiz. Bei manchen scheint ein Schmetterling auf dem Blütenkranz der Hauptkrone zu sitzen, andere ähneln exotischen Orchideen. Da heute auch von Wildnarzissen-Hybriden Formen mit geschlitzten Kronen erhältlich sind, kann man aus einem weiten Spektrum an Formen und Farben wählen.
Sorten: Im Handel häufiger erhältlich sind u. a. (jeweils 40 – 60 cm hoch) 'Baccarat' (Hauptkrone hellgelb, Nebenkrone goldgelb, tief geschlitzt), 'Canasta' (großblütig, Hauptkrone cremeweiß, Nebenkrone gelb, gefaltet), 'Orangery' (Hauptkrone cremeweiß, Nebenkrone klein, kräftig orange), 'Papillon' (cremeweiß mit kleiner Nebenkrone), 'Tripartite' (kräftig gelb, mehrere nickende Blüten).
Standortansprüche, Verwendung: wie bei den Trompetennarzissen (siehe Seite 200)
Pflanzung: wie bei den Großkronigen Narzissen (siehe Seite 201)
Pflege, Vermehrung, Schädlinge und Krankheiten: wie bei den Trompetennarzissen (siehe Seite 200)

Niedrige Wildnarzissenarten und ihre natürlichen Hybriden

Arten: *N. bulbocodium* (auch *Corbularia bulbocodium*, Reifrocknarzisse), *N. asturiensis* (auch *N. minimus*, *N. minor* var. *minimus*), *N. cyclamineus* (Alpenveilchen-Narzisse), *N. minor* var. *conspicuus* (auch *N. minor*, *N. nanus*, *N. lobularis*), *N. tazetta* ssp. *lacticolor* (auch *N. tazetta* ssp. *italicus*, *N. lacticolor*, *N. canaliculatus*)
Herkunft: *N. bulbocodium* feuchte Bergwiesen von Portugal bis Südfrankreich,

Narcissus-Hybride, Splitkorona-Narzisse

N. asturiensis steinige Wiesen, *N. cyclamineus* feuchte Bergwiesen in Nordspanien und Nordportugal, *N. minor* var. *conspicuus* Wiesen und lichte Gebüsche in Nordspanien, *N. tazetta* ssp. *lacticolor* Wiesen und Gebüsche in Südfrankreich, eventuell auch im östlichen Mittelmeerraum
Blütenfarbe: gelb, *N. bulbocodium* auch weiß, *N. tazetta* ssp. *lacticolor* weiß mit Gelb
Blütezeit: März bis April, *N. bulbocodium* April bis Mai
Höhe: *N. bulbocodium* 10 – 20 cm, *N. asturiensis* 5 – 15 cm, *N. cyclamineus* 10 – 20 cm, *N. minor* var. *conspicuus* 10 – 20 cm, *N. tazetta* ssp. *lacticolor* 15 – 20 cm
Standort: sonnig bis halbschattig; frischer bis feuchter, nährstoffreicher, humoser Boden
Merkmale: Die meisten der Wildnarzissen sehen den großblütigen Zuchtformen recht ähnlich, doch besitzen sie einen zarteren, unaufdringlichen Charme. Am ungewöhnlichsten wirken wohl die graziösen, zartgelben, bis 5 cm langen Blüten der Reifrocknarzisse, die an Tänzerinnen im Spitzenrock erinnern. Ihre Hauptkrone ist kurz und unauffällig, mutet beinahe wie ein Blütenkelch an, während

die wesentlich längere, trichterförmige Nebenkrone die eigentliche Blüte ausmacht. Daher wurde die Reifrocknarzisse oft als Vertreter einer eigenen Gattung *(Corbularia)* betrachtet. Auch das grasartige Laub ist viel schmaler als das der übrigen Narzissen. Von der ziemlich variablen Art gibt es mehrere Unterarten und Varietäten, die aber selten im Handel erhältlich sind. Die anderen niedrigen Wildarten weichen kaum vom gewohnten Bild der Gartennarzissen ab, einige davon sind Stammeltern der vielfältigen Kulturhybriden. *N. asturiensis*, die kleinste aller Narzissen mit trompetenförmiger Nebenkrone, treibt ihre einzelnstehenden, hellgelben, nur wenige Zentimeter langen Blüten in ihrer Heimat bereits zur Zeit der Schneeschmelze. Bei der Alpenveilchen-Narzisse sind die äußeren Blütenblätter, ähnlich wie beim Alpenveilchen (siehe Seite 160 f.), stark nach hinten zurückgeschlagen, die Nebenkrone ist sehr lang und röhrenförmig. Wie eine kräftigere Ausgabe von *N. asturiensis* wirkt *N. minor* var. *conspicuus*. Die Hauptkrone ist blaßgelb, die Nebenkrone dunkler gelb. *N. tazetta* ssp. *lacticolor* mutet wie eine Miniaturausgabe der mediterranen, im hiesigen Klima nicht winterharten Tazette *(N. tazetta)* an. Sie treibt mehrere Blüten mit weißer Haupt- und kleiner, orangegelber Nebenkrone.

Narcissus bulbocodium

Standortansprüche: Im großen und ganzen gilt für die Wildnarzissen dasselbe wie für die Trompetennarzissen (siehe Seite 200). Im Frühjahr benötigen die Wildarten reichlich Feuchtigkeit, müssen im Sommer aber möglichst trocken stehen, damit die Zwiebeln ausreifen können. Nur wenige Arten stellen darüber hinaus speziellere Ansprüche. So brauchen Reifrocknarzissen zur Wachstumszeit einen besonders gut durchfeuchteten Boden, später müssen die Pflanzen jedoch wie die anderen Wildnarzissen trocken stehen. Das Substrat sollte daher humusreich, aber gut durchlässig sein. Geeignet ist etwa ein sehr humoser, sandreicher Lehm. Alpenveilchen-Narzissen benötigen eine sehr frische bis feuchte, humose, nährstoffreiche und vor allem möglichst kalkfreie Erde. Sie ziehen einen eher halbschattigen Platz vor.
Verwendung: Diese niedrigen Narzissen können verwendet werden wie die Cyclamineus-Hybriden (siehe Seite 203). Reifrocknarzisse und *N. asturiensis* passen ganz besonders gut in den Steingarten, wo sie mit frühblühenden Krokussen und Wildtulpen zauberhafte Kompositionen ergeben. *N. minor* var. *conspicuus* eignet sich hervorragend zum Verwildern in Blumenwiesen oder vor Gehölzen. Optimale Stellen für Alpenveilchen-Narzissen sind ein nicht allzu sonniger Gehölzrand oder absonnige Bereiche des Steingartens. Hundszahnlilien, farbenfrohe Primeln *(Primula)*, Dreiblattarten sowie zarte Farne und niedrige Gräser bilden an diesen Standorten den passenden Rahmen.

Narcissus cyclamineus

Pflanzung: Die kleinen Zwiebeln werden im August oder September 5 – 10 cm tief im Abstand von etwa 10 cm in den Boden gelegt.
Pflege: Grundsätzlich entspricht die Pflege der niedrigen Wildnarzissenarten derjenigen der Trompetennarzissen (siehe Seite 200). Die Reifrocknarzisse muß bei Trockenheit regelmäßig gegossen werden, und zwar vom Austrieb bis zum Einziehen. Andernfalls ist sie nur kurzlebig. In verregneten Sommern dagegen sollte sie vor zuviel Nässe durch eine Abdeckung geschützt werden. Auch die Alpenveilchen-Narzisse benötigt zur Wachstumszeit besonders reichlich Wasser, ist aber gegen Feuchtigkeit im Sommer weit unempfindlicher als die Reifrocknarzisse. Außer in sehr wintermilden, geschützten Lagen braucht die Reifrocknarzisse eine Decke aus Reisig oder Laub als Frostschutz. Vor allem in schneearmen Wintern ist eine Abdeckung auch bei den anderen Arten empfehlenswert.
Vermehrung: Neue Pflanzen erhält man durch Teilung größerer Zwiebelhorste oder durch Brutzwiebeln, aber auch durch Aussaat direkt nach der Samenreife.
Schädlinge und Krankheiten: wie bei den Trompetennarzissen (siehe Seite 200)

Höhere Wildnarzissenarten und ihre natürlichen Hybriden

Arten: *N.* x *gracilis* (*N. jonquilla* x *N. poeticus*), *N. jonquilla* (Jonquille), *N.* x *odorus* (*N. pseudonarcissus* ssp. *major* x *N. jonquilla*, Campernelle, Campernell-Jonquille), *N. poeticus* (Dichternarzisse), *N. pseudonarcissus* (Trompetennarzisse, Osterglocke), *N. triandrus* (Engelstränen-Narzisse)
Herkunft: kurzrasige, steinige Berghänge, lichte Wälder und Gebüsche, *N.* x *gracilis* vermutlich Nordostspanien, *N. jonquilla* Spanien, Portugal und Nordafrika, im restlichen Mittelmeerraum vielerorts eingebürgert, *N.* x *odorus* wahrscheinlich aus Südfrankreich und Italien (eventuell auch nur aus Kultur verwildert), *N. poeticus* feuchte Bergwiesen von Südeuropa bis zu den Südalpen, *N. pseudonarcissus* feuchte Bergwiesen im westlichen Mitteleuropa, *N. triandrus* steinige Plätze und lichte Gebüsche in Spanien und Portugal
Blütenfarbe: *N.* x *gracilis*, *N. jonquilla* und *N.* x *odorus* gelb, *N. poeticus* weiß mit Gelb, *N. pseudonarcissus* gelb, auch weiß, *N. triandrus* weiß
Blütezeit: April bis Mai, *N.* x *gracilis* Mai, *N. pseudonarcissus* März bis April
Höhe: *N.* x *gracilis* 25 – 30 cm, *N. jonquilla* 25 – 40 cm, *N.* x *odorus* 30 – 40 cm, *N. poeticus* 25 – 45 cm, *N. pseudonarcissus* 20 – 40 cm, *N. triandrus* 15 – 30 cm
Standort: sonnig bis halbschattig; frischer bis feuchter, nährstoffreicher, humoser Boden
Merkmale: Eine der am spätesten blühenden Narzissen ist *N.* x *gracilis*. Ihre cremegelben Blüten mit der

Narcissus jonquilla

dunkleren, breiten Nebenkrone stehen meist zu dritt an einem Schaft und verströmen einen betörend süßen Duft. Der etwas ungewöhnliche Name der Jonquille ist vom botanischen Gattungsnamen der Binse *(Juncus)* abgeleitet und spielt auf die beinahe stielrunden, binsenähnlichen Laubblätter dieser Narzissenart an. Sie ist vor allem ihres unvergleichlichen Dufts wegen berühmt und begehrt. 2 – 5 Blüten mit kurzen, krönchenartigen Nebenkronen stehen schräg nach unten geneigt an den Stengeln. Die Blüten der Campernelle, zumeist sind es 3, sind hellgelb und riechen ebenso intensiv wie die der Jonquille. Auch die Dichternarzissen verströmen einen herrlichen Wohlgeruch. Sie tragen eine sehr kleine Nebenkrone mit meist grünlichem Auge und rotorangefarbenem Saum, die von einer sternförmigen, schneeweißen Hauptkrone umrahmt wird. Als wichtige Kreuzungspartner sind sie an der Entstehung zahlreicher Gartensorten beteiligt. Die im Handel verbreitetste Dichternarzisse ist die hübsche spätblühende *N. poeticus* var. *recurvus*, auch Pfauenaugen-Narzisse oder 'Pheasant's Eye' genannt. Sie hat zurückgeschlagene Blütenblätter und duftet besonders gut. Die „klassische" Narzisse Mitteleuropas ist jedoch die Trompetennarzisse mit ihren großen, gelben Trompetenblüten, die einzeln und leicht nickend an den kräftigen Stengeln stehen. Züchter haben die bemerkenswerte Variabilität dieser unter Naturschutz stehenden Wildart – es werden allein 12 Unterarten und einige Varietäten unterschieden – ausgenutzt und zahlreiche großblütige Gartenhybriden daraus hervorgebracht (siehe Seite 199 ff.). Ganz besonders auffällig sind die einzelnstehenden, cremeweißen bis blaßgelben, stark nach unten geneigten wohlriechenden Blüten der Engelstränen-Narzisse. Die Blütenblätter ihrer Hauptkrone sind weit zurückgeschlagen, die Nebenkrone ist glockenförmig. Sie ähnelt damit den Cyclamineus-Hybriden (siehe Seite 203), doch wirken die Blüten breiter. Meist wird im Handel die rein weiße *N. triandrus* ssp. *triandrus* var. *albus* geführt.

Sorten: Von *N.* x *odorus* sind u. a. erhältlich 'Orange Queen' (tief gelborange, Höhe 30 bis 40 cm), 'Rugulosus' (hellgelb, wuchskräftig, Höhe 40 – 50 cm), 'Rugulosus Plenus' (auch 'Rugulosus Flore Pleno', intensiv hellgelb, gefüllt, Höhe 30 – 40 cm).

Standortansprüche: Grundsätzlich bevorzugen auch diese Wildarten und natürlichen Hybriden ähnliche Standorte wie die Trompetennarzissen (siehe Seite 200). Im Frühjahr benötigen sie ausreichend Feuchtigkeit, müssen im Sommer aber möglichst trocken stehen, damit die Zwiebeln ausreifen können.

Verwendung: Verwenden kann man die hübschen Arten und Hybriden ähnlich wie die Cyclamineus-Hybriden (siehe Seite 203). Die Varietät *recurvus* der Dichternarzisse und die Trompetennarzissen eignen sich hervorragend zum Verwildern in Blumenwiesen oder vor Gehölzen.

Pflanzung: Die Zwiebeln der höheren Wildnarzissen werden im August oder September 10 – 20 cm tief im Abstand von etwa 15 cm in den Boden gesetzt.

Pflege: grundsätzlich wie bei den Trompetennarzissen (siehe Seite 200); Jonquillen sollten – außer in besonders wintermilden Gebieten – in der kalten Jahreszeit mit Reisig abgedeckt werden

Vermehrung: wie bei den niedrigen Wildnarzissenarten (siehe Seite 206)

Schädlinge und Krankheiten: wie bei den Trompetennarzissen (siehe Seite 200)

Narcissus poeticus

O

Ornithogalum

Milchstern, Vogelmilch, Vogelmist

Arten: *O. umbellatum* (Doldiger Milchstern, Doldenmilchstern, Stern von Bethlehem), *O. magnum* (Großer Milchstern), *O. narbonense* (auch *O. pyramidale* ssp. *narbonense*, *O. pyrenaicum*), *O. pyramidale*, *O. pyrenaicum* (auch *O. latifolium*), *O. nutans* (Nickender Milchstern), *O. balansae*

Familie: Liliengewächse *(Liliaceae)*

Herkunft: Wiesen und Gebüsche in Südeuropa, Kleinasien, Vorderasien und Nordafrika, *O. umbellatum* auch in Mitteleuropa, *O. balansae* alpine Wiesen in Kleinasien, Georgien und Aserbaidschan

Blütenfarbe: weiß

Blütezeit: *O. umbellatum* und *O. nutans* April bis Mai, *O. magnum* Juni bis Juli, *O. narbonense* Mai bis Juli, *O. pyramidale* und *O. pyrenaicum* Juni bis Juli, *O. balansae* März bis April

Höhe: 30 – 60 cm, *O. umbellatum* 10 – 30 cm, *O. magnum* 60 – 80 cm, *O. nutans* 25 – 40 cm, *O. balansae* 10 – 15 cm

Standort: sonnig bis halbschattig; durchlässiger, humoser Boden

Merkmale: Diese robusten Zwiebelblüher sind in der Regel anspruchslos. Der Doldige Milchstern ist die bekannteste Art der Gattung. Er kann sich fast in jeder Pflanzengesellschaft behaupten und neigt zum Verwildern. Über den linealischen Laubblättern mit weißem Mittelstrich erhebt sich auf einem kurzen Stiel eine Doldentraube aus etwa 20 Einzelblüten, deren milchweiße Blütenblätter auf ihrer Rückseite einen grünen Mittelstreifen tragen. Nur über die Mittagszeit öffnen sich die Blüten zu flachen Sternen, während der übrigen Zeit des Tages bleiben sie geschlossen. Der Große Milchstern trägt seinen Namen zu Recht. Von allen Milchsternarten hebt er seine weißen Blütentrauben am weitesten über die Blätter empor. *O. narbonense* und *O. pyramidale* sehen sich sehr ähnlich. Beide tragen ihre weißen Blüten in einer langen Traube. *O. narbonense* blüht jedoch früher und ist etwas zierlicher als die verwandte Art. *O. pyrenaicum* entfaltet seine Blüten erst, nachdem das schmale Laub bereits zu welken begonnen hat. An langen Trauben stehen jeweils etwa 50 Blütchen beieinander, die innen gelblichweiß, außen grünlich sind. Auch der Nickende Milchstern treibt seine glöckchenförmigen Blüten, die eine einseitswendige Traube bilden, erst, wenn das Laub schon anfängt, einzuziehen. Der grüne Mittelstreifen auf der Rückseite der Blütenblätter ist bei dieser Art so intensiv gefärbt, daß die gesamte Blüte grünlich schimmert. *O. balansae* ist eine Zwergart, die in ihrer Heimat bis nahe an die Schneegrenze hinaufsteigt. Über zwei, manchmal drei glänzend grünen Blättern erhebt sich ein sehr kurzer Blütenschaft mit großen, innen weißen, außen grünen Blüten.

Standortansprüche: Milchsterne wachsen am besten an halbschattigen Stellen auf gut durchlässigem, lockerem Boden mit hohem Humusgehalt. Ist der Boden ausreichend feucht, gedeihen sie auch in der Sonne. Einzig der Große Milchstern bevorzugt vollsonnige Plätze.

Ornithogalum umbellatum

Ornithogalum nutans

Verwendung: Mit ihrer oft überschäumenden Blütenfülle sind alle Arten eine ausgesprochene Zierde für den Gebüschrand oder den Steingarten. Sie passen auch gut in naturnahe Pflanzungen, wo sie ungehindert verwildern und sich ausbreiten dürfen. Nicht selten dehnen sie sich sogar bis in offene Wiesenflächen hinein aus. Der stattliche Große Milchstern stellt eine prächtige Ergänzung zu Pfingstrosen *(Paeonia)* dar. Die frühblühende Art *O. balansae* macht sich in Kombination mit kleinen Zwiebelblühern wie Winterling, Krokussen oder auch Alpenveilchen besonders gut.

Pflanzung: Die Zwiebeln werden im Herbst 5 – 10 cm tief mit etwa 10 cm Abstand stets in kleinen Gruppen gepflanzt.

Pflege: Milchsterne brauchen kaum Pflege, die genannten Arten sind robust und völlig winterhart. Nur *O. balansae* sollte an frostgefährdeten Pflanzorten einen leichten Winterschutz erhalten, vor allem in schneearmen Wintern.

Vermehrung: Die Pflanzen können sehr einfach durch Teilung oder durch Brutzwiebeln vermehrt werden. Nach der Blüte nimmt man die meist sehr dicht gepackten Zwiebelklumpen auf und bricht die Zwiebeln vorsichtig auseinander. Zusätzlich können Brutzwiebeln von den Mutterzwiebeln abgetrennt werden. Bis zur Neupflanzung im Herbst bewahrt man sie trocken und kühl auf. Auch Aussaat ist möglich, am besten direkt nach der Samenreife im Herbst, denn Milchsterne sind Kaltkeimer.

Oxalis
Sauerklee

Arten: *O. acetosella* (Waldsauerklee), *O. adenophylla* (Kordilleren-Sauerklee), *O. enneaphylla*, *O. inops* (auch *O. depressa*)
Familie: Sauerkleegewächse *(Oxalidaceae)*
Herkunft: *O. acetosella* Wälder in Europa und Asien, *O. adenophylla* Berghänge in Südamerika, *O. enneaphylla* Heideland in Südchile und auf den Falklandinseln, *O. inops* Küstengebiete in Südafrika
Blütenfarbe: *O. acetosella* weiß, *O. adenophylla* und *O. inops* rosa, *O. enneaphylla* weiß bis rosa
Blütezeit: *O. acetosella* und *O. enneaphylla* April bis Mai, *O. adenophylla* Mai bis Juli, *O. inops* Juni bis September
Höhe: 5 – 15 cm
Standort: halbschattig bis schattig, *O. adenophylla* und *O. inops* sonnig; leichter bis mittelschwerer Boden
Merkmale: Sauerklee verdankt seinen Namen den kleeähnlichen Laubblättern, die deutlich sauer, gleichzeitig ein wenig salzig schmecken. Der heimische Waldsauerklee ist ein anmutiges Pflänzchen mit durchscheinend lindgrünen, dreizähligen Blättern und nickenden, weißen Blüten-

schalen, die violett geädert sind. Wie auch einige andere Pflanzen schließt er nachts und bei schlechter Witterung seine Blüten. Überdies faltet er seine Laubblättchen zu einer Schlafstellung zusammen. Die blau- bis graugrünen, vielteiligen Blätter des Kordilleren-Sauerklees bilden ein dichtes Polster, das sich mit zahlreichen hell- oder dunkelrosa Schalenblüten überzieht. *O. enneaphylla* sieht recht ähnlich aus, die Laubblätter sind aber weniger stark geteilt, die Blüten weiß bis zartrosa. *O. inops* dagegen trägt wiederum dreiteilige „Klee"-Blätter in blaugrüner Färbung. Die Blütenfarbe ist helles Rosa, das zur Mitte hin nach Gelb und Weiß changiert.

Oxalis acetosella

Sorten: von *O. enneaphylla* (jeweils 5 – 15 cm hoch) 'Rosea' (rosa), 'Rubra' (dunkelrosa)

Standortansprüche: Je nach ihrem natürlichen Vorkommen stellen die Sauerkleearten unterschiedliche Ansprüche. Als Waldpflanze muß der Waldsauerklee halbschattig bis schattig stehen, auf einem möglichst humosen, frischen bis leicht feuchten und sauren Boden. Der aus den Anden stammende Kordilleren-Sauerklee dagegen braucht zum Gedeihen einen sonnigen Platz auf steinig-schotterigem Untergrund. *O. enneaphylla* wächst am besten an leicht beschatteten Stellen mit saurem Sandboden. *O. inops* bevorzugt einen eher sonnigen Stand, der sandige Boden sollte vor allem im Winter trocken sein.

Verwendung: Aufgrund der unterschiedlichen Ansprüche werden die Arten in verschiedenen Gartenbereichen verwendet. Während der Waldsauerklee ein zarter, hübscher Bodendecker für Gehölzunterpflanzungen ist, kommen die anderen Arten eher für den Steingarten in Frage. Auch Kiesbeete, steppenheideähnliche Pflanzungen oder Rabatten vor einer Hauswand, sogar Plattenfugen am Wegrand sind geeignete Bereiche. Da die Sauerkleearten oft zum Wuchern neigen, sollten ihre Pflanzplätze mit Bedacht gewählt werden, damit sie nicht andere Pflanzen überwachsen oder verdrängen. Vor allem *O. inops* taucht häufig von selbst an allen möglichen Stellen im Garten auf und wird dann regelrecht zum Unkraut. Vorbeugend kann man diese Art in Töpfen halten, die in die Erde eingesenkt und bereits vor der Fruchtreife wieder herausgenommen werden.

Oxalis adenophylla

Pflanzung: Die kriechenden, abschnittweise zu Knöllchen verdickten Rhizome des Waldsauerklees werden im Herbst 5 cm tief mit 5 – 10 cm Abstand gepflanzt. Der knollig verdickte, faserige Wurzelstock des Kordilleren-Sauerklees und von *O. enneaphylla* wird ebenso in die Erde gebracht. Auch die kleinen Knollen von *O. inops* pflanzt man im Herbst flach ein.

Pflege: Während der Waldsauerklee das ganze Jahr über viel Feuchtigkeit braucht, müssen die übrigen Arten vor allem im Winter eher trocken stehen. Eine Dränageschicht im Pflanzloch sowie mit Sand gelockerte Erde reichen meist aus, um diesen Anspruch zu erfüllen. Sommerliche Trockenheit wird von den betreffenden Arten zwar vertragen, aber nur bei ausreichendem Wasserangebot grünen und blühen sie üppig. Man sollte sie deshalb bei Bedarf gießen. Außer *O. inops* gelten alle genannten Arten als robust und ausdauernd. Sie sind im Garten auch gut winterhart. *O. inops* sollte in rauhen Lagen oder in sehr strengen Wintern mit einer Reisig- oder Laubdecke geschützt werden.

Vermehrung: Nach der Blüte, wenn auch das Laub verwelkt, können die Wurzelstöcke oder Knöllchen ausgegraben und geteilt bzw. Brutknöllchen davon abgenommen werden. Eine Aussaat unter Glas ist direkt nach der Samenreife oder im Frühjahr möglich; die Sämlinge sprießen schon nach kurzer Zeit.

Tip: Der als Gücksbringer zum Jahreswechsel bekannte vierblättrige Glücksklee *O. deppei* ist eine nicht winterharte Art aus Mexiko. Die rübenartigen Knollen können in Töpfchen angetrieben werden. Aus ihnen entwickeln sich bald die Pflanzen, die rosarot blühen. Über den Sommer kann man den Glücksklee auch ins Freie pflanzen. Die Knollen müssen aber, ähnlich wie die von Dahlien, ausgegraben und frostfrei überwintert werden (siehe Seite 108 f.).

P

Paradisea liliastrum

Paradisea
Trichterlilie, Paradieslilie, St.-Bruno-Lilie

Art: *P. liliastrum* (auch *Anthericum liliastrum*)
Familie: Liliengewächse *(Liliaceae)*
Herkunft: Wiesen, Weiden und Gebüsche in den Zentral- und Südalpen, Pyrenäen, Abruzzen, dem Apennin und Jura
Blütenfarbe: weiß
Blütezeit: Mai bis Juni
Höhe: 30 – 50 cm
Standort: sonnig; lockerer, im Frühjahr feuchter Boden
Merkmale: Bei der Trichterlilie scheinen die milchweißen Trichterblüten auf ihren dünnen Stielen beinahe schwerelos über dem niedrigen, grasartigen Laub zu schweben. Sie verströmen einen intensiven süßlichen Duft und locken damit Nachtfalter zur Bestäubung an. Die herrliche Lilie überzieht zwar mancherorts noch ganze Wiesen, ist aber insgesamt sehr selten geworden. Sie steht deshalb unter strengem Naturschutz.
Standortansprüche: Trichterlilien brauchen zum Gedeihen einen sonnigen Platz mit lockerem, tiefgründigem Boden, der gut wasserdurchlässig und nährstoffreich sein muß.
Verwendung: Ihrem natürlichen Vorkommen entsprechend wird man die Trichterlilie in kleinen Gruppen im Steingarten oder in einer eher feuchten Blumenwiese einsetzen.
Pflanzung: Die gedrungenen Rhizome tragen Büschel fleischiger Wurzeln, die sehr leicht abbrechen. Sie müssen äußerst vorsichtig behandelt werden, denn Verletzungen können zum Absterben der Pflanze führen. Man setzt sie im Herbst 10 – 15 cm tief im Abstand von 20 – 30 cm.
Pflege: Am richtigen Standort brauchen die edlen Liliengewächse keine weitere Pflege. Nur bei Trockenheit müssen sie reichliche Wassergaben erhalten.
Vermehrung: Samen werden direkt nach der Reife ausgebracht, brauchen aber oft sehr lange bis zur Keimung. Die Rhizome kann man im Herbst teilen. Allerdings läßt es sich dabei kaum vermeiden, daß die empfindlichen Wurzeln verletzt werden. Deshalb sollte man Trichterlilien besser ungestört wachsen lassen.

Paradisea liliastrum

Paris quadrifolia

Paris
Einbeere

Art: *P. quadrifolia* (Vierblättrige Einbeere, Wolfsbeere)
Familie: Liliengewächse *(Liliaceae)*
Herkunft: Wälder in Europa, Kleinasien und Sibirien
Blütenfarbe: gelblichgrün
Blütezeit: Mai bis Juni
Höhe: 15 – 40 cm
Standort: halbschattig bis schattig; feuchter, saurer Humusboden
Merkmale: Nicht die Blüten, sondern die blauschwarzen Beeren sind die eigentliche Zierde dieses in allen Teilen stark giftigen, heimischen Waldgewächses. Die eher unscheinbare Blüte, deren schmale, gelblichgrüne Blütenblätter ein Sternchen bilden, steht inmitten eines regelmäßigen Quirls aus 4 breitovalen, auffallend netznervigen Blättern. Aus ihr entwickelt sich eine dicke Beere, die sehr lange an der Pflanze haften bleibt. Der botanische Gattungsname erinnert übrigens an die „Wahl des Paris", eine Episode aus der griechischen Mythologie. Die Frucht soll den Apfel symbolisieren, den der trojanische Hirte Paris derjenigen der drei griechischen Göttinnen Hera, Athene und Aphrodite überreichen sollte, die er für die schönste hielt. Die 4 umstehenden Laubblätter stellen sozusagen die beteiligten Personen dar.
Standortansprüche: Vierblättrige Einbeeren benötigen einen halbschattigen bis vollschattigen Platz unter Gehölzen und einen feuchten, sauren, humosen Boden.
Verwendung: Die ebenmäßig gebauten Pflanzen zeichnen in der Gruppe ein geometrisch wirkendes Muster auf den Boden. Man pflanzt sie am besten unter Bäume in naturnahen Gehölzbereichen, zusammen mit Farnen und Waldblumen wie

Elfenblume *(Epimedium)*, Salomonssiegel *(Polygonatum)*, Dreiblatt oder Trauerglocke.
Pflanzung: Die Rhizome werden im Frühjahr oder Herbst etwa 5 – 10 cm tief im Abstand von 10 – 15 cm in den Boden gelegt.
Pflege: Mit Einbeeren muß man vor allem Geduld haben. Selbst an einem optimalen Standort erscheinen oft jahrelang keine Blätter. Aber schließlich schieben sich dann doch noch Triebe aus der Erde. Zu achten ist vor allem auf eine gleichmäßig hohe Bodenfeuchtigkeit. Wer ein übriges tun will, mulcht die Pflanzstelle mit einer Schicht aus Nadelstreu, die den Boden zusätzlich leicht ansäuert.

Pleione limprichtii

Vermehrung: Im Herbst kann das Rhizom geteilt werden. Da Einbeeren zum Gedeihen auf einen bestimmten Wurzelpilz angewiesen sind, sollte man stets ein wenig von der alten Erde mit in die neue Pflanzstelle einbringen. Auch Aussaat nach der Reife ist möglich, allerdings fehlen im Anzuchtsubstrat meist die entsprechenden Pilze, die Pflanzen wachsen daher oft nur schlecht an. Im Handel sind Samen praktisch nicht erhältlich.

Pleione
Tibet-Orchidee, Pleione

Arten: *P. formosana, P. limprichtii*, *P.*-Hybriden
Familie: Orchideen *(Orchidaceae)*
Herkunft: Wälder in Südostasien und China
Blütenfarbe: violett, Sorten und Hybriden auch weiß, gelb, rosa, verschiedenfarbig gefleckt oder gemustert
Blütezeit: April bis Mai
Höhe: 5 – 15 cm
Standort: halbschattig bis schattig; lockerer, sehr humoser und kalkfreier Boden
Merkmale: Die herrlichen Erdorchideen tragen zwar weder Zwiebeln noch Knollen, stehen den Zwiebel- und Knollenpflanzen aber recht nahe. Sie bilden zum Zweck der Wasser- und Nährstoffspeicherung verdickte Sprosse aus, sog. Schein- oder Pseudobulben. Jedes Jahr wächst eine neue Scheinbulbe heran, bleibt aber mit der alten über eine gemeinsame Sproßachse verbunden. Die alte Bulbe schrumpft allmählich zusammen und vergeht, versorgt zuvor aber die neue noch mit Nährstoffen. Bei *P. formosana* sind die Bulben flaschenförmig. Im Frühjahr treiben aus ihnen je ein großes, gefälteltes Blatt und eine kurzgestielte, violette Einzelblüte. Ihre dreilappige Lippe ist cremeweiß getupft und im Innern lebhaft gelb gefärbt. *P. limprichtii* hat oval zugespitzte Bulben und violettrosa Blüten mit einer dunkler gefleckten Lippe. Besonders interessant sind die *P.*-Hybriden, die herrliche Farbenspiele aufweisen.
Sorten: Über die Einteilung dieser Gattung in Arten, Varietäten und Sorten sind sich die Fachleute nicht ganz einig. So werden *P. formosana* und *P. limprichtii* manchmal auch als Varietäten oder Sorten von *P. bulbocodioides* angesehen. Entsprechend unterschiedlich fällt auch die Zuordnung der weiteren Formen aus. Häufig werden im Handel nur Sorten ohne Angabe der zugehörigen Art geführt, z. B. 'Alba' (rein weiß), 'Blush of Dawn' (blaßrosa, weiße Lippe), 'Oriental Splendour' (dunkelrosa, weiße Lippe). Sie alle werden 5 – 15 cm hoch.
Standortansprüche: Tibet-Orchideen brauchen einen geschützten, halbschattigen bis schattigen Platz im Garten oder im Kalthaus. Der Boden muß locker, gut durchlässig, humos und absolut kalkfrei sein; ein pH-Wert von 4 – 5 ist optimal. Der Pflanzerde sollte reichlich Rindensubstrat oder Torf sowie Nadelstreu untergemischt werden. Die anspruchsvollen Pflanzen werden gern in Schalen oder Töpfen gehalten, die mit einer dicken Dränageschicht aus Blähton und einem speziellen Orchideensubstrat gefüllt sind.
Verwendung: Wie kostbare Edelsteine leuchten die sich nur knapp über den Boden erhebenden Orchideenblüten vor einer dunklen Pflanzenkulisse im Steingarten oder an einem Gehölzrand. Um ihren eleganten Blüten gerecht zu werden, sollte man Tibet-Orchideen nicht mit auffälligen Nachbarn kombinieren. Am besten pflanzt man in ihre Nähe nur schlichte Farne, aber auch neben Rododendren (*Rhododendron*) sehen sie sehr schön aus.
Pflanzung: Die Pseudobulben werden im Frühjahr gepflanzt, und zwar nur gerade so tief, daß die Spitzen noch eben aus der Erde herausragen. Auch in Gefäßen werden sie nur flach eingesetzt.
Pflege: Die Pflanzen brauchen während des Wachstums viel Feuchtigkeit, müssen also bei Bedarf mit entkalktem Wasser vorsichtig gegossen oder besser noch übersprüht werden. Moospolster oder feiner Rindenmulch rund um die Pflanzen sorgen für einen gleichmäßig feuchten Boden. Im Herbst und Winter muß die Erde dagegen unbedingt trocken sein. Man deckt die Pflanzen am besten mit trockener Nadelstreu oder feinem Rindenmulch ab und stülpt einen großen Tontopf darüber. Werden die Orchideen in Gefäßen kultiviert, nimmt man die über den Sommer ins Beet eingesenkten Gefäße aus dem Boden und überwintert die Pflanzen kühl und trocken im Haus. Im Frühjahr muß man den Tontopf rechtzeitig – je nach Witterung schon im Februar oder März – entfernen und den Pflanzen dadurch ein Signal geben, daß die neue Vegetationsperiode bevorsteht. Andernfalls kommen sie zu spät im Jahr zur Blüte. Die Nadelstreu dagegen wird noch eine Weile belassen, damit die Pflanzen nicht zu rasch und damit zu früh austreiben.
Vermehrung: Die Pseudobulben können im Herbst abgetrennt werden. Allerdings wachsen sie nur sehr langsam an. Außerdem leiden die Mutterpflanzen oft sichtlich unter der Teilung.

Puschkinia scilloides var. *libanotica*

Puschkinia
Puschkinie

Arten: *P. scilloides* (auch *P. hyacinthoides*), *P. scilloides* var. *libanotica* (auch *P. libanotica*)
Familie: Liliengewächse *(Liliaceae)*
Herkunft: Bergwiesen, Gebüsche und steinige Hänge im Kaukasus, Libanon und in Vorderasien
Blütenfarbe: hellblau
Blütezeit: März bis April
Höhe: 10 – 20 cm
Standort: sonnig bis halbschattig; durchlässiger Boden
Merkmale: Puschkinien erinnern im Aussehen an Blausterne (siehe Seite 214) und Schneeglanz (siehe Seite 151), mit denen sie auch nahe verwandt sind. Über die exakte botanische Gliederung der Gattung sind sich die Fachleute noch uneins. Manche unterscheiden 3 verschiedene Arten, andere wiederum fassen alle Vertreter als eine einzige Art, nämlich *P. scilloides*, auf und lassen allenfalls Varietäten zu. Im Handel wird überwiegend von *P. scilloides* gesprochen. Die kleinen Zwiebelblüher besitzen lanzettliche Blätter und treiben Blütenstiele, an denen dichte Trauben hellblauer Sternchen stehen. Jedes Blütenblatt ziert ein etwas dunklerer Mittelstreifen. Die Varietät *libanotica* trägt größere Blüten in zartem Porzellanblau mit kräftig blauen Mittelstreifen.
Sorte: 'Alba' (rein weiß, Höhe 20 cm)
Standortansprüche: Puschkinien sollten sonnig bis halbschattig stehen. Sie gedeihen auf jedem nicht zu trockenen, durchlässigen Gartenboden, nur nasse Stellen sind zu meiden.
Verwendung: Die anspruchslosen Pflanzen werden ähnlich wie Blausterne und Schneeglanz unter oder vor Gehölze, in lückigen Rasen oder in den Steingarten gesetzt. Selbst in Wiesen, die häufig gemäht werden, blühen sie jedes Jahr aufs neue. In Kombination mit Schneeglöckchen, Winterlingen, Gartenkrokussen oder anderen robusten Frühlingsblühern machen sie sich besonders hübsch.
Pflanzung: Die kleinen Zwiebeln sollte man nur in Gruppen pflanzen. Im September oder Oktober legt man sie etwa 8 – 10 cm tief mit 10 cm Abstand in den Boden.
Pflege: Die zierlichen Zwiebelblüher sind völlig winterhart und schier unverwüstlich. Wo sie einmal angesiedelt wurden, erscheinen sie immer wieder. Am besten läßt man Puschkinien ganz ungestört wachsen, dann werden die Bestände von Jahr zu Jahr üppiger und schöner.
Vermehrung: Puschkinien breiten sich durch Selbstaussaat und Brutzwiebeln schnell weiter aus und verwildern. Im August oder September kann man Brutzwiebeln abnehmen. Diese müssen, damit sie nicht austrocknen, sogleich wieder 3 – 4 cm tief eingepflanzt werden. Den Winter über sollte man sie mit einer Laub- oder Reisigschicht schützen. Auch Aussaat im Frühjahr ist möglich. Die Samen dürfen dabei nur ganz leicht mit Erde bedeckt werden, sie brauchen zum Keimen Licht. Selbstgesammelter Samen wird bis zum Frühjahr trocken und dunkel gelagert. Sämlinge kommen nach etwa 3 Jahren erstmals zur Blüte.

Puschkinia scilloides

R

Ranunculus
Hahnenfuß

Art: *R.-Asiaticus*-Hybriden (auch *R. asiaticus*, *R. hortensis*, Ranunkel)
Familie: Hahnenfußgewächse *(Ranunculaceae)*
Herkunft: Die ursprüngliche Art *R. asiaticus* stammt aus Wiesen und lichten Wäldern im Mittelmeerraum und in Vorderasien.
Blütenfarbe: weiß, gelb, orange, rosa, rot
Blütezeit: je nach Pflanzung und Kultur April bis Juni
Höhe: 20 – 40 cm
Standort: sonnig; durchlässiger, nährstoffreicher Boden
Merkmale: Aus der ursprünglichen Art *R. asiaticus* mit ihren einfachen Schalenblüten ist durch eifrige Züchtung und Auslese eine Vielzahl dichtgefüllter und sehr farbenprächtiger Sorten entstanden. Wie die Tulpen stammen auch Ranunkeln ursprünglich aus dem vorderasiatischen Raum und galten in Europa lange Zeit als besondere Kostbarkeit. Nach ihrer Herkunft werden sie in 4 verschiedene Gruppen unterteilt. Türkische oder Turbanranunkeln kamen Ende des 16. Jh. nach Europa. Ihre besonders großen und dichtgefüllten Blütenköpfe blühen vor allen anderen im Jahr. Persische Ranunkeln wurden um 1700 in Europa eingeführt. Sie tragen auf nicht besonders

kräftigen Stengeln große, einfache oder halbgefüllte Blüten. Französische Ranunkeln wurden erstmals gegen Ende des 18. Jh. in Frankreich gezüchtet. Ihre Blüten sind nur locker gefüllt und neigen sich im Lauf des Flors ein wenig nach unten. Päonienblütige Ranunkeln sind eine italienische Kreation, die Anfang des 20. Jh. entstand. Ihre an Pfingstrosen *(Paeonia)* erinnernden Blütenköpfe sind locker gefüllt und blühen länger als die der anderen genannten Gruppen.

Ranunculus-Asiaticus-Hybriden

Sorten: Ranunkeln werden nur selten unter Sortennamen angeboten. Meist sind sie unter ihrer Gruppenbezeichnung, kombiniert mit einer Farbangabe, im Handel, z.B. Rote Französische Ranunkeln. Von Päonienblütigen Ranunkeln kommen Farbmischungen als Samen zum Verkauf. Bei dieser Gruppe gibt es vereinzelt auch Sortenbezeichnungen, z.B. 'Cardinal' (rot), 'Madonna' (weiß) oder 'Parisienne' (zartrosa). Die Wuchshöhe beträgt stets 20 – 40 cm.
Standortansprüche: Ranunkeln sollten einen sonnigen, geschützten Platz erhalten, an dem der Boden gut durchlässig, außerdem humos und nährstoffreich ist.

Verwendung: Die farbintensiven Blütenbälle ziehen auf Beeten und Rabatten sofort den Blick auf sich. Besonders hübsch wirken sie, wenn jeweils größere Gruppen beieinanderstehen. Auch eine lockere Unterpflanzung mit Frühjahrsblühern wie Vergißmeinnicht *(Myosotis)* oder Maßliebchen *(Bellis)* sieht sehr reizvoll aus. Ranunkeln werden gern auch in Schalen und Kästen gepflanzt. Langstielige Blüten ergeben überdies wunderschöne Schnittblumen.
Pflanzung: Die fleischigen „Klauen", vielfach gefingerte Wurzelknollen, müssen vor der Pflanzung 3 – 4 Stunden gewässert werden. Pflanzen kann man von Februar bis April, wodurch sich die Blütezeit in einem entsprechenden Zeitrahmen steuern läßt. In rauhen Gebieten sollten Ranunkeln sicherheitshalber in Töpfen unter Glas angezogen werden, bevor man sie dann im April oder Mai endgültig ins Freie setzt. Die Knollen kommen mit den „Klauen" nach unten nur flach in den Boden, sie sollten etwa 4 – 5 cm mit Erde bedeckt sein und 20 – 25 cm Abstand voneinander haben.
Pflege: Nach der Pflanzung wird einmal durchdringend angegossen, dann erst wieder, wenn sich die ersten Triebe zeigen. Während der Blüte müssen Ranunkeln gleichmäßig feucht gehalten werden. Um den hohen Nährstoffbedarf zu decken, gibt man während des Wachstums wöchentlich flüssigen Volldünger. Nachdem die Pflanzen vergilbt sind, werden die Knollen aus dem Boden genommen. An einem schattigen Ort läßt man sie ein paar Tage trocknen, entfernt das welke Laub und lagert sie dann kühl und trocken bis zum erneuten Auspflanzen.

Vermehrung: Wenn man die abgeblühten Pflanzen aus der Erde nimmt, können die Knollen geteilt oder Brutknöllchen, die sich an der Oberseite der Mutterknolle gebildet haben, abgenommen werden. Man lagert sie ebenso wie die Mutterknollen. Nur die Päonienblütigen Ranunkeln lassen sich auch durch Samen vermehren (die anderen Gruppen sind steril). Die Aussaat erfolgt im Oktober oder November bzw. im März unter Glas. Die Sämlinge wachsen rasch zu blühfähigen Exemplaren heran.
Krankheiten: Gelbfärbung der Blätter durch Vernässung, Echter Mehltau
Tip: Wochenlang kann man sich an der Blüte von Ranunkeln erfreuen, wenn man mehrmals zeitlich versetzt neue Pflanzen anzieht.

Roscoea
Scheinorchis, Ingwerorchidee

Arten: *R. cautleoides, R. humeana, R. purpurea*
Familie: Ingwergewächse *(Zingiberaceae)*
Herkunft: Berghänge in China und im Himalaja
Blütenfarbe: *R. cautleoides* gelb, *R. humeana* purpurviolett, *R. purpurea* purpurrot
Blütezeit: *R. cautleoides* Juni, *R. humeana* Juli, *R. purpurea* August bis September
Höhe: 40 – 60 cm, *R. humeana* 20 – 30 cm
Standort: sonnig bis halbschattig; humoser, leicht feuchter Boden
Merkmale: Die deutschen Gattungsnamen weisen darauf hin, daß die exotischen Prachtstücke trotz des eleganten Aussehens ihrer Blüten nicht zu den echten Orchideen zählen. Sie sind vielmehr nahe verwandt mit dem Ingwer *(Zingiber)*, was auch beim Vergleich der unterirdischen Organe deutlich wird. Wie die Gewürzpflanze besitzen die Scheinorchis dick aufgetriebene, fleischige Rhizome. Daraus sprießen tütenartige Triebe, die aus einander umschließenden Blättern bestehen. Nur am oberen Ende des lauchähnlichen Triebs entfalten sich die Blattspitzen ein wenig. Inmitten dieser Blättertüte schiebt sich ein Blütensproß empor, an dessen Ende sich eine Ähre mit helmförmigen Blüten entwickelt. Als erste zeigt die elegante und schlankwüchsige *R. cautleoides* ihre hellgelb gefärbten Blüten. Etwas später im Jahr öffnen sich die blauvioletten Blüten von *R. humeana*, der niedrigsten der 3 Arten. Zum Ende des Sommers erscheinen dann die purpurroten Blüten von *R. purpurea*, die nur wenig aus ihrer Blättertüte herausragen.
Sorten: von *R. cautleoides* 'Grandiflora' (kräftig gelb, Höhe 30 – 40 cm), 'August Beauty' (schwefelgelb, großblumig, Blüte erst im August, Höhe 40 – 60 cm)
Standortansprüche: Scheinorchis bevorzugen einen

Roscoea humeana

sonnigen, jedoch zeitweise leicht beschatteten Platz auf lockerem, humusreichem Lehmboden, der vor allem zur Blütezeit ausreichend feucht, aber nicht naß sein sollte.
Verwendung: Die extravaganten Pflanzengestalten kommen am besten an einem gut sichtbaren Platz im Steingarten oder am Gehölzrand zur Geltung. Sie sollten nur mit schlichten Nachbarn kombiniert werden, die sie nicht ihrer Wirkung berauben, z. B. mit Dreiblattarten, Farnen oder Gräsern.
Pflanzung: Die tiefwurzelnden Rhizome werden im Frühjahr nach den letzten Frösten mindestens 10 cm tief mit 30 – 50 cm Abstand eingesetzt.
Pflege: Während des Wachstums ist darauf zu achten, daß der Boden stets ausreichend feucht ist. Nachdem die Pflanzen im Herbst ihre oberirdischen Sprosse eingezogen haben, wird die Pflanzstelle mit einer dicken Schicht Laub abgedeckt. In Weinbaugebieten kommen die Pflanzen auch ohne Schutz durch den Winter. Im Frühjahr sollte man etwas reifen Kompost vorsichtig in den Boden rund um die Pflanzen einarbeiten.
Vermehrung: Im Frühherbst können die Rhizome geteilt werden. Sie werden entweder sofort wieder gepflanzt oder den Winter über kühl und leicht feucht in Sand oder Rindensubstrat gelagert. Scheinorchis lassen sich auch aussäen. Die Samen werden im Frühjahr unter Glas ausgebracht und nur wenig mit Erde abgedeckt. Meist keimen sie sehr rasch. Kräftige Jungpflanzen können im Frühsommer ins Freie gesetzt werden, schwächere zieht man noch ein Jahr weiter in Töpfen.
Schädlinge: Schnecken

S

Scilla bifolia

Scilla
Blaustern

Arten: *S. siberica* (auch *S. sibirica*, Blausternchen), *S. mischtschenkoana* (auch *S. tubergeniana*), *S. bifolia* (Zweiblättriger Blaustern, Sternhyazinthe, Meerzwiebel), *S. amoena* (Byzantinische Meerzwiebel), *S. amethystina* (Amethystblaustern)
Familie: Liliengewächse *(Liliaceae)*
Herkunft: lichte Wälder und Gebüsche in Kleinasien, Südeuropa und Südrußland, *S. bifolia* auch in Mitteleuropa
Blütenfarbe: blau, auch weiß oder rosa
Blütezeit: *S. siberica* und *S. bifolia* März bis April, *S. mischtschenkoana* Februar bis März, *S. amoena* April bis Mai, *S. amethystina* Mai bis Juni
Höhe: 10 – 20 cm
Standort: sonnig bis schattig, am besten jedoch halbschattig; durchlässiger Humusboden
Merkmale: Wenn im Frühjahr azurblaue Blütenteppiche unter den noch unbelaubten Gehölzen der Gärten hervorleuchten, stehen die Blausterne in vollem Flor. Kaum ein anderer Zwiebelblüher ist so genügsam und zugleich so reichblühend wie die Arten der Gattung Blaustern. Das intensivste Blau zeigt das Blausternchen, fälschlich auch oft Sibirischer Blaustern genannt. Seine Heimat ist nicht Sibirien, sondern Kleinasien, Südrußland und der Balkan. Aus jeder Zwiebel treiben nur wenige, breitlinealische Blätter, aber bis zu 3 Blütenstiele, an denen jeweils 2 – 5 azurblaue Glöckchen nicken. *S. mischtschenkoana* blüht schon einige Wochen früher, und zwar mit blaß porzellanblauen Sternen. Jedes Blütenblatt trägt einen hübsch kontrastierenden, dunklen Mittelstreifen. Der Zweiblättrige Blaustern schiebt ebenfalls sehr früh im Jahr zwischen seinen beiden lanzettlichen Laubblättern einen Blütenschaft empor, an dem große, verwaschen blaue Sternblüten eine lockere Traube bilden. Diese anmutige Waldpflanze steht unter Naturschutz. Erst gegen Ende des Frühjahrs blüht dagegen die Byzantinische Meerzwiebel, die zahlreiche Blütenstände mit kleinen blauen oder weißen Blüten hervorbringt. Eine für Blausterne ungewöhnlich späte Blütezeit hat der Amethystblaustern, dessen bis zu 50 strahlend blaue Blüten sich zu einer großen Traube vereinigen. Bei Kleinkindern und Haustieren

Scilla mischtschenkoana

im Garten sollte man Vorsicht walten lassen: Alle Blausterne enthalten Giftstoffe.
Sorten: Von *S. siberica* sind u. a. im Handel 'Alba' (rein weiß, Höhe 20 cm) und 'Spring Beauty' (tiefblau, bildet keine Samen, Höhe 25 cm). Die Sorte 'Zwanenburg' von *S. mischtschenkoana* zeigt ein tieferes Blau als die Art, wird aber leider nur noch selten angeboten. Von *S. bifolia* sind u. a. erhältlich 'Praecox' (hellblau, früher blühend als die Art, Höhe 20 cm) und 'Rosea' (auch als var. *rosea* bezeichnet, hellrosa, Höhe 20 cm).
Standortansprüche: Alle genannten Arten sind anspruchslos und gedeihen fast überall problemlos. Ideal ist ein leicht schattiger Standort unter Laubgehölzen mit einem durchlässigen, humosen Lehmboden, der vor allem zur Blütezeit im Frühjahr reichlich Feuchtigkeit enthalten sollte, aber nicht naß sein darf.
Verwendung: Die kleinen Blausterne mit ihrer strahlenden Blütenfarbe können vielseitig verwendet werden. Ihrem natürlichen Vorkommen entsprechend werden sie am häufigsten unter oder vor Gehölzen gepflanzt, wo sie schnell verwildern und flächendeckende Bestände bilden. Kleine Tuffs gelber Narzissen oder bunter

Primeln *(Primula)* lockern den blauen Blütenteppich auf. Frühblühende Arten können auch im schütteren, lückigen Rasen wachsen, zusammen mit Schneeglöckchen, Krokussen oder Winterlingen. Selbst im Steingarten bereichern kleine Gruppen der anmutigen Frühlingsblüher das Farbenspektrum, z. B. als Nachbarn Botanischer Tulpen.
Pflanzung: Da die Zwiebeln keine schützende, derbe Außenhülle besitzen, trocknen sie rasch aus und lassen sich nur schlecht lagern. Sie sollten sofort nach dem Kauf in den Boden gebracht werden. Pflanzzeit ist der Herbst. Die Zwiebeln kommen in Gruppen 10 – 12 cm tief mit etwa 10 cm Abstand in die Erde.
Pflege: Die robusten Zwiebelgewächse entwickeln sich am schönsten, wenn sie ungestört wachsen dürfen. Auf kargen Böden sind sie allerdings für eine Humusdüngung dankbar. Dazu wird die Pflanzstelle im Herbst oder zeitigen Frühjahr dünn mit reifem Kompost überzogen.
Vermehrung: Zusätzliche Pflanzen erhält man durch Brutzwiebeln, die meist reichlich angesetzt werden. Die Sorte 'Spring Beauty' von *S. siberica*, die sterile Blüten trägt, läßt sich nur auf diese Weise vermehren. Man nimmt im Herbst einen kleinen Teil des Bestands aus dem Boden, teilt die Brutzwiebeln ab und pflanzt sie sofort wieder ein. Mit erwähnter Ausnahme können Blausterne auch durch Aussaat direkt nach der Samenreife vermehrt werden. Gewöhnlich besorgen die Pflanzen dies aber durch Selbstaussaat von ganz allein. Die Sämlinge kommen meist nach etwa 2 – 3 Jahren erstmals zur Blüte.
Krankheiten: Trockenfäule, Zwiebelbodenfäule
Tip: Blausterne eignen sich auch für die Treiberei. Dafür steckt man die Zwiebeln im Herbst dicht nebeneinander in eine Erde-Sand-Mischung, so daß die Zwiebelspitzen nur gerade eben von Erde bedeckt sind. Zuerst kühl, später warm aufgestellt, blühen sie nach etwa 10 Wochen. Die abgeblühten Zwiebeln können danach in den Garten gepflanzt werden.

Scilla siberica

Sternbergia lutea

Sternbergia
Goldkrokus, Gewitterblume

Arten: *S. lutea* (auch *S. aurantiaca*), *S. clusiana* (auch *S. macrantha*)
Familie: Narzissen- oder Amaryllisgewächse *(Amaryllidaceae)*
Herkunft: steinige Hänge und Wiesen im Mittelmeerraum und in Vorderasien
Blütenfarbe: gelb
Blütezeit: September bis Oktober
Höhe: 10 – 30 cm
Standort: sonnig und warm; basischer, steiniger Boden
Merkmale: Im Herbst recken sich die intensiv goldgelben Blüten des Goldkrokus den letzten wärmenden Sonnenstrahlen entgegen. Auf den ersten Blick könnte man sie für herbstblühende Krokusse (siehe Seite 159 f.) halten, im Gegensatz zu diesen weisen sie aber 6 Staubblätter auf. *S. lutea* ist die am häufigsten anzutreffende Art. Sie trägt ihre Blüten einzeln oder zu zweien auf fingerlangen Stengeln. Zusammen mit den leuchtenden Kelchen erscheint auch das schmale, grasartige Laub, das nach der Blüte noch weiterwächst und den Winter überdauert. Erst im folgenden Frühjahr ziehen die Pflanzen ihr Laub wieder ein. *S. clusiana* zeichnet sich durch besonders große, bis 12 cm hohe Blüten aus. Die Blätter dieser Art schieben sich aber erst nach der Blüte aus dem Boden. Die Pflanzen, vor allem die Zwiebeln, sind giftig.
Standortansprüche: Ihren Heimatstandorten entsprechend verlangen Goldkrokusse einen warmen, geschützten Platz in voller Sonne. Für eine optimale Entwicklung ist ein steiniger, vor allem im Sommer trockener, kalkhaltiger und gut durchlässiger Boden erforderlich.
Verwendung: Goldkrokusse verleihen mit ihren strahlenden Blüten dem Steingarten oder einer Trockenmauer im Herbst noch einmal besonderen Glanz, vor allem wenn sie vor einem Stein oder einem dunklen Zwerggehölz stehen. Richtig zur Geltung kommen sie erst in der Menge, sie werden deshalb stets in Gruppen gepflanzt.
Pflanzung: Die 3 – 5 cm großen Zwiebeln werden im Juni etwa 10 – 12 cm tief im Abstand von jeweils 10 cm eingesetzt.
Pflege: Die beiden erwähnten Arten sind in milden Regionen winterhart, überdauern aber auch in rauhen Gegenden, wenn sie einen guten Winterschutz erhalten. Das über den Winter grün bleibende Laub muß mit einer dicken, aber luftig aufgelegten Reisigdecke vor Frost und Austrocknung bewahrt werden. Man kann die Zwiebeln aber auch nach der Blüte aus dem Boden nehmen, in Schalen einpflanzen und im Haus oder Kalten Kasten überwintern. Im Frühjahr harkt man rund um die Horste vorsichtig ein wenig organischen Dünger, z. B. Knochenmehl oder Kompost, in die Erde ein.
Vermehrung: Während der Ruhezeit im Sommer können die Zwiebelhorste ausgegraben und geteilt werden. Da sich die Pflanzen aber nur dann zu voller Pracht entwickeln, wenn sie ungestört bleiben, sollte man bei Bedarf neue Zwiebeln einsetzen.
Tip: Wenn die Pflanzen nur schlecht blühen, bringt eine Düngung meist keine Abhilfe. In solchen Fällen setzt man sie an einen günstigeren Standort um, wobei besonders auf eine gute Dränage der Pflanzstelle zu achten ist.

T

Tigridia pavonia

Tigridia
Tigerblume, Pfauenblume

Art: *T. pavonia*
Familie: Schwertliliengewächse *(Iridaceae)*
Herkunft: Berghänge in Mexiko und Guatemala
Blütenfarbe: orange- bis scharlachrot, weiß, gelb, rosa, lila
Blütezeit: Juli bis September
Höhe: 40 – 60 cm
Standort: sonnig und warm; lockerer, nährstoffreicher Boden
Merkmale: Schon die Inka schmückten ihre Gärten mit den prunkvollen Blüten der Tigerblumen. Ihren Namen erhielten die Zwiebelpflanzen nach der außergewöhnlichen Musterung im Zentrum ihrer meist leuchtend roten Blüten. Die 3 breiten äußeren Blütenblätter sind zur Vollblüte weit nach außen aufgeschlagen und präsentieren 3 wesentlich kleinere, aufrechte Innenblätter. Obwohl sich jede Blüte nur für einen Tag öffnet, dauert die Pracht eine Weile an: An jedem Blütenstiel stehen weitere Knospen bereit, so daß die Pflanzen über etwa 6 – 8 Wochen in Blüte stehen. Danach vergilbt das schwertförmige Laub. Die natürlich vorkommende Tigerblume bringt leuchtend scharlachrote Blüten hervor, die nicht selten einen Durchmesser von 15 cm aufweisen und deren Oberfläche seidig glänzt. Ihre Mitte ist gelb gefärbt und trägt ein scharlachrotes Tupfenmuster. Auch die vielen durch Zuchtauswahl entstandenen Sorten dieser Art zeigen auffallende Farbenspiele.
Sorten: Im Handel werden u. a. angeboten (jeweils 40 – 60 cm hoch) 'Alba' (auch als *T. pavonia* var. *alba* geführt, weiß mit roten Flecken), 'Aurea' (dunkelgelb mit rotem Tigermuster), 'Lilacea' (auch als *T. pavonia* var. *lilacea* im Handel, lila mit roten Tupfen), 'Red Giant' (scharlachrot, gelb-rote Zeichnung), 'Speciosa' (scharlachrot, gelb-purpurn gefleckt).
Standortansprüche: Nur in voller Sonne und an warmen, geschützten Stellen können Tigerblumen ihre volle Pracht entfalten. Der Boden sollte gut durchlässig, aber nicht zu leicht sein und muß ausreichend Nährstoffe enthalten.
Verwendung: Die weithin leuchtenden Blüten der Tigerblumen machen sich auf einer Rabatte oder einem Beet zusammen mit Sommerblumen besonders gut. Sie sollten immer in kleinen Gruppen gepflanzt werden, damit sich möglichst viele

Tigridia pavonia

Blüten gleichzeitig zeigen. Attraktive Nachbarn sind z. B. Sommerhyazinthe und Blumenrohr, verhaltener wirken schlichte Sommerblumen wie Duftsteinrich *(Lobularia maritima)*, Sommerphlox *(Phlox drummondii)* oder Männertreu *(Lobelia erinus)*.
Pflanzung: Die Zwiebeln werden ab Mitte April 8 – 10 cm tief mit etwa 15 – 20 cm Abstand gepflanzt.
Pflege: Während des Wachstums muß auf gleichmäßige Feuchtigkeit geachtet werden. Nach der Blüte darf man dann nicht mehr gießen, denn die Pflanzen sollen zur Reife möglichst trocken stehen. Im Oktober werden die Zwiebeln aus dem Boden genommen, gereinigt und den Winter über trocken und kühl (bei 5 bis 10 °C) gelagert. In milden Gebieten mit Weinbauklima können Tigerblumen auch im Boden bleiben, allerdings sollten sie dann durch eine Reisigdecke geschützt werden.
Vermehrung: Im Herbst kann man Brutzwiebeln abnehmen, die nach der Lagerung im Frühjahr gepflanzt werden. Man setzt sie jedoch nicht so tief wie die Mutterzwiebeln, sondern nur etwa 5 cm tief. Eine Aussaat ist im Frühjahr unter Glas möglich. Die Sämlinge blühen meist schon im zweiten Jahr.

Trillium
Dreiblatt, Waldlilie, Dreizipfellilie

Arten: *T. grandiflorum*, *T. sessile*, *T. erectum*, *T. chloropetalum* var. *chloropetalum*, *T. chloropetalum* var. *giganteum*, *T. nivale*
Familie: Liliengewächse *(Liliaceae)*
Herkunft: Wälder in Nordamerika
Blütenfarbe: *T. grandiflorum* weiß, auch rosa, *T. sessile* braunrot, auch gelb, *T. erectum* braunrot, auch weiß, *T. chloropetalum* var. *chloropetalum* gelb oder grünlich, *T. chloropetalum* var. *giganteum* weiß bis purpurrot, *T. nivale* weiß
Blütezeit: April bis Juni, *T. nivale* März bis April
Höhe: 20 – 40 cm, *T. nivale* 5 – 10 cm
Standort: halbschattig bis schattig; tiefgründiger, lockerer, feuchter, saurer Humusboden
Merkmale: Der Name Dreiblatt kommt nicht von ungefähr. Tatsächlich sind alle oberirdischen Organe dieser recht ungewöhnlich wirkenden Waldblumen dreiteilig angelegt. Die 3 oft schön gezeichneten, waagrecht abstehenden Blätter bilden gleichsam ein Tablett für die Blüten in ihrer Mitte. Vielfach scheinen die aus 3 Hüll- und 3 Kronblättern bestehenden Blüten direkt dem Blattquirl aufzusitzen. *T. grandiflorum* präsentiert über dem rhombischen Laub eindrucksvoll große, glänzend weiße Blüten, die sich weit öffnen. Beim Abblühen färben sie sich häufig nach Rosa um. Kultiviert werden darüber hinaus mehrere Sorten dieser Art, die teilweise auch als Varietäten oder Formen aufgefaßt werden und unterschiedliche Blü-

Trillium grandiflorum

tenfarben zeigen. Das Laub von *T. sessile* ist blaßgrün mit weißen und bronzefarbenen Flecken, die braunroten Blüten stehen straff aufrecht nach oben. Die Bezeichnung *T. sessile* wird oft fälschlich auch für alle möglichen der schwierig gegeneinander abzugrenzenden Arten gebraucht, sofern sie nur ungestielte Blüten zeigen Die braunroten Blüten von *T. erectum* dagegen sind langgestielt und erheben sich weit über das Laub. Da sie nicht besonders gut riechen, hat man diese Art mit mancherlei wenig schmeichelhaften volkstümlichen Namen bedacht, z. B. Nasser Hund. *T. chloropetalum* var. *chloropetalum* unterscheidet sich von der zweiten Varietät dieser Art, var. *giganteum*, die weiß oder purpurrot blüht, durch eine gelbliche, purpurn überlaufene Blütenfarbe. Die niedrig bleibende Art *T. nivale*, manchmal Schneetrillium genannt, blüht schon sehr früh im Jahr. Ihre Blüten sind verhältnismäßig groß und rein weiß, das Laub ist frischgrün.
Sorten: Von *T. grandiflorum* werden u. a. angeboten (teilweise auch als Varietäten oder Formen bezeichnet, jeweils 20 – 40 cm hoch) 'Flore Pleno' (auch 'Snow Bunting', weiß, gefüllt) und 'Roseum' (rosa, beim Verblühen nach Rot verfärbend, Laub oft ebenfalls rot). Als 'Album' werden häufig rein weiß blühende Formen verschiedener Arten geführt.
Standortansprüche: Als typische Waldpflanzen brauchen alle Arten einen schattigen Platz, der nur bei guter Wasserversorgung auch halbschattig sein darf. An den Boden stellen sie besondere Ansprüche: Er muß locker und gut wasserdurchlässig sein, aber trotzdem immer reichlich Feuchtigkeit enthalten. Mit Ausnahme von *T. nivale* vertragen die Pflanzen keinen Kalk, sie wachsen nur auf humoser, saurer Erde. Da sie ihre knolligen Rhizome z. T. weit in die Tiefe senden, muß der Pflanzplatz außerdem sehr tiefgründig sein.
Verwendung: Die Pflanzen ergeben eine unvergleichlich schöne Unterpflanzung für Gehölzgruppen, insbesondere unter altem Baumbestand. Auch zu Rhododendren *(Rhododendron)* und anderen Sauerbodenpflanzen kann man sie gesellen. Ihre reizvoll geometrische Wirkung entfalten sie jedoch nur, wenn sie in großer Zahl dicht beieinanderstehen. Besonders vorteilhaft präsentieren sie sich, wenn man von oben auf die Pflanzengruppe herabblicken kann. Deshalb werden die Dreiblattarten auch gern in den Vordergrund eines Beets in Wegnähe gepflanzt. Hier sind Trauerglocke, Scheinorchis oder auch kleine Narzissen passende Nachbarn.
Pflanzung: Die knolligen, meist dunkel gefärbten Rhizome werden im Herbst etwa 10 cm tief mit 20 – 30 cm Abstand gepflanzt. Es empfiehlt sich, zuvor ins Pflanzloch eine Dränage aus Splitt oder Blähton einzuarbeiten und die Pflanzerde mit Rindenkompost anzureichern.
Pflege: Dreiblattarten sind zwar etwas heikel, aber ihre eigenwillige Schönheit lohnt alle Mühe. Wichtig ist vor allem der optimale Standort, dann erweisen sie sich als recht langlebig. Im Frühjahr ist besonders auf eine gute Wasserversorgung zu achten. Den Sommer über kann man eine Mulchschicht aus Nadelstreu oder Rindenschnitzeln um die Pflanzen ausbreiten, um zu verhindern, daß der Boden allzusehr austrocknet.
Vermehrung: Einmal im Boden, sollten die Pflanzen am besten ungestört bleiben. Will man sie dennoch vermehren, kann man die Rhizome im Spätsommer oder Frühherbst, wenn das Laub einzuziehen beginnt, aus der Erde nehmen. Man schneidet sie mehrfach auseinander, wobei die Schnittflächen hohl angelegt werden sollten, etwa wie beim Ausstechen eines Auges aus einer Kartoffel. An dem erhabenen Rand der Schnittfläche bilden sich vermehrt Knospen. Eine Anzucht aus Samen ist ebenfalls möglich, aber sehr schwierig, und es vergehen oft Jahre bis zur Keimung.

Trillium sessile

Triteleia
Frühlingsstern

Arten: *T. laxa* (auch *Brodiaea laxa*), *T.* x *tubergenii* (auch *T. peduncularis* x *T. laxa*)
Familie: Liliengewächse *(Liliaceae)*
Herkunft: Wiesen und Wälder im westlichen Nordamerika
Blütenfarbe: blau, violett
Blütezeit: Juli
Höhe: 50 – 60 cm
Standort: sonnig und geschützt; leichter, sandiger und nährstoffreicher Boden
Merkmale: Im Widerspruch zu ihrem deutschen Namen öffnen die Frühlingssterne ihre schlanken Blütenkelche, die sich in ihrem oberen Teil sternförmig erweitern, erst im Sommer. Dann aber gehören sie mit ihren üppigen, an Schmucklilien *(Agapanthus)* erinnernden Blütendolden zu

Triteleia laxa

den auffälligsten Zwiebelblühern im Garten. *T. laxa* trägt violettblaue, bisweilen auch hellblaue oder malvenfarbene Blüten, die an kurzen Stielen zu einer dichten Dolde vereinigt sind. Die blaßblauen, außen dunkler schattierten Blüten der Hybride *T.* x *tubergenii* dagegen stehen an etwas längeren Stielen, wodurch ihre Dolde viel lockerer wirkt. Das Laub beider Formen ist grasartig schmal und fällt kaum auf.

Sorte: von *T. laxa* 'Queen Fabiola' (tief violettblau, Höhe 50 – 60 cm)

Standortansprüche: Da die Pflanzen zwar widerstandsfähig gegen Frost, aber ausgesprochen empfindlich gegenüber Nässe sind, brauchen sie einen sehr gut durchlässigen, am besten sandigen Boden, in dem überschüssiges Wasser schnell ablaufen kann. Für eine reiche Blüte müssen genügend Nährstoffe zur Verfügung stehen. Der Standort sollte in voller Sonne liegen.

Verwendung: Frühlingssterne sehen in kleinen Gruppen am hübschesten aus. Neben niedrigen Storchschnabelarten *(Geranium)*, Perlpfötchen *(Anaphalis)*, aber auch neben niedrigen Fetthennen *(Sedum)* oder Hauswurzarten *(Sempervivum)* sind sie im Steingarten gut aufgehoben.

Pflanzung: Die kleinen Zwiebeln werden im Spätherbst etwa 5 – 8 cm tief und mit 10 cm Abstand gepflanzt.

Pflege: Am richtigen Standort sind die Frühlingssterne sehr genügsam. Wichtig ist vor allem, daß sie in der Wachstumszeit genügend Feuchtigkeit erhalten und in der Ruhezeit trocken stehen. Deshalb wird vor und auch während der Blüte bei Bedarf gegossen, danach nicht mehr. Wenn der Pflanzplatz für eine Überwinterung zu feucht ist, müssen die Zwiebeln nach der Blüte aus dem Boden genommen und bis zur erneuten Pflanzung trocken gelagert werden. Können die Zwiebeln den Winter über in der Erde bleiben, werden die Pflanzstellen mit einer trockenen Reisigschicht abgedeckt.

Vermehrung: Am leichtesten lassen sich Frühlingssterne durch Brutzwiebeln vermehren, die man nach der Blüte abnimmt. Allerdings sollte man den Beständen einen solchen Eingriff nur dann zumuten, wenn die Horste sehr dicht zusammengewachsen sind, da sich Frühlingssterne ungestört am besten entwickeln und ihre volle Pracht erst mit der Zeit entfalten.

Krankheiten: Fäulnis bei zuviel Nässe

Tip: Frühlingssterne eignen sich gut zur Kultur in Gefäßen. In Kästen oder Kübeln, die über einer Dränageschicht aus Ziegelscherben mit handelsüblicher Blumenerde gefüllt sind, können die Zwiebeln dicht nebeneinandergesetzt werden.

Tulipa
Tulpe

Familie: Liliengewächse *(Liliaceae)*

Tulpen – bei diesem Namen hat man sofort herrlich farbenprächtige Frühlingsbilder vor Augen. Schon vor etwa 1000 Jahren sorgten Tulpen in persischen Gärten für Aufsehen. Mitte des 16. Jh. kamen die ersten Zwiebeln nach Europa. Vor allem in Holland begann damals bald eine rege Züchtungsarbeit, und das Land galt und gilt noch heute als Hochburg der Tulpenzüchtung (siehe auch Seite 15 und Seite 67f.). Heute werden Tulpenzwiebeln allerorten und in einer riesigen Sortenfülle angeboten. Um die enorme Vielfalt etwas übersichtlicher zu gestalten, wurde eine international gültige Klassifizierung der Tulpen eingeführt. Sie unterscheidet 15 verschiedene Klassen, die man 2 großen Gruppen, nämlich den Wildtulpen und den Gartentulpen, zuordnen kann. Die Klassen der Gartentulpen, deren ursprüngliche Abstammung und Herkunft bis heute unbekannt sind, lassen sich ihrerseits nach der Blütezeit zu übergeordneten Tulpen-

Durch intensive Züchtung entstanden verschiedene Blütenformen der Gartentulpe: ① Viridiflora-Tulpe, ② Lilienblütige Tulpe, ③ Einfache Frühe Tulpe, ④ Triumph-Tulpe, ⑤ Gefüllte Frühe oder Gefüllte Späte Tulpe, ⑥ Gefranste Tulpe, ⑦ Darwin-Hybrid-Tulpe, ⑧ Einfache Späte Tulpe, ⑨ Rembrandt-Tulpe, ⑩ Papagei-Tulpe

gruppen zusammenfassen. Innerhalb der verschiedenen Tulpenklassen gibt es einen großen Reichtum an Sorten. Manche davon sind schon seit sehr langer Zeit im Handel, z. B. die Einfache Frühe Tulpe 'Kaiserkrone', die bereits seit 1750 kultiviert wird. Andere Sorten haben durch die schöne Form und prachtvolle Farbe ihrer Blüten Weltruhm erlangt, z. B. die Darwin-Hybrid-Tulpe 'Apeldoorn' oder die Triumph-Tulpe 'Lustige Witwe'. Das Angebot an Sorten ändert sich von Jahr zu Jahr ein wenig, daher können vor allem die bei den Gartentulpen angeführten Sorten nur als Beispiele gelten für die große Auswahl, die der Handel bereithält. Da die Sorten von den Züchtern laut internationaler Übereinkunft nach bestimmten Regeln benannt werden müssen, bekommt man sie überall auf der Welt unter ihrem eindeutigen und unverwechselbaren Namen. Bei den Tulpen gibt es daher nicht, wie bei anderen sortenreichen Arten oder Gattungen, mehrere Namen, also Synonyme, für ein und dieselbe Sorte.
Aber nicht nur Zuchtsorten sind derzeit in den Gärten zu finden, sondern auch eine Fülle verschiedener Wildtulpenarten. Im Auftrag von Fachfirmen wurde und wird noch heute in der Natur nach neuen Formen gesucht, die sich für die Kultur eignen. Tatsächlich gelangen immer wieder bislang weithin unbekannte Arten in den Handel. Die exakte botanische Zuordnung der Arten und Varietäten sowie der in freier Natur spontan auftretenden Hybriden ist in vielen Fällen noch nicht geklärt. Nicht selten erweisen sich zunächst als eigenständige Art beschriebene Tulpen im nachhinein

Tulipa-Hybriden, Triumph-Tulpen

als besondere Formen einer bereits bekannten Art.
Trotz der Vielzahl an Arten und Sorten sind die Tulpen allesamt leicht als solche zu erkennen: Bei einer typischen Tulpe sprießen aus einer wenig ansehnlichen Zwiebel zunächst breite, zugespitzte und von parallelen Adern durchzogene Laubblätter. Erst später schiebt sich aus deren Mitte ein kräftiger Blütenschaft in die Höhe, an dessen Spitze sich eine einzige, auffallend große, elegante Blüte entfaltet. Die jeweils 6 mehr oder weniger breiten Kronblätter bilden einen Pokal, der in herrlichen Farben schillert. Nur wenige Tulpen weichen von diesem Aufbauschema ab und tragen gefüllte oder mehrere Blüten an jedem Stiel.

Frühe oder Frühblühende Gartentulpen

Klassen: Einfache Frühe Tulpen, Gefüllte Frühe Tulpen
Blütenfarbe: alle Farben außer Blau
Blütezeit: April
Höhe: 20 – 40 cm
Standort: sonnig bis halbschattig; durchlässiger, nährstoffreicher, neutraler bis leicht saurer Boden
Merkmale: Wohlgeformte, häufig auch duftende Blütenkelche in herrlichen Farben, die von kurzen, kräftigen Stielen getragen werden, sind das Kennzeichen dieser frühblühenden Gruppe der Gartentulpen. Wie sich bereits aus den Bezeichnungen der beiden hierin zusammengefaßten Klassen schließen läßt, unterscheiden sie sich hauptsächlich durch ihre Blütenform. Die einen tragen regelmäßige Blüten mit nur einem Kranz von Blütenblättern, die anderen bilden dagegen auf kräftigen Stielen Blüten mit 2 oder mehreren Blütenblattkreisen aus. Die Sorten beider Klassen sind überaus beliebte Gartentulpen, sowohl wegen ihrer frühen Blüte als auch wegen ihrer guten Haltbarkeit und problemlosen Kultur.
Sorten: Von den Einfachen Frühen Tulpen werden u. a. angeboten 'Brillant Star' (scharlachrot mit gelbschwarzer Mitte, gute Treibsorte, Höhe 25 cm), 'Joffre' (gelb, gute Treibsorte, Höhe 25 cm), 'Couleur Cardinal' (scharlachrot, außen violett überhaucht, Höhe 30 cm), 'Diana' (schneeweiß, Höhe 30 cm), 'Apricot Beauty' (apricotfarben, Höhe 35 cm), 'Christmas Marvel' (kirschrosa, gute Treibsorte, Höhe 35 cm), 'Princess Irene' (goldorange mit roter Flammung, Höhe 35 cm), 'Prins Carneval' (gelb, rot geflammt, Höhe 35 cm), 'Yokohama' (kräftig zitronengelb, Höhe 35 cm), 'Bellona' (goldgelb, duftend, gute Treibsorte, Höhe 40 cm), 'General de Wet' (orange mit Goldschimmer, feine rote Zeichnung, Höhe 40 cm), 'Kaiserkrone' (auch 'Keizerskron', scharlachrot mit breitem, gelbem Rand, Höhe 40 cm), 'Van der Neer' (intensiv violettrot, gute Treibsorte, Höhe 40 cm).
Von den Gefüllten Frühen Tulpen werden u. a. angeboten 'Carlton' (scharlachrot, Höhe 25 cm), 'Elektra' (kirschrot, Höhe 25 cm), 'Orange Nassau' (orange, Höhe 25 cm), 'Peach Blossom' (rein rosa, gute Treibsorte, Höhe 25 cm), 'Schoonoord' (schneeweiß, Höhe 25 cm), 'Willemsoord' (rosarot mit weißen Spitzen, gute Treibsorte, Höhe 25 cm), 'Monte Carlo' (außen hell-, innen dunkelgelb, gute Treibsorte, Höhe 35 cm).
Standortansprüche: Wie alle Tulpen gedeihen auch die

Tulipa-Hybride, Einfache Frühe Tulpe

Frühen Tulpen an einer sonnigen Stelle besonders gut. Sie begnügen sich zwar auch mit Halbschatten, blühen dort aber gewöhnlich nicht so üppig. Der Boden muß gut durchlässig und nährstoffreich sein, am besten eignet sich sandiger Lehm als Substrat. Da Tulpen Kalk nur schlecht vertragen, sollte der Boden außerdem neutral bis leicht sauer reagieren. Windige Plätze sind ungünstig, da die Blütenstengel, vor allem bei höheren Sorten, in stärkerem Wind leicht abbrechen.
Verwendung: Frühe Tulpen scheinen geradezu geschaffen für bunte Frühlingsbeete und Rabatten. Ihre schönen Blüten kommen aber erst in der Gruppe so richtig zur Geltung. Eine Unterpflanzung mit kleinen Frühlingsblumen wie Maßliebchen *(Bellis)*, Vergißmeinnicht *(Myosotis)* oder Gartenstiefmütterchen (*Viola-Wittrockiana*-Hybriden), sei es Ton in Ton oder in kontrastierenden Farben, unterstreicht ihre Wirkung. Alle Sorten eignen sich auch ausgezeichnet zur Kultur in Gefäßen und als herrliche Schnittblumen. Manche Sorten lassen sich überdies gut für die Treiberei verwenden.

Tulipa-Hybride, Gefüllte Frühe Tulpe

Pflanzung: Die großen Zwiebeln mit ihrer pergamentartigen, braunen Haut werden zwischen September und Oktober, in milden Gebieten auch noch Anfang November, etwa 10 – 15 cm tief im Abstand von 15 – 20 cm in den Boden gebracht.
Pflege: Zur Blütezeit brauchen Tulpen reichlich Bodenfeuchtigkeit, können danach aber ruhig trockener stehen. Verwelkte Blüten sowie Fruchtstände sollten möglichst bald auf etwa halber Höhe des Stengels abgeschnitten werden, damit die Zwiebeln durch die Samenbildung nicht unnötig Kraft verlieren. Das Laub bleibt stehen, bis es vergilbt. So können die Zwiebeln gut ausreifen und reichlich Reservestoffe einlagern. Damit sich aus der Mutterzwiebel kräftige Seitenzwiebeln entwickeln, ist ein nährstoffreicher, aber eher humusarmer Boden wichtig. Er wird deshalb schon lange vor der Pflanzung, möglichst bereits im vorangehenden Frühjahr, mit reifem Kompost vermengt. Alternativ kann man Hornmehl oder einen anderen Langzeitdünger ins Pflanzloch streuen. Hat man beides versäumt, versorgt man die Pflanzen am besten noch zum Austrieb mit einem schnellwirkenden Volldünger. Alle 2 – 3 Jahre, bei kargem Boden auch öfter, muß der Pflanzplatz erneut mit Dünger aufgebessert werden. Prinzipiell können die Tulpen lange Jahre im Boden bleiben. Läßt jedoch die Blütenfülle nach, stehen die Zwiebeln wohl zu eng. Sie werden dann nach dem Einziehen des Laubs aus dem Boden genommen und an anderer Stelle neu gepflanzt. Ein Wechsel des Pflanzorts ist wichtig, weil an der alten Stelle der Boden ermüdet ist, d. h., die Tulpen würden dort nur kümmern.
Vermehrung: Nachdem das Laub vollständig vertrocknet ist, kann man die Zwiebeln ausgraben und Nebenzwiebeln abtrennen. Sie werden gereinigt und bis zur Pflanzung im Herbst trocken, kühl und dunkel gelagert.
Schädlinge und Krankheiten: Wühlmäuse, Blattläuse, Schnecken; Grauschimmel (sog. Tulpenfeuer), Zwiebelbodenfäule, Graufäule, Virusbefall
Tip: Viele Sorten der Frühen Tulpen eignen sich zur Treiberei. Damit sie schon Weihnachten blühen, werden die Zwiebeln Ende September in ein Gefäß mit einem Garten-erde-Sand-Gemisch gesetzt. Die Zwiebelspitzen sollten gerade eben aus dem Substrat herausragen. Die Pflanzung wird gut angegossen, das Gefäß dann im Garten an einer schattigen Stelle in den Boden eingesenkt und mit Laub oder Reisig abgedeckt. Nach 8 – 10 Wochen holt man es ins Haus, um die Zwiebeln im Warmen anzutreiben.

Mittelfrühe oder Mittelfrühblühende Gartentulpen

Klassen: Triumph-Tulpen, Darwin-Hybrid-Tulpen
Blütenfarbe: alle Farben außer Blau und Schwarz, oft zweifarbig
Blütezeit: Ende April bis Mai
Höhe: Triumph-Tulpen 40 – 60 cm, Darwin-Hybrid-Tulpen 50 – 70 cm
Standort: sonnig bis halbschattig; durchlässiger, nährstoffreicher, neutraler bis leicht saurer Boden
Merkmale: Die Blüten der Mittelfrühen Tulpen sind

Tulipa-Hybride, Triumph-Tulpe

größer und stehen auf höheren Stielen als die der Frühen Tulpen. Ebenmäßige Blüten von breit becherförmiger Gestalt zeichnen die Triumph-Tulpen aus. Ihre vielen Sorten zeigen ein reiches Farbenspiel, und besonders apart wirken diejenigen, deren Blütenblätter einen breiten, andersfarbigen Saum aufweisen. Die Darwin-Hybrid-Tulpen haben die größten Blüten aller Gartentulpen und zugleich die mit der stärksten Leuchtkraft. Die anfangs schlanken, eleganten Kelche öffnen sich zum Ende der Blütezeit zu weiten Schalen und ziehen dann mit ihren intensiven Farbtönen alle Blicke auf sich. Trotz ihrer Größe sind die Blüten außerordentlich wetterfest. Sie bleichen selbst bei intensiver Sonneneinstrahlung nicht aus und stehen auch nach starkem Regen noch straff aufrecht.
Sorten: Von den Triumph-Tulpen werden u. a. angeboten 'Peerless Pink' (satinrosa, Höhe 40 cm), 'Thule' (lachsrosa mit cremefarbenem Rand, Höhe 40 cm), 'Cassini' (dunkelrot, Höhe 50 cm),

'Golden Melody' (goldgelb, Höhe 50 cm), 'Lustige Witwe' (dunkelrot, breite weiße Spitzen, Höhe 50 cm), 'Negrita' (dunkel purpurrot, Höhe 50 cm), 'Pax' (rein weiß, gute Treibsorte, Höhe 50 cm). Von den Darwin-Hybrid-Tulpen sind u.a. im Handel 'Elizabeth Arden' (lachsrosa mit violettem Schimmer, Höhe 50 cm), 'Spring Song' (hellrot, schwarze, weiß gesäumte Basis, Höhe 50 cm), 'Apeldoorn' (orangerot, schwarze, gelb geränderte Basis, Höhe 60 cm), 'Beauty of Apeldoorn' (goldgelb mit rotem Schimmer, Höhe 60 cm), 'Golden Apeldoorn' (goldgelb, schwarze Basis, Höhe 60 cm), 'Gudoshnik' (schwefelgelb mit mahagoniroter Maserung, Höhe 60 cm), 'Hollands Glory' (scharlachrot, besonders große Blüten, Höhe 60 cm).
Standortansprüche, Verwendung, Pflanzung, Pflege, Vermehrung, Schädlinge und Krankheiten: wie bei den Frühen Tulpen (siehe Seite 219 f.)
Tip: Zu den Mittelfrühen Tulpen zählen auch die sog. Mendel-Tulpen, die ein wenig niedriger bleiben als die beiden anderen Klassen und wie diese sehr wetterfeste, wunderschön getönte, meist jedoch einfarbige Blüten zeigen. Sie werden heute nur noch selten angeboten, gelten aber als hervorragende Gartentulpen.

Späte oder Spätblühende Gartentulpen

Klassen: Einfache Späte Tulpen, Lilienblütige Tulpen, Gefranste Tulpen (auch Crispa-Tulpen), Viridiflora-Tulpen, Rembrandt-Tulpen (auch Bizarre, Gebrochene oder Chamäleon-Tulpen), Papagei-Tulpen, Gefüllte

Tulipa-Hybride, Lilienblütige Tulpe

Späte Tulpen (auch Päonienblütige Tulpen)
Blütenfarbe: alle Farben außer Blau und Schwarz, oft mehrfarbig geflammt oder gestreift; Viridiflora-Tulpen haben stets eine grüne Zeichnung
Blütezeit: Mai
Höhe: 50 – 70 cm, Rembrandt-, Papagei- und Gefüllte Späte Tulpen 30 – 50 cm
Standort: sonnig bis halbschattig; durchlässiger, nährstoffreicher, neutraler bis leicht saurer Boden
Merkmale: Die Sorten dieser Gruppe beschließen im späten Frühjahr den Blütenreigen der formenreichen Gartentulpen. Allen gemeinsam ist ein auffallend lange anhaltender Flor, der sich über 4 Wochen erstrecken kann. Von den Einfachen Späten Tulpen mit eher schlanken, eiförmigen Blüten, die früher Cottage-, Landhaus- oder Breeder-Tulpen genannt wurden, trennte man bis vor einiger Zeit die großblumigen, behäbig wirkenden Darwin-Tulpen ab. Da sich aber durch Kreuzungen innerhalb dieser beiden Formen die Unterschiede stark verwischt haben, zählt man sie heute zu einer gemeinsamen Klasse. Sie sind wetterfest und tragen ihre leuchtend gefärbten, satinartig schimmernden Blüten auf kräftigen Stielen.

Ein ganz anderes Bild geben die Lilienblütigen Tulpen, bei denen sich die schmalen, nach oben spitz zulaufenden und nach außen umgeschlagenen Blütenblätter zu einer lilienähnlichen Krone vereinen. Sie wirken nicht nur aufgrund ihrer Form, sondern auch durch ihre herrlichen Farben besonders elegant. Sorten mit fein zerschlitzten Blütenblatträndern, die früher zu den Darwin- und Cottage-Tulpen gezählt wurden, hat man nun zu einer neuen Einheit, den Gefransten oder Crispa-Tulpen, zusammengefaßt. Der zart zerfranste Blütensaum verleiht den z.T. interessant schattierten Blüten eine ganz außergewöhnliche Attraktivität.
Auch die Viridiflora-Tulpen, deren Blütenblätter auf der Außenseite charakteristisch

„gebrochenen" Farbgebung an Gemälde von Rembrandt erinnern, erhielten diese Sorten den Namen Rembrandt-Tulpen. Die in den Pflanzen lebenden Viren haben für sie keine weiteren Folgen als die Farbveränderung. Um zu verhindern, daß die Viren womöglich auf andere Tulpen übertragen werden, die dadurch Schaden nehmen könnten, sollten Rembrandt-Tulpen unbedingt für sich allein und immer in einiger Entfernung von sonstigen Tulpen stehen.
Noch eigenartiger präsentieren sich die Papagei-Tulpen, deren Blüten ganz bizarr geschlitzte und gewellte Ränder, außerdem oft mehrere, sehr intensive Farbtöne aufweisen. Die Kelche können ungewöhnlich groß werden und öffnen sich im Sonnen-

Tulipa-Hybride, Papagei-Tulpe

grün gestreift oder geflammt sind, wurden früher zu den Cottage-Tulpen gestellt.
Durch einen Virusbefall entstanden aus gewissen Sorten der Cottage-Tulpen Formen, deren Blüten in kontrastierenden Farben marmoriert, geflammt, gestreift oder geädert sind. Da sie mit ihren barocken, beinahe kugeligen Blüten und der eigenartigen,

schein und gegen Ende der Blütezeit weit. Die Stiele werden häufig durch die Last der großen Blüten gebeugt und krümmen sich im Lauf der Blütezeit oft mehrfach hin und her.
Gefüllte Späte Tulpen rufen durch ihre bauschigen, dichtgefüllten, oft enorm großen Blüten immer wieder Begeisterung hervor. Die Form der

Blüten erinnert stark an die von Pfingstrosen *(Paeonia).* Leider brechen die schweren Blütenköpfe bei Wind oder Regen leicht ab.
Sorten: In keiner anderen Tulpengruppe gibt es so vielerlei Sorten wie bei den Späten Tulpen. Von den Einfachen Späten Tulpen werden u. a. angeboten 'Rose Copland' (rosa, Höhe 50 cm), 'Sorbet' (cremeweiß, rot geflammt, Höhe 50 cm), 'Bleu Aimable' (bläulich-lila, Höhe 60 cm), 'Aristocrat' (violettrosa, Höhe 70 cm), 'Sunkist' (goldgelb, Höhe 70 cm). Von den Lilienblütigen Tulpen sind u. a. häufig im Handel 'China Pink' (satinrosa, weiße Mitte, Höhe 50 cm), 'West Point' (rein gelb, zum Treiben geeignet, Höhe 50 cm), 'Queen of Sheba' (braunrot mit orangefarbenem Saum, Höhe 60 cm), 'White Triumphator' (rein weiß, Höhe 60 cm).
Bekannte Sorten der Gefransten Tulpen sind z. B. 'Swan Wings' (schneeweiß, Höhe 40 cm), 'Fancy Frills' (rosa mit weißem Grund, Höhe 60 cm), 'Fringed Apeldoorn' (flammend rot, Höhe 60 cm). Von den Viridiflora-Tulpen haben sich u. a. bewährt 'Golden Artist' (goldgelb, grün geflammt, Höhe 30 cm), 'Hollywood' (karminrot, dunkelrot und dunkelgrün geflammt, Höhe 30 cm), 'Spring Green' (cremeweiß mit grüner Flammung, Höhe 40 cm), 'Greenland' (hellgrüner Mittelstreifen, gelb gerändert und nach Rosa verlaufend, Höhe 50 cm).
Von den Rembrandt-Tulpen werden seltener Sorten – z. B. 'Victor Hugo' (weiß mit rosa Muster, Höhe 40 cm) – angeboten, häufiger sind aber Mischungen verschiedener Farben im Handel.
Von den Papagei-Tulpen werden u. a. geführt 'Estella Rijnveld' (rot-weiß, duftend, Höhe 40 cm), 'Orange Favourite' (orange mit gelbem Zentrum, standfest, Höhe 40 cm), 'White Parrot' (schneeweiß, standfest, Höhe 40 cm), 'Black Parrot' (extrem dunkel violettbraun, Höhe 50 cm), 'Fantasy' (rosarot, innen weiß und grünlich, Höhe 50 cm), 'Texas Gold' (goldgelb mit rotem Saum, Höhe 50 cm). Von den Gefüllten Späten Tulpen sind u. a. im Handel zu finden 'Angelique' (rosa, hellere Spitzen, Höhe 40 cm), 'Bonanza' (rot, gelb gerändert, Höhe 40 cm), 'Carneval de Nice' (cremeweiß mit himbeerrotem Streifenmuster, Höhe 40 cm), 'Gold Medal' (goldgelb, duftend, Höhe 40 cm), 'Mount Tacoma' (cremeweiß, Höhe 40 cm), 'Symphonia' (karminrot, Höhe 40 cm).
Standortansprüche: wie bei den Frühen Tulpen (siehe Seite 219f.); Gefüllte Späte Tulpen sollte man aber stets an windgeschützte Stellen pflanzen
Verwendung: wie bei den Frühen Tulpen (siehe Seite 220); die Späten Tulpen sind jedoch mit Ausnahme weniger Sorten nicht für die Treiberei geeignet

Tulipa-Kaufmanniana-Hybride

Pflanzung: wie bei den Frühen Tulpen (siehe Seite 220), aber Rembrandt-Tulpen stets streng getrennt von anderen Tulpen setzen
Pflege, Vermehrung, Schädlinge und Krankheiten: wie bei den Frühen Tulpen (siehe Seite 220)
Tip: Alle Tulpen dieser Gruppe eignen sich hervorragend als Schnittblumen. Damit sie sich in der Vase lange halten, werden sie geschnitten, wenn die Blüte noch knospig, aber schon völlig ausgefärbt ist. Tulpenstengel wachsen in der Vase oft noch ein gutes Stück weiter. Man sollte sie deshalb täglich neu anschneiden, wodurch auch die Haltbarkeit erhöht wird.

Wildtulpen-Hybriden oder Botanische Tulpen

Arten: *T.-Kaufmanniana*-Hybriden (Seerosen-Tulpen, Kaufmanniana-Tulpen), *T.-Fosteriana*-Hybriden (Fosteriana-Tulpen), *T.-Greigii*-Hybriden (Greigii-Tulpen)
Herkunft: Die Ursprungsarten stammen von Berghängen, Wiesen und von Gebüschsäumen in Zentralasien.

Tulipa-Fosteriana-Hybride

Blütenfarbe: rot, orange, gelb, rosa, *T.-Kaufmanniana*-Hybriden oft zweifarbig, *T.-Fosteriana*-Hybriden auch weiß, *T.-Greigii*-Hybriden meist zweifarbig
Blütezeit: März bis April
Höhe: 20 – 40 cm, *T.-Kaufmanniana*-Hybriden 15 – 30 cm
Standort: sonnig bis halbschattig; durchlässiger, nährstoffreicher, neutraler bis leicht saurer Boden
Merkmale: In der Gruppe der Wildtulpen-Hybriden oder Botanischen Tulpen sind die Hybriden und Sorten dreier Wildarten vereinigt, deren Aussehen deutlich ihre Abstammung verrät. Obgleich bereits die ursprünglichen Arten, mit Ausnahme von *T. fosteriana*, ein großes Farbenspektrum aufweisen, wurde die Palette durch Züchtung noch immens erweitert. Zu den am frühesten blühenden Tulpen überhaupt gehören die Seerosen-Tulpen. Sie öffnen ihre Kelche schon in der ersten Märzsonne weit. Ihren Namen erhielten sie wegen ihrer klaren, sternartigen Blütenform. Ihre breit lanzettlichen Blätter sind grau-

grün und manchmal braunrot getupft.
Die Fosteriana-Tulpen wirken wegen ihrer außergewöhnlich großen Blüten geradezu majestätisch. Über den graugrünen, rot oder violett gesäumten Laubblättern erheben sich im April die leuchtend gefärbten Blüten, deren Kronblätter sich in der Sonne waagrecht aufklappen.
Als letzte der Wildtulpen-Hybriden öffnen die Greigii-Tulpen ihre glockigen, meist mehrfarbigen Blüten. Oft tragen die Kronblätter einen breiten Streifen in einer kontrastierenden Farbe. Auch diese Tulpen huldigen der Frühlingssonne, indem sie ihre Kelche weit aufklappen. Schon lange vor der Blüte fallen ihre graugrünen, häufig am Rand gewellten oder knorpeligen Laubblätter auf, die stets braun oder violett getupft, gestreift oder auch marmoriert sind.
Sorten: Von den vielen Sorten der *T.-Kaufmanniana*-Hybriden (jeweils 15 – 30 cm hoch) haben sich u. a. besonders bewährt 'Daylight' (orange-scharlachrot, schwarze Basis), 'Shakespeare' (rosa, gelb und apricotfarben schattiert, außen karminrosa), 'Showwinner' (scharlachrot, gelbe Basis), 'The First' (elfenbeinfarben mit gelbem Grund, außen karminrot, besonders früh blühend). Bisweilen werden Seerosen-Tulpen als sog. Regenbogen-Tulpen, eine Mischung aus zahlreichen Sorten in unterschiedlichen Farben, angeboten.
Von den vielen *T.-Fosteriana*-Hybriden gelten u. a. als besonders schön 'Cantata' (zinnoberrot, Höhe 20 cm), 'Rose Empress' (auch 'Pinkeen', kirschrosa, Höhe 40 cm), 'Red Emperor' (auch 'Madame Lefeber', leuchtend

Tulipa sylvestris

scharlachrot, schwarze, gelb gesäumte Basis, Höhe 50 cm), 'White Empress' (auch 'Purissima', weiß mit gelber Basis, Höhe 50 cm).
Bei den *T.-Greigii*-Hybriden ist das Sortiment ebenso reichhaltig; u. a. gelten als besonders attraktiv 'Plaisir' (cremegelb und karminrot, Höhe 20 cm), 'Zampa' (kräftig gelb, grüne Basis, außen rot gestreift, Höhe 20 cm), 'Cape Cod' (tiefgelb mit rotem Muster, Höhe 25 cm), 'Pinocchio' (rosarot, weiß gerändert, Höhe 25 cm), 'Rotkäppchen' (auch 'Red Riding Hood', scharlachrot, schwarze Mitte, Höhe 30 cm), 'Yellow Dawn' (gelb und purpurrosa, außen altrosa, Höhe 30 cm), 'Engadin' (blutrot und gelb, Höhe 35 cm). Ein buntes Potpourri von Greigii-Tulpen wird bisweilen als „Pfauentulpen"-Mischung angeboten.
Standortansprüche: wie bei den Frühen Tulpen (siehe Seite 219 f.)
Verwendung: Grundsätzlich lassen sich die Wildtulpen-Hybriden, allen voran die Fosteriana-Tulpen, ebenso auf Beeten und Rabatten verwenden wie Gartentulpen (siehe Seite 220). Nicht nur ihre frühe Blüte macht sie dafür attraktiv, bei Wechselpflanzungen (siehe Seite 47) ist es auch vorteilhaft, daß ihr Laub bald einzieht. Dadurch wird schneller Platz für Sommerblumen geschaffen. Ausgesprochen hübsch sind Seerosen- und Greigii-Tulpen aber auch am Gehölzrand, wo sie zusammen mit blauen Teppichen aus Blausternen, Traubenhyazinthen oder Schneeglanz für heitere Frühlingsstimmung sorgen. Seerosen-Tulpen erweisen sich als so robust, daß sie sogar bis in schüttere Wiesen hinein verwildern. Die niedrigen Sorten eignen sich auch gut für den Steingarten, wo ihre Blüten neben Krokussen und anderen kleinen Zwiebelblumen sowie zwischen Polsterstauden oder Zwerggehölzen herrlich aufleuchten. Alle Wildtulpen-Hybriden können überdies problemlos in Schalen und Blumenkästen gezogen und auch für die Treiberei (siehe Seite 112 ff.) verwendet werden.

Hohe Wildtulpen mit schlanken Blüten

Arten: *T. acuminata* (auch *T. cornuta*, Horntulpe), *T. clusiana* (Damentulpe), *T. sylvestris* (Weinbergtulpe, Wilde Tulpe, Waldtulpe), *T. sprengeri*
Herkunft: Berghänge, Wiesen und Gebüsche, *T. acuminata* unbekannten Ursprungs, *T. clusiana* Zentralasien und Südeuropa, *T. sylvestris* Südeuropa, Vorderasien und Nordafrika, *T. sprengeri* Türkei
Blütenfarbe: *T. acuminata* gelb-rot, *T. clusiana* weiß-rot, *T. sylvestris* gelb, *T. sprengeri* rot
Blütezeit: April, *T. sylvestris* April bis Mai, *T. sprengeri* Mai bis Juni
Höhe: 30 – 40 cm, *T. clusiana* 15 – 30 cm, *T. sylvestris* 20 – 45 cm

Tulipa acuminata

Pflanzung: Die 3 – 5 cm großen, hell- oder rotbraunen Zwiebeln werden im September oder Oktober etwa 10 – 15 cm tief im Abstand von ungefähr 15 cm gepflanzt.
Pflege, Vermehrung, Schädlinge und Krankheiten: wie bei den Frühen Tulpen (siehe Seite 220)
Standort: sonnig; durchlässiger, nährstoffreicher, im Sommer trockener Boden
Merkmale: Mit ihren relativ hohen Stielen ähneln diese Wildtulpen den Gartentulpen, allerdings sind sie viel feingliedriger und wirken daher eleganter. Die Horntulpe mit ihren eigenartigen, gelbroten, spitz zulaufenden und

verdrehten Kronblättern möchte man auf den ersten Blick kaum den Tulpen zurechnen. Erst wenn sich die Blüten in der Sonne weit öffnen, erkennt man zweifelsfrei die Zugehörigkeit. Eine Wildform dieser exzentrisch wirkenden Art ist nicht bekannt. Man vermutet, daß sich die Horntulpe vor langer Zeit aus verwilderten Sämlingen alter persischer Gartentulpen entwickelt hat.
Als die wohl aparteste Tulpe wird immer wieder die Damentulpe oder „Lady Tulip" bezeichnet, deren angenehm duftende Blüten sich über schmalen, graugrünen Laubblättern wiegen. Sind die Blüten geschlossen, zeigt sich die Grande Dame der Tulpen zweifarbig, denn 3 ihrer Blütenblätter sind rahmweiß, die anderen 3 aber rosa- bis karminrot. Öffnen sich die schmalglockigen Kelche, präsentieren sie ihr rein weißes Inneres. *T. clusiana* var. *stellata* unterscheidet sich von der Stammart nur durch einen gelben Grundfleck in der Blüte, bei *T. clusiana* var. *chrysantha* ist die Grundfarbe der Blüten Goldgelb.
Ausgesprochen zierlich wirkt auch die goldgelb blühende Weinbergtulpe, die sich außerhalb ihrer mediterranen Heimat auch in Süddeutschland, vor allem in Weinbergen, eingebürgert hat. Sie treibt zwischen wenigen, grasartig schmalen Blättern einen schlanken Stengel, der eine anfangs nickende, sich später aber aufrichtende, schmale Blüte trägt. Bei *T. sprengeri* zeigen sich die Blütenköpfe erst zum Ausklang des Frühjahrs, wenn fast alle anderen Tulpen bereits verblüht sind. Ihre Blätter glänzen lackartig, und die blutroten Blüten bilden einen auffallenden Kontrast zum Laub.

Sorten: von *T. clusiana* 'Cynthia' (primelgelb-karminrot, Höhe 50 cm); von *T. clusiana* var. *chrysantha* 'Tubergens Gem' (gelb-rot, großblumig, Höhe 30 cm)
Standortansprüche: Diese Wildtulpen stellen ganz ähnliche Ansprüche wie die Gartentulpen (siehe Seite 220). Der Boden kann jedoch auch schwach kalkhaltig sein. Im Sommer müssen sie unbedingt trocken stehen, damit die Zwiebeln gut ausreifen können.
Verwendung: Um ihren natürlichen Charme voll zur Geltung zu bringen, sollte man die eleganten Wildtulpen in kleinen Gruppen in den Steingarten setzen. Hübsche Nachbarn sind Polsterstauden wie z.B. Blaukissen *(Aubrieta)* oder Gänsekresse *(Arabis)*. Damentulpen können auch gut in größeren Gruppen am Gehölzrand stehen, wo ihre Blüten einen besonders reizvollen Kontrast zur dunklen Laubkulisse bilden. *T. sprengeri* ist die einzige Tulpenart, die sich im Garten durch Selbstaussaat vermehrt. Sie eignet sich daher hervorragend für den Naturgarten, wo sie an Stellen, die ihr zusagen, leicht verwildert.
Pflanzung: Die schlanken Zwiebeln werden im September oder Oktober etwa 10 cm tief mit ungefähr 20 cm Abstand in den Boden gesteckt. *T. sprengeri* sollte etwas tiefer gesetzt werden; vor allem in leichtem Sandboden ist eine Pflanztiefe von 20 cm ratsam.
Pflege: Am richtigen Standort sind alle aufgeführten Arten pflegeleicht. Wichtig ist vor allem die sommerliche Trockenheit. Der Boden kann ruhig vollständig austrocknen und steinhart verbacken. Wo er auch im Sommer feucht bleibt, sollte man entweder die Pflanzstellen mit Folie abdecken oder die Zwiebeln während ihrer Ruhezeit aus dem Boden nehmen und trocken lagern.

Tulipa linifolia

Vermehrung: Die Damentulpe und die Weinbergtulpe bilden Ausläufer, an denen in Abständen Tochterzwiebeln entstehen. Diese können, ebenso wie bei den anderen Arten die Brutzwiebeln, nach dem Einziehen des Laubs abgenommen werden. Von *T. sprengeri* kann man gleich nach der Reife abgesammelten Samen sofort im Freiland wieder aussäen.
Schädlinge und Krankheiten: wie bei den Frühen Tulpen (siehe Seite 220)

Kleine Wildtulpen mit roten Blüten

Arten: *T. undulatifolia* (auch *T. eichleri*, *T. persica*), *T. fosteriana*, *T. greigii*, *T. linifolia* (auch *T. batalinii*, *T. maximowiczii*), *T. praecox* (auch *T. marjolettii*), *T. praestans*, *T. schrenkii*, *T. tubergeniana*, *T. uvedenskyi*
Herkunft: Berghänge, Wiesen und Gebüschsäume in Zentralasien, *T. undulatifolia* in Vorderasien
Blütenfarbe: leuchtend rot
Blütezeit: April bis Mai, *T. praecox* und *T. schrenkii* März bis April
Höhe:
T. undulatifolia 20–30 cm,
T. fosteriana 30–40 cm,
T. greigii 15–20 cm,
T. linifolia 10–15 cm,
T. praecox 40–50 cm,
T. praestans 30–40 cm,
T. schrenkii 5–10 cm,
T. tubergeniana 40–50 cm,
T. uvedenskyi 25–35 cm
Standort: sonnig; durchlässiger, nährstoffreicher, im Sommer trockener Boden

Tulipa praecox

Merkmale: Mit ihren leuchtenden Rottönen sorgen die hier vorgestellten Wildtulpen für markante Farbkleckse im frühlingsbunten Steingarten. *T. undulatifolia*, noch immer besser bekannt unter ihrem alten Namen *T. eichleri*, trägt über graugrünem, am Rand gewelltem Laub sehr große, leuchtend scharlachrote Blüten mit einem schwarzen, gelb gesäumten Grundfleck. Die Außenseiten der Blütenblätter zeigen einen grau schattierten Mittelstreifen. Recht ähnlich sieht auch *T. fosteriana*, die Stammform der Fosteriana-Tulpen (siehe Seite 223), aus. Sie fällt besonders durch ihre außergewöhnlich großen Blütenkelche auf. *T. greigii* wird wegen ihrer breitglockigen, feurig roten Blüten mit dem schwarzen Zentrum über graugrünem, braun gestrichelten Laub oft auch als „Königin der Tulpen" bezeichnet. *T. linifolia* treibt eine Rosette schmaler, grasartiger, gewellter Blätter, über die sich glänzend scharlachrote Blüten erheben. Im Handel wird oft noch die mit *T. linifolia* nahezu identische *T. maximowiczii* angeboten. Nach neueren Erkenntnissen handelt es sich hierbei jedoch nicht um eine eigene Art, vielmehr ist sie zu *T. linifolia* zu rechnen. Auch *T. praecox* sieht der schmalblättrigen *T. linifolia* recht ähnlich, blüht aber schon ab März. Man findet sie häufig in ländlichen Gärten Südeuropas. Bei *T. praestans* öffnen sich an jedem Stiel mehrere becherförmige, scharlachrote Blüten. Ältere Exemplare sehen, jedes für sich, wie ein üppiger Blumenstrauß aus. *T. schrenkii* ist eine zwergwüchsige Art mit leuchtend roten Blüten, deren Tönung ins Orangefarbene spielt. Bei *T. tubergeniana* fallen die herrlich glänzenden, sattroten Blüten auf, die sich zu flachen Bechern öffnen. Noch relativ wenig verbreitet ist *T. uvedenskyi*, die mit ihrem späten Flor die Blütenpracht der Wildtulpen bis in den Mai hinein verlängert. Ihre eleganten Blüten leuchten orangerot und duften angenehm.

Sorten: von *T. praestans* 'Tubergens Variety' (orange-scharlachrot, zwei- bis dreiblütig, Höhe 15 – 20 cm), 'Füsilier' (orange-scharlachrot, drei- bis fünfblütig, Höhe 20 – 30 cm); von *T. uvedenskyi* 'Tangerine Beauty' (feuerrot, orange schattiert, zum Verwildern geeignet, Höhe 30 cm)
Standortansprüche: wie bei den hohen Wildtulpen (siehe Seite 224)
Verwendung: Wie die hohen Wildtulpen werden auch diese Arten bevorzugt in den Steingarten gepflanzt. Durch die Leuchtkraft ihrer Blüten lenken sie schon aus großer Entfernung alle Blicke auf sich. Besonders hübsch sehen sie neben Traubenhyazinthen oder Schleifenblumen *(Iberis)*, Moossteinbrech (*Saxifraga-Arendsii*-Hybriden) und anderen Polsterstauden aus. Äußerst effektvoll wirken die roten, meist angenehm duftenden Wildtulpen aber auch in einem Kiesbeet.
Pflanzung: Die kleinen, schlanken Zwiebeln werden im September oder Oktober etwa 5 – 10 cm tief mit 10 – 20 cm Abstand eingesetzt.
Pflege: Im Pflanzjahr sollten die Wildtulpen über den Winter mit Reisig oder Laub abgedeckt werden. Wenn sie sich erst einmal eingewöhnt haben, erweisen sie sich als gut winterhart und brauchen, sofern sie an einem geeigneten Standort stehen, keine Pflege mehr.
Vermehrung: Neue Bestände lassen sich durch Brutzwiebeln heranziehen, aber auch Aussaat nach der Samenreife oder im Frühjahr ist bei den meisten Arten möglich.
Schädlinge und Krankheiten: wie bei den Frühen Tulpen (siehe Seite 220)

Tip: Leider herrscht bei den Wildtulpen noch große Unsicherheit über ihre jeweilige botanische Zuordnung. Deshalb ist es bisweilen schwierig, eine bestimmte Wildart im Handel zu bekommen. Da sich die Arten aber untereinander nicht nur im Aussehen, sondern auch in der Pflege und Verwendung sehr ähneln, kann man sich getrost an den Beschreibungen des Händlers orientieren.

Tulipa kolpakowskiana

Kleine Wildtulpen mit gelben Blüten

Arten: *T. ferganica*, *T. kolpakowskiana*, *T. urumiensis*, *T. altaica*
Herkunft: Berghänge, Wiesen und Gebüschsäume in Zentralasien, *T. urumiensis* in Vorderasien
Blütenfarbe: *T. ferganica* gelb-orange, *T. kolpakowskiana* gelb-karminrot, *T. urumiensis* gelb-bronzefarben, *T. altaica* gelb-grün
Blütezeit: April, *T. ferganica* Mai, *T. kolpakowskiana* März bis April
Höhe: *T. ferganica* 25 bis 35 cm, *T. kolpakowskiana* 10 – 20 cm, *T. urumiensis* 10 – 15 cm, *T. altaica* 15–20 cm
Standort: sonnig; durchlässiger, nährstoffreicher, im Sommer trockener Boden
Merkmale: In der Grundtönung ihrer Blüten zeigen diese kleinen Wildarten ein satt leuchtendes Gelb. *T. ferganica* treibt aus ihren kleinen, sehr hartschaligen Zwiebeln nur wenige graugrüne Blätter, die meist flach auf dem Boden liegen. Aus ihrer Mitte erhebt sich ein Blütenstiel, der oft eine, bisweilen aber auch zwei große, goldgelbe, auf der Außenseite orangefarben getönte Blüten trägt. Mehrere Spielarten in der Färbung ihrer Blüten gibt es von *T. kolpakowskiana*. In der Natur kommen gelb-,

Tulipa urumiensis

orange- oder rotblühende Formen vor, kultiviert wird dagegen überwiegend nur eine Form, nämlich mit goldgelben, außen karminrot schattierten Blüten.
Während die Knopsen von *T. urumiensis* noch eine grünliche bis bronzefarbene Tönung erkennen lassen, öffnen sich die Blüten zu flachen, sattgelben Sternen. Ähnlich gefärbt sind auch die eleganten Blüten von *T. altaica*. Sie gilt als eine der robustesten Tulpen, was bei ihrer weit in den rauhen Norden Zentralasiens reichenden Verbreitung nicht verwunderlich ist.
Standortansprüche: wie bei den hohen Wildtulpen (siehe Seite 224); für *T. ferganica* ist allerdings ein besonders warmer und geschützter Platz notwendig
Verwendung, Pflanzung, Pflege, Vermehrung: wie bei den roten Wildtulpen (siehe Seite 225)
Schädlinge und Krankheiten: wie bei den Frühen Tulpen (siehe Seite 220)
Tip: Die Zwiebeln mancher Wildtulpen machen wegen ihrer harten Schalen einen vertrockneten und abgestorbenen Eindruck. Das täuscht allerdings: Die Hartschaligkeit ist eine Anpassung der Zwiebeln an die zeitweise extreme Trockenheit, die an ihren Naturstandorten auftritt.

Tulipa biflora

Kleine Wildtulpen mit mehrfarbigen Blüten

Arten: *T. kaufmanniana*, *T. tarda* (auch *T. dasystemon*), *T. turkestanica*, *T. orphanidea* (auch *T. hageri*, *T. whittallii*), *T. biflora* (auch *T. polychroma*)
Herkunft: felsige Matten, steinige Berghänge und Gebüsche in Zentralasien, *T. orphanidea* in Südeuropa, *T. biflora* in Vorderasien
Blütenfarbe: *T. kaufmanniana* weiß-gelb-rot, *T. tarda* weiß-gelb, *T. turkestanica* weiß-orange-grün, *T. orphanidea* orange-grün, *T. biflora* weiß-gelb-rötlich
Blütezeit: März bis April, *T. turkestanica* Februar bis März
Höhe: *T. kaufmanniana* 10 – 20 cm, *T. tarda* 10 – 15 cm, *T. turkestanica* 15 – 25 cm, *T. orphanidea* 10 – 30 cm, *T. biflora* 5 – 15 cm
Standort: sonnig; durchlässiger, nährstoffreicher, im Sommer trockener Boden
Merkmale: Gemeinsames Merkmal dieser Wildtulpen-Gruppe sind Blüten, die innen anders gefärbt sind als auf den Außenseiten. *T. kaufmanniana* schmückt sich schon früh im Jahr mit Blüten, deren relativ schmale Blätter cremeweiß, in der Mitte goldgelb und auf den Rückseiten rot gefärbt sind. Sie öffnen sich in der Sonne zu flachen Blütensternen. In der Natur variieren die Blütenfarben regionaler Vorkommen etwas. Es gibt strahlend weiße, cremefarbene oder blaßgelbe Grundtöne. Eine reizende Zwergart ist *T. tarda*, deren weiße, am Grund gelbe, spitz zulaufende Blütenblätter sich in vollem Flor zu einem anmutigen Stern öffnen. Jede einzelne Pflanze trägt viele Blüten, die inmitten einer Rosette blaugrüner, schmaler Blätter stehen. *T. turkestanica* ist interessant, weil sie schon im Februar, als erste aller Tulpen, zur Blüte kommt. Die so früh im Jahr noch recht kraftlosen Sonnenstrahlen reichen aus, um die kleinen, cremeweißen Trichterblüten mit orangefarbener Mitte hervorzulocken. Die Außenseiten der Blüten sind grünlich bis blaugrau schattiert. *T. orphanidea* wird im Handel häufig neben 2 sehr ähnlichen Tulpen, *T. hageri* und *T. whittallii*, geführt, dabei bilden nach neuerer Auffassung alle 3 eine einheitliche Art. Ihre Blüten sind im Grundton mal blasser, mal intensiver orange und außen grünlich oder purpurfarben überhaucht. Innen in frischem Weiß, außen jedoch rot und grün gefärbt, präsentieren sich die Blüten der anmutigen Art *T. biflora*.
Sorten: von *T. kaufmanniana* 'Aurea' (goldgelb, außen rot gestreift, Höhe 10 – 20 cm), 'Coccinea' (rot-grün, Höhe 10 – 20 cm), 'Königin Wilhelmine' (weiß, goldgelbe Mitte, frühblühend, Höhe 15 – 20 cm); von *T. orphanidea* 'Splendens' (auch *T. hageri* 'Splendens', zinnoberrot, Höhe 10 – 20 cm), 'Flava' (blaßgelb, Höhe 15 – 25 cm)
Standortansprüche: wie bei den hohen Wildtulpen (siehe Seite 224)
Verwendung: Die mehrfarbigen Blüten wirken in kleinen Gruppen besonders hübsch. Eingestreut in größere Teppiche aus Blausternen, Schneeglanz oder bunten Krokussen, aber auch neben frühblühenden Polsterstauden stellen diese Tulpen für jeden Steingarten eine Bereicherung dar.
Pflanzung, Pflege, Vermehrung: wie bei den roten Wildtulpen (siehe Seite 225)
Schädlinge und Krankheiten: wie bei den Frühen Tulpen (siehe Seite 220)

Tulipa tarda

Zwergwüchsige Wildtulpen mit violetten Blüten

Arten: *T. humilis* (auch *T. violacea*, *T. violacea* var. *pallida*, *T. pulchella*,

T. aucheriana), *T. saxatilis*, *T. bakeri*
Herkunft: steinige Hänge, Wiesen und Gebüschsäume in Kleinasien
Blütenfarbe: violett
Blütezeit: März bis April
Höhe: *T. humilis* 5 – 15 cm, *T. saxatilis* 15 – 25 cm, *T. bakeri* 10 – 15 cm
Standort: sonnig; durchlässiger, nährstoffreicher, im Sommer trockener Boden, *T. saxatilis* magerer Boden
Merkmale: In allen Schattierungen von Violett leuchten die Blüten dieser winzigen Wildtulpen. *T. humilis* zeigt charakteristisch eiförmige, fast kugelige Knospen, die hell purpurviolett gefärbt sind, eine schwarze bis bläuliche, manchmal auch gelb

Tulipa humilis

gesäumte Basis haben und angenehm duften. Die im Handel oft neben *T. humilis* geführten, sehr ähnlichen *T. violacea*, *T. pulchella* und *T. aucheriana* unterscheiden sich allein in der Intensität ihrer Blütenfarbe. Botanisch werden sie ohnehin nur als Spielarten von *T. humilis* angesehen. Aus den Bergen

Tulipa saxatilis

Kretas stammt *T. saxatilis*. Sie schiebt ihre schmalen, hellgrünen Laubblätter oft schon im Winter aus dem Boden. Im März kommen dann auch die zart violetten, bisweilen fast rosafarbenen Blüten aus der Zwiebel. Auf derselben Mittelmeerinsel heimisch ist *T. bakeri*, die der vorigen Art ähnlich sieht, aber wesentlich dunkler gefärbte Blüten trägt.
Sorten: von *T. humilis* 'Pallida' (auch *T. violacea* 'Pallida' oder *T. violacea* var. *pallida*, zart hellviolett, fast weiß, dunkle Mitte, Höhe 10 cm), 'Rosea' (auch *T. violacea* 'Rosea', rosa, gelbe Mitte, Höhe 10 cm), 'Violacea' (auch *T. pulchella* 'Violacea', purpurviolett, gelbe Mitte, Höhe 10 cm)
Standortansprüche: Sonnig, warm und geschützt muß der Pflanzplatz für die hier aufgeführten Zwergtulpen sein. Im Frühjahr sollte der Boden reichlich Feuchtigkeit enthalten, im Sommer aber völlig trocken sein. *T. saxatilis* darf außerdem nur in magere, nährstoffarme Erde gepflanzt werden, sonst blüht sie nicht.
Verwendung, Pflanzung, Pflege, Vermehrung: wie bei den roten Wildtulpen (siehe Seite 225)
Schädlinge und Krankheiten: wie bei den Frühen Tulpen (siehe Seite 220)

U

Uvularia
Trauerglocke, Hängegoldglocke

Art: *U. grandiflora*
Familie: Liliengewächse *(Liliaceae)*
Herkunft: Mischwälder in Nordamerika
Blütenfarbe: gelb
Blütezeit: April bis Mai
Höhe: 30 – 45 cm
Standort: halbschattig bis schattig; humusreicher Boden
Merkmale: Das zierliche Liliengewächs ist trotz seines schwermütig klingenden Namens ein fröhlicher Frühlingsblüher, der seine lebhaft gefärbten Blüten unter dem noch lichten Blätterdach der Bäume entfaltet. Die hell zitronengelben Blüten haben eine schlanke Glockenform, die Zipfel der Blütenblätter sind häufig etwas verdreht. Die Glöckchen hängen an langen Stielen über dem länglichovalen Laub, das auf den Unterseiten flaumig behaart ist.
Standortansprüche: Die Trauerglocke bevorzugt einen halbschattigen bis schattigen Platz unter Laubgehölzen auf einem Boden, der reichlich Humus enthalten muß.
Verwendung: Am Gehölzrand oder als Gehölzunterpflanzung ist die Trauerglocke eine hübsche Liebhaberpflanze, die zusammen mit Anemonen *(Anemone)*, Salomonssiegel *(Polygonatum)*, Gedenkemein *(Omphalodes)*, Veilchen *(Viola)* und Dreiblatt sowie kleinen Farnen und Gräsern eine ansprechende Gemeinschaft bildet. Auch zu Rhododendren (*Rhododendron*) kann man sie gut gesellen.
Pflanzung: Die dicken Rhizome werden im September oder Oktober etwa 5 – 10 cm tief und im Abstand von jeweils 30 – 40 cm in den Boden gelegt. Häufiger werden im Handel jedoch in Containern gezogene Pflanzen angeboten. Sie können vom Frühling bis zum Herbst eingesetzt werden. Man bringt sie samt Wurzelballen ebensotief in den Boden, wie sie im Topf standen.
Pflege: Die Trauerglocke ist eine genügsame Waldstaude, die sich am richtigen Standort im Lauf der Jahre mit ihren kriechenden Rhizomen ausbreitet und allgemein als sehr dauerhaft gilt.
Vermehrung: Vermehrt wird am besten durch Teilung der Rhizome nach der Blüte oder im Frühherbst. Eine Anzucht aus Samen ist zwar möglich, aber eine sehr langwierige Angelegenheit.

Uvularia grandiflora

Adressen

Pflanzenschutzdienst in der Bundesrepublik Deutschland

Bundesministerium und Bundesanstalten

Bundesministerium für Ernährung, Landwirtschaft und Forsten
– Referat Pflanzenschutz –
Rochusstraße 1
53123 Bonn

Biologische Bundesanstalt für Land- und Forstwirtschaft
Königin-Luise-Straße 19
14195 Berlin

Biologische Bundesanstalt für Land- und Forstwirtschaft
Messeweg 11/12
38104 Braunschweig

Bundesanstalt für Züchtungsforschung an Kulturpflanzen
Neuer Weg 22/23
06484 Quedlinburg

Pflanzenschutzdienst der Länder

Baden-Württemberg
Landesanstalt für Pflanzenschutz
Reinsburgstraße 107
70197 Stuttgart

Bayern
Bayerische Landesanstalt für Bodenkultur und Pflanzenbau
– Abteilung Pflanzenschutz –
Menzinger Straße 54
80638 München

Berlin
Pflanzenschutzamt Berlin
Mohriner Allee 137
12347 Berlin

Brandenburg
Landesamt für Ernährung, Landwirtschaft und Flurneuordnung
– Dezernat Pflanzenschutzdienst (Abteilung 3) –
Wildbahn/PF 379
15236 Frankfurt/Oder

Bremen
Der Senator für Umweltschutz und Stadtentwicklung
– Pflanzenschutzdienst –
Slevogtstraße 48
28209 Bremen

Hamburg
Institut für Angewandte Botanik der Universität Hamburg
– Abteilung Pflanzenschutz (Pflanzenschutzamt Hamburg) –
Marseiller Straße 7
20355 Hamburg

Hessen
Hessisches Landesamt für Regionalentwicklung und Landwirtschaft
– Pflanzenschutzdienst –
Friedrich-Wilhelm-von-Steuben-Straße 2
60487 Frankfurt

Mecklenburg-Vorpommern
Landespflanzenschutzamt Mecklenburg-Vorpommern
Sitz Rostock
Graf-Lippe-Straße 1
18059 Rostock

Niedersachsen
Landwirtschaftskammer Hannover
– Pflanzenschutzamt –
Wunstorfer Landstraße 9
30453 Hannover

Landwirtschaftskammer Weser-Ems
– Pflanzenschutzamt –
Sedanstraße 4
26121 Oldenburg

Nordrhein-Westfalen
Pflanzenschutzamt der Landwirtschaftskammer Rheinland
Siebengebirgsstraße 200
53229 Bonn

Institut für Pflanzenschutz, Saatgutuntersuchung und Bienenkunde der Landwirtschaftskammer Westfalen-Lippe
Nevinghoff 40
48147 Münster

Rheinland-Pfalz
Landespflanzenschutzamt Rheinland-Pfalz
Essenheimer Straße 144
55128 Mainz

Saarland
Landwirtschaftskammer für das Saarland
– Pflanzenschutzamt –
Lessingstraße 12
66121 Saarbrücken

Sachsen
Sächsische Landesanstalt für Landwirtschaft
Institut für Integrierten Pflanzenschutz
Stübelallee 2
01307 Dresden

Sachsen-Anhalt
Landespflanzenschutzamt Sachsen-Anhalt, Halle
Sitz Magdeburg
Zum Waldsee 1
39114 Magdeburg

Schleswig-Holstein
Pflanzenschutzamt des Landes Schleswig-Holstein
Westring 383
24118 Kiel

Thüringen
Thüringer Landesverwaltungsamt
Abt. Landwirtschaft
– Referat 808/Pflanzenschutzdienst –
Carl-August-Allee 4 a
99423 Weimar

Pflanzenschutzdienst in Österreich

Bundesanstalt für Pflanzenschutz
Trunnerstraße 5
1020 Wien

Magistrat der Stadt Wien
MA 42: Stadtgartenamt
Am Heumarkt 2 b
1030 Wien

Österreichische Gartenbaugesellschaft
Parkring 12
1010 Wien

Pflanzenschutzdienst in der Schweiz

Bundesamt für Landwirtschaft
– Sektion Zertifizierung und Pflanzenschutz –
Mattenhofstraße 5
3003 Bern

Staatliche Bodenuntersuchungsanstalten in der Bundesrepublik Deutschland

Baden-Württemberg
Landwirtschaftliche Untersuchungs- und Forschungsanstalt (LUFA) Augustenberg
Neßlerstraße 23
76227 Karlsruhe

Landesanstalt für landwirtschaftliche Chemie (710) der Universität Hohenheim
Emil-Wolff-Straße 14
70599 Stuttgart

Bayern
Bayerische Hauptversuchsanstalt für Landwirtschaft der Technischen Universität München
Weihenstephan
85354 Freising

Bayerische Landesanstalt für Weinbau und Gartenbau, Kellerwirtschaft und Untersuchungswesen
Herrnstraße 8
97209 Veitshöchheim

Berlin
Pflanzenschutzamt Berlin
Mohriner Allee 137
12347 Berlin

Brandenburg
Landwirtschaftliche Untersuchungs- und Forschungsanstalt (LUFA) Potsdam
Templiner Straße 21
14473 Potsdam

Hamburg
Institut für Angewandte Botanik der Universität Hamburg
Marseiller Straße 7
20355 Hamburg

Hessen
Verband Deutscher Landwirtschaftlicher Untersuchungs- und Forschungsanstalten e.V. (VDLUFA)
Bismarckstraße 41 A
64293 Darmstadt

Hessische Landwirtschaftliche Versuchsanstalt – Landwirtschaftliches Untersuchungsamt Darmstadt –
Rheinstraße 91
64295 Darmstadt

Hessische Landwirtschaftliche Versuchsanstalt – Landwirtschaftliches Untersuchungsamt Kassel –
Am Versuchsfeld 13
34128 Kassel

Mecklenburg-Vorpommern
Landwirtschaftliche Untersuchungs- und Forschungsanstalt (LUFA) Rostock
Graf-Lippe-Straße 1
18059 Rostock

Niedersachsen
Landwirtschaftliche Untersuchungs- und Forschungsanstalt (LUFA) Hameln
Finkenborner Weg 1 A
31787 Hameln

Landwirtschaftliche Untersuchungs- und Forschungsanstalt (LUFA) Oldenburg
Jägerstraße 23–27
26121 Oldenburg

Nordrhein-Westfalen
Landwirtschaftliche Untersuchungs- und Forschungsanstalt (LUFA) Bonn
Siebengebirgsstraße 200
53229 Bonn

Landwirtschaftliche Untersuchungs- und Forschungsanstalt (LUFA) Münster
Nevinghoff 40
48147 Münster

Rheinland-Pfalz
Landwirtschaftliche Untersuchungs- und Forschungsanstalt (LUFA) Speyer
Obere Langgasse 40
67346 Speyer

Landeslehr- und Versuchsanstalt für Weinbau, Gartenbau und Landwirtschaft Trier
Egbertstraße 18/19
54295 Trier

Sachsen
Sächsische Landesanstalt für Landwirtschaft
Fachbereich LU (LUFA)
Gustav-Kühn-Straße 8
04159 Leipzig

Sachsen-Anhalt
Landwirtschaftliche Untersuchungs- und Forschungsanstalt (LUFA) des Landes Sachsen-Anhalt
Schiepziger Straße 29
06120 Halle

Schleswig-Holstein
Landwirtschaftliche Untersuchungs- und Forschungsanstalt (LUFA) Kiel
Gutenbergstraße 75–77
24116 Kiel

Thüringen
Landwirtschaftliche Untersuchungs- und Forschungsanstalt (LUFA) Jena
Naumburger Straße 98
07743 Jena

Staatliche Bodenuntersuchungsanstalten in Österreich

Bundesanstalt für Agrarbiologie
Wieningerstraße 8
4020 Linz

Bundesanstalt für Bodenwirtschaft
Denisgasse 31–33
1200 Wien

Landwirtschaftlich-Chemische Landesversuchs- und Untersuchungsanstalt
Burggasse 2
8010 Graz

LUVA-TIROL
Tiroler Landwirtschaftliche Untersuchungs- und Versuchsanstalt
Rotholz
6200 Jenbach

Staatliche Bodenuntersuchungsanstalten in der Schweiz

Staatliches (Eidgenössisches) Fachinstitut
Eidgenössische Forschungsanstalt für Obst-, Wein- und Gartenbau
Schloss
8820 Wädenswil

Register

Halbfette Seitenzahlen bedeuten, daß es sich um einen ausführlichen Eintrag handelt. *Kursive* Seitenzahlen weisen auf eine Abbildung hin.

A

B

E

F

G

H

I

J

K

L

M

U

V

W

Bildnachweis

Titel: U. Schneiders, Lindau
Archiv für Kunst und Geschichte, Berlin: 12 r., 12 u., 14 l.o.
J. Becker, Erkrath: 43 o., 72 l., 115 u., 200 u., 202 r., 215 l.u.
U. Borstell, Essen: 10, 11 o., 14 l.u., 16, 20 u., 21 M., 26, 30 o., 30 l.u., 31, 38 o., 38 M., 39 u., 41 u., 42 l.o., 46 u., 54 l.u., 55 r.o., 56 l.o., 56 l.u., 57 r.o., 70 l., 74/75, 78 l.u., 83 r., 96 o., 142 r., 158 r., 183 o., 198 l.u., 202 l.o., 225 r.o.
R. Bühl, Stuttgart: 127 r.o., 130 r.o., 130 u.
H. Eisenbeiss, Egling: 62 u., 77 r., 87, 107 l., 115 2.v.o., 140 M.o., 147 u., 156 r.o., 164 r., 167 r., 172 r., 193 r., 195 u., 210 l.
Bildagentur Geduldig, Vaihingen: 17 l., 28 r.o., 29 r.o., 165 r., 167 l., 171 l., 181 u., 186 r., 192 r., 194 r.
Die Grüne Fotoagentur, Bonn: 116, 124 r., 125 r., 127 r.u., 129
T. Hagen, Dachau: 24 u., 30 r.u., 37 r.o., 60 l., 88 u., 89, 90, 90/91, 93 l.o., 101 l.u., 141 l.u., 157 u., 173, 180, 183 u., 184 r., 207 u., 217 l., 219 r., 220 r.
P. Himmelhuber, Regensburg: 66 o., 69, 70 r., 77 l., 84 o., 97 r., 98 , 99 l., 108 l., 108 r., 112 r.
Institut für botanisch ökologische Beratung, München: 1, 13 r., 24 l., 54 o., 58/ 59, 97 l., 111 r., 126 l.u., 136 l.u., 145 l.o., 145 M., 145 u., 146, 159 r.u., 160 u., 166 r., 169 r., 177 r., 185 r., 192 l., 205 l., 205 r., 207 l.o., 213 l., 215 r., 216 l., 220 l., 223 r.
Int. Bloembollen Centrum, Hillegom: 93 l.u., 128 r., 136 r., 144 l., 160 o., 204 l.
Landesanstalt für Pflanzenschutz, Stuttgart:
–/Geigenmüller: 125 l.
–/Steiner: 130 l.o.
W. H. Müller, Stuttgart: 43 u.
E. Pforr, Langenpreising: 68 r.u., 93 r.u.
M. Pforr, Langenpreising: 19 r.u., 28 l.o., 39 l., 42 l.u., 52 u., 58, 65 l., 68 l.o., 86 o., 93 r.o., 101 M.o., 102, 115 o., 116/117, 121 r.u., 123 l., 137 r., 151 r.u., 156 r.u., 161 l., 210 r.o., 212 l., 212 r., 216 r., 221 l.o., 223 l.o., 226 l., 226 r., 227 l.
Photo Press/Apel, Taufkirchen bei München: 163, 184 l., 206 r.o., 227 r.u.
W. Redeleit, Bienenbüttel: 99 r., 101 M.r., 105 o.
Regierungspräsidium, Karlsruhe: 131 r.
Reinhard-Tierfoto, Heiligkreuzsteinach/Eiterbach: 13 l., 14/15, 15 r., 18 l., 18 u., 27 l., 27 r., 29 r.u., 35, 37 l.o., 47 o., 47 u., 49 l., 52 o., 56 r.u., 57 r.u., 60 r., 66 r.u., 68 l.u., 83 l., 84 u., 88 o., 95 l., 114 l.o., 115 3.v.o., 119 r., 124 l., 135 M.o., 135 r., 137 l.u., 139, 143 r., 144 r., 148 r., 149 l., 149 r., 152 r.u., 154 l.u., 164 l., 170 l., 171 r., 175 o., 175 u., 176 l., 176 r., 187, 189 r., 190 l., 193 l., 195 r., 197 l.u., 203 r., 209 l., 210 M.u., 222 r., 224 r.o.
K. Reithmeier, Freising: 120, 131 l.
Bildarchiv Sammer, Neuenkirchen: 22, 34 o., 63, 81, 94 l., 104 o., 106 u., 107 r., 109, 113 r.o.
F. Sauer, Karlsruhe: 118 l.o., 123 r., 126 l.o.
T. Schneiders, Lindau: 8/9, 32, 33/34, 48, 92, 201 l.
U. Schneiders, Lindau: 11 u., 95 r., 170 r., 181 o., 188 r.
S. Seidl, München: 8, 29 l., 55 l.o., 57 M.r., 71 l., 71 r., 106 o., 114 r.u., 128 u., 135 l.u., 138 r.u., 140 r.u., 142 l.u., 147 o., 150 r.o., 154 r.o., 155 l., 156 l.o., 159 r.o., 162, 168 l., 168 r., 174 o., 174 u., 178 r., 182 l., 185 l., 190 r., 196, 198 r.o., 201 r., 203 l., 209 r., 211, 213 r., 214 r.o., 217 u., 225 r.u.
Silvestris Fotoservice, Kastl: 21 u., 132/133, 141 r.
–/Berger: 49 r.
–/Cuveland: 94 r., 202 l.u.
–/Danegger: 121 r.o.
–/Hecker: 208 o.
–/Jakobi: 214 l.
–/Kerscher: 34 l.u., 61, 79
–/Lange: 18/19
–/Lenz: 121 l.
–/Lindenburger: 46 o.
–/Lochstampfer: 166 l.
–/Partsch: 191 r.
–/Pollin: 172 M.u.
–/Redeleit: 68 r.o., 68 r.u.
–/Riedmiller: 96 u.
–/Roland: 111 l., 158 l.
–/Willner: 152 l.u.
–/Wörle: 221 r.
SOA, London:
–/Heather Angel: 17 r.
–/Crichton: 25, 41 M., 54 r.u.., 55 r.u., 100, 113 r.u.., 152 M.o., 177 l., 227 M.o.
–/Glover: 113 M.u., 172 l.
–/Lawson: 118 l.u., 186 l., 194 l.
G. u. S. Stein, Vastorf: 12 l., 86 u., 134, 148 u., 155 r., 169 l., 191 l., 206 l.
G. Steinbach, Oberreutte: 64 o., 65 r.u., 66 l.u., 78 M.l., 80 l., 200 l.
F. Strauß, Au/Hallertau: 20/21, 28 u., 62 l., 62 r., 72 r., 74, 76, 104 u., 119 l., 138 l.o., 138 r.o., 151 r.o., 153, 157 o., 159 l., 161 r., 165 l., 178 l., 179 l., 179 r., 188 l., 189 l., 190 M.o., 194 M.o., 197 M.r., 204 r., 208 l., 218, 219 l.o., 222 l., 224 r.u.
The Garden Picture Library, London:
–/Carter: 143 l.
–/Howes: 182 r.
–/Russell: 80 r.
M.F. Wetterwald, Offenburg: 23, 37 u., 47 M., 51, 64 l.u., 64 r.u., 105 u., 112 l., 113 l.o., 113 M.l., 113 l.u., 114 l.u., 118 r.o., 132, 136 M.o., 150 r.u., 197 r.o.

Abbildungen im Inhaltsverzeichnis und auf der Rückseite des Einbandes: aus dem Inhalt